劳动与社会保障系列教材

劳动关系

赵瑞红　主编

秦建国　季　璐　副主编

科学出版社

北京

内 容 简 介

本书为《劳动与社会保障系列教材》之一，全书共分十二章。第一章在界定劳动关系概念的基础上从静态和动态维度总体描述劳动关系的构成及其历史演进。第二章考察了劳动关系外部环境中重要因素的影响。第三章至第五章研究劳动关系静态构成的各方主体。第六章至第十一章则按照劳动关系自建立至终止、由强制到非强制、从被动冲突解决到主动寻求合作的逻辑顺序探讨劳动关系动态运行过程中各角色的调整机制的理论和实践、共性与特性，包括劳动关系的法律调整、企业劳动规章制度、员工参与、集体谈判、劳动关系争议处理、三方协商机制等主要内容。第十二章以劳动关系的终止作为本书的结束曲。全书体系完整，构架有新意，内容安排详略得当，理论和实践结合较好，且案例恰当。

本书适合作为劳动与社会保障、社会学、管理学、法学等专业的本科生教材，也适合劳动和社会保障等实际部门管理人员和研究人员阅读、参考。

图书在版编目(CIP)数据

劳动关系/赵瑞红主编. —北京：科学出版社，2007
（劳动与社会保障系列教材）
ISBN 978-7-03-018961-5

Ⅰ. 劳… Ⅱ. 赵… Ⅲ. 劳动-生产关系-教材 Ⅳ. F246

中国版本图书馆 CIP 数据核字(2007)第 067282 号

责任编辑：林 建 卜 新／责任校对：刘小梅责
任印制：张 伟／封面设计：耕者设计工作室

科 学 出 版 社 出版
北京东黄城根北街 16 号
邮政编码：100717
http://www.sciencep.com

北京厚诚则铭印刷科技有限公司 印刷
科学出版社发行 各地新华书店经销

*

2007 年 6 月第 一 版　开本：B5(720×1000)
2022 年 1 月第十次印刷　印张：21 1/2
字数：402 000

定价：58.00 元
(如有印装质量问题，我社负责调换)

《劳动与社会保障系列教材》编委会

主　任：童　星

副主任：王　健　李　放

委　员（按姓氏笔画排序）：

丁宪浩　史　潮　刘伟忠　杨文健

陈红霞　林治芬　林闽钢　郭爱妹

盖　锐　巢健茜　蔡启明

总 序

社会保障制度是人类社会发展和进步的结果，从英国 1834 年颁布并实施的新《济贫法》算起，已有 170 多年的历史。即使从 1883 年德国推出最早的现代社会保险制度算起，至今也有 120 多年的历史。社会保障制度已经成为现代社会文明的重要标志，成为当今世界上绝大多数国家都在运用的社会政策。尽管各国在保障的对象上或普遍或特殊，在保障的范围上或宽泛或狭窄，在保障的水平上或很高或较低，但社会保障制度的实行极大地改善了各国的民生状况，促进各国民众共享经济繁荣和社会进步的成果，并在经济社会运行方面发挥着重要的"稳定器"和"安全网"的作用。

新中国成立以后，我们曾经构建了同当时实行的高度中央集权的计划经济体制相适应的劳动与社会保障制度，正是由于这套制度的有效运行，许多被称为"社会主义优越性"的正向功能才得以彰显，诸如"广就业、低工资、多福利"和"生老病死有依靠"等。当然，当时所能保障的水平还很低下。中共十一届三中全会以来，伴随着计划经济体制向市场经济体制的改革过渡，劳动与社会保障制度自 20 世纪 90 年代起也开始了改革之旅，原有的建立在计划经济体制基础之上、与计划经济体制相适应的劳动与社会保障制度难以适应新的形势。皮之不存，毛将焉附？建立健全同社会主义市场经济体制相适应的新的社会保障制度，确保劳动者的基本权益，成了当务之急。

环顾四周，有关矿难的报道不断，我国煤炭产量占全世界总产量的 1/3 左右，矿难所导致的死亡人数却占全世界矿难死亡总人数的 80%。有些地方的"黑矿主"与弱势的矿工签订所谓"生死合同"，花几万元就能买一条命，"私了"。终年劳苦的农民工不仅难以与其他职工"同工同酬",而且常常面临工资被"拖欠"的窘境,甚至需要国家总理亲自出面为农民工"讨工资"。面对许多城市特别是大中城市飙升的房价,无数的无房者感叹何时才能实现"居者有其屋",很多依靠贷款购得住房的居民则成了名副其实的"房奴",还贷几乎花去了他们的全部收入。医疗市场化的结果,导致"看病难,看病贵",人们"无病时怕生病,有了病怕进医院,进了医院怕出不去"。教育产业化引发学杂费上涨甚至"乱收费",高校"扩招"成了"扩大内需"(又被称为"撬开老百姓的钱袋子")的"妙招",读书受教育对于很多收入不高的城乡家庭来说就意味着"致贫"。女大学生就业常常难于同等条件的男大学生,性别歧视依然存在。农民、残疾人等在就学、就业、就医以及各项社会权利的行使方面,更是遭到或明或暗的歧视。所有这些都表明,我们的社会保障制度还不健全,现有的社会保障领域的改革思路与政策设计还有缺陷,劳动者的基本权利和合法权益还未得到有效的维护!

毋庸讳言,当今世界正处在工业经济社会向知识经济社会的过渡之中,现代服务业在整个国民经济中的比重已经超过工业经济时期的支柱产业——制造业,灵活就业即非正规就业逐渐替代大规模集体就业而成为新的用工趋势,这就打散了"产业工人大军",大大降低了劳动者与雇主进行讨价还价的能力。劳资关系呈现出"强资本,弱劳动"的博弈格局,资本到处都在指挥劳动、欺负劳动、压榨劳动,并运用软硬兼施的手段诱使权力为其服务。经济全球化的浪潮日益高涨,资本在世界范围内的流动,无论是在规模、频率上还是在后果、影响上,都大大超越劳动在世界范围内的流动。这固化了"强资本,弱劳动"的格局。随着经济全球化的发展,一国政权和法律的权威性和强制力同过去相比也打了不小的折扣,这就使得权力和法律在对资本施加必要的限制以保护劳动的利益时往往也会事倍功半。这种大趋势对于各国和地区推进社会保障制度建设,保护劳动者和弱势群体成员的基本权利和合法权益,都是十分不利的。

然而,所有这些不利因素,不仅不能成为各国和地区政府放弃社会保障制度的借口,而且要求各国和地区政府顺应信息社会、知识经济和全球化的发展趋势,针对"产业工人大军"被打散和非正规就业日益普遍的新特点,通过社会保障的制度创新、政策创新、组织创新、服务创新,在"强资本,弱劳动"的格局下更加有效地保护劳动者的基本权利和合法权益。以此要求反观我国,不仅社会保障制度的改革与重建、覆盖农民工的劳动保护法规的落实、包含农村居民在内的最低生活保障制度的完善以及住房、医疗、教育改革的调整与完善等都不可或缺,迫在眉睫,而且行政体制改革、财税体制调整、政府职能转换、政绩考核创新等也都成了时不我待的大事。可喜的是,进入21世纪,党中央提出了实现全面小康、构建和谐社会的奋斗目标,认真贯彻落实"以人为本"的科学发展观,大力推进社会建设和新农村建设事业。我们相信,随着中央这一系列决策落到实处，随着经济发展和社会进步的深入，劳动者的基本权利和合法权益将会得到更有效的保护，包括弱势群体成员在内的社会公众一定能够共享繁荣发展的成果。

在本质上，社会保障是一国宏观的制度安排和政策设计，即国家或社会通过立法和行政手段对国民收入进行再分配，以社会消费基金的形式，为因年老、疾病、伤残、死亡、失业及其他不幸遭遇而使生存出现困难的社会成员提供一定的物质上的帮助，以保证其基本生活权利。但宏观制度和社会政策要落实到基层并真正发挥作用，既离不开一系列由制度和政策所决定的措施和活动，也离不开各机关、企业、事业、社会单位的劳动人事或人力资源部门的运作与管理，因而具有很强的实务性和操作性。

在一定意义上，社会保障就是资金的保障。俗话说："钱不是万能的，没有钱却是万万不能的。"资金保障的重要性当然不言而喻，特别是对于我国这样一个还处于社会主义初级阶段的发展中国家来说，更是如此。但是，社会弱势群体乃至一般社会公众的某些需求却是金钱无法买到的，如老年人所需要的亲情慰藉与邻里照顾、孤寡无助者所需要的特殊服务与心理疏导等。许多服务与帮助都具有个性化特征，这就要借助于志愿者服务和社会工作的介入。因此，从事社会保障专业工作，需要较高的职业道德水准以及较为强烈的奉献精神和社会同情心。

社会保障既是一种制度安排和政策体系，也是一个特殊的专业领域。它运用经济、法律和行政手段，解决社会问题，实现政治目标。从事该专业领域的工作，除了必须具备职业道德、奉献精神、同情心以及实务性、操作性很强的技能、技巧以外，还需要相应的知识积累和专业训练。根据我国现行的学科专业分类，社会保障在本科教育阶段属于经济学门类的劳动经济学领域，到了研究生教育阶段则属于管理学门类的公共管理领域。社会保障所依托的学科涉及经济学、管理学以及政治学、社会学、法学，并且同劳动人事（人力资源）管理、社会工作等专业有着密切的联系，在一定程度上甚至存在交叉关系。

劳动与社会保障实践的发展，迫切要求劳动与社会保障的学科理论繁荣和专业人才辈出。仅就江苏省而言，目前已有13所普通高校设有劳动与社会保障本科专业以及社会保障研究生专业，它们是南京大学、东南大学、南京农业大学、河海大学、南京航空航天大学、南京师范大学、苏州大学、扬州大学、南京财经大学、南京工程学院、苏州科技学院、金陵科技学院、三江学院，这些院校在读的本科生上千，研究生过百。为了促进学科建设发展、提高人才培养质量，在江苏省劳动保障学会的主持下，由南京大学公共管理学院牵头，于2005年12月召开了"江苏省劳动保障理论教学与科研研讨会"，决定采取联合协作的方式，集中大家的智慧和力量，共同编写《劳动与社会保障系列教材》，主要用于本科生教学。大家推举我主持本系列教材的编写工作。众意难违，于是我欣然应允，承担了牵头、组织与协调的工作。通过两次集体讨论，确定了首批12本教材的编写大纲、撰稿人员、体例风格，由上述 13 所高校长期从事劳动与社会保障主干课程教学的教师分头编写，各负其责，最后由我和我的助手林闽钢、严新明、张海波通阅、修改并定稿。我的学生董华也做了大量的文字技术性工作。

本系列教材首批共包括以下 12 本：《公共管理学》、《公共经济学》、《社会保障学》、《社会保险学》、《劳动经济学》、《社会保障国际比较》、《劳动法与社会保障法》、《薪酬管理》、《劳动关系》、《人力资源管理》、《社会保障资金管理》、《社会救助与社会福利》。

由于编者在理论功底、学术水平、实践经验和观察视野等方面都有一定的局限性，本系列教材难免有疏漏甚至错误之处，敬请读者批评指正。

对于本系列教材的出版，科学出版社给予了大力支持，并将其列入重点教材出版计划，责任编辑林建先生更是倾注了大量的精力，全过程关心，全方位提供方便。我们表示由衷的感谢！

特作此序。

童 星
2006 年 8 月于南京大学

目 录

总 序

第一章 总论 ... 1
第一节 劳动关系及其特征 ... 1
第二节 劳动关系的外部环境 ... 6
第三节 劳动关系的动态维度 ... 13
第四节 劳动关系的历史演进 ... 18
本章小结 ... 22
关键术语 ... 22
案例 维权屡遭"马拉松",谁来维护劳动者权益? ... 22
复习思考题 ... 24

第二章 劳动关系的类型比较 ... 25
第一节 劳动关系类型比较概述 ... 25
第二节 劳动关系的体制比较 ... 33
第三节 劳动关系的所有制比较 ... 41
本章小结 ... 52

关键术语 …… 53
案例　江苏省镇江市国企改革中职工劳动关系的调整 …… 53
复习思考题 …… 55

第三章　劳动者和工会 …… 56

第一节　劳动者 …… 56
第二节　工会 …… 68
本章小结 …… 84
关键术语 …… 84
案例1　工会的力量 …… 85
案例2　"维权主席"陈有德 …… 86
复习思考题 …… 87

第四章　雇主及其组织 …… 88

第一节　雇主 …… 88
第二节　劳动关系中的雇主管理 …… 94
第三节　雇主组织 …… 100
本章小结 …… 107
关键术语 …… 108
案例1　怎样成为好雇主 …… 108
案例2　福特汽车公司的人员管理 …… 109
复习思考题 …… 110

第五章　政府 …… 111

第一节　政府及其在劳动关系中的角色和职能 …… 111
第二节　政府介入劳动关系的理论与实践 …… 116
本章小结 …… 125
关键术语 …… 125
案例1　全面推进劳动合同制度实施三年行动计划 …… 125
案例2　湖北建立职工维权工作协调机制 …… 126

复习思考题 127

第六章 劳动关系的法律调整 128

第一节　劳动法 128
第二节　劳动合同法 136
第三节　集体合同制度 142
本章小结 148
关键术语 149
案例　解除劳动合同应依法办事 149
复习思考题 150

第七章 企业劳动规章制度 151

第一节　企业规章制度概述 151
第二节　市场经济国家的企业劳动规章制度 156
第三节　中国的企业劳动规章制度 164
本章小结 169
关键术语 170
案例　企业对职工违纪处罚适用法律的探讨 170
复习思考题 171

第八章 员工参与 172

第一节　员工参与概述 172
第二节　西方国家的工人参与 179
第三节　中国的职工民主管理 188
本章小结 202
关键术语 202
案例　非公有制企业中新型工会组织的建立和工会领导人直选 203
复习思考题 204

第九章

集体谈判 205

第一节 集体谈判概述 205
第二节 市场经济国家的集体谈判 212
第三节 中国的集体谈判 223
本章小结 231
关键术语 232
案例 唐晓冬的角色冲突 232
复习思考题 234

第十章

劳动关系争议处理 235

第一节 劳动争议概述 235
第二节 劳动争议处理 239
第三节 集体劳动争议处理 252
本章小结 257
关键术语 258
案例1 用人单位不得随意解除劳动合同——高某等六人诉某大酒店纠纷案 258
案例2 用人单位安排加班应依法进行，并支付加班工资——李某诉某乳品加工厂案 259
复习思考题 260

第十一章

三方协商机制 262

第一节 三方协商机制概述 262
第二节 市场经济国家的三方协商机制 268
第三节 我国的三方协商机制 273
第四节 国际劳工组织的三方协商机制 285
本章小结 288
关键术语 289
案例 289
复习思考题 292

第十二章

劳动关系的终止 ············ 293

第一节　劳动关系终止的概述 ············ 293
第二节　解雇及其限制 ············ 298
第三节　裁员及其管理 ············ 306
第四节　离职及其管理 ············ 315
本章小结 ············ 322
关键术语 ············ 322
案例　员工无故被辞退应该得到补偿 ············ 322
复习思考题 ············ 324

参考文献 ············ 325
后记 ············ 328

第一章

总 论

第一节 劳动关系及其特征

一、劳动关系的概念

劳动关系（labor relations），是指劳动力的提供者与劳动力使用者双方以及相关组织为实现劳动过程所构成的社会经济关系的统称。劳动力的提供者一般称为"雇员"，或称为"劳动者"、"劳工"、"工人"、"员工"等。劳动力使用者一般称为"雇主"，在我国常称为"用人单位"。

理解劳动关系这一概念应把握以下要点：第一，劳动关系以劳动过程为形成和展开的基础。劳动过程是劳动力和生产资料（土地、资金、管理、技术等）两种要素相结合的动态过程。在劳动力和生产资料分别归属于不同主体的条件下，围绕着劳动过程的实现，结成了要素主体双方及相关组织间的相互关系。因此，从静态角度看，一定质、量的劳动力和生产资料是劳动关系构成的基础要素。劳动过程并非是这些要素的简单堆积，而是通过要素主体及相关组织间的关系来实现的，即通过人与人的关系解决人与物的关系。这种人与人的关系不仅存在和运行于企业这一组织形式的内部，还延伸到企业之外的产业环境。以企业为组织基础，要素主体间、要素主体与环境间形成各种互动关系。因此，从动态角度看，企业是劳动关系的组织要素。第二，劳动关系的主体在狭义上包括劳动者和雇主及双方各自的组织（劳动者组织有工会，雇主组织有企业管理者协会、雇主协会等);在广义上还包括政府这一主体。第三,劳动关系的基本性质是社会经济关系。劳动者向雇主让渡劳动力并获得劳动报酬,雇主支付劳动报酬来雇佣劳动者。因此,劳动关系是一种经济关系,且以劳动报酬(工资)为联结要素。这种经济关系在实践中不仅仅涉及和影响劳动者和雇主,因而它是一种复杂的社会经济关系。

在不同的国家或不同的体制下,劳动关系又有着不同的称谓,主要包括:劳资关系、劳雇关系、劳使关系、雇员关系、劳工关系、产业关系等。这些不同的称谓,是从不同的角度对于特定劳动性质和特点的把握和表述[①]。

(1) 劳资关系 (labor-capital relations)。受雇佣劳动者一方和资本所有者一方之间的关系。这一传统称谓广泛使用于市场经济条件下,其特点是:"主体明确、关系清晰,含有对立的意味,强调劳方和资方的界限分明,所展开的关系自然也包含了一致性与冲突性在内。"[②] 这一关系既包括劳动者个人与雇主的关系,也包括工会与雇主或雇主团体的关系。

(2) 劳雇关系 (employer relations)。又称雇佣关系,这一称谓强调受雇者与雇主之间基于个体雇佣合同的关系,重点在于权利义务结构,表明了雇佣关系包含法律维度。

(3) 劳使关系 (labor-user relations)。"生产经营活动中劳动者与劳动力使用者(管理者)之间形成的既对立又合作的关系,是现代社会最重要的集团关系之一。这一关系的形成和存在以资本所有权和经营权的分离为基础"[③]。这一称谓源于日本,不仅能准确表述概念内涵,而且强调其技术性意义而力图排除其价值判断,与劳资关系这一称谓带有的对抗意味相比,显得中性、温和。

(4) 雇员关系 (employee relations)。又称员工关系,是指管理方与员工及其团体之间产生的关系。这一关系包括双方基于雇佣合同的法律关系,也包括双方之间的伦理关系。这一称谓源于西方人力资源管理体系,是从人力资源学角度提出的取代劳资关系的概念。它强调以员工为主体和出发点的企业内部关系,注重个体层次上的关系和交流,蕴涵了注重和谐与合作的精神。

(5) 劳工关系 (labor relations)。在英文中与劳动关系是同一名词。在中文中,这一称谓更强调双方关系是以劳动者为中心而展开的,强调劳动者特别是其团体的地位,也比较强调工会与雇主之间的互动过程,尤其是集体谈判过程。

(6) 产业关系 (industrial relations)。"中文又译为工业关系,原意为区别于前资本主义劳动关系的以社会化大生产为基本特征的工业生产过程中的劳动关

[①] 卫民. 工会组织与劳工运动. 台北:国立空中大学,1993. 4
[②] 程延园. 劳动关系学. 北京:中国劳动社会保障出版社,2005. 4
[③] 苑茜等. 现代劳动关系辞典. 北京:中国劳动社会保障出版社,2000. 2,3

系"①。产业关系分为狭义和广义两种用法：狭义是指劳资关系，主要是指劳动者及工会与雇主之间的关系；广义则是指产业及社会中管理者与受雇者之间的所有关系，包括了雇佣关系中的所有层面以及相关的机构和社会、经济环境②。产业关系的主体除劳资双方，还包括政府。产业关系中的"industrial"不限指工业，也包括服务业和公营部门，即指工作场所。这一称谓源于美国，在欧美国家使用比较广泛，强调劳资双方及其组织之间在工作场所和在整个社会的相互作用关系，并将这种关系看成是一个系统。

相对以上各种不同称谓，劳动关系则是一个最为宽泛和适应性最强的概念。这一概念实际上包容了上述概念的内涵。劳动关系作为一个更为通用的概念，不仅避免了所有制不同引起的概念差异，也避免了从不同政治立场或经济利益出发所引起的概念差异。这一概念具有概括性、客观性的特点，更能反映这一社会关系所具有的一般的特征①。

劳动关系这一概念也符合我国的使用习惯。因此，我国《劳动法》明确使用"劳动关系"这一表述，指出目前我国劳动关系的具体含义是指劳动者在运用劳动能力、实现劳动过程中与用人单位之间产生的经济社会关系。"在我国，劳动关系意义上的劳动，专指劳动者为谋生而从事的、履行劳动义务的、有组织、岗位相对固定的集体劳动。即除了具有一般的含义外，其还有特定的内涵。主要包括：①从主体上看，是以职工（雇员）身份所从事的劳动。②从目的上看，它是作为一种谋生手段的职业劳动，即为获取报酬作为其生活主要来源，而相对固定在一定劳动岗位所从事的劳动。③从性质上看，它是履行劳动法律义务的劳动。④从形式上看，它是用人单位内部有组织的集体劳动"③。

二、劳动关系的特征④

劳动关系的特征可以概括为以下几个方面：

1. 个别性与集体性

雇主向劳动者支付劳动报酬，劳动者向雇主让渡自己的劳动力而获得报酬，雇主与个别劳动者间形成雇佣与被雇佣的关系，这一关系是劳动关系最直接、最本质、最一般的基本构成形态，雇佣双方力量是不平衡的。为了维持和提高劳动者群体的共同利益，劳动者团体（主要是工会）作为相抗衡和协调的力量，也与

---

① 常凯. 劳动关系学. 北京：中国劳动社会保障出版社，2005. 14
② 卫民. 工会组织与劳工运动. 台北：国立空中大学，1993. 4
③ 邱小平. 劳动关系. 北京：中国劳动社会保障出版社，2004. 3，4
④ 程延园. 劳动关系学. 北京：中国劳动社会保障出版社，2005. 14，15

雇主及其组织间形成了互动关系。因此，从劳动关系主体看，劳动关系具有个别性和集体性。

2. 平等性与隶属性

一方面，在劳动力市场上，劳资双方都是自主的独立主体，双方平等协商完成劳动力的市场交换。另一方面，由于资本的稀缺性和独占性，它在劳动力市场上占有绝对的优势。劳动者让渡劳动力是为了获得报酬维持生活，在劳动过程中处于被管理和被支配的地位。因此，劳动关系主体双方间的关系，有平等性的一面，也有隶属性的一面。

3. 对等性与非对等性

就劳动关系双方相互间的权利义务而言，部分劳动者一方的义务（权利）正是雇主一方的某一特定权利（义务），如雇员按要求完成劳动任务与管理方如约支付劳动报酬。还有部分劳动者一方的义务（权利）并不对应雇主一方的某一特定权利（义务），如雇员的忠实义务与雇主的照顾义务。可见，双方之间的义务有些具有对等性，属于双方利益的互换；也有一些不具有对等性，属于伦理上的要求。

4. 经济性、法律性与社会性

雇主向雇员支付的工资，就性质而言是劳动力的价格，体现了劳动关系的经济性，在劳动关系中含有经济性要素。同时，资方和劳方通过依法协商达成双方权利义务的协议，是劳动关系在法律上的表现形式。劳动者在获取报酬的同时，还希望从工作中获得作为人所拥有的体面、尊严、归属感、成就感和满足，其经济要素和身份要素同时并存于同一法律关系中，其中以身份要素为劳动关系中的主要部分。

三、劳动关系的层级结构

劳动关系可以分为狭义的劳动关系和广义的劳动关系。狭义的劳动关系是指在具体的用人单位中劳动者个人及其组织（工会）与雇主及其组织之间的关系，包括个别劳动关系和集体劳动关系。广义的劳动关系是劳动者一方和雇主一方在产业或社会中的所有关系和相关的机构及社会、经济、政治法律环境等，可称为社会劳动关系。

个别劳动关系是单个劳动者与管理方（雇主）分别形成的雇佣与被雇佣的关系，即一个劳动者和雇主间的权利义务关系与另一个劳动者和雇主间的权利义务关系不但是相互独立的，而且往往是存在差异的。个别劳动关系主要涉及劳动行为的实现和劳动标准的保障。雇主追求的利润和劳动者追求的报酬之间存在此消彼长的关系，因此，个别劳动关系中包含了劳动关系构成的基本要素特点和矛盾冲突因素，体现了劳动关系作为一种社会经济关系的基本特点。劳动关系的从属性和劳动关系的人身性，主要体现在个别劳动关系中。

集体劳动关系是作为劳动者代表的工会与雇主及其组织间所形成的关系。在工会组织较普及的国家（地区），劳动关系可直接、具体地表现为工会与资方的关系。集体劳动关系最重要的特点是工会等劳工组织作为劳动者一方的代表，作为与资方相抗衡和协调的力量来介入，并针对众多劳动者个体的共同利益与资方进行平等协商，形成互动关系。在这个意义上，集体劳动关系是劳动者团体与资方之间的权利义务关系，即着眼于一个劳动者和雇主间的权利义务关系与其他劳动者个人和雇主间的权利义务关系的共性。个别劳动关系和集体劳动关系是在企业这一组织形式的内部形成和运行的，因此，两者又可统称为企业劳动关系。

企业中的劳动关系结构见图1-1。

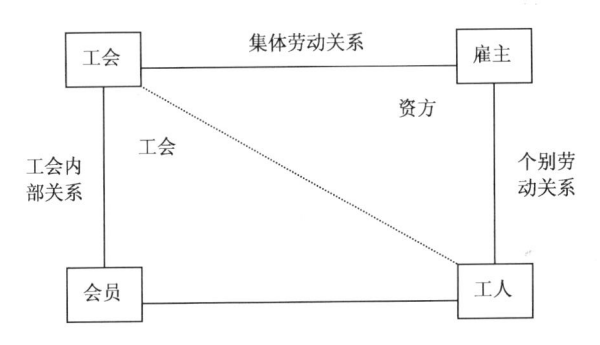

图1-1 企业劳动关系结构[①]

社会劳动关系是整个社会层面的劳动关系。在现代社会经济中，企业作为经济活动的基本单位和最主要的组织形式，构成了整个现代社会的最重要的组织方式和微观基础。社会劳动关系超越了企业劳动关系的层次，进一步展开到企业之外的环境。社会劳动关系最重要的特征是政府作为一个直接主体介入其中。社会劳动关系是一种宏观视角的劳动关系，是劳动关系的总体构成，包括了雇佣关系中的所有层面，不同层级的劳动关系由不同的劳动关系主体构成，并在劳动关系运行中发挥不同的作用，即社会劳动关系是一个由不同的劳动关系主体构成的劳动关系系统。

---

① 常凯. 劳动关系学. 北京：中国劳动社会保障出版社，2005. 12

第二节 劳动关系的外部环境

"雇员和雇主之间的雇佣关系不是发生于真空之中的"[①]。关于影响雇佣关系的因素，国外学者早已着手进行研究。

一、西方劳动关系理论对环境因素的研究[②]

美国学者邓洛普（John T. Dunlop）于1958年在《产业关系系统》（Industrial Relations Systems）一书中，最早在劳动关系研究中引入环境因素。他指出，产业关系系统是社会系统中的一个子系统，主要由主体、环境、意识形态、规则网络四个部分构成。影响（刺激或限制）劳动关系主体行为的环境因素分为以下三种：工作场所和工作团体的技术条件、行为者面对的市场或预算约束、行为者在整个社会中的权利关系和地位。之后，产业关系系统理论在邓洛普的研究基础上几经修改、完善。

美国学者桑德沃（M. H. Sandver）于1987年在《劳动关系：过程与结果》（Labor Relations: Process and Outcomes）一书中，分析了影响劳动关系及其管理运作的各项因素。这些因素包括个人因素、工作场所因素和环境因素。其中，环境因素是指工作场所以外的对工作场所劳动关系及其管理产生影响的各种社会经济因素，主要包括：经济因素、技术因素、政治与法律因素和思想意识因素。

在西方市场经济国家，尤其是北美国家，普遍接受的是由克雷格（Craig, 1988）在邓洛普的研究基础上构建的产业关系系统，如图1-2所示。

劳动关系系统是"现代社会系统中以劳动关系为基本关系所构成的包括劳动关系的内部构成和外部环境因素交流互动的有机整合体"[③]。有关产业关系系统的模型还有很多，在这里不再一一列举。

总而言之，尽管这些模型各自的侧重点并不相同，但在劳动关系的研究中都引入了环境因素，使人们对劳动关系的认识更全面、更深刻。

[①] P. Blyton, P. Turnbull. The Dynamics of Employee Relations. 2nd ed. Basingstoke: MacMillan, 1998

[②] 常凯. 劳动关系学. 北京：中国劳动社会保障出版社，2005. 85，86；程延园. 劳动关系. 北京：中国人民大学出版社，2002. 17～21

[③] 常凯. 劳动关系学. 北京：中国劳动社会保障出版社，2005. 15

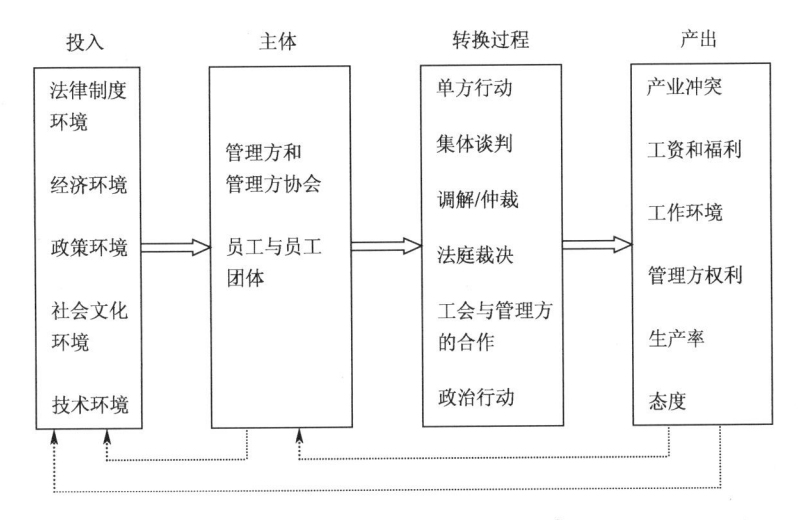

投入	主体	转换过程	产出
法律制度环境 经济环境 政策环境 社会文化环境 技术环境	管理方和管理方协会 员工与员工团体	单方行动 集体谈判 调解/仲裁 法庭裁决 工会与管理方的合作 政治行动	产业冲突 工资和福利 工作环境 管理方权利 生产率 态度

图 1-2 产业关系系统示意图①

二、影响劳动关系的环境因素

影响劳动关系的因素除了就业组织内部的因素之外，还有很多环境因素，这些因素称为劳动关系的外部环境②，或称为"工作发生的大环境"③。"这些环境既能刺激也能限制工作子系统中的组织"③。

影响劳动关系的环境因素可以归纳为三个方面：经济环境、政治法律环境和社会文化环境。

1. 经济环境

所谓经济环境，一般包括宏观经济状况，如经济增长速度和失业率；也包括更多的微观经济状况，如某一特定产品市场上雇主所要面对的竞争程度②。

经济环境能够改变劳动关系主体双方力量的对比。一方面，经济环境可能来自劳动力市场的变化，直接影响双方在劳动力市场上力量的消长；另一方面，经济环境也可能来自厂商所要面对的要素市场，要素市场的变化通过影响雇主的生产函数和员工的消费函数来改变双方的成本收益，从而带来各种关系的力量的变化。同样，偶发的经济冲击，以及有规律的经济周期都影响就业组织内部的劳动

---

① Morley Gunderson. Union-Management Relations in Canada. 3rd ed, Addison-Wesley Publish Limited, 1995. 8
② 程延园. 劳动关系学. 北京：中国劳动社会保障出版社，2005. 28
③ [英] 菲利普·李斯特，阿德里安·桑希尔，马克·桑得斯. 雇员关系：解析雇佣关系. 高嘉勇等译. 大连：东北财经大学出版社，2005. 2

关系调整机制。经济冲击往往会造成产量的骤减,不同的企业会因为对未来预期的不同而制定不同的人力资源政策。在经济周期的影响下,就业组织内部的调整也会随着经济的起落而变化。一般来说,经济处于繁荣阶段,雇员的力量就较强,管理方会做更多的让步;而经济处于低谷阶段,管理方让步的空间很小,雇员的力量相对较弱,在谈判和冲突中处于更不利的地位[1]。

市场的变化、技术的变化、就业结构和就业方式的变化以及影响财富分配的社会经济政策的改变,都会通过失业率、工资水平及结构影响劳动关系,而劳动关系的变化又反过来影响市场、技术、就业结构等经济变量[2]。

经济环境往往会首先影响劳动者的工资福利水平、就业、工作转换以及工人运动和工会的发展,其次会影响到产品的生产、工作岗位的设计、工作程序等,最后可能会间接影响劳动关系的整体状况[1]。

技术变革一向被视为影响劳动关系发展的重要因素之一。"自20世纪70年代以来,新技术对工作产生的大环境的冲击是非常巨大的,而且这种冲击正在以一种日益增加的速度发展"[3]。技术进步可能从以下方面影响劳动关系:其一,技术进步使生产率提高、就业岗位对技术的要求增高,促进了生产力的大发展和社会文明进步。但它同时给社会,特别是工人阶级带来了新的矛盾和问题,即传统产业对劳动力的需求下降,造成体力劳动者失业增加。而"面对产业结构的调整和居高不下的失业率,工会在集体谈判中不得不做出妥协与让步,从而影响了工会的凝聚力和战斗力"[4][5]。其二,伴随技术进步,产生了一些技术要求更高的新工作,非体力性就业增加,使企业更依赖关键技术人才和管理者,这些人才在劳动关系中的优势更大些。"技术进步和非体力性就业增长,体力劳动者失业增加,是近几十年来就业结构变化的主要特征"[6]。其三,信息传播技术的发展,使人们可以在家中与企业管理部门保持联系,这产生了一些对劳动关系有巨大影响的变化,如工会参与率下降,家庭工厂、自由职业者的发展以及非全日工作制的

---

[1] 程延园. 劳动关系学. 北京:中国劳动社会保障出版社,2005. 28,29

[2] 杨体仁,李丽林. 市场经济国家劳动关系:理论·制度·政策. 北京:中国劳动社会保障出版社,2000. 7

[3] [英]菲利普·李斯特,阿德里安·桑希尔,马克·桑得斯. 雇员关系:解析雇佣关系. 高嘉勇等译. 大连:东北财经大学出版社,2005. 33

[4] 郑桥. 劳动关系问题日益引起理论界关注——国外市场经济和劳动关系研讨会综述. 中国工运学院学报,1995,(2):68,69

[5] [英]马尔科姆·沃纳. 工商管理大百科全书(人力资源管理). 沈阳:辽宁教育出版社,1999. 175

[6] 杨体仁,李丽林. 市场经济国家劳动关系:理论·制度·政策. 北京:中国劳动社会保障出版社,2000. 8

产生等。近几十年来，部分工作时间制的发展对劳动关系也有显著影响，有利于女性将工作和家庭生活结合起来，也符合人们不愿长期受工作、合同的约束，追求自我发展的愿望。同时，它也要求就业组织及其管理战略变得更富有弹性[①]。总之，劳动关系每一次大的变化都与技术进步内在地联系在一起。

2. 政治法律环境

政治法律环境是影响劳动关系系统的另一个重要的外部环境。政治法律环境主要指总的政治形势及立法和司法现状，包括政治制度、党派关系、法律法规以及国家产业关系政策等[②]。政治环境是由参与决策的各派政治力量的主张（目标）和其他鼓动手段所构成。各派政治力量通过较量所形成的力量对比决定了政治格局。因此，政治环境在很大程度上是由执政的政党（集团）的意识形态和作风所决定的[③]。政府通过各种社会和经济政策影响劳动关系运行的一般环境，包括货币政策和财政政策、就业政策、教育和培训政策及其他政策等。其中，"就业政策对于劳动力市场以及就业组织中的劳动关系的影响最为直接。它往往通过供求状况的调整来改变劳动力市场双方的力量，以经济激励和惩罚措施来改变双方在就业组织内部的关系的力量。货币政策和财政政策也会通过宏观经济环境来影响各营利组织的劳动关系。另外，这两种政策还可能通过影响资本的价格，改变资本和劳动的价格比率来影响企业的雇佣决策和企业的劳动关系。教育和培训政策主要作用于人力资本投资的供求，改变劳动者的知识技术结构，从而改变不同种类的劳动力市场供求和企业的资本/劳动比重。因此，教育和培训政策对劳动关系具有更加长期的影响"[④]。

政府对劳动关系的影响还体现在"政府改变雇佣关系系统规则的权利和职权"[⑤]。劳动关系实际上是由利益交换形成的权利义务关系，在近现代社会中，它必然要受到法律的调整。以国家制定法为代表的正式、复杂的制度规则体系，构成了劳动关系的法律制度环境。这种法律制度环境，是近现代劳动关系得以存在和发展的基础条件。法律调整劳动关系有两个比较显著的特征，即对于劳动关系当事人的基本权利，特别是劳动权利、基本劳动条件，以强制性规范的方式建立劳动基准，当事人必须遵守，不得规避；在遵守法定的劳动基准的前提下，允

---

① 杨体仁，李丽林. 市场经济国家劳动关系：理论·制度·政策. 北京：中国劳动社会保障出版社，2000. 9
② 常凯. 劳动关系学. 北京：中国劳动社会保障出版社，2005. 94
③ 杨体仁，李丽林. 市场经济国家劳动关系：理论·制度·政策. 北京：中国劳动社会保障出版社，2000. 11
④ 程延园. 劳动关系学. 北京：中国劳动社会保障出版社，2005. 30
⑤ [英] 菲利普·李斯特，阿德里安·桑希尔，马克·桑得斯. 雇员关系：解析雇佣关系. 高嘉勇等译，大连：东北财经大学出版社，2005. 28

许当事人根据"意思自治"的原则,即双方平等、自由地协商达成一致意见,形成劳动关系的具体内容。目前,世界上大多数国家都制定了相关的法律来对本国的劳动关系管理进行最基本的行为规范。我国也初步形成了劳动关系的法律规制体系[1]。

3. 社会文化环境

劳动关系运行发展的另一个重要的影响因素是社会文化环境因素,它可以分为微观、中观和宏观三个层次。微观社会文化环境是指劳动者具体工作场所中的社会文化环境,实际上也就是工作群体文化环境,对劳动者的价值观、态度和积极性等有很大影响。中观社会文化环境是指具体的劳动组织或企业文化环境,主要是组织文化。宏观社会文化环境是一个社会特有的社会制度、社会结构、社会习俗和社会规范,在本质上是一种社会秩序,它对劳动者的劳动活动设置了制度与结构上的约束。

劳动关系的社会环境主要是指社会发展公平程度、社会价值观念的改变、人与人之间的等级关系的变化等。社会发展的公平程度直接或间接地影响劳动关系的格局、劳动关系双方的实力状况以及劳动关系的和谐程度。社会阶层结构的变化和重组,直接影响了劳动关系的构成和特点,劳动关系的直接构成主体——劳动者和雇主,也在这种社会结构变动中变动重组。在此过程中,劳动者特别是产业工人社会地位的下降和社会权利的缺失,已经成为影响劳动关系和谐与社会和谐的突出社会问题[2]。社会文化环境由各国、各地区甚至各工种的主流传统习惯、价值观、信仰等组成。社会文化环境对劳动关系的影响主要表现在两个方面:第一,一定的劳动关系是在一定的观念、态度和价值判断等社会文化背景基础上形成的。第二,社会文化环境对劳动关系还会产生一些具体而深入的影响。广泛的文化价值和意识形态实质上会形成对工作以及对从属性、依赖性和其他可变因素的关系的态度。

近几十年,市场经济国家社会环境的变化有某些趋向是近似的。两次世界大战后社会环境变化的一个重要特征是,"福利国家"的信条在各国不同程度地被接受,它的要点是主张社会成员之间贫富相济,政府应负担起教育、健康、保证充分就业的责任。社会福利减少了个人对工作的依赖,对既成的劳动关系提出挑战。经济繁荣、就业稳定和消费者市场的开拓,把青年人造就成一代更重物质享受的劳动力;教育的发展在增长了人们对周围世界了解的同时,也增进了人们的参与意识。20世纪70年代的世界性经济"滞胀",使"福利国家"的信条受到挑战,社会地位的差别进一步明显。工薪阶层长期以来的心态也开始动摇了。社

---

[1] 常凯. 劳动关系学. 北京:中国劳动社会保障出版社,2005. 96,97
[2] 常凯. 劳动关系学. 北京:中国劳动社会保障出版社,2005. 98~102

会环境的这些变化趋势不是在每个国家都同等程度地存在着，各国的社会环境有其独特的一面[①]。文化的影响是潜在、不易察觉的，它通过社会舆论和媒介来产生影响，对于违反社会文化规则的个人和组织，虽然惩罚不像法律那样具有强制性，但其作用却不可低估[②]。例如，在日本传统文化中，和谐是基本的社会交往规范，而纠纷与个人对抗则被认为是社会恶习。日本劳动关系中的许多特色性制度，无不反映了其传统文化的自然影响[③]。

综上所述，劳动关系的存在和发展，主要是其内在矛盾运动作用的结果，但在劳动关系的演变过程中，经济、政治法律和社会文化等外部环境因素也共同影响和制约着劳动关系的存在和发展。

三、全球化背景下劳动关系的环境变迁趋势及影响

第二次世界大战以后，特别是最近20年，因交通与信息业与新科技的快速发展，全球的社会、经济与文化结构都有非常大的变迁，这些变迁的速度与幅度比过去数百年来所累积的变化还要快、还要大。

1. 全球化背景下劳动关系环境变迁的主要趋势[④]

（1）国际化、自由化与全球化。第二次世界大战以后，交通与信息业，特别是信息与通信技术的发展，使交通成本大幅度下降，速度大幅度提升，过去不能自由移动的生产资料（如资本、技术与劳动力），现在可以快速、低廉地在全球各地自由流通。这样造成了全球经济的自由化、国际化，形成生产的国际分工。企业生存的环境发生了根本性的变化：它们面对的不再仅仅局限于国内市场，而且必须面对国际市场的激烈竞争。

（2）中产阶级的兴起与产品需求的多元化。第二次世界大战以后，经济的高速发展，造就了大批的中产阶级，这些人的需求不再是满足基本生存条件的衣食住行，而是多样化的衣食住行需求。由此，给企业带来新的压力，它们必须要生产多样化、特殊化的产品，以满足中产阶级各种不同的特殊需求，只有这样，才能生存。

（3）信息与通信技术的发展，促使了产业结构的合理化。制造业与服务业有整合的趋势，服务业因为信息与通信技术和新材料的发展，改变了过去生产与消费不可分割的情况，并使有形产品的重要性下降，而无形资产的重要性大幅度上

---

① 杨体仁，李丽林. 市场经济国家劳动关系：理论·制度·政策. 北京：中国劳动社会保障出版社，2000. 9~11
② 程延园. 劳动关系学. 北京：中国劳动社会保障出版社，2005. 31
③ 王君南，陈微波. 劳动关系与社会保险. 济南：山东人民出版社，2004. 18
④ 常凯. 劳动关系学. 北京：中国劳动社会保障出版社，2005. 86，87

升,脑力劳动的价值提升,个别部门甚至出现劳动雇佣资本的现象。这种情况直接影响了劳动关系的构成和特点。

(4) 政治民主化和法律规制缓和。经济发展提升了人民的教育程度和收入水平,高知识、高收入的中产阶级,要求政治民主化。政治民主化带来产业民主化,会引起企业的管理、劳动关系与人力资源管理发生重大的改变[1]。为了提升企业在国际市场上的竞争力,各国开始修改现行法律,尽量放松规制,以提升企业在管理上的弹性与应变能力。

2. 全球化背景下的环境变迁对劳动关系的影响[2]

当今世界,以经济全球化为先导、以资本全球化为中心展开的全球化进程,已呈不可阻挡之势。经济全球化使劳资关系格局发生巨变,向传统的劳资关系调控手段提出了挑战。劳资关系运行调整机制的失衡,既有新技术革命带来冲击的因素,也是政府政策选择的结果。在全球化进程中,不同国家的政府、不同国家的工会所做出的反应、所主张的观点是不同的。事实上,发达国家和发展中国家在经济、社会发展上,处在完全不同的起点和层面,全球化对发达国家和发展中国家的影响也是截然不同的。

发达国家政府的劳资关系经历了早期的放任自流—战后的积极干预—全球化背景下的又一次放任失控的过程。第二次世界大战以来,西方国家形成的劳资关系体系的最大特点就是,通过国家干预,政府对资本运行以及劳资关系构建了一套规范与制衡机制,从而保证了劳资关系的基本稳定和相对均衡的格局。在这一机制的建立过程中,工会是强大的推动力,政府则发挥了主导作用。过去几十年构建起来的相互制约、保持着相对均势的劳资关系体系,现在不得不面对资本的强大挑战。传统的、民族国家范围内的劳资关系调整机制失去了昔日的威力,政府对劳资关系的调控遭到重创,在劳资关系领域由立法和谈判所确立的许多强制性规范,逐渐被所谓"自愿协议"所取代。实际上是放任雇主在就业、劳动条件、劳动标准方面的随意性,劳工的职业越来越没有保障。面对全球性的失业问题以及资本的强大攻势,工会的权力和地位被削弱,严重影响到工会的生存和实力。

作为发展中国家,中国自 1978 年开始经济改革,国民经济保持了快速发展的势头,劳动关系总体上是稳定的。但随着多种经济成分的出现和发展,我国劳动关系领域发生了深刻的变化。主要表现在:①劳动关系类型的多样性和复杂性;②劳动关系主体利益的多元化;③劳动关系规范的合同化;④劳动关系运行

---

[1] J. Rifkin. The End of Work: The Decline of the Global Labor Force and the Dawn of the Post-market Era. New York: G. P. Putman's Sons, 1995

[2] 郑桥. 全球化与劳资关系. 新视野, 2001, (2): 59~61

的市场化；⑤劳动关系管理的法制化；⑥劳动关系矛盾逐年增多[①]。"世界经济一体化对我国劳动关系最基本的影响，即是促进了劳动关系的市场化"[②]。"在目前全球化，特别是加入WTO的大背景下，中国的劳动关系处在变动、重整的不稳定状态之中"[③]。

中国正处在市场经济发育初期。借鉴他国的经验，对于发展中国家来说，现在特别需要的是政府的适时调控。政府既要促进本国经济的发展，同时又有责任保护本国劳工的权益。只有政府调控与市场机制的有机结合，才是发展中国家应对全球化挑战的有效途径。

总之，由于整个政治、经济和社会环境的巨大变化，特别是全球化的加速发展，劳动关系的格局出现全新的特征，世界各国劳资关系力量对比处于一种极端不平衡状态中。资本的主导地位不断得到强化，劳方及其组织工会被迫转为守势，强资本、弱劳工的局面已经形成。

第三节 劳动关系的动态维度

所谓系统，是由相互作用和相互依赖的若干组成部分结合成的，具有特定功能的有机整体。系统本身又是它所从属的一个更大系统的组成部分。系统的一般特征是整体性、相关性和动态性。

一、劳动关系系统的构成和相互关系

劳动关系系统是现代社会系统中以劳动关系为基本关系所构成的包括劳动关系的内部构成和外部环境因素交流互动的有机整合体。全面认识这一系统，首先应从静态角度研究其整体构成及相互关系，进而应从动态角度考察其运行。

劳动关系系统的构成及相互关系如图1-3所示。

在这当中，政治和社会环境的投入是系统存在的社会条件；三方主体是系统的直接参与者；意识形态对于三方关系的处理发挥着重要的作用；三方博弈的结果又对劳动关系的环境产生影响；劳动关系系统运行或转换过程的结果或产出是规则，这种规则又反过来直接规范劳动关系的运行[④]。

---

① 张彦宁，陈兰通. 2005中国企业劳动关系状况报告. 北京：企业管理出版社，2005. 1~3
② 常凯. 世界经济一体化中我国劳动关系的调整. 中国工运学院学报，1996，(2)：25
③ 乔健. 两岸三地首次"劳资关系与劳工政策"研讨会综述. 中国工运学院学报，2000，(4)：78，79
④ 常凯. 劳动关系学. 北京：中国劳动社会保障出版社，2005. 17

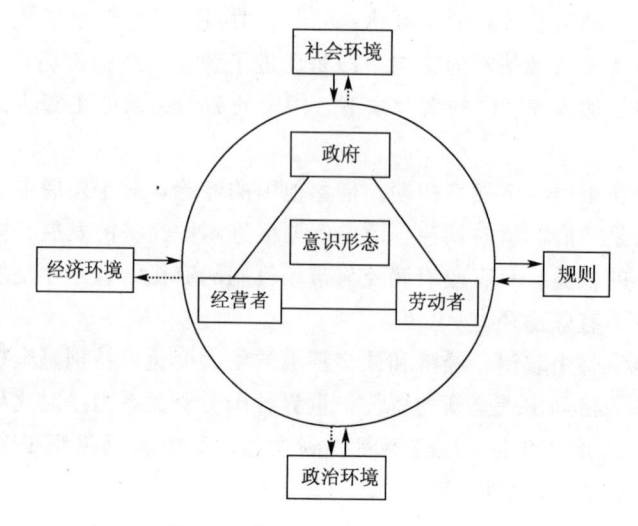

图 1-3　劳动关系系统示意图①

二、劳动关系系统的运行

"研究劳动关系系统的运行特点,找出其动态活动的规律,以建立有效的和良性的劳动关系运行机制,是劳动关系学研究的基本目的"②。

劳动关系系统的运行是指劳动关系系统的组织构成、权利分配以及关系处理及作用发挥的过程和方式。劳动关系的运行主要包括两个方面的内容:一是组织机构与相互关系,二是劳动关系处理的规则和程序。劳动关系运行的过程主要包括三个阶段:第一阶段,劳动关系的构成;第二阶段,劳动标准的确定和实施;第三阶段,劳动争议的处理和解决②。也有人认为:"劳动关系的运行,是指劳动关系形成和存续的动态过程。它表现为劳动关系的发生、延续、变更、中止、终止等一系列环节和在这些环节之间,劳动主体和用人主体相关权利和义务的实现。劳动关系运行过程中的各个环节分别由不同的事实引起和构成,并分别对劳动者和用人单位实现相互权利和义务起决定和制约作用。"③

劳动关系系统运行的基本形态通常表现为两种:冲突(conflict)和合作(cooperation)。在劳动关系中,劳动力和生产资料分别归属劳动者和资方。在雇佣和被雇佣的关系中,双方追求不同的利益目标,而两者的利益是直接冲突的,这是劳资双方冲突产生的深层根源。虽然冲突的根源使劳动者不愿意工作,但更

---

① John T. Dunlop. Industrial Relations Systems. New York: Henry Holt, 1958
② 常凯. 劳动关系学. 北京:中国劳动社会保障出版社,2005. 16
③ 邱小平. 劳动关系. 北京:中国劳动社会保障出版社,2004. 16

多劳动者还是选择从事工作,这是因为双方的利益还有一致性的一面,即存在合作的根源。事实上,劳动者比雇主更依赖雇佣关系的延续和稳定,大多数劳动者在获得劳动报酬的同时,还获得了心理满足。而管理方从自身长远利益出发,往往会做出一些让步,并且采用各种进步的管理手段来提高雇员的满意度。"冲突与合作是劳动关系系统运行中的一对矛盾,冲突和合作在劳动关系系统运行中会轮换出现,不是冲突,就是合作,而运行的基本方向则是劳动关系的合作。"[1]

劳动关系系统的运行需要两种功能:动力功能和约束功能。动力功能具有启动劳动关系并使之运行的作用;约束功能具有对这一运行加以控制的作用。从本质上来说,劳动关系系统的运行是以人们之间的经济利益关系为调节轴心的[1]。

三、劳动关系运行的规则[2]

劳动关系的运行和发展,一般可以分为三种状态,即良性运行和谐发展、中性运行常态发展、恶性运行畸形发展。促进劳动关系的良性运行,是劳动关系系统运行的基本目标,也是劳动关系系统运行机制的基本作用[1]。为此,必须要建立和完善劳动关系系统构成、运行和冲突处理的机制体系。所谓"机制",指机器的构造和工作原理,也借指有机体各部分的构造、功能特性及其相互联系、相互作用等[3]。

劳动关系系统的运行,是通过劳动关系运行的规则网络作为基本依据并予以规范和调整的。劳动关系的规则网络,是由法律、权力、传统和道德四个方面构成的。其中法律是最为基本和一般的规范手段,权力是政治领域的规范手段,传统是社会领域的规范手段,道德是一种价值理念的规范手段。这四种规范手段在不同的环境下其作用不同,其中法律规范是劳动关系规则网络的基本构成,这一构成按功能又分为程序规则和实体规则[2]。

1. 劳动关系运行的程序规则

劳动关系的程序规则,是指劳动关系系统运行中关系处理的方法和过程的规则要求。这种程序规则,是在劳动关系双方长期博弈的过程中形成并由法律或权力或传统或道德所认可的。劳动关系系统的运行规则首先是程序规则,没有程序规则就没有实体规则。

程序规则的内容涉及劳动关系系统运行的全过程,其具体规则主要包括:

---

[1] 常凯. 劳动关系学. 北京:中国劳动社会保障出版社,2005. 17
[2] 常凯. 劳动关系学. 北京:中国劳动社会保障出版社,2005. 18
[3] 新华词典编纂组. 新华词典(修订版). 北京:商务印书馆,1997. 405

个别劳动关系处理规则，即劳动者个人与雇主之间关系处理的规则。这一规则的基本方式即劳动合同制度。劳动合同是一种受到国家强制力规范的劳动合同当事人之间的合意。它是以合同当事人的自由意志为基础达成的，但为了保护合同当事人中的弱者——劳动者，合同的签订程序和内容均不得违反法律的强制规定。

集体劳动关系处理规则，即劳动者集体与雇主或雇主组织之间关系处理的规则。这一规则的基本方式是集体合同。集体合同作为劳资双方的自治合同，更加体现合同当事人双方的意志。当然，这种意志主要是靠当事人各自的力量及影响的程度来实现的。集体劳动关系处理规则，是劳动关系系统运行的核心规则。

劳动争议处理规则，实际上是劳动关系系统运行中的救济规则，是对前两个规则的补充。劳动争议处理规则，所直接涉及的已经是三方行为，即除了规范劳资双方的行为外，还需要规范政府的行为。

工人参与是一种将法定权利转化为权力或者说是影响力的过程。之所以有这种转化，一是决策涉及参与者的特定利益，利益驱使人们去参与和接受参与；二是参与者本身从总体上承认决策所涉及到的利益与自己的利益是一致的，他们只是想通过参与使决策变得更符合自己本身或组织的利益。工人参与对增进劳动关系主体双方的了解，消除意见分歧，把有可能造成重大利益冲突进而影响劳动关系稳定的因素和隐患清除于萌芽之中，都是非常有必要的。在这个意义上，工人参与是和谐劳动关系的保障机制[①]。

2. 劳动关系运行的实体规则

劳动关系的实体规则主要是指劳动关系各方权利义务的规定，实体规则的内容通常是由法律规定和认可。由于劳动关系的法律规范——劳动法的宗旨主要是保护劳动者，所以劳动关系实体规则的主要内容是关于劳动者权利即劳权的规定，其法律表现形式即劳工标准。所谓劳工标准，即劳动者权利的一般的或具体的或技术的规定。这些规定涉及劳动者的基本人权以及劳动条件和就业条件。按照权利主体的不同来区分，主要是劳动者个人权利的规定和劳动者集体权利的规定。

劳动者个人权利即个别劳权的规定。具体内容主要涉及劳动条件、劳动标准的确定和实施等。劳动者个人权利或个别劳权的规定，主要体现在劳动基准法等基本法律文件中。作为最低劳动标准，体现了国家在劳工权利方面的基本准则。这些规定主要包括劳动者在就业、工资、工时、劳动保护以及社会保障等方面的权利。其中工资、工时和劳动保护的权利是在企业劳动关系存续期间实现的。就业和社会保障的权利，则是在劳动者尚未进入企业劳动关系时才能够请求和享有

---

① 常凯. 劳动关系学. 北京：中国劳动社会保障出版社，2005. 305

的。按照我国《劳动法》的规定，劳动者个人的权利主要包括：劳动就业权、工资报酬权、休息休假权、社会保障权、职业安全卫生权、职业培训权、劳动争议提请处理权。

集体劳权又称劳动基本权，劳动基本权又称"生存权的基本权"，是相对于"自由权的基本权"而言的。劳动基本权的内容通常是指所谓"劳动三权"，即团结权、集体谈判权和集体行动权。第二次世界大战以后，民主参与权也发展成为劳动者基本权的内容。

集体劳权之所以又称劳动基本权，是因为劳动者的权利体系是以团结权为中心构成的。集体劳权是以个别劳权为基础形成的。集体劳权所体现的是劳动者一方或劳动者集体的利益和要求，而不仅是个别劳动者的利益和要求。集体劳权所反映的，是劳动力市场的劳动力提供者和劳动力使用者之间的力量对比和力量平衡的关系。劳动者只有认识并争取到集体劳权之后，才能在社会经济关系和劳动关系中确立自己的法律地位。集体劳权的实现程度，反映了劳资关系法制化和规范化的发展程度。在这当中，团结权是集体劳权最基础、最核心的权利。谈判权是集体劳权最主要的内容，是工会的基本的活动方式和手段。集体行动即罢工权的作用则在于保障团结权和谈判权的行使。

3. 劳动关系规则的其他分类

在劳动关系规则网络中，通过立法、法律赋予或达成合意而产生法律效力的规则，可称为劳动关系规范。劳动关系规范（的内容）"一般有法定劳动基准、集体合同、企业规章制度、劳动合同等四个层次。这四个层次的劳动关系规范的关系是法律效力递减、劳动条件递增的关系。其中，劳动基准作为外部规范，是其他所有企业内部形成的规则的依据"[①]。

劳动关系的规则网络非常复杂，还可以进行其他划分。如可分为行政性规范手段和市场化规范手段、正式的规范手段和非正式的规范手段等。

西方市场经济国家的劳资关系，伴随着工业化进程的发展，在不断的矛盾、斗争和调整中，历经多年的演变，逐渐形成了一整套比较健全规范的劳资关系调整体系[②]。如，日本调整劳动关系的组织机构，主要有政府的劳动行政部门、工会组织、雇主组织和劳动委员会。日本劳动关系的调整机制，大致有以下几种：立法调整、惯例调整、企业内的调整（劳资双方自主协商制度、苦情处理制度）、劳动争议处理、三方协商机制[③]。

---

① 常凯. 劳动关系学. 北京：中国劳动社会保障出版社，2005. 348
② 郑桥. 西方市场经济国家劳资关系的历史演变及其特点. 中国工运学院学报，1997，(3)：65
③ 劳动部日本劳动关系考察团. 日本劳动关系调整体系的概况及若干具体问题. 中国劳动科学，1995，(4)：43～46

过去 20 年，我国已经实现了从传统的计划经济体制的劳动关系向经济体制转型期的多样化劳动关系并存的转变。市场化的劳动关系对我国来说还是一个新课题。在经济与社会变革中处理好劳动关系，促进经济的发展，有利于社会的稳定，需要劳动者、企业、政府三方的共同努力。协调劳动关系不能只依赖于单一方法，至少需要运用四种机制：法律调节、政策调节、经济调节、道德调节[①]。

第四节 劳动关系的历史演进[②]

资本主义制度自诞生之日起，劳资矛盾、劳资斗争就一直没有停止过，基于不同经济利益的这种矛盾斗争贯穿于西方市场经济国家发展的各个历史阶段。在不同的历史时期，资本主义社会经济结构的具体特点不同，决定了在该时期劳动关系的表现方式和内容特征也各不相同。

一、资本原始积累时期的劳动关系

西欧资本主义的最初发展，起源于 15 世纪末的"地理大发现"之后开始的殖民掠夺，以及以英国的"羊吃人"的"圈地运动"为代表的对国内小资产者、农民的暴力剥夺。在积累资金并创造了大批自由劳动力的资本原始积累过程中，资本主义的萌芽不断成长。与此同时，伴随着封建社会的解体，资本主义的生产关系逐步形成。

资本原始积累阶段，是资本主义劳动关系的形成时期。此阶段的特点体现为：第一，劳动关系主体是以一种直接剥夺方式形成的。在封建制度瓦解的过程中，封建贵族、商人通过原始积累的方式蜕变为资本家，而劳动关系的另一方则在被剥夺的过程中变得一无所有。第二，在劳动关系形成过程中充斥着暴力与强制。无论是"圈地运动"，还是殖民掠夺和贩奴贸易，无不是使用暴力手段，迫使劳动者一无所有，成为资本家的剥削对象。第三，宗主国和殖民地的劳动关系并不同步。殖民地的资本主义早期经营所使用的劳动力除殖民地居民外，主要是通过奴隶贸易购买的非洲黑人。黑人仍然是奴隶，尚未真正成为雇佣劳动者，并不具备"自由"劳动者身份。

---

① 董克用. 中国经济体制改革以来劳动关系的变化与调节机制. 经济理论与经济管理, 2001, (4): 18～21

② 郑桥. 西方市场经济国家劳资关系的历史演变及其特点. 中国工运学院学报, 1997, (3): 65～67；常凯. 劳动关系学. 北京：中国劳动社会保障出版社, 2005. 34

二、自由竞争资本主义时期的劳动关系

从产业革命开始至19世纪下半叶，资本主义的发展处在自由竞争时期，国家对劳资关系采取"自由放任"政策。这一阶段的劳资矛盾主要表现为尖锐的阶级对抗和激烈的阶级冲突。

18世纪中期兴起的产业革命，标志着资本主义工业化的开端。生产技术的划时代变革，推动了生产的发展和社会的进步，也为资本家带来了巨额的利润，但却使普通工人的生活状况急剧恶化。资本家为了榨取尽可能多的剩余价值，对工人采用最残酷、最原始的剥削方式。工人成了机器的附属品。劳资矛盾处于尖锐的对抗之中。面对资本的残酷压榨，工人们奋起反抗。但是，早期的工人斗争多是自发的、分散的行动，绝大部分都以失败告终。工人从实践中开始意识到联合起来的必要性。于是，在一些行业中开始出现了最初的工人组织，这便是早期的工会。对于早期的工人组织，雇主进行了激烈的抵制，代表雇主利益的资产阶级政府则用法律对之加以限制。当时资本主义各国的立法都禁止工人结社、罢工和示威，英国1799~1800年颁布的《劳工结社禁止法》和法国1791年颁布的《夏勃里埃法》就是这类法律的典型代表。当时的政府标榜自己的主要职责是保证"自由竞争"，将劳资关系问题交由劳资双方去处理，官方不予干涉。这种"自由放任"政策，在资方明显处于优势而劳方处于绝对劣势的劳资关系格局中，实际上是放任、纵容雇主，限制、打击劳工的政策。

综上所述，西方国家这一时期劳资关系的演变具有以下几个特点：第一，劳资双方形成两大直接对立的阶级，劳资矛盾的焦点主要集中在劳动者最基本劳动条件的改善上；第二，劳工运动总体上处于分散、个别和局部的状态，工人群众有组织的、联合的进程面临着来自政府与雇主的巨大阻力；第三，阶级斗争尖锐化，在劳资关系中，资方占绝对优势的地位，劳资矛盾多以激烈对抗和冲突的方式表现出来，劳资关系呈不稳定状态；第四，政府对劳资关系采取"自由放任"政策，在表面自由的背后，立法和政策明显向雇主一方倾斜。

三、垄断资本主义时期的劳动关系

19世纪下半叶至20世纪初，资本主义各国经济开始从自由竞争向垄断过渡，政府对劳资关系的调整从"自由放任"转向国家干预政策。

工人阶级的斗争和工会运动的发展，没有因为雇主和政府的镇压而停止。在工人运动的强大压力下，西方国家政府被迫相继废除了禁止结社的法律，各国的工会组织获得了空前的发展。与此同时，一大批社会主义政党也开始在欧美各国

出现。工人运动力量的增强,使劳资关系中的力量对比发生变化。同时,随着社会经济的发展和政治制度民主化的推进,劳资斗争的方式出现了一些变化。工会代表劳工与雇主谈判的方式开始在个别国家的个别企业出现。面对这种形势,欧美各国政府逐渐改变了资本主义发展初期"自由放任"的劳资关系政策,转而采取国家干预政策。这一点,首先体现在立法上。早在1802年,英国通过第一个现代意义上的劳动法——《学徒健康和道德法》,其后,各国相继通过了类似的立法。工厂法、劳动保护法、劳动保险法、工会法、劳动争议处理法等法律大量出台,相应的劳动行政管理机构也开始出现。1904年新西兰出现了第一个比较规范的集体合同法。从此,集体谈判制度也开始得到国家法律的承认和保护。国家干预在劳资关系领域全面铺开。

归纳起来,在这一阶段西方国家劳资关系的特点是:第一,劳资矛盾的焦点依然如旧,但是矛盾的激烈程度和表现方式发生了一些变化。除了传统的对抗斗争方式以外,经过谈判—罢工—再谈判的反复较量,集体谈判制度终于得到了确认,成为解决劳资矛盾的又一途径。第二,由于工人罢工斗争的发展、工会组织的广泛建立以及社会主义运动的出现,劳资力量对比发生改变,日趋强大的、有组织的劳工运动,迫使资方及其政府做出让步,从而在一定程度上改善和缓解了劳资矛盾。第三,政府调整和改变了劳资关系政策,从对劳资关系领域的自由放任政策转向国家干预政策,大量劳工立法的出现以及相应机构的建立,使劳资关系的调整开始向有序化、法律化方向迈进。

四、两次世界大战之间的劳动关系

20世纪上半叶的两次世界大战期间,在劳资关系领域可以说是一个过渡期,从初期的国家干预向下一阶段全面进入制度化、法制化过渡。

在此阶段,世界经历了两次世界大战和历史上最严重的经济危机。第一次世界大战结束时,世界上出现了第一个社会主义国家苏联,这对饱受战争苦难的各国工人阶级是一个极大的鼓舞。工人阶级不仅继续要求改善劳动和生活条件,而且要求参与生产经营和管理。面对巨大的社会压力,西方各国政府进一步加强劳动行政管理工作,完善劳动立法,健全有关机构,扩展劳动监察的领域和范围,更加全面地干预劳资关系的方方面面。20世纪二三十年代,资本主义世界发生了空前严重的经济危机,大量企业破产和工人失业,使劳资关系重新紧张起来。为了缓解失业,政府加强了对劳动力市场的宏观干预。与此同时,社会保险制度开始出现并迅速推广,成为缓和劳资关系的一道社会安全网。战争和经济危机之后,由于进行了大量的固定资产更新,经济发展出现了新的高涨,这对劳动过程的科学管理提出了新的要求。在这基础上,以工人参与企业管理为主要内容的产业民主化运动开始兴起。从1904年新西兰的集体谈判立法出现以后，集体谈判、集体协议制度逐渐在各国兴起。政府则为谈判创造条件，提供调节和仲裁及其他服务。迫于工人运动的压力，在劳动立法过程中，政府从开始的只邀请雇主代表转变为也邀请工人代表参与协商。劳动关系三方格局的萌芽在这一阶段开始出现。一些国家还成立了一些由三方参加的机构，如劳资协议会等。

归纳起来，这一阶段劳动关系的特点是：第一，战争、危机和革命极大地刺激了这一阶段劳资关系的发展，劳资关系领域的许多重大变化都受到这些因素的影响。第二，国家的劳动行政管理工作获得了空前的发展，成为政府宏观调节劳资关系的主要手段。第三，工业民主化、集体谈判制度和三方格局的出现，使协调劳资关系的方式更加丰富、内容更加宽泛。

五、第二次世界大战以后的劳动关系

第二次世界大战以后即当代资本主义时期，在第三次技术革命和社会改革浪潮的推动下，劳资关系发生了重大的转折性变化。劳资关系协调体制从法律规范到制度机制，都日趋健全和完善，劳资关系的总态势是缓和中有对抗，对抗中求合作、求制衡。

第二次世界大战后，世界范围的人民革命高潮，对西方各国政府形成了一股巨大的社会压力，为了维持国内产业和平，消除潜在的革命情绪，西方工业化国家采取了一系列措施。随着国家垄断资本主义的发展，政府进一步加强了对劳资关系、对劳动力再生产的全面干预，并形成了一整套规范化、制度化的法律体系和调整机制。以英国为首的"福利国家"的出现，意味着社会保障制度的完善及福利水平的提高，这在某种程度上保证了相当长时期的社会稳定。

与战前相比，这一阶段劳资关系发展的总态势是趋于缓和，劳资之间大规模的激烈对抗冲突相对减少，取而代之的是日常的、规范化、有组织的行为，如劳资协议制、集体谈判制度、三方协商等。当然，也不排除在某些国家、某些历史时期劳资矛盾激化，引发出一些大规模的劳资冲突，如1968年法国的"五月风暴"、20世纪80年代英国煤矿工人大罢工等。争取民主参与权，成为战后劳资关系中一项新的重要内容。工人参与权不仅体现在企业的生产经营领域，而且涉及到国家劳动立法和有关社会政策的制定。战后，三方制原则成为市场经济国家产业关系的基本格局和主要运行机制。在劳资关系领域，政府所起的作用是规范劳资双方的行为，相对平衡双方的实力。劳资双方的矛盾和问题，更多地是由当事者双方依法解决。

归纳起来，这一阶段劳动关系呈现出许多新特征：第一，劳资关系焦点仍然集中在社会劳动问题上，同时，争取广泛的民主参与权也成为劳资关系中非常重要的内容。第二,劳资关系时而紧张,时而缓和,总的趋势是向缓和、合作方向发展。第三,国家用以调整劳资关系的手段趋于完备,立法体系不断完善,社会保障制度和福利水平的提高,三方格局的形成,都为劳资关系的稳定创造了有利条件。第四,劳资关系的运行方式发展成一种有序的组织行为,解决劳资矛盾、劳资争端的途径趋于制度化、法律化。

进入21世纪,世界各国尤其是西方发达国家的劳资关系还在不断呈现出新的变化和特征。

▷本章小结

劳动关系,是指劳动力的提供者与劳动力使用者双方以及相关组织为实现劳动过程所构成的社会经济关系的统称。在不同的国家或不同的体制下,劳动关系又有着不同的称谓。从属性的雇佣关系是市场经济条件下劳动关系的基本特征。个别劳动关系、集体劳动关系和社会劳动关系表明了劳动关系的层次结构。

影响劳动关系的外部环境可以归纳为经济环境、政治法律环境和社会文化环境三个方面。

劳动关系系统是现代社会系统中以劳动关系为基本关系所构成的包括劳动关系的内部构成和外部环境因素交流互动的有机整合体。全面认识这一系统,应从静态和动态(劳动关系运行及运行规则)角度考察。

西方市场经济国家发展的历史阶段大体分五个时期:资本原始积累时期、自由竞争资本主义时期、垄断资本主义时期、两次世界大战之间和第二次世界大战以后。在这五个时期,劳动关系一直处于不断的变动中,因而各时期都具有不同的特点。

▷关键术语

劳动关系 劳动关系的相关概念 劳动关系的层级结构 劳动关系环境 劳动关系系统 劳动关系系统运行 劳动关系运行的程序规则 劳动关系运行的实体规则

▷案例 维权屡遭"马拉松",谁来维护劳动者权益?[*]

2004年1月12日,34岁的重庆垫江籍农民工谭书志从工地9米高的龙门塔

---

[*] 李国,王慧,杨洋. 农民工维权遭遇"程序马拉松". http://acftu.people.com.cn/GB/67561/4681416.html. 2006-08-09

吊上摔下，脑部受伤成为植物人。从此，谭的家人开始了长达两年多的维权之路。

尽管伤者因为无钱治疗身体已经开始萎缩，尽管事实已经清楚，但由于程序还没有走完，谭书志没有办法拿到赔偿。

2003年10月，谭书志到重棉三厂女工宿舍危房改造工程工地打工，该工程由重庆市璧山县第三建筑工程有限公司负责。2004年1月12日上午，谭和几个工人一起抬阳台板时从9米高的龙门塔吊上摔下，当即昏迷不醒。事后，璧山三建将谭送到医院治疗，并支付了7.9万元的初期医疗费用。但在谭的病情有所好转时，璧山三建不再支付费用。而此时谭家已经一贫如洗。由于欠费7万多元，院方对恢复了少许知觉的谭停止用药。

2004年2月，谭的家人向事故发生地——重庆市南岸区劳动局申请工伤认定。在工伤认定书发出后，璧山三建以该劳动局无管辖权为由提起行政复议。同年11月1日南岸区劳动局撤销了工伤认定决定书。谭的家人只得向璧山三建所在地的璧山县劳动局提出工伤认定请求。该局称："璧山三建已与谭书志解除了劳动关系，谭不是在工作时间因工作原因受伤，不属工伤。"

谭家人不服这一认定，随后又向重庆市劳动和社会保障局提起行政复议。此时，其代理律师陈敦荣发现：在南岸区劳动局调查取证时，没有一个被调查人说谭书志是跳楼自杀，而在璧山县劳动局的材料中，好几个人都提到了谭是因自杀造成的重伤。与此同时，有一份签署日期是在谭坠楼三天前的解除劳动关系的证明材料，在南岸区劳动部门调查取证时并未出现。

在陈律师的努力下，当时的带班王国兴在2005年4月向重庆市劳动部门讲出实情：在璧山劳动局决定书做出的前几天，工程负责人答应把工程的欠款付给他们，条件是说谭是自杀，并拿出一份"解除合同通知"，要求他和另一名带班袁付平签名。

重庆市劳动部门经过调查取证，于2005年5月26日撤销了璧山县劳动部门的认定。此时，璧山三建一纸诉状，将重庆市劳动和社会保障局诉到渝中区法院。一审法院驳回了璧山三建的诉讼请求。重庆市一中院将于近期做出二审终审判决。

但陈律师告诉记者，就算是等到了工伤认定的法院判决，还要先向劳动仲裁部门提起仲裁请求，如果双方对赔偿金额不服可以向法院提起诉讼。这样又转化成工伤理赔的民事案件。如果把这些法律程序走完，最快还要一年的时间。但是，如果出现与在前面的行政诉讼中相似的情况，就还要三四年时间谭的家人才能拿到赔偿。

据从事工伤维权工作多年的北京市国联律师所律师黄乐平提供的数据：在不考虑文书送达、转移卷宗材料及各机构内部运作延误时间的情况下，法定时效内，走完工伤维权所有程序需要 1286 天（约 3 年半），如果用人单位存心设置障碍，这个时间可以长达 1932 天（5 年多）。另外，考虑到工伤处理的实务操作中，存在劳动部门认识错误不予认定工伤或者在工伤认定过程中程序不当而被行政诉讼判决撤销，劳动部门需重新做出工伤认定结论，而行政复议、行政诉讼的一审、二审程序也因此需要重新再来一遍，经历这些程序大约还需要费时 410 天左右。

在医院，谭书志的主治医生告诉记者，目前谭的身体已经开始萎缩。

职工在工伤维权中，有时本来是一起很简单的工伤赔偿案件，烦琐的程序却让维权之路几经周折，法律的不足让一些涉案用人单位钻了空子。如何精简法律程序调整赔偿系统，使之适应市场经济体制的要求，是一个亟待解决的问题。

复习思考题

1. 简述劳动关系的概念。试解释劳动关系的相关概念。
2. 简述劳动关系的特征。
3. 试析劳动关系的层级结构。
4. 简述劳动关系系统的概念。试析劳动关系系统的构成。
5. 简述劳动关系系统运行的程序规则和实体规则。
6. 简述西方市场经济国家劳动关系演进的各历史阶段的特征。

第二章

劳动关系的类型比较

第一节 劳动关系类型比较概述

一、劳动关系类型的主要划分方法

劳动关系的类型相当复杂，可依照不同的标准进行多种分类。在不同国家或同一国家的不同历史时期和不同的经济发展阶段，劳动关系的分类方法及其法律意义都不尽相同。为了从纷繁复杂的劳动关系中把握规律性的特征，学者们根据研究的需要，依据各自不同的分类标准把劳动关系分为不同的类型，主要的划分方法可归纳如下。

1. 根据劳动关系双方利益关系的性质和处理原则划分

劳动关系双方的利益关系的性质和特点，不仅受所有制以及经济体制和政治体制的影响，而且还受到一个国家或地区的历史传统、经济发展和文化积淀的影响[1]。根据劳动关系双方利益关系的性质和利益关系的处理原则的不同，劳动关系可分为利益冲突型、利益一体型、利益协调型等三种类型。这种劳动关系的划分同企业内部的管理思想也是相关的。这种划分把时间要素（不同历史时期）与国别要素（有代表性的国家）、劳动关系的状态（冲突或协调）与调整方式（一体或多元）综合在了一起，这些复杂要素相互之间往往会出现交叉和重叠[2]。

---

[1] 常凯.劳动关系·劳动者·劳权——当代中国的劳动问题.北京：中国劳动出版社，1995. 8
[2] 常凯.劳动关系学.北京：中国劳动社会保障出版社，2005. 67

(1) 利益冲突型的劳动关系。

利益冲突型的劳动关系强调和注重劳资关系双方的各自利益和不同立场，阶级分野和劳资阵营的对峙比较分明，劳资矛盾和劳资冲突也比较突出。其特点是，在关于劳资双方利益关系上，还存在明显的矛盾和冲突，各自都在强调自己的利益和要求。在这种情况下，一般都会有强大的工会存在。作为劳动者的代表，工会积极组织工人争取自己的利益，其手段包括集体谈判、罢工甚至其他社会行动。阶级斗争理论是指导工人斗争的基本原则。劳资关系在冲突、斗争、妥协中维系和发展。这种类型的劳动关系，在更大程度上是属于一种传统型的劳动关系，第二次世界大战以前的资本主义各国大都属于这一类型。就当代而言，英国由于历史的和法律的原因，其劳资关系在整体上更接近这一类型。马克思主义理论所谈及和论述的也主要是这种类型的劳动关系。

(2) 利益一体型的劳动关系。

利益一体型的劳动关系，可称之为当代东方型的劳动关系。这种类型的劳动关系，强调劳动关系主体双方的利益一致性，并且往往以企业或雇主为中心，通过密切合作形成利益共同体。其特点是，强调企业目标和组织机构的单一性原则，赋予管理方权威性，主张对员工实行激励的办法，通过企业内部的管理制度和激励机制来协调双方之间的利益关系。劳资合作或利益一体的理论是这种劳动关系的理论依据。这一类的劳动关系，在资本主义国家和社会主义国家都有。亚洲一些资本主义国家如日本、韩国、新加坡等的劳动关系大都属于这一类型。就整体而言，日本的劳动关系模式更具备劳资关系一体性的典型特征。在日本的企业中，企业家族观念和企业团队精神为其企业文化的基本内容。雇主比较注意培养和加强与工人的经济和感情联系，并在劳动制度上予以体现，如日本的"年功序列工资制度"、"员工持股制度"以及"终身雇佣制度"等。工人也以效忠企业和服务企业为使命，勤勉工作。"以厂为家"是许多日本人的工作信条。与此同时，日本劳动者的工会意识则明显下降。工会的组织率和对于会员的号召力、凝聚力也大大降低。

利益一体型的劳动关系，也是实行计划经济的社会主义国家劳动关系的基本特点。经济体制改革以前的我国的劳动关系，基本上属于这种类型。需要说明的是，这种利益一体与资本主义的劳资利益一体在性质和表现上有所不同。在这一类的企业中，强调和实行的利益一致即利益一体，具体的表现即为职工个人的利益都包容在企业和国家的利益中，职工的利益是由国家和企业来代表的。因此，在劳动关系的构成和利益关系的处理中，劳动者并没有作为真正的利益主体来参与和处理有关劳动关系的事务。在这种劳动关系中，工会也存在，但并不是作为职工利益的代表，而是作为政府和企业的行政助手而发挥作用[①]。

(3) 利益协调型的劳动关系。

利益协调型的劳动关系可称之为当代西方型的劳动关系。这种类型的劳动关系，是以劳资双方权利对等和地位平等为基础建立起来的，管理方和员工在人格和法律上是平等的，双方相互享有权利与义务，在处理双方利益关系的时候，遵循对等协商的原则；强调劳资双方在利益差别基础上的合作，主张通过规范双方的权利义务和双方的平等协商谈判，来保障双方各自的合法权益并实现共同的利益。从法律上看，利益协调型的劳动关系是以近代劳动立法中的契约精神为依据构建的。从经济发展上看，利益协调型的劳动关系是以近代产业发展所要求的产业民主为出发点的。在现代产业关系中，劳资双方构成了生产过程的两大主体，双方在相互关系上是互为独立和互为存在前提的，劳动者作为独立的主体，并不是雇主的附属物。因而，在生产过程中特别是在劳动问题的处理上，劳动者也应是主动的参与决定的力量，而且，劳动者的参与还应该进一步涉及到企业经营管理的全过程。我国劳动关系构建的目标取向是有中国特色的利益协调型的劳动关系。

当代西方发达的市场经济国家的劳动关系虽然在具体形式上各不相同，但在劳动关系的性质类型上大多属于这一类型，其中以德国最具有典型性。德国劳动关系的主要特征包括，资方团体和工会组织均能独立而健全地存在并发挥作用，集体谈判和集体合同是处理劳资关系的基本形式，工业民主制度健全，特别是"劳资共决制"的广泛实行，使得工人参与的权利得到有效的保证，并使劳资利益协调和合作得以顺利进行。这种类型的劳动关系，不仅使劳资双方的关系比较和谐稳定，而且社会和经济也能够稳定发展。

按照上述划分方法，中国的劳动关系演变的历程和趋势，可概括为由利益一体型通过利益分化向利益协调型转变。利益一体是计划经济下的行政化和政治化的劳动关系的基本目的和基本要求，利益协调则是市场经济下的劳动关系的基本要求。但这种变化就目前而言还只是一种趋向。中国现实的劳动关系呈现出一种明显带有过渡性质的新旧交替状态。

2. 根据管理方与劳动者的力量对比划分

依据管理方与劳动者两种力量的对比，劳动关系可划分为三种类型：均衡型、倾斜型和政府主导型[②]。

所谓均衡型劳动关系，是指劳动关系双方的力量相差不大，能够相互制衡。

---

① Andrew Walder. 共产党社会的新传统主义. 牛津大学出版社，1996年中文版. 183；常凯. 劳动关系学. 中国劳动社会保障出版社，2005. 129

② 程延园. 劳动关系. 北京：中国人民大学出版社，2002. 10

该类型的劳动关系主要表现为：在相关法律和制度的保障下，劳动者和工会的代表有权了解就业组织内部信息，就业组织的基本生产经营决策由管理方和劳动者及其代表或工会双方参与，协商制定。

所谓倾斜型劳动关系，是指劳动关系双方的力量相差悬殊，一方在组织运行中起主要作用，并支配另一方的行为。该类型又可分为两种情况，即向管理方倾斜和向雇员方倾斜。在当今世界经济中，尤其是发展中国家，前者较为普遍，后者仅存在于少数经济体系中。

所谓政府主导型劳动关系，是指政府是控制劳动关系的主要力量，并且决定劳动关系的具体事务。新加坡是比较典型的政府主导型国家。我国计划经济体制时代的企业和员工的关系，基本上也属于这种类型。

3. 根据不同的经济体制划分

劳动关系根据不同的经济体制可划分为计划经济体制下的劳动关系和市场经济体制下的劳动关系。

劳动关系就其实质而言，是一种经济利益关系。在计划经济体制下，劳动关系作为一种经济利益关系的本质特点被掩饰，或被曲折地表现出来。计划经济下的这种劳动关系，是基于一定的政治模式而构建的，社会对于劳动关系所强调的是其政治性。在这一关系的实际存在和运行当中，所奉行和贯彻的是以政治为最高准则，以经济服从政治为基本原则。例如，在劳动关系双方的关系原则上，企业对于职工强调的是体现社会主义的优越性，职工对于企业则强调要为社会主义作贡献。因而，计划经济下的劳动关系，只能是以行政化的方式来维持其运行，来贯彻其政治意图和政治原则，而经济利益在相当程度上则成了政治原则的体现和注释。

在市场经济体制下，劳动关系恢复了其经济关系和利益关系的原本性质。经济关系的核心是利益关系，利益是市场经济的基本驱动力，劳动关系作为一种最直接、最本质、最具体的经济关系，其核心或基本出发点是利益，而利益本身即是一种关系，利益是在各个不同的利益主体之间体现和实现的。利益就其本原和基础意义而言，是经济利益，但同时涉及政治利益和社会利益。在向市场经济过渡中，这种劳动关系的存在、运行和关系处理，必须通过市场机制来实现。劳动关系由行政化、政治化向市场化、利益化转变。

中国的劳动关系正经历着由计划经济体制下的劳动关系向市场经济体制下的劳动关系转变的过程。从这一角度对劳动关系进行分类，对于把握我国转型期劳动关系的发展方向具有重要的指导意义，本章第二节将对此进行详细阐述。

4. 根据生产资料所有制的性质划分

一般说来，生产资料的所有制性质，是决定和影响劳动关系性质和特点的基本因素。依据生产资料所有制的性质对劳动关系进行分类仍然有现实意义，在我国这种划分方法一直运用得比较普遍。由于所有制性质的不同，在不同所有制的企业中，其劳动关系的具体特点和表现也有所不同。在许多国家，都把劳动关系按生产资料所有制划分为私营劳动关系和国营劳动关系。如果就其所有制的性质划分，目前我国的劳动关系大致可分为三种类型：公有经济的劳动关系、混合经济的劳动关系、私有经济的劳动关系。如果进行更详细的划分，可以分为国有企业的劳动关系、集体所有制企业的劳动关系、股份制企业的劳动关系、股份合作制企业的劳动关系、私营企业的劳动关系、个体经济组织的劳动关系、外商投资企业的劳动关系等。

在国有企业中，生产资料归国家所有，企业隶属于政府，由政府代表国家行使所有权。在职工与国有企业建立的劳动关系中，企业只是与职工进行劳动交换的形式主体，企业背后的真正主体是国家。在计划经济体制下，国有企业由政府直接负责经营管理，企业没有自主权，其职工具有国家职工的身份，职工与企业的劳动关系的各个方面均由政府确定。在市场经济体制下，国有企业具有独立的法人资格，并享有充分的自主权，企业成为劳动力市场的主体，因而也是与职工进行劳动交换的主体；不过，职工与企业的劳动关系也在一定程度上受到政府的制约。

在集体所有制企业中，生产资料归本企业全体职工集体所有，即每个职工都是所有者中的一员。同时，职工又是与企业建立劳动关系的劳动者，与企业进行劳资交换。因此，集体所有制企业职工具有双重身份。在这种情况下，每个职工既享有作为所有者的合法权益，其中包括参与企业管理以及决定利益分配的权利，又作为一个普通劳动者接受企业的劳动管理，并履行自己的责任和义务，也相应享有劳动者的合法权益。

股份制是市场经济发展的产物，是在市场经济中进行资源有效配置和提高经济效益的一种占主导地位的企业组织形式与经营管理机制。现代企业制度就是以股份制企业为主要形式的。股份制企业的性质是由控股权归属者的性质和利益主导关系所决定的。在股份制企业中，产权关系十分明晰，所有权与经营权相分离，劳动关系双方的主体地位也很明确，劳动交换的权力结构以及利益格局比较规范。同时，劳动关系的建立、维持、调整和终止都主要通过市场机制来运作。在股份制企业中，职工既可以通过购买本企业的股票而成为股东中的一员，从而具有双重身份，也可以不买本企业的股票，只作为企业的雇员。职工是否拥有本企业的股票对于职工与企业之间的劳动关系通常并没有显著的影响。

股份合作制是两个或两个以上劳动者或投资者，按照章程或协议，以资金、实物、技术、土地使用权等作为股份，自愿组织起来，依法从事生产经营或服务活动，实行民主决策与管理，按劳分配与按资分红相结合，并留有公共积累的企业法人或经济实体[①]。在股份合作制企业中，企业资产是由全体职工分别按一定份额出资所构成的。股份合作制的基础是劳动合作，虽然在形式上也采取股份制的某些做法，但与股份制那种股权式合资的财产组织方式不同，它在本质上是合作经济股份制。同时，它与未将产权量化到职工的集体所有制企业也明显不同。在这种企业中，职工具有股东和劳动者的双重身份，职工与企业之间形成比较紧密的利益共同体。

在私营企业中，生产资料所有权全部归雇主（即资本家）所有。在这种私有制基础上的劳动关系是一种雇佣关系，是具有阶级剥削性质的劳资关系。雇主不仅占有和支配生产资料以及剩余价值，而且一般都直接掌管企业的生产经营权、工资分配权、劳动力支配使用权等，雇主在企业和劳资关系中占主导地位。雇员只是出卖自己劳动力的雇佣劳动者，处于被雇佣、被管理、被压迫、被剥削的地位。劳资双方在利益上是根本对立的，劳资关系也是不平等的。

个体经济是以私有制为基础的，并以生产资料所有者从事个体劳动为特征的一种经济类型。在个体经济中，一类是以自营职业者为主体，即通常被称为自谋职业的个体户，这种个体户既是所有者，又是劳动者，一般以单干为主；另一类是有雇工的个体工商户，即业主雇佣一个或几个雇工。按我国有关规定，个体工商户雇用人数在7人以下，如果业主雇工人数在8人以上，就应登记为私营企业。因此，在个体经济领域，如果存在雇佣现象，就会产生劳资关系。

在中国的外商投资经济主要包括外商独资企业、中外合资企业、中外合作经营企业三种类型。在外商独资企业中，生产资料所有权全部归外商拥有，由外商全权掌握企业的经营管理，企业具有资本主义性质，这就决定了劳资关系是一种雇佣劳动关系。中外合资企业一般都实行股份制，而中外合作经营企业则属于契约式的联营企业，在这两种企业中的生产资料分别由中外投资双方各拥有一部分，其中外商所有的资产属于私有性质，中方资产的性质则由投资方的所有制类型而定。因此，后两种企业的劳动关系比较复杂，职工在企业中只具有雇员身份，这种劳动关系也是一种雇佣性的劳资关系。不过，外商投资企业在中国境内必须遵守社会主义制度下的法律法规，这就使外商投资企业的劳资关系与资本主义国家的劳资关系有所不同。

转型期我国处于不同所有制经济并存之中，各种劳动关系变得越来越复杂。从所有制性质这一角度对劳动关系进行划分和研究，对于调整和完善我国不同所有制劳动关系具有重要的指导意义。这将在本章第三节进行详细阐述。

---

① 苑茜等. 现代劳动关系辞典. 北京：中国劳动社会保障出版社，2000. 288

5. 根据所涉及的范围和主体划分[①]

根据劳动关系所涉及的范围和主体，劳动关系可分为三个层次：个别劳动关系、集体劳动关系和社会劳动关系。

（1）个别劳动关系。个别劳动关系是指企业中单个劳动者与雇主之间的劳动关系，其主体是单个劳动者和单个雇主。它是通过签订劳动合同的方式确立和调整的。劳动者与雇主对是否与对方确立劳动关系都有权自由选择，劳动关系是否建立以及具体的权利和义务，都由双方协商一致而定。从劳动者不得不出卖劳动力为生和劳动关系实际运行看，个别劳动关系具有隶属性、人身性和劳资双方地位不平等性的特征。为了保护劳动者，个别劳动关系不能建立在完全自由契约基础上，不能完全由劳资双方自行规范。在个别劳动关系中，单个劳动者与资方的冲突一旦爆发，往往具有暴力性和侵犯性。单个劳动者无法自行有效解决个别劳动关系中的冲突。

（2）集体劳动关系。集体劳动关系是指以工会为代表的劳动者一方与雇主或雇主组织，为劳动条件、劳动标准以及有关劳资事务的协商交涉而形成的社会关系，其主体是：一方为由劳动者结合而成的工会，一方为雇主及雇主组织。劳动者自己联合起来与资本抗争，以集体交涉代替个人交涉，以改变他们在个别劳动关系中的弱势地位。这是集体劳动关系形成的动力和目的。从这个角度看，它不是资方所希望的劳动关系形式。从经济上和法律上看，集体劳动关系是主体双方地位和权利对等的关系。双方必须平等谈判，协商解决问题。同时，集体劳动关系的形成，是需要具备一定条件的，如劳动者的觉悟状况和组织状况，劳动法制状况等，其中关键是要有一个能代表劳动者利益的工会。因为它是平衡劳资力量，扩大劳动者的决定权，削减资方决定权的前提。

（3）社会劳动关系。社会劳动关系是指在整个社会层面为实现劳动过程而形成的相关的社会关系。这一关系不是发生在劳动组织系统内，而是以整个社会为范围构成和运行的。它所涉及的劳动者不只是某个企业、产业的劳动者，而是全社会的劳动者；不只是包括尚未进入劳动关系的"潜在劳动者"，还包括已经进入劳动关系的"现实劳动者"和已经退出劳动关系的"既往劳动者"。它在主体构成上由工会、雇主组织和政府三方构成，其中政府方发挥着主导作用。社会劳动关系运行的过程就是劳方、资方和政府三方在涉及所有劳动关系的问题，如劳动立法、经济与社会政策的制定、就业与劳动条件、工资水平、劳动标准、职业培训、社会保障、职业安全与卫生、劳动争议处理以及对产业行为的规范与防范等方面，共同参与决定，相互较量、相互制衡、相互磋商、相互协调的过程。社会劳动关系的特点是：三方主体独立，权利平等，民主协商。劳工权益的保障是

---

① 舒建玲. 劳动关系的三个层次及其特点. 集团经济研究. 2005, (总184): 180, 181

社会劳动关系面临的基本问题,但社会劳动关系所涉及的劳工权益,主要是社会、国家和地方层面的劳动标准和劳工政策的确定和实施问题。三方协商机制是调整社会劳动关系的基本方式。

在三个层次的劳动关系中,社会劳动关系是宏观领域的劳动关系,集体劳动关系和个别劳动关系分别是中观和微观领域的劳动关系,三者之间相互联系,层层制约。社会劳动关系制约集体劳动关系和个别劳动关系,集体劳动关系制约、平衡个别劳动关系。社会劳动关系的建立和规范有利于集体劳动关系的规范和稳定,集体劳动关系的建立和规范有利于个别劳动关系的规范和稳定。通过层层限制和约束,个别劳动关系中的弱势主体——个体劳动者的权益受到重重保障。

二、劳动关系类型的其他分类方法

以劳动者特定身份为标准进行分类,可分为工人劳动关系与管理人员劳动关系(又可进一步分为一般管理人员劳动关系和高级管理人员劳动关系)、一般职工劳动关系与特别人员劳动关系(如女职工和未成年工劳动关系、临时工劳动关系、学徒工劳动关系、农民工劳动关系、外籍人员劳动关系)等。

以劳动关系主体一方的用人单位性质为标准进行分类,可划分为企业劳动关系和国家机关、社会团体、事业单位劳动关系。

以劳动关系所涉及的产业为标准进行分类,可划分为工业劳动关系、农业劳动关系、商业劳动关系及金融业、房地产业、信息产业等劳动关系。

以劳动关系确立的方式为标准进行分类,可划分为劳动合同劳动关系和非劳动合同劳动关系。

以不同的法律规范调整为标准进行分类,可划分为劳动法调整的劳动关系和劳动法及其他法调整的劳动关系。如企业劳动关系都由劳动法调整,而国家机关、社会团体、事业单位的劳动关系,有的内容属劳动法调整,有的内容则属公务员法调整。

按权力结构进行分类,可分为阶级斗争型劳资关系、竞争型劳资关系、绝对型劳资关系和亲权型劳资关系。社会学家克尔(C. Kerr)认为[1],劳动关系有以下几种:阶级斗争型劳资关系,指工人阶级通过工会组织与资本家阶级在斗争中形成的关系;竞争型劳资关系,指劳资双方都承认对方的地位,并企图通过谈判来解决冲突以达成协作的劳资关系;绝对型劳资关系,指劳动条件的决定权完全掌握在雇佣者手里的劳资关系;亲权型劳资关系,指雇主与工人靠温情主义结合起来的劳资关系。

---

[1] 风笑天等. 私营企业劳资关系研究. 武汉:华中理工大学出版社,2002

根据劳动者是否在编进行分类，可以划分成正式工的劳动关系和临时工的劳动关系，等等。

虽然在理论上我们可以依据不同标准把劳动关系划分为不同类型，但在现实中劳动关系的不同类型也互有交叉和联系。一个国家或地区的劳动关系一般都以一种类型为主，但其他类型在不同的企业中也会有不同程度的表现或影响。

三、劳动关系类型比较的重要意义

劳动关系类型比较的重要意义主要表现在以下两个方面：

(1) 有利于政府有效发挥协调和规范劳动关系的作用。从总体而言，政府在劳动关系中的作用是通过行使立法权、司法权和行政权来矫正不平衡的劳资关系，保护劳动者的利益。但由于不同类型的劳动关系的特点不同，政府的具体职能和作用也就有差别。经过分类比较，我们可以从多个视角关注劳动关系运行的状况，把握和感受不同类型劳动关系对社会政治和经济发展秩序产生的深刻影响，从而确立政府劳动立法的任务和劳动政策的重点，针对不同类型的劳动关系提出不同政策，有的放矢地进行调节，使之趋于和谐。

(2) 有利于向市场经济转型国家正确把握劳动关系发展的方向。我国向市场经济过渡作为一种经济变革，就其一般意义而言，是解决如何更加合理地配置和使用经济资源；但就其本质意义而言，则是要解决如何更好地实现劳动者与生产资料的具体结合和实际运行。在这个意义上，劳动关系的变革是社会经济变革中的最本质和最根本的变革[①]。将计划经济体制下的劳动关系与市场经济体制下的劳动关系进行比较，了解它们各自的特点，有助于经济体制转型国家把握劳动关系发展的方向和劳动关系构建的目标。

第二节 劳动关系的体制比较

经济体制的性质是决定和影响劳动关系性质和特点的直接因素。在中国社会从传统的计划经济体制向市场经济体制转变过程中，劳动关系的形态和劳动关系的调整模式也随之发生了根本性的转变。中国的劳动关系正经历着由计划经济下的政治化和行政化的劳动关系向市场经济下的利益化和市场化的劳动关系转变的过程。

---

① 常凯. 劳动关系·劳动者·劳权——当代中国的劳动问题. 北京：中国劳动出版社，1995. 42

一、计划经济体制下劳动关系的特点

中国计划经济体制下的劳动关系从 20 世纪 50 年代中期开始建立，到 60 年代后期定型，一直延续到 80 年代中后期。这一劳动关系的建立受到经济体制和社会制度及政策的严格制约，并呈现出浓厚的计划经济色彩，它不仅展现了社会主义制度优越性，同时充分体现了工人阶级主人翁地位。概括地讲，它是一种采用统包统配的方式使劳动力和用人单位建立固定工式的终身劳动关系。计划经济体制下的劳动关系有以下主要特点：

1. 劳动关系类型的单一性

在计划经济时期只有一种单一的公有制的劳动关系，这种单一的公有制的劳动关系主要表现为国有企业的劳动关系和集体企业的劳动关系。劳动关系主体一方的用人单位的经济性质为全民所有制，以及参照全民单位运行的城镇集体所有制，劳动者也都是固定工身份的职工。其他非公有制经济劳动关系基本上不存在。从劳动关系的存续来看，短期性、季节性、临时性劳动关系范围很窄，一般不允许形成兼职的劳动关系。

2. 劳动关系主体利益的一体性

劳动关系的性质是由国家作为全社会代表的利益一体化的劳动关系。其特点是国家代表劳动关系双方的利益，强调劳动关系双方只是分工的不同而利益完全一致。这种劳动关系的特点是与计划经济条件下整个社会经济活动都由国家计划和管理相一致的。在企业劳动关系中，企业是国家的企业，职工是国家的职工，全体劳动者都是国家的主人，都是生产资料的占有者。劳动者和劳动力的使用者都没有独立的主体身份，双方没有形成相对独立的利益主体。虽然企业经营管理人员和职工之间存在追求利益方式的差异，但这种差异远小于党和国家的利益与企业管理者以及工人利益的一致性。职工的利益是由国家和企业来代表的。因此，在利益关系的处理上，是以共同利益为出发点，将具体利益包容在总体利益中[1]。

3. 劳动关系内容的国家计划性

劳动关系各个方面都由国家统一计划、统一部署、统一实施。用人单位无权自行招用劳动力，而要由国家下达用工指标，在指标内招工；劳动者无权自择职业，而要由国家统一分配安置就业。劳动关系建立后，工资分配、保险福利等，都是国家统一制定政策，统一进行调整。用人单位的主要任务是协调和监督劳动

---

[1] 常凯. 劳权论——当代中国劳动关系的法律调整研究. 北京：中国劳动社会保障出版社，2004.

者以完成政府下达的生产计划而非经营决策。在这样的情况下,劳动者在形式上与企业建立的劳动关系,实际上是与国家之间的关系。所以计划经济时期的劳动者被称为"国家职工"。

4. 劳动关系存在和运行是政治原则的体现和注释

劳动关系的实质是一种经济利益关系,但在计划经济条件下,劳动关系的特点是国家代表劳动关系双方利益。这种劳动关系的特点是与计划经济条件下整个社会经济活动和社会经济利益都由国家掌管和代表相一致的。在这一关系的实际存在和运行当中,所奉行和贯彻的是以政治为最高准则,以经济服从政治为基本原则。例如,劳动者就业通常采取由国家统包统配的固定工终身就业制度,工资分配实行平均主义"大锅饭"式的工资制,社会保障采取国家和企业包起来的各项劳动保险和企业集体福利制度。此外,计划经济条件下的企业不单纯是经济组织,它们作为"无产阶级专政下的基层单位",还承担着规范国家与职工以及职工之间的政治和社会关系的多方面职责[1]。

5. 劳动关系调控的行政化

在计划经济条件下,劳动关系的运行是国家通过行政手段来直接加以控制和处理的。在一定意义上,计划经济下的劳动关系是一种劳动行政关系,即由国家通过行政手段来配置劳动力资源,并规范劳动者的就业条件和劳动条件。劳动关系的构成、运行、处理的依据、原则和方式主要是行政命令和行政手段。劳动关系一旦建立,没有政府的行政指令,终身保持不变,直至退休。人员严格限制流动,劳动关系一方的劳动者身份不可转换。如果需要,也是由国家用行政方式进行调配。涉及劳动条件、劳动标准以及劳动关系相关事务,也都是通过自上而下的行政手段来决定,工人无须介入,企业也只需执行国家政策或指令即可。

二、市场经济体制下劳动关系的特点

我国经济体制改革的目标是实现社会主义市场经济。因此,劳动关系也将朝着适应市场经济要求的运行方向变革。认真分析社会主义市场经济条件下劳动关系的特点,有助于把握我国劳动关系的发展方向。我们把市场经济体制下劳动关系的主要特点总结为以下几个方面:

1. 劳动关系类型多样化

在计划经济条件下,我国建立在单一公有制基础上的劳动关系只能是单一的劳动关系。随着多种经济成分的发展,我国劳动关系就其类型而言,呈现出多样化的特点。所谓多样化,是指劳动关系在其基本类型上除公有制的劳动关系外,

---

[1] 常凯. 劳动关系学. 北京:中国劳动社会保障出版社,2005. 129

非公有制的劳动关系也在发生和发展。在劳动关系构成形式上除国有经济和集体经济劳动关系外，还有股份制经济的劳动关系、合作制经济的劳动关系、外资经济的劳动关系、私营经济的劳动关系和个体经济的劳动关系等。劳动关系类型的多样化还表现为：同一所有制类型的劳动关系分为各种不同的劳动关系形式。在国有经济劳动关系中又有承包制、租赁制以及国有民营等劳动关系，而且在同一种形式的劳动关系中，还会包含不同的所有制成分。例如，在一些股份制劳动关系中，既有国有经济成分，又有非国有经济成分；在一些合作经济的劳动关系中，既有集体经济的成分，又有个体经济的成分。

2. 劳动关系主体利益明晰化

在市场经济条件下，以劳动力市场的建立为基础和标志，劳动关系恢复为一种以劳动关系主体各自利益为基础、以雇佣为基本形态的经济关系。企业、劳动者各自是相对独立的权利主体和利益主体。就企业而言，无论是国有企业还是非公有制企业，都是具有平等地位的市场主体，都成为独立的劳动关系的一方主体。就劳动者而言，劳动者拥有了较大的择业自主权，成为能够自主支配自身劳动力的劳动关系的另一方独立主体。在劳动力市场中，劳动者与用人单位通过双向选择来建立劳动关系。由于劳动关系主体的独立地位得到确立，其必然结果是劳动关系双方成为独立的两个不同的利益主体。劳动关系作为一种利益关系，劳雇双方都要追求自己的利益[①]，而双方的出发点和目的是有差别的和矛盾的。比如，利润最大化是企业的要求，而收入最大化则是劳动者的要求。企业和劳动者在根本利益一致的前提下，局部利益的矛盾开始出现并且显性化，双方矛盾乃至劳动争议逐渐增多，劳动关系趋于紧张化。

3. 劳动关系的形成合同化

在市场经济条件下，以劳动合同的形式建立劳动关系，明确双方的权利和义务，规范和约束劳动关系主体双方的劳动行为，实现劳动过程中的管理，将成为各类劳动关系普遍采用的一种有效形式。劳动关系形成的合同化包含两层意思：一是用人单位和劳动者建立劳动关系，通过签订劳动合同的方式来实现。劳动合同既是发生劳动关系的凭证，又是规范和约束劳动行为的依据。二是在劳动关系内部，由工会代表职工与用人单位，就劳动关系中的一些标准或其他事项签订集体合同。通过集体合同的方式维护劳动关系主体的权益。

---

① 有人认为，雇佣形态只在私营企业才存在，在国有企业不存在。其实，雇佣这一劳动关系的形态是由市场经济的性质决定的，并不在于企业的性质。对此，新中国第一任劳动部部长李立三曾指出："在国营企业中既然还有工资制度存在，那么，雇佣关系的形式也仍然存在。"如果说有差别的话，那只在于是被私营企业雇佣还是被国有企业雇佣。国有企业和私营企业在劳动关系的性质上并没有本质的差别。正是由于这一原因，我国的《劳动法》才能适用所有的企业

4. 劳动关系运行的市场化

按照市场机制和规律规范劳动关系的运行是市场经济条件下的必然结果。在市场经济条件下，市场机制将在劳动力资源配置方面发挥基础性作用，劳动关系的运行将由市场调节，届时国家已不可能也没有必要直接干预劳动关系的整个过程，国家的职能主要是通过劳动立法、制定劳动标准，并对劳动关系的运行过程进行宏观指导和监督。劳动关系的直接处理权利，将主要由劳动关系主体双方按照市场规则，运用市场机制自行决定。劳动力的供需、流动，劳动关系的建立、变更、终止及劳动关系存续期间的各项事务、各个环节，都通过市场机制来调控。社会劳动关系和劳动问题的处理将逐步形成"主体自行协商、政府适时调整"的由政府、工人（工会）和用人单位所构成的三方格局。

5. 劳动关系规范的法制化[①]

市场经济本质上是法制经济。在市场经济条件下，劳动关系在构成、运行、处理等方面将全部实现法制化。法律原则、法律方式是规范劳动关系的主要依据。其标志是：劳动法律体系基本形成，以劳动法为龙头建立起调整劳动关系各个方面的法律规范。同时，劳动关系规范的法制化，要求劳动关系主体的行为规范都要以法律为准则。劳动关系的建立不仅要以法律为依据，劳动关系的变更及劳动关系双方的纠纷处理都要依法进行。劳动关系的各个领域都有完备的法律制度，调整劳动关系所达到的具体标准是法律所规定的全部内容。在劳动关系运行的各个环节上，将会形成有法可依、有法必依、执法必严、违法必究的法制环境，从而体现法制化条件下劳动关系的稳定、协调、有序的良好发展。劳动关系规范法制化的最终发展目标，是实现各种类型劳动关系之间劳动标准、劳动条件及运行规则的统一、合理和公平。

6. 劳动关系的国际化

劳动关系国际化，也被称为"劳资关系的全球化"或"超国家化的工业关系"[②]，它是指在经济全球化的背景下，劳动关系在主体结构、劳动标准、调整方式等方面，已经突破民族、国家的界限，开始出现了国际化的趋向，即劳动关系的存在和调整，已经不仅是一个国家内部事务，而且涉及国家之间、国家与国际组织之间以及国际组织之间的复杂关系。市场经济的发展必然带来经济的全球化，也就必然带来劳动关系的国际化。首先，劳动关系国际化体现为劳工标准的制定和实施的国际化，国际劳工标准对于一国的劳动关系调整的影响和作用，将会越来越突出。其次，劳动关系国际化意味着一国协调劳动关系的手段将更多地借鉴通行的国际惯例，这主要指的是劳工权益保障在一定程度上的全球化趋势。

[①] 邱小平. 劳动关系. 第二版. 北京：中国劳动社会保障出版社，2004. 23
[②] [德] 乌·贝克，哈贝马斯. 全球化与政治. 王学东等译. 北京：中央编译出版社，2000. 120

市场经济条件下劳动关系的这一特征在一个国家外资企业的劳动关系中体现得最为明显，在这些企业中，劳动关系中的劳动者是本国人，而雇主则是外国资本所有者（使用者）。它是跨国性生产组织与国别性劳工及其组织所结成的一种特殊劳资关系。这一劳资关系使得劳资双方在主体结构、劳动关系的运行和协调、争议的处理等方面都带有国际性的特点。

三、经济转型期劳动关系的特点[①]

当前，我国正处于计划经济向市场经济过渡时期，企业劳动关系具有明显的过渡性特征，具有复杂性和不成熟性。经济转型期的劳动关系既有计划经济条件下的"烙印"，又有市场经济条件下的许多新的因素。分析和归纳我国经济转型时期的劳动关系的特点，便于我们把握当前劳动关系领域出现的新问题。

1. 劳动关系双方追求利益最大化

劳动关系双方既相互矛盾，又相互依存，劳动关系的根本属性，决定了劳动关系双方都从属于利益。在计划经济时期，职工利益由国家通过计划级别工资和再分配实现，企业与劳动者没有根本的利益冲突。进入市场经济后，企业与职工的利益关系发生了深刻变化，呈现矛盾和融合的多样化，双方利益的实现都依赖于企业的发展与效益。投资者为了追求自身利益的最大化，其根本出路在于加强企业管理，推进企业技术进步，增强企业的市场竞争能力；劳动者为获取最佳劳动报酬，必须提高自身的文化水平和劳动技能。正是追求利益的最大化使双方形成互相依存的劳动共同体。

2. 市场化劳动关系逐步占主导地位

伴随国有企业的改革，国有企业劳动关系由过去以政治利益为基础、行政控制为手段的利益一体化劳动关系，逐渐转变为以经济利益为基础、市场调节为手段的利益协调型劳动关系。大批国有企业的职工下岗和失业后，先后进入了市场化就业的领域；国有企业民营化后，企业对原来的劳动关系进行了调整，逐步解除、终止或变更原来的劳动合同，签订新的劳动合同，使职工由国家职工变为企业职工。在非公有制领域，本来就是典型的市场化劳动关系，这主要表现在劳动力资源的配置完全由市场来决定，劳动双方是典型的劳资关系，不存在干部和工人的固定身份。从统计数据看，非公有经济的就业人员大大超过了国有企业和公有部门，成为我国的就业主体，这表明市场化的劳动关系在数量上已经占主导地位。

---

① 徐伟，王仲孝. 经济转型期企业劳动关系运行特点及趋势. 商业时代. 学术评论，2006，（10）：7，8

3. 劳动关系形式契约化

在建立市场经济体制条件下，劳动关系由计划经济体制下的行政性调配关系，逐渐转向契约化的劳动关系。企业可根据契约建立、解除与劳动者的劳动关系，劳动者可以根据意愿自主决定是否与企业建立劳动关系，即双方通过劳动合同来确定劳动关系，明确企业与劳动者双方的权利和义务。我国劳动合同制度已经普遍实行，国有企业、集体企业、外商投资企业劳动合同签订率均在95%以上；集体合同制度日益完善并不断得到推广，全国有60多万家企业签订了集体合同，涉及职工8 000多万人。

4. 弱势劳动关系群体形成

弱势群体是指随着市场经济体制的确立、产业结构和劳动力结构调整所带来的在劳动力市场上处于相对弱势地位的特殊社会群体，当前主要由三类人员组成：下岗人员、失业人员和进城谋生的农民工。他们面临的是强势利益集团，在劳动关系中始终处于被动和劣势地位，在住房、养老、医疗、教育等方面，处于相对困难的状态。随着城市化进程加快，越来越多的农业剩余劳动力进入城市寻求就业，这些农民工除了技能偏低、就业能力弱等特点外，文化素质低、法制意识淡薄等情况比下岗失业人员更为严重，劳动合法权益受侵害的情况更为复杂、严重。当前弱势劳动关系群体呈现扩大的趋势，并且随着收入分配差距的拉大，他们的相对生存状况将会更加恶化，这会直接影响到社会的安定团结和社区的生活环境，加大社会的不稳定性。

5. 劳动关系格局逐步分层化

随着国民经济持续增长和一系列促进就业和再就业政策的出台和落实，劳动力市场日益活跃并正在发挥着配置劳动力资源的主渠道作用。从劳动就业的情况看，高端劳动力供不应求，劳动关系一般比较和谐稳定，规范化程度较高；中层劳动力市场，劳动者维权意识较强，因而劳动关系整体稳定，但劳动争议隐患可能较多；低端劳动力市场供过于求，劳动者往往处于弱势和不利地位，面临的主要问题是如何维护其在劳动关系中的合法地位和权益。

6. 劳动关系问题趋向复杂化

多种所有制格局形成及公有企业改制改组，各种复杂因素交错影响，新旧矛盾彼此纠缠，使得现阶段和今后相当时期的劳动关系问题空前的错综复杂，劳动关系领域内出现一些新情况。当前主要存在以下一些复杂多样的劳动关系：事实劳动关系；非全日制用工的劳动关系；国有大中型企业主辅分离、辅业改制的劳动关系（辅业改制分成两种模式，一是改成非国有企业，二是改成国有法人控股公司）；国有破产企业的劳动关系；企业改制劳动关系，包括改革产权及其组织形式（如国有企业股份制改造、兼并、出售等）和企业内部的经营管理方式（如租赁、承包、托管等）。另外，有关公司高级职员、保险推销员、出租车司机、劳动派遣、劳务输出等劳动关系，也急需通过立法、执法等予以完善和调整。在建立市场经济体制的社会转型期，我国已经形成了劳动关系问题复杂化的态势。

7. 劳动关系日趋动态化、短期化

劳动关系日趋动态化。我国经济结构的调整和企业改革改制的实施，引起生产资料和劳动力资源的重新配置，企业的新建、破产、兼并、联营、合并、转让等势在必行，从而使企业的劳动关系处于剧烈的变动状态，加大了就业的不稳定性。

劳动关系日趋短期化。随着劳动力市场化的发展，劳动力流动频率加快，劳动关系的短期化明显。较高素质的劳动者供不应求，在高薪、优厚待遇的吸引下频繁"跳槽"，为便于随时离开单位，尽量与企业签订短期劳动合同。低素质、低技能劳动者供过于求，用人单位为了降低人工成本，减少由于长期雇佣需要加薪而增加的成本支出，大多与劳动者签订短期合同。劳动关系短期化使企业的向心力、凝聚力逐步减弱，影响了员工队伍的稳定和企业长远发展，加剧了劳动者在劳动力市场中的弱者地位，不利于保护劳动者的合法权益。

8. 劳动用工形式的多样化形成了灵活多样的劳动关系

伴随经济形态多样化、经营机制市场化和人才竞争化，原来形式单一、内容相同的劳动关系已经不能涵盖不断出现的新的用工制度和就业形式，灵活就业在我国已开始凸显并呈快速发展势头。传统的正规用工形式出现了以下新特征：劳动关系相对稳定，仍普遍存在事实上的固定工；劳动用工主体、使用单位和日常管理单位三者之间相互分离、相对独立；用工机制灵活、快捷，市场供需变化快；劳动力招用手续简便，环节简化，程序简单；人员使用期限短，流动频率高；劳动关系软化，简单明了，给企业管理带来方便。当前形成的灵活多样的劳动关系，从期限上可分为短期性用工、间歇性用工、项目性用工和季节性用工等；从用工主体看，有劳务输入、劳务输出和人才租赁等；从实际管理看，采取实行人事代理和劳动代理等形式。这种灵活多样的用工形式，满足了生产经营的复杂化、多样化的需求，提高了企业生产效率。为适应新的用工制度和就业形式，需要建立更加细化和具有针对性的法规政策。

9. 劳动关系紧张程度加剧

在计划经济时期，劳动者就业由国家计划分配，其利益由国家通过计划级别工资和再分配实现，企业与劳动者没有根本的利益冲突。随着劳资格局的形成，企业与职工的利益关系发生了深刻变化，利益矛盾日益突出，多数民营企业以及部分国有企业和三资企业都出现不同程度的劳动关系紧张加剧的情况。劳动关系紧张主要集中在劳动报酬、解除劳动合同、工伤保险待遇等方面。

四、构建中国特色的利益协调型的劳动关系[①]

我国劳动关系构建的目标取向是中国特色的利益协调型的劳动关系。我国的劳动关系目前正处于一种历史的转换时期。这种历史转换从体制上说是由计划经济的劳动关系转换为市场经济的劳动关系,从性质上说则是从利益一体型的劳动关系转换为具有中国特色的利益协调型的劳动关系。

这种利益协调型的劳动关系,并不完全等同于当代西方型的劳动关系,而是在相当程度上仍然保留我国传统的利益一体型的劳动关系的某些特点。这主要有三个原因:一是我国是社会主义国家,劳动关系双方特别是国有企业劳动关系双方的总体利益是一致的;二是我国由计划经济向市场经济过渡,利益主体的分化及独立尚需要一个过程;三是我国作为东方国家的"社稷为大"的社会观念与西方的"个人主义"的价值取向相差甚远。

所谓中国特色的利益协调型的劳动关系,就利益关系而言,是在利益分化的同时仍然以利益一致为价值取向;就运行机制而言,在市场机制的总要求下,政府干预、人际关系和社会传统仍然有相当的作用;就文化特色而言,在开始注重个人和群体价值实现的情况下,仍然以追求社会和谐一致为主要的文化价值标准。社会主义的传统和市场经济规则的相互结合,东西方历史文化的互相交融,将是中国劳动关系的主要特色。当然,不同类型的企业,劳动关系的具体类型也应各有特点,但作为一个国家的劳动关系的类型构建,则有着共同的目标取向。

第三节 劳动关系的所有制比较

一般来说,生产资料所有制性质是决定和影响劳动关系性质和特点的基本因素。由于所有制性质的不同,在不同所有制的企业中,其劳动关系的具体特点和表现也有所不同。依据所有制性质划分,劳动关系大致可分为三种类型:公有经济的劳动关系、混合经济的劳动关系和私有经济的劳动关系。如果结合企业的产权结构和经营机制的不同,进行更细致的分类,公有经济的劳动关系又可分为国有企业劳动关系和城镇集体企业劳动关系;混合经济的劳动关系可分为股份制企业劳动关系和股份合作制企业劳动关系;私有经济的劳动关系可分为私营企业劳动关系、外资企业劳动关系(主要指外商独资企业劳动关系)和个体企业劳动关系。在我国从传统的计划经济体制向社会主义市场经济体制转变的过程中,处于

[①] 常凯.劳动关系·劳动者·劳权——当代中国的劳动问题.北京:中国劳动出版社,1995.11,12

不同所有制经济中的各种劳动关系也变得越来越复杂。本节将我国经济转型时期不同所有制企业的劳动关系进行比较分析，以期对于调整和完善市场经济条件下的劳动关系有裨益。

一、公有经济的劳动关系

从理论上讲，国有企业是公有经济最典型、最普遍的实现形式，那些尚未改制的国有企业和已经改制而成的国有独资公司、国有投资占主体的公司制企业，都属于国有企业的范畴。以下就以我国当前向市场经济转轨过程中的国有企业劳动关系为例，阐述公有经济劳动关系的特点和存在的主要问题。

1. 我国国有企业劳动关系的主要特点[①]

当前我国国有企业劳动关系尚处于计划经济向市场经济过渡之中，既有计划经济下劳动关系的旧的特征，又有市场经济下劳动关系的新的特点，具体表现在以下几个方面：

第一，国有企业的劳动关系仍是一种利益一体型的劳动关系。市场经济条件下的国有企业劳动关系，受到生产资料公有制性质的制约和影响，由于经营者和劳动者具有一般意义上的所有者和企业主人翁的身份，因而劳动关系在理论上一般也不应存在利益矛盾和对抗，国有企业劳动关系仍是利益一体型的劳动关系[②]。相对于其他所有制企业劳动关系中的劳动者，国有企业的劳动者的权利和地位易于实现，劳动者享有更充分的劳动权益，对于企业的经营和发展享有更多的参与权。但是，在市场经济条件下，国有企业应产权明晰，要求经营权明晰、劳权明晰，在此基础上构建劳动关系，其基本特征和运行规则与其他所有制企业是一致的。国有企业的劳动关系也受到政府的产业政策和劳动政策、企业改制、企业的经济效益以及经营者权力加大等因素的影响。国有企业劳动关系与其他所有制企业的劳动关系都同样受到企业效益的影响。一般来说，企业效益好，劳动关系便相对稳定；企业效益差，劳动关系则容易出现问题。

第二，政府实际上在劳动关系处理中仍居于主导地位。在劳动关系的运行机制上，虽然改变了国家调控的模式，但是由于市场调控机制尚待完善，因此通过行政手段进行调整的状况在许多企业里并没有从根本上得到改变，政府实际上在劳动关系处理中仍居于主导地位。政府除了扮演监督者的角色外，更以国有资产所有者代表的身份继续对企业劳动关系施加影响。一方面，政府通过国企冗员的

[①] 常凯．劳动关系学．北京：中国劳动社会保障出版社，2005．139，140
[②] 刘元文．相容与相悖——当代中国的职工民主参与研究．北京：中国劳动社会保障出版社，2004．292

下岗失业等各种改革措施，不断增强企业经营者的权力，以达到提高企业经济效益的目的；另一方面，政府又通过促进再就业等各种修复和校正措施，以弥补职工在改革中遭受的下岗失业境遇和经济损失，以达到稳定职工队伍和社会的目的[①]。可以说，政府在经济转型时期并未放松对大中型国有企业劳动关系的控制。这是国有企业劳动关系在市场化过程中的一个主要特点。

第三，在国有企业内部，严格意义上的雇用主体与受雇主体仍在形成过程中。经营者这个雇用主体正在形成，但并不完整。企业经过不断深化的改革，已形成较为独立的利益主体身份。政府通过赋予企业用工自主权，使经营者可以根据生产的需要招收和解雇工人，他们也可以根据企业的生产特点制定企业的工资分配制度。但是，政府也可以通过政策和指令随时修改和收回经营者的权力，使这些权力的行使不超出社会稳定的限度。另外，劳动者在企业劳动关系中的利益主体身份在一些实行承包经营和租赁经营的公有制企业比较明晰，而在某些国有独资企业里，还不十分清晰。职工的主人翁身份仍然被肯定，他们更多地把维护自身权益的希望寄托在政府身上，与通过劳动争议处理程序来解决劳动纠纷相比较，他们更多选择行政解决方式，通过上访和请愿，要求政府官员出面处理。国有企业所特有的职代会和厂务公开制度对保障职工的知情权和民主参与，以维护其自身权益，也发挥着重要作用。

第四，国有企业经营者与劳动者的权益差别正在逐渐拉大。伴随着国有企业的公司化改造，企业经营者掌握了法人财产权，他们在企业的劳动用工和工资分配等方面拥有更大的自主权，并且享受年薪制和股份期权，这种状况反映在劳动关系内部，表现为随着经营者地位不断提高，经营者和劳动者之间的地位和利益差别逐渐地被拉大。

2. 我国国有企业劳动关系基本情况

经过20多年来的改革，国有及国有控股企业的劳动关系已经基本明确，企业和职工在市场中的地位已经基本确立，在建立社会主义市场经济体制下的劳动关系方面取得了重大进展。

劳动关系主体地位初步得到确立。伴随着国有企业改革和国有经济布局和结构的调整，大量国有企业职工的劳动关系发生了根本性变化。大部分改制企业解除、终止或变更了原有企业的劳动合同，重新签订新的中、短期劳动合同，改制后的企业不再对员工承担无限责任，员工的身份也从"国家职工"变为社会从业人员，明确了企业与员工双方权责对等的劳资关系。

企业用人机制明显转变。目前，大多数国有企业已经实行了全员劳动合同

---

① 李琪. 改革与修复——当代中国国有企业的劳动关系研究. 北京：中国劳动社会保障出版社，2003. 276

制、全员竞争上岗制度、公开竞聘择优录用制度和以岗位工资为主的工资制度等，初步建立起适应市场经济要求的经营管理者能上能下、人员能进能出、收入分配能增能减的机制。

各项改革推进的力度不断加大。一是分离国有企业办社会职能工作步伐加快。二是分流企业富余人员取得重大进展。三是社会保障体系不断完善，财政支持力度不断加大。四是国有及国有控股企业分配制度的改革逐步深化。

劳动关系变化涉及的成本支付的政策逐步完善。目前的企业改制成本主要包括职工解除劳动合同的经济补偿金，偿还职工债务和拖欠的福利费以及移交社保机构的职工社保费用等，还包括若干无形的、难以量化的成本。为确保重组改制和关闭破产企业职工的基本生活费、安置费或经济补偿金的发放，各地通过企业自筹、部门支持、政府兜底等渠道多方面筹措资金。

企业民主管理进一步加强。许多企业坚持"以人为本"的理念，把厂务公开作为现代企业管理制度的重要内容，通过健全职代会、职工代表依法进入董事会、监事会等制度以及加强对职工代表的培训、提高职工代表参政议政的能力等方式，鼓励和引导职工积极参与企业民主管理。

3. 当前我国国有企业劳动关系存在的主要问题及对策建议

虽然社会主义市场经济体制下的国有企业劳动关系已经基本建立，但是，目前仍然存在许多问题。主要表现在以下几个方面：

国有企业劳动关系不够稳定，劳动关系短期化趋势明显。主要原因有两个：一是国有企业因改制、破产，需要解除或重新确立劳动关系，明确双方新的权利义务；二是高素质人才频繁"跳槽"转换单位。

新老问题交织增加了协调处理劳动关系的困难。在计划经济体制下形成的对职工的社会保障历史欠账问题，在经济体制转轨过程中大批亏损和关闭破产企业拖欠职工工资、医药费以及企业改制解除劳动合同的经济补偿金等问题的处理需要支付巨大的改革成本，并涉及许多方面的配套政策，这使现阶段国有及国有控股企业劳动关系处理起来十分复杂，困难很大。

改制中一些职工的合法权益没有得到保护。部分企业在改制和关闭破产过程中，由于操作不规范侵害职工合法权益的问题时有发生。国有企业改制为民营企业或国有不控股的企业以及分离分流工作中，各地都对职工转变身份发放了经济补偿金，但是补偿标准不统一，存在的问题也较多。

职工下岗问题依然突出，再就业比较困难，职工安置和劳动关系处理任务依然十分艰巨。

要进一步完善国有及国有控股企业劳动关系，我们还要做到在改制中切实维护职工的合法权益，重视规范劳动关系，引导企业和职工树立新型劳动关系理念，重视发挥国有及国有控股企业职工民主管理作用。

二、混合经济的劳动关系

所谓混合经济，主要是指在所有制构成上既有国有的成分，又有企业或社团所有的成分，还有个人所有的成分，甚至有外资的成分。混合经济的劳动关系，主要是指股份制企业（包括中外合资的股份制企业）及部分合作制企业的劳动关系。混合经济是市场经济下很有发展的一个经济类型。因为混合经济的企业形式一般为股份有限公司，而股份制企业是现代企业制度的主要形式，因此，分析这类企业劳动关系的特点和问题对于我国向市场经济体制过渡的劳动关系的发展具有重要意义。以下以我国股份制企业的劳动关系为例，对混合经济劳动关系的特点和存在问题进行阐述。

1. 我国股份制企业劳动关系的特点

股份制企业的内部权利结构是以产权明晰为基点而展开的。规范的股份制企业的内部权利结构是一种产权、经营权和劳权既互相区分又互相联系的格局。由于股份制企业是适应市场机制而形成的经济形式，因而，在劳动关系的构成和运行机制上，一般也都更接近市场机制的要求。其特点主要表现在：

第一，劳动关系双方的利益主体身份比较明确清晰。在股份制企业，劳动者就是劳动者，管理者就是管理者，公司每个员工的具体身份是确定的；而在劳动关系的构成上，作为雇员的劳动者一方和作为雇主的公司一方的利益及代表也是清晰的。国有企业的那种国家、企业和职工的利益难以明确区分的状况在这里得到改变。由于双方身份比较明确，所以在利益的区分和处理上一般比较容易规范。

第二，劳动关系的运行及关系处理主要是通过市场机制。首先，股份制企业劳动关系是通过市场形成的，新建企业的劳动者一般是在劳动力市场上通过双向选择与公司结成劳动关系的，老企业改制而成的股份制企业一般也都是通过重新签订劳动合同确定劳动关系的。其次，在劳动标准的确定及实施上，诸如涉及雇佣条件和劳动条件、工资标准、福利待遇、职务升迁、工作任务、技术标准等都是参照市场标准，通过合同或企业制度确定。最后，企业劳动关系的解除一般也都是运用市场机制，由双方按照合同办理。劳动力的流动在股份制公司是一种正常的现象。

第三，劳动关系协调机制的主体内部化。表现为政府对企业工资总量只实行间接调控，由企业在与劳动者集体协商的基础上自主确定本企业的工资水平和内部分配方式等。在企业内部劳动者与经营者之间劳动关系的协调，是劳动者实现自身利益的基本方式。劳动关系的协调取决于内部主体各自享有的实际地位、权利状况，取决于他们相互作用的状况。经营者的素质不同，劳动关系便可能表现出不同的个人色彩;劳动者的利益需求不同,劳动关系便可能形成不同的类型特征;工会组织的状况不同,劳动关系协调的实际结果便可能大相径庭;等等。

第四,劳动关系的动力机制具有引入直接产权激励的特点。这一特点的实质是所有权派生出劳动者的产权参与权,促使劳动者能够像对待自己的资产那样从事生产劳动。目前,我国股份制公司最明显的特色是普遍的职工持股,职工在工资之外还有股息和分红。对企业劳动者而言,这种动力机制没有私营企业的排他性,没有原国有企业的间接性,但有产权激励的直接性。

第五,劳动者主体往往具有身份二重性的特点。由于劳动者的普遍持股,劳动者往往具有双重身份,他们既是企业的职工,又是企业的股东。由此引发出劳动者自身劳动利益与股权利益的矛盾。企业劳动者就其劳动者身份,希望自己的劳动利益最大化。但其作为部分出资者,又希望自己的股权利益最大化。两种利益相互矛盾,常常使劳动者为此而苦恼。

2. 我国股份制企业劳动关系存在的主要问题

从我国目前股份制企业的一般情况来看,劳动关系大部分是比较协调和稳定的。这种情况的形成,一是由于股份制企业劳动关系的构成和机制比较符合向市场经济过渡的需要,二是由于股份制企业的经营状况一般比较良好。但是,由于我国股份制刚刚开始实行,而且宏观的市场经济体制还没有形成,所以,在股份制企业的劳动关系中,也有一些突出的问题需要研究。

第一,职工持股对于稳定劳动关系的作用有限。由于股份制企业普遍存在着职工持股的情况,因而,便出现了持股职工一身兼有股东及劳动者的双重身份,同时享有股权和劳权的现象。这种情况,如果处理得好,职工在获得股权收益的同时,会更加关心企业的发展,恪尽职守;如果处理得不好,则会使职工将注意力放在股权收益上而忽视自己作为劳动者的责任。处理恰当与否,除了职工自身的素质以外,还取决于股权受益和劳动受益的比例关系。在股份制企业中,由于劳动者持股的数量非常有限,无法改变职工是企业劳动者的基本身份,因此借职工持股来协调产权和劳权关系以稳定劳动关系,在理论上似乎依据不足,在实践上也难以行之有效。职工享有一定的职工股,其意并不是赋予了职工股东的身份,而是对于职工作为劳动者对企业做出了贡献而以股权形式所给予的一种特别的劳动报酬。只有明确和肯定职工的劳动者地位及身份,并随着企业的发展不断提高劳动者的待遇和地位,才是稳定企业劳动关系的基本途径。

第二,劳动关系双方力量极不平衡导致劳动关系的非规范化。在相当多的股份制企业中,劳动者与用人单位的力量对比处于极不平衡状态,导致企业的劳动关系是在一种非规范化状态下运行,即是在企业一方主导和控制下的运行,劳动者在劳动关系中的影响和作用非常有限。在这种情况下,企业效益的好坏以及是否能够科学地运用人力资源开发系统搞好劳动组织和管理直接决定着企业的劳动关系是否和谐、稳定。因此，股份制企业必须从制度和机制上平衡双方的力量和权利，例如发挥工会的作用以平衡劳动关系。

第三，集体合同制度没有充分发挥在处理劳动者集体和用人单位的利益关系方面的作用。在目前我国的股份制企业中，个别的劳动者和企业的利益关系的处理大部分已通过签订劳动合同实现了市场化和契约化，但仅靠劳动合同还无法使企业的劳动关系形成规范的运行机制。因为劳动合同所反映的利益关系和力量关系还是一种不平衡的关系，特别是在劳动力供过于求的情况下，劳动合同所体现的主要是用人单位的意志。解决这个问题的办法，主要是通过劳动者集体的代表——工会与用人单位签订集体合同。

第四，与股东权益相比，劳动权益缺乏相应保障。首先体现在理论认识上。为了使企业的内部领导体制跳出原有模式，有的企业撤销或削弱了职代会、工会，有的企业用股东大会取代职代会。由于股东大会是一股一票制，所作决议往往有利于大股东而不利于劳动者。现行法律、法规的制定，也存在着同样问题。例如，《公司法》对职代会、工会的规定就过于原则化，特别是没有对其地位、作用进行完整、具体的规定，以至于与《劳动法》难以衔接，妨碍了《劳动法》在股份制公司中的贯彻施行。在股份制公司中，虽常常辅有股权收入，但一般劳动者的基本收入仍是劳动收入。公有制企业的劳动者，虽是低劳动收入，但福利却是有保障的，事实上是既享有劳动收入也享有资本收入。资本收入与股权收入实质是相同的。如果因为实行股份制而过分削弱企业劳动者的资本收入，甚至侵害其劳动收入，会使其感到这不是他们劳动不努力而导致的权益损失，而是一种无端的权益损失。

第五，股东权益与风险不对称对劳动者的影响。劳动者持股后，当风险大于收益时，劳动者的劳动积极性会下降。劳动者股权收益比经营者、外部持股者相对差的状况往往使他们产生一种"相对剥夺"感。这种利益上的不平衡还反映在董事会的构成上。目前股份制公司的董事会中工人和工会干部的比例低于股东大会中的相应比例。董事会中没有工人代表，这意味着劳动者的股权利益在比股东大会更具实质意义的董事会上难以有效地得到表达和维护。当收益大于风险时，劳动者的劳动积极性也会下降。股权收益是一种"不劳而获"的收益，它虽能增强股权持有者对企业资产的关切度，但不规范的职工持股，如股息不进成本、同股不同利、只分享利润不承担风险等也容易影响劳动者的劳动意识，影响其劳动积极性的发挥。

3. 我国股份制企业协调劳动关系的一般思路

采取职工内部持股和职工集体租赁、职工股份合作等方法，推动劳动者与企业资产更直接、更合理的结合。

在重视劳动者股东利益的同时，不能忽视劳动者的劳动权益。在职工持股的股份制公司中，劳动者既是企业产权的参与者又是劳动者，仍然存在着其与企业之间相互制约的劳动关系。不能认为，劳动者成为股东，劳动积极性必然会提高。其实，劳动者在企业的主要身份、基本身份仍然是劳动者，所以劳动者的劳动权益的保护仍然是协调劳动关系的重点和基础。

在股份制公司中，劳动者可以成为股东，享有股权利益即资本权益，使劳动者更多地感受到劳动者与企业财产结合的直接性、有效性。但劳动者的劳动收入和股权收益是有矛盾的，处理不好两者的关系，反而会打击劳动者的劳动积极性。所以一种比较好的办法是，在资本要素中纳入人力资本，即具有体能含量、技术含量、管理含量等的劳动，这样，劳动者以其人力资本与生产资料投资者同处在资本的平等地位上时，避免了劳动者持股有限的弊端，真正激发劳动者的劳动积极性。这种做法被称为劳动力股本化、产权实体泛化和泛股制[①]。员工每年除劳动工资收入外，还可以获得劳动资本收入——股息红利。

充分发挥工会的作用。由工会代表劳动者与企业建立相互制约的劳动关系协调机制，代表劳动者的工会的地位应按程序确认。特别是要重视推广职工董事制度和职工监事制度。这对股份制公司投资者资产的保值增值，对稳定劳动关系，特别是对真正调动劳动者的积极性，具有积极的作用。

三、私有经济劳动关系

私有经济的劳动关系，主要包括国内资本私营企业的劳动关系和境外资本外商独资企业的劳动关系。目前社会上一般都将私营企业和外商独资企业分成两类不同性质的企业，其实外商独资企业除去资金来源为境外因而具有涉外经济的特点外，也是一种私有制的经济。这两类企业有着许多共同的特点[②]。以下以我国私营企业的劳动关系为例，分析私有经济劳动关系的特点和存在问题。

1. 我国私营企业劳动关系的特点

我国私营企业劳动关系的演变经历了三个阶段：1949～1957年，在劳资两利原则基础上允许私营企业劳动关系存在的阶段；1957～1978年，彻底消灭私营企业劳动关系的阶段；1978年至今，私营企业劳动关系曲折再生和迅猛发展的阶段。总体来说，我国私营企业劳动关系的发展正经历着从不规范到日益规范的过程。目前我国私营企业劳动关系的特点既具有私营企业劳动关系的一般特点，又具有我国特定条件下私营企业劳动关系的特点，主要有以下几个方面。

第一，私营企业的劳动关系是受制约的雇佣劳动关系。私营企业的劳动关系

---

① 常凯. 劳动关系·劳动者·劳权——当代中国的劳动问题. 北京：中国劳动出版社，1995. 121
② 常凯. 劳动关系·劳动者·劳权——当代中国的劳动问题. 北京：中国劳动出版社，1995. 52

是典型的劳资关系。所谓劳资关系，其最基本的特点是以追求剩余价值为目的而形成的一种雇佣劳动关系。从雇主方面而言，他雇佣工人的直接目的是为了实现剩余价值；从劳动者方面而言，在企业中除了自己的劳动力以外别无他物，劳动者是以自己的劳动力为雇主创造剩余价值而获得工资报酬。但同时我们也应该看到，私营经济受国家政治控制，这也决定了其劳动关系是受限制、受制约的。其一，劳动关系主体双方的地位受国家法律和政策的制约。其二，私营企业劳动关系在量上受到限制，只能是一种处于补充地位的非主流的劳动关系。其三，劳资双方的冲突受到限制。国家运用法律、政治和行政等手段，缓和、化解劳资矛盾，促进劳资两利，共同发展。

第二，劳资双方力量对比悬殊，雇主占主导地位。在私营企业劳动关系的建立、运行过程中，雇主始终占着绝对主导的地位，雇佣劳动者往往被动、消极地应付。造成这种局面的原因主要有：其一，在中国的工业化、现代化过程中，占主导地位的生产要素是资本。为大力发展经济，政府往往对私营资本采取相对宽松的政策，使雇主在劳动关系中更加占据主导地位；其二，现实中雇主拥有相对雄厚的"社会资源"，特别是大量转制而来的企业主更是如此。这一特殊条件决定了私营企业主活动能力强，社会关系多，经济、政治、社会地位相对较高。而雇工方的组织性较差，其来源主要是农民工等，文化水平和权利意识明显偏低，工作不稳定，流动频率高，组织化程度差，对工会活动不积极。这些就决定了在由强弱悬殊的主体形成的劳动关系及运行中，强者总是占主导。其三，中国劳动力市场供过于求的情况将是长期的，劳动力市场走向将在一个较长的时期内有利于雇主。雇主对劳动力有较多选择余地，并可以以较差的劳动环境、较长的劳动时间、较低的劳动报酬来选择劳动力。这也决定了劳动者之间的就业竞争相当激烈，面对着不能就业的危险，劳动者内部可能展开激烈竞争，会竞相降低条件，屈从于雇主。

第三，劳动关系不规范。现阶段我国的私营经济是从落后的二元经济走向现代一元工业经济过程的产物，亦即是向现代工业化市场经济过渡和发展中的产物。所以，它的劳动关系不是现代工业化市场经济的劳资关系，而是既带有自然经济色彩又带有计划经济色彩。相当一部分私营企业采用的是家族式管理方式，特别是在地处农村的小型私营企业中，多数雇主出身于农民，管理的家族化色彩更加浓重。从公有制企业转制而来的私营企业，大多数是从中小型企业转变而来的。这些企业的管理体制本身就存在着严重的行政化倾向，改制为私营企业后又或多或少地加入了家族化色彩。因此，私营企业尚未完全形成市场经济中的规范有序运行的劳动关系。

2. 我国私营企业劳动关系存在的主要问题

总体来说，私营企业劳动关系处于稳定运行状况，特别是一些大型企业较规范。但在一些中小私营企业，劳动关系各个方面还不同程度地存在着一些侵犯劳动者权益的现象。私营企业劳动关系存在的主要问题如下：

第一，劳动关系建立方面的问题。在外来工、临时工特别是小企业中的外来工中，劳动合同签订率低、他人代签、不知道合同内容、未享受经济补偿金等问题比较严重。劳动合同文本内容"走形式"，在许多劳动标准方面，企业方往往加上限制性条款，外来工只有义务，权利很少，甚至没有权利。也存在合同内容违法的问题，如在工资收入、工作时间等方面条款均明显违法。

第二，劳动标准方面的问题。有相当一部分私营企业违反《劳动法》，要求工人加班加点。这个问题存在的原因比较复杂，有些私营企业是由于行业、业务特殊性（受制于外加工、订单的期限）；农民身份的职工需要农忙假；同时，相当多职工由于各种原因愿意加班加点、适当延长劳动时间。现行《劳动法》对于加班加点及其加班加点工资的规定也确实是太高。劳动和社会保障部也承认，"我国劳动标准存在超前现象的一个典型实例是关于工时标准的规定"[1]。私营企业劳动者工资普遍低下，私营企业以市场工资率为前提，自主决定本企业职工收入。其决定职工收入的两个基本因素是，确保行业平均利润；稳定、留住职工。许多企业都将本地规定的最低工资作为工人的基本工资水准，以最低工资作为推算计件工资的基数。在工资发放上，总体上说，工资拖欠问题较严重，问题主要存在于小企业和建筑行业。劳动安全卫生和劳动保护的问题在相当多的劳动密集型中小私营企业存在。由于资金实力有限，工厂设备设施简陋，工人在恶劣的劳动环境、高强度的工作中，工伤事故频频发生。私营企业社会保险尚处于起步阶段，员工是否得到各种社会保险的保障与其职业相关。相对而言，技术人员、中层管理人员获得一定程度的保障。但绝大部分劳动者未参加社会保险，特别是对临时工、农民工、小学文化程度以下劳动者、小企业劳动者、建筑业劳动者等来说，几乎不存在任何社会保险。

第三，劳动管理规章制度方面的问题。总体上说，许多大、中型的私营企业都有从内容条款到形成程序基本上符合劳动法规的、比较完整的企业劳动管理规章制度。但是，众多中、小型私营企业的状况则相对较差，主要表现为：①没有劳动管理规章制度或不健全；②部分劳动管理规章制度的条款缺乏法律依据，或违反有关法律规定；③劳动管理规章制度的制定、批准过程中往往没有劳动者参与，这就为劳资矛盾、冲突埋下了隐患。

第四，劳动关系处理方面的问题。目前，私营企业工会主要有以下两大问题：其一，工会组建率低，而且入会率也相当低下，出现"有会无员"现象，大量打工者游离在工会之外。其二，工会能否组建完全或基本上取决于企业主。一

---

[1] 劳动和社会保障部劳动工资研究所. 中国劳动标准体系研究. 2003. 77~155

方面，相当多劳动者无组织意识、对组建工会持"无所谓"态度，不积极；另一方面，企业主有抵触。私营企业集体协商制度、集体合同制度实施过程中普遍存在着以下问题：①集体合同签订率低，其主要原因是工会组建率低和工会不能正常开展活动；②集体协商主体不对等，工会的地位，工会主席的身份、地位、素质决定了集体协商双方难以平等；③集体协商走过场、搞形式；④缺乏监督集体合同履行的有效机制，企业不履行或找"理由"不履行，对其无相应的处理依据。私营企业劳动争议隐性化。原因主要有：①劳动者缺乏权益意识、法律意识，如大多数劳动争议案件是与工人利益最直接相关的工资问题，而在其他权益方面，工人们还未意识或还未能顾及，难以形成争议；②劳动者"打官司"成本太高，现实中，有法不依、执法不严、违法不告、违法难究的现象比较普遍。一些劳动者即使意识到权利受侵害，也不敢上告，怕被解雇，往往认为"赢了官司，丢了饭碗"。这导致劳动者通常宁愿"私了"，也导致劳动者对劳动法制不信任。

3. 我国私营企业劳动关系存在问题的解决措施[①]

第一，健全法制。要加强立法，并增强法律条例的可操作性。调节私营企业劳动关系，保护雇工合法权益，首先要有法可依，法是调节的依据和规范。当前已实施《劳动法》，但具体可操作的配套法规还不健全，特别是适应私营企业的可操作性法规太缺乏。应该在以下几方面加强立法：坚持私营企业一律实行劳动合同制，通过签订劳动合同，明确双方的权利、义务；建立"欠薪保障金制度"、"最低工资法"等法规，切实保障雇工的基本劳动收入；健全劳动保护制度，有针对性地制定强制性措施；尽快建立统一的社会养老、失业、医疗、工伤等保障制度，强制私营企业参加。要严格执法。在各地实施各项法规（如合同、工时、劳动保护、养老、失业保险等）的过程中，私营企业经常出现有法不依、执法不严、情比法大、权比法大的情况。这就形成有法不依、法不责众、有法无法一个样的局面。因此，必须抓住典型事例，增强法律严肃性，创造良好的执法环境，做到执法必严、违法必究。同时，针对雇主、雇工的素质等实际状况，还要加强法规的宣传，增强雇主自觉守法、雇工依法自我保护的意识和能力。

第二，发挥工会作用。私营企业内部形成和谐、协调的劳资关系的重要途径是建立工会并发挥工会作用。工会代表工人与资方在劳动合同、工资福利待遇、劳动保护、社会保险等方面展开集体谈判、签订集体合同，以平衡劳资双方的利益和权利，并由此形成和谐、协调、正常运行的劳资关系。私营企业相当多的雇工受自身文化素质低、组织纪律性差等条件的制约，对工会维护自身权益的重要

---

① 常凯. 劳动关系·劳动者·劳权——当代中国的劳动问题. 北京：中国劳动出版社，1995. 208~210

性还认识不足,使得私营企业建立工会任重而道远。当前,针对私营企业劳动关系存在的主要问题,私营企业工会应做好以下几方面工作:指导、帮助工人与企业签订劳动合同并监督合同的执行;对企业克扣、拖欠工人工资的违法行为,要据理力争;监督企业遵守工时和休假制度,制止违法的加班加点;监督企业做好劳动保护工作;协助劳动部门督促企业依照法律规定,为工人缴纳失业、工伤、医疗和养老保险等社会保障费用;等等。

第三,强化政府职能行为。中国私营企业劳动关系是受政府、政策制约的私有制劳动关系,需要政府的直接干预;中国私营企业劳动关系是向现代市场经济过渡的劳资关系,需要政府扶植、培育;中国私营企业劳资关系是雇主占主导地位的劳资关系,雇工尚不能自己保护自己,工会组织尚不健全,需要政府出面保护。总之,要建立协调和相对稳定的私营企业劳动关系,必须强化政府行为,发挥政府职能作用。在协调劳动关系方面,政府职能行为包括:制定各项具体的行政法规、条例,行政干预,强制实施各项劳动法律、法规,对劳动争议进行调解和仲裁,在劳资集体谈判中发挥作用,劳动监察等。特别要纠正一些地方官员的错误观点,认为为了促进就业,追求企业的经济效益,就可以放松对劳动者合法权益的保护。

▶本章小结

本章主要探讨不同类型的劳动关系比较问题。

根据不同的标准将劳动关系分为不同的类型是劳动关系比较研究的基础。本章第一节概括介绍了当前劳动关系类型的主要划分方法和其他分类方法,并指出劳动关系类型比较的重要意义,即有利于政府有效发挥协调和规范劳动关系的作用,有利于向市场经济转型国家正确把握劳动关系发展的方向。

经济体制的性质是决定和影响劳动关系性质和特点的直接因素。将不同经济体制下的劳动关系进行比较研究,既有助于把握我国劳动关系的发展方向,也便于认识和分析当前劳动关系领域出现的新问题。本章第二节结合我国不同历史时期劳动关系的形态和调整模式,总结了计划经济体制、市场经济体制以及经济转型期劳动关系的主要特点,在此基础上,还特别指出我国劳动关系构建的目标取向是中国特色的利益协调型的劳动关系。

生产资料所有制性质是决定和影响劳动关系性质和特点的基本因素。依据所有制性质划分,劳动关系大致可分为三种类型:公有经济的劳动关系、混合经济的劳动关系和私有经济的劳动关系。本章第三节以我国当前向市场经济转轨过程中的三种主要企业所有制形态——国有企业、股份制企业和私营企业为例,分别阐述了不同所有制劳动关系的特点、存在的主要问题和解决措施。

▷关键术语

劳动关系类型　计划经济体制下的劳动关系　市场经济体制下的劳动关系　经济转型期的劳动关系　中国特色的利益协调型的劳动关系　国有企业劳动关系　股份制企业劳动关系　私营企业劳动关系

▷案例　江苏省镇江市国企改革中职工劳动关系的调整[*]

调整职工劳动关系,是深化国有企业改革的客观需要,是完善市场经济体制的必然要求,也是维护职工合法权益的本质内容。国有企业改革需要回答国企职工在原企业中的职工个人债务如何偿还、经济补偿金如何兑现、社会保险关系如何接续等问题,是一个废除旧的劳动关系,建立符合市场规则、体现"三个代表"思想的新型劳动关系的具体实践。国企改革中的劳动关系仅仅依靠市场法则来调整显然不够,需要政府政策引导,明确科学合理的调整目标。

自 2002 年 6 月正式启动的江苏省镇江市的国企改革,历经三年多的艰苦跋涉,取得了决定性胜利。镇江国企改革,走出了一条符合本地实际的改革发展之路。盘点国企改革,2005 年 12 月,该市共对 148 户市直国有、集体企业进行了产权出让改制,其中重点骨干企业 6 户,中小企业 142 户;对 101 户国有、集体企业实施了依法破产。有 43 018 名改制企业职工调整了劳动关系,16 500 多名破产企业职工进行了分流安置,其中有 2 868 名职工通过资产重组重新上岗就业。在国有企业改革中职工劳动关系调整方面,镇江市在实践中通过政策创新和大量细致的工作,取得了较好的效果,切实保障了职工利益。企业职工从"国有人"真正变成了"市场人"、"社会人"。镇江市国有企业改革中劳动关系调整的成功经验主要有以下几个方面:

第一,制定政策作为先导。镇江市出台了《关于企业改革中劳动关系调整的暂行办法》、《关于切实做好企业改制中劳动关系调整和经济补偿金的意见》,对改制时职工劳动关系的调整、改制后职工劳动关系的调整、改制企业职工社会保险关系的调整、职工经济补偿金的保全等做了具体详尽的规定。

第二,转变职工身份。按照市场经济的要求进行的国企改革,劳动者必须要转换职工身份,由"企业人"、"政府人"转换为"自由人"、"社会人";在劳动关系上,由过去的职工与政府的关系,转变为职工与企业的关系,从而使职工与

---

[*] 祁山洪. 镇江国企改革攻坚克难拓新路. 人民网地方专题-镇江视窗-镇江要闻. 2006-07-24;史和平. 国企改革中调整职工劳动关系的路径. 现代经济讨论,2004,(6):22~24

企业形成真正意义上的劳动关系。镇江市在国有企业改革中，对原有企业的职工全部与原企业终止或解除劳动合同，并按规定给予经济补偿，终结职工的"政府人"身份；对于被改制后企业录用的职工，与改制后的企业签订新的劳动合同，实现职工的"自由人"身份。政策规定，改制企业在领取工商营业执照后的30个工作日内，必须将职工与原企业签订的劳动合同变更为与新企业的劳动合同，新合同的期限不得短于原劳动合同期限。

第三，提出了就业优先原则。镇江市改革政策规定，企业产权出让时，受让方吸纳原企业全部职工的，最高按出让资产底价的40%预留调整劳动关系的补偿费用。对于这笔放在企业中的"养命钱"，改制企业必须以土地等有效资产予以保全。如果改制企业有效资产不足以保全的，差额部分由受让人以个人财产予以足额保全。财政和国资部门每年对保全资产的管理情况审计一次。一直要等到改制企业职工达到法定退休年龄并按国家规定享受退休待遇后，这笔财产才能"解封"，留归改制企业。如中途解除或终止劳动合同的，就要将量化到职工名下的补偿费用，以现金一次性支付给职工。这样，即使将来改制企业经营亏损破产，也能保证职工有"养命钱"。较好地做到改制不走人，增效不减员，绝大多数职工能够在改制后的企业中就业。

第四，建立职工社会保障体系。抓住调整职工劳动关系这一环节，较好地解决了原企业欠职工社会保障费用的问题：通过与改制企业签订新的劳动合同，使职工今后的社会保障权利得到延续和保护。同时，对以前年度应缴未缴的各项社保欠费，全部一次性足额补缴，改制后的企业应为调整劳动关系后的职工办理各种社会保险，按时足额缴纳保险费。

第五，采用刚性程序。每一个企业的职工劳动关系调整方案都必须经过企业职代会审议通过，资产经营公司党委研究审定，再报市工改办集体研究审批。方案一旦出台，就必须坚决执行，绝不允许朝令夕改，也不搞一人一策。如，在经济补偿金量化工作中，要求改制企业在出让产权前，必须对在册的全体职工，按照《镇江市企业职工经济补偿金量化一览表》的要求，认真进行量化计算；量化计算的结果经企业工会审核，企业内部公示后，报劳动保障行政部门核准。受让方在与原企业职工重新签订劳动合同时，必须签订职工经济补偿金量化的协议，有关协议必须存入职工个人档案。

总体来说，镇江市的国有企业改革中劳动关系的调整具体有四个特点：一是体现人本性。国有企业职工对自己的定位与农民工、外资企业职工、乡镇企业职工是不同的：农民工、外资企业职工、乡镇企业职工处理劳动关系很简单，裁员回家，关门走人。而国有企业职工却不是这样，拿不到工资要找政府，没有工作要找政府。因此调整职工劳动关系时，客观对待这种情况，承认历史的继承性，对改制企业中的职工给予一定的经济补偿金，并加以严格保全，从而顺利地把职工身份转换过来。二是体现稳定性。在企业改制过程中,保证了平稳过渡,维持了企业正常的生产经营,保证了绝大多数职工的就业和生活,减少了改制对社会的震荡。三是体现低成本性。制定富有个性的政策,用足用活政策,用"遗产"解决遗留问题,争取以最小的社会成本、经济成本实现职工劳动关系的转换。四是体现系统性。以富民为目标,以改革为手段,综合运用城市的各种资源优势,实现机制转换,调整职工身份。

复习思考题

1. 简述劳动关系的主要类型。
2. 简述劳动关系类型比较的重要意义。
3. 计划经济体制下劳动关系主要有哪些特点?
4. 市场经济体制下劳动关系主要有哪些特点?
5. 经济转型期劳动关系主要有哪些特点?
6. 如何正确理解我国劳动关系构建的目标取向是中国特色的利益协调型的劳动关系?
7. 试述当前我国国有企业劳动关系的主要特点、基本情况和存在的主要问题及对策建议。
8. 试述当前我国股份制企业劳动关系的特点、存在的主要问题和协调劳动关系一般思路和办法。
9. 试述我国私营企业劳动关系的特点、存在的主要问题和解决措施。

第三章

劳动者和工会

第一节 劳动者

一、劳动者的概念

劳动者是劳动关系的主体之一,其内涵与外延的准确把握是劳动关系研究的理论和现实前提。不同的学科从各自的研究视角对劳动者做出不一样的诠释,形成了各种各样的劳动者概念。

1. 不同学科视角中的劳动者

(1) 劳动管理理论研究的劳动者。

"劳动者,亦称'社会劳动者',指具有劳动能力,从事一定社会劳动并取得劳动报酬或经营收入的公民。劳动者的条件是:在劳动年龄范围之内,具有一定体力和智力的人;从事一定的社会劳动;具有劳动权的公民;有相应的劳动报酬或经营收入"[1]。

(2) 劳动经济学研究的劳动者。

劳动经济学是研究稀缺劳动力资源在既定目标下的有效利用的学科,其对劳动者的界定从作为劳动力资源所有者的视角入手,体现劳动者在市场资源配置中的地位和特点。劳动者拥有属于自己自由支配的劳动力商品;劳动者不占有生产

---

[1] 中国劳动人事百科全书编写委员会. 中国劳动人事百科全书. 北京:经济日报出版社,1989.

资料，只得受雇于他人，处于被管理的地位，实现劳动就业；通过劳动力的暂时让渡，劳动者获得劳动报酬。在劳动经济学学科中，劳动者体现和反映的是一种现代经济社会的雇佣关系，劳动者一般是指雇佣劳动者和工资劳动者[1]。

(3) 社会学研究的劳动者。

社会学意义上的劳动泛指人类认识和改造世界的一切活动。因此，社会学上的劳动者具有最大的外延，劳动者是指"具有一定劳动能力，遵循一定劳动规范，占据一定劳动岗位，参与实际劳动过程的人"[2]。劳动者包括所有参加社会劳动的人，不仅包括雇佣劳动者和工资劳动者，还包括农民、个体业主、企业主、公务员等。

(4) 人口统计学研究的劳动者。

在人口统计学中，劳动者的概念往往与具体的统计需要相联系：处于就业年龄的劳动者、有劳动能力的劳动者、有就业需求的劳动者。就业年龄由国家法律规定，准予就业最低年龄一般在14~16岁，但是为了保护儿童、禁止强迫童工劳动，以及减少就业压力，1973年，国际劳工组织在《准予就业最低年龄建议书》中提出："准予就业年龄逐步提高到16岁"。我国法律规定准予就业最低年龄是16周岁。同时根据身体状况规定就业最高年龄，就业最高年龄一般为60~65岁。我国法律规定：从事体力劳动的女性年满50岁、男性年满60岁，从事脑力的女性年满55岁、男性年满60岁退休。劳动能力包括劳动主体的劳动权利能力和劳动行为能力。前者指依法享有劳动权利和承担劳动义务的资格和能力。后者指以自己的行为依法行使劳动权利和履行劳动义务的能力。有劳动能力是指：一是年满16周岁，二是身体健康，三是智力发展正常，四是人身自由没有受到司法机关的限制。

(5) 政治经济学研究的劳动者。

马克思主义政治经济学是揭示资本主义生产关系的本质的一门学科，其研究对象之一是不同历史阶段的雇佣劳动者的特点。雇佣劳动者的定义为："因丧失生产资料而被迫把劳动力作为商品出卖给资本家的无产者。他们在资本家的监督下为资本家生产剩余价值。"[3]

2. 劳动关系中的劳动者

劳动关系中的劳动者研究出现于工业社会，因此，劳动关系中的劳动者概念的把握要体现和反映现代产业中的劳动关系特点。由此，有人认为：劳动关系中的劳动者是指在现代产业社会中受雇于他人，以劳动工资收入为基本生活来源的

---

[1] 常凯. 劳动关系·劳动者·劳权——当代中国的劳动问题. 北京：中国劳动出版社，1995. 14
[2] 袁方. 劳动社会学. 北京：中国劳动出版社，1992. 10
[3] 许涤新. 政治经济学辞典. 北京：人民出版社，1980. 408

体力和脑力工作者[①]。劳动关系的劳动者是劳动关系中权利义务、利益付出的承受者,其权利的实现程度往往取决于劳动法律体系的完善程度和执行状况,因此,劳动关系中的劳动者概念需要劳动法来规范。各国劳动立法中关于劳动者有着不同的词汇,如或称 labourer(劳动者、劳工),worker(工人、职工),personnel(员工),employee(雇员、雇工),wage worker(工薪收入者),employed labourer(雇佣工人)[②]。但其基本含义相近。劳动者是指达到法定年龄,具有劳动能力,并在现代产业社会中依据劳动合同受雇于他人,以劳动收入为生活资料主要来源的自然人。

对于劳动关系中的劳动者概念的理解,通常有以下几种:第一,劳动者具有劳动权利能力和劳动行为能力,即劳动者处于法定就业年龄,具有就业能力。第二,劳动关系是市场经济的社会化大生产为背景的以雇佣劳动为特征的劳动关系,劳动者是受雇于他人,在他人指令或指挥下从事各类生产劳动,而且是在劳动合同制约下的受雇,这是一种基于契约的义务,是从属关系,是职业上的有偿劳动[③]。这是一种让他人受益并由他人承担风险的劳动。第三,获得劳动工资,并且劳动工资是其基本收入来源。第四,具有独立身份的自然人,不是法人。

结合我国《劳动法》的规定,我国的劳动者主要包括:一是与企业、个体组织之间形成劳动关系的劳动者,二是国家机关、事业组织、社会团体的工勤人员,三是实行企业化管理的事业组织的非工勤人员,四是其他通过劳动合同与国家机关、事业单位、社会团体建立劳动关系的劳动者。不包括下列人员:一是公务员和比照实行公务员制度的事业组织和社会团体的工作人员,二是农业劳动者(乡镇企业职工和进城务工、经商的农民除外),三是现役军人,四是家庭保姆,五是事业单位、社会团体未建立劳动合同关系的干部[④]。

二、劳动者的权利与义务[⑤]

1. 劳动者的权利

劳动者权利是劳动法律规定的劳动者在履行劳动义务时所享有的与劳动相关的权利,它是劳动者在劳动关系中地位的法律体现,是以现代产业关系中生产要素结构、经济权利结构为基础的社会经济权利,它与劳动者的劳动过程紧密相连,并在劳动过程中得到实现。劳动者权利主要是在具体的劳动关系中实现,劳

[①] 常凯. 劳动关系·劳动者·劳权——当代中国的劳动问题. 北京:中国劳动出版社,1995. 16
[②] 常凯. 劳动关系学. 北京:中国劳动社会保障出版社,2005. 154
[③] 史尚宽. 劳动法原论. 上海:世界书局,1934. 7
[④] 范占江. 劳动法精要与依据指引. 北京:人民出版社,2005. 1
[⑤] 常凯. 劳动关系学. 北京:中国劳动社会保障出版社,2005. 159~165

动关系的构成与特点直接决定了劳动者权利实现的方式和程度。在不同社会体制和不同企业性质下的劳动关系中，劳动者权利的实现方式和实现程度都有所不同。

我国《劳动法》规定，劳动者权利主要包括平等就业和选择职业的权利、取得劳动报酬的权利、休息休假的权利、获得劳动安全卫生保护的权利、接受职业技能培训的权利、享受社会保险和福利的权利、提请劳动争议处理的权利以及法律规定的其他劳动权利。根据关于《劳动法》若干条文的说明，"法律规定的其他劳动权利"是指劳动者依法享有参加和组织工会的权利，参加职工民主管理的权利，参加社会义务劳动的权利，参加劳动竞赛的权利，提出合理化建议的权利，从事科学研究、技术革新、发明创造的权利，依法解除劳动合同的权利，对用人单位管理人员违章指挥、强令冒险作业有拒绝执行的权利，对危害生命安全和身体健康的行为有权提出批评、检举和控告的权利，对违反劳动法的行为进行监督的权利等。

最初的劳动者权利主要就是工资、工时的权利，随着市场经济和现代产业关系的发展，劳动者权利外延不断扩大，逐步形成以劳动权利为基础，包括经济、政治、社会等内容的广泛的社会权利。

劳动者权利根据内容以及实现方式的不同，可以分为个体劳权和集体劳权。个体劳权由劳动者个人享有并行使，其内容主要涉及的是劳动者的就业状况和劳动环境，这一权利主要与劳动者的切身利益相联系。集体劳权由劳动者集体享有并由劳动者的组织——工会来代表劳动者具体行使。集体劳权主要包括团结权、集体谈判权、集体争议权和民主参与权。这一权利所涉及的是劳动者如何通过有组织的行动来维持和保障个体劳权的程序性的权利。

集体劳权是个体劳权的程序保障，实现个体劳权是集体劳权的直接目标，集体劳权体现出劳动关系的基本特征：在现代产业社会里，劳动者只有组织起来才能抗衡雇主，才能限制劳动关系的实质不平等，平衡劳动关系，实现劳动者集体的利益和要求。劳动者只有认识并争取到集体劳权之后，才能在社会经济关系和劳动关系中确立自己的法律地位，并进而实现和保障个体劳权。集体劳权的实现程度反映了劳动关系法制化和规范化程度。

（1）个体劳权。

①劳动就业权。个体劳权以劳动就业为基础和前提，即只有实现就业，劳动者的其他劳动权利才有可能在具体劳动关系中实现。劳动就业权具有以下法律特点：劳动者有劳动的自由，同时也有不劳动的自由，政府虽然鼓励人们积极参加劳动，但也不能实施强迫劳动。劳动就业权作为工作权，一般包括两重含义：一是自由工作或就业的权利，即平等就业权和自由择业权；二是自由工作或就业的权利，即职业保障权。

②劳动报酬权。劳动报酬权是指劳动者在劳动关系中享有的基本和核心的权利。劳动报酬是劳动关系中劳动者因付出劳动而获得的以工资为基本形式的物质补偿。劳动报酬有两项法律特点：一是这一权利在劳动关系中的债权性质，即雇主必须支付给劳动者工资报酬；二是这一权利是生存权的基本内容之一，因而具有特别重要的意义。

③休息休假权。休息休假权实质上是劳动者的健康权和生命权，是关系到劳动者本人以及生命延续的基本人权。劳动者生存的物质前提是健康和生命。为了保证劳动者的健康和生命，就必须对劳动者的劳动时间和劳动强度有所限制，保证劳动者为恢复体力、料理家务、繁衍后代享有充分的休息休假时间。休息休假与工作时间直接相关。工作时间是指劳动者在工作单位为了完成工作任务所要付出的时间。限制劳动时间是劳动者休息休假权利的重要内容。劳动时间的确定主要依据两方面原则：一是保证劳动者健康，二是劳动者能够完成相当量的生产任务。这两方面，都受到历史和社会因素的制约。

④社会保险权。社会保险权是公民社会保险权的一部分，社会保险权，是指劳动者由于年老、疾病、失业、伤残、生育等原因失去劳动能力或劳动机会因而没有正常的劳动收入来源时，通过国家社会保险制度获得物质帮助的权利。从性质上说，社会保险作为劳动者的一项重要权利，是现代社会发展的客观要求，也是社会公平价值在法律中的体现。劳动者社会保险权，主要包括失业保险权、养老保险权、工伤保险权、疾病保险权和生育保险权等。

⑤劳动安全卫生权。劳动安全卫生权是指劳动者在劳动过程中，为保证自己的生命和身心健康，获得在工作场所的职业安全和卫生保护的权利。劳动安全卫生权是涉及劳动者生命健康的一项重要的劳动者人权。就权利性质而言，首先是劳动者人身权。劳动法中，对于职业灾害，采用的是"非过失责任原则"，即劳动者在生产过程中，生命健康受到损害时，即使雇主没有过失，也要承担一定的赔偿责任。劳动者劳动安全卫生权的具体标准是由国家颁布的劳动基准法确定的。

⑥职业培训权。职业培训权是指社会劳动关系中的劳动者享有在准备就业和实现就业过程中，为提高个人的技术技能而参加国家和企业举办的各种职业培训的权利。在市场经济条件下职业培训权是与劳动就业权联系在一起的，这一权利的行使是为了确保劳动力市场的劳动者就业，这一权利主体的相当部分是劳动力市场中有劳动意愿和能力但没有工作的劳动者。劳动者职业培训权是由国家强力保障，并由政府有关部门和雇主承担实施义务的劳动基准权利。

⑦劳动争议提请处理权。劳动争议提请处理权，是指劳动者在遇到劳动争议时，为保障自己的合法权益，享有向行政部门、劳动争议处理部门和司法部门提出和申请依照法定程序公正处理的权利。劳动争议提请处理权是程序权，是一项

特别的诉权,即劳动诉权。劳动争议提请处理权是在劳动者权利受到侵害后,为请求公力救济而行使的一种请求权。劳动争议提请处理权的提出确定了劳动者是劳动诉讼的独立主体,确定了劳动诉讼的法律地位,确定了劳动者的合法权益可以通过公法来得到保障。

(2) 集体劳权。

我国《劳动法》第7条规定:"劳动者有权依法参加和组织工会。工会代表和维护劳动者的合法权益,依法独立自主地开展活动。"第8条规定:"劳动者依照法律规定,通过职工大会、职工代表大会或者其他形式,参与民主管理或者就保护劳动者合法权益与用人单位进行平等协商。"第33条规定:"企业职工一方与企业可以就劳动报酬、工作时间、休息休假、劳动安全卫生、保险福利等事项,签订集体合同。集体合同草案应当提交职工代表大会或者全体职工讨论通过。集体合同由工会代表职工与企业签订;没有建立工会的企业,由职工推举的代表与企业签订。"这些权利规定属于集体劳权的范畴。

①团结权。团结权一般是指劳动者为实现维持或改善劳动条件的基本目的而结成暂时或永久的团体,并使其运作的权利。具体是指劳动者组织工会并参加其活动的权利。就性质而言,团结权是一种特定的结社权,即劳动关系中劳动者为维护或扩张其在劳动关系中的利益而组织团体的社会法上的权利。所谓特定的结社权,一是主体特定,只能是社会劳动关系中的劳动者;二是结社目的特定,只能是为了改善劳动者的劳动待遇和社会经济地位;三是组织形式特定,只能是工会。

团结权作为一种特定结社权,是作为特定公民的劳动者的基本的宪法权利。这一权利具有生存权的性质,它直接关系到劳动者的生存状态和生存质量,所以,它在公民权利体系中的作用越来越被人们所关注。团结权作为宪法权利,公民是权利主体,国家是义务主体,是团结权的诉求对象。劳动者的团结权是劳动者享有自由权的前提权利。团结权在法律关系中具有两种形态:一种是积极团结权,即劳动者组织和参加工会并开展活动的权利。另一种是消极团结权,即劳动者不参加某个工会或退出某个工会的权利。

团结权同时具有对抗第三人即雇主的效力,雇主也是团结权的主张对象,是这一权利的义务主体,承担不作为义务,即不妨碍行使这一权利的义务。团结权在劳动者的权利体系中具有特别重要的意义:团结权是确保劳动者生存权得以实施的手段;团结权是实施集体劳权的前提权利和基本权利。

②集体谈判权。集体谈判权是指劳动者集体为了保障自己的利益,通过工会或其代表与雇主就劳动条件进行协商谈判,并签订集体合同的权利。集体谈判权是工会运动的直接结果,也是近代立法最主要的内容。集体谈判制度的主要法律特点是,这一制度承认劳动关系的双方(即雇主与工人)是两个不同的利益主

体，双方在劳动条件和就业条件的谈判中具有平等的地位；集体谈判以劳动者的权益为中心展开；集体谈判以劳动者的权益保障为基础和出发点，以协调企业劳动关系并促进企业与职工共同发展为直接目的。集体合同就其法律性质而言，是一种劳资自治的契约形式。集体谈判权实质上是劳资关系自治权，它主要包含以下权利：对等介入权、劳资立法权、劳资共决权。

③民主参与权。民主参与权是指劳动者参与企业和社会管理的权利。参与权是对管理权的一种分享，更注重劳资双方的共同利益和劳资合作。企业层面的民主参与权，是对原属于资本的领地的介入与分享，这种介入和分享的直接对象是企业的经营管理权。对劳动管理权的介入和分享是企业民主参与权的基础和重点。劳动者的宏观参与，通常是通过工会参与制定劳工立法活动，参与政府社会经济政策的制定和咨询，参加有关社会保险机构或经济、政策咨询机构的活动等形式来实现。

④集体争议权。集体争议权，又称集体行动权或工业行动权，是指劳资关系双方在劳动关系中为实现自己的主张和要求，依法采用罢工或闭厂等阻碍企业正常运营的手段集体对抗的权利。集体争议权在一般意义上，是劳资双方共有的权利，但在劳动法律中，主要是指劳动者一方的争议权。劳动者一方的争议权包括罢工权。劳动者一方的集体争议行为包括集体怠工、占领工厂、设置纠察线等，其中构成劳动者集体争议行为最基本的手段是罢工，所以狭义的集体争议权又指罢工权。集体争议权与集体谈判权密切联系，集体争议权一般是在集体谈判过程中因集体合同的订立、履行或变更生发纠纷而行使。集体争议行为的核心是罢工行为，即一定数量的劳动者为改善劳动条件等经济目的而集体停止工作的权利。

我国法律对于罢工权没有做出规定，既没有明确规定工人和工会享有罢工权，也没有规定禁止罢工。为保障劳动者的劳动基本权利和规范罢工行为，我国亟须进行罢工立法。

2. 劳动者的义务

劳动者作为劳动关系的主体，既享有权利，同时又承担着义务。我国《劳动法》在规定劳动者权利的同时，也对劳动者的义务做出了明确的规定："劳动者应当完成劳动任务，提高职业技能，执行劳动安全卫生规程，遵守劳动纪律和职业道德。"概括而言，劳动者在劳动关系中的主要义务有：

①完成劳动任务的义务。这是劳动者的基本义务。劳动者应当在约定的时间和地点，遵守劳动使用者的指示完成约定的工作内容。原则上，劳动者应当亲自履行给付劳动的义务，不得由他人代为履行，这是因为劳动关系具有人身关系。劳动给付的方式与范围受到劳动基准法、集体合同、劳动合同的限制。如果劳动使用者的要求出于恶意，或者违反法律法规、道德规范等，劳动者没有服从的义

务；如果劳动使用者要求劳动者从事的劳动超出了约定范围的，劳动者可以拒绝，但是如果有紧急情形或者职业上有特别规定的，劳动者不能拒绝其所能给付的劳动。劳动时间与地点的约定，不能违反劳动基准法、集体合同的规定；劳动使用者不能任意要求劳动者改变工作地点，否则劳动者有权拒绝。

②忠实的义务。这是基于劳动关系的身份性质而产生的。劳动关系不仅仅是双方之间的财产交换关系，而且双方之间还存在明显的人身信任关系。因此，在劳动关系中特别强调双方当事人都应当遵守诚实信用、职业道德原则，尽力维护对方的利益。劳动者的忠实义务有四方面的内容：一是服从义务。劳动力使用者对劳动者有指挥监督的权利，劳动者应当服从劳动力使用者的指令，包括劳动力使用者依法制定的企业内部规则和劳动纪律规定。当然，如果劳动力使用者的指令违反法律法规，则劳动者没有服从的义务。二是保密义务。劳动者对于工作中所了解到的劳动力使用者的商业秘密和个人隐私负有保密的义务，不得泄露给第三人，劳动者自己也不得利用此类秘密经营与劳动力使用者有竞争关系的业务。三是增进义务。即劳动者对于其所承担的工作，应当有足够的注意而适当履行，所获得的利益应当全部返回给劳动力使用者，劳动者不能收受贿赂或者损害劳动力使用者以获得利益。四是小心照顾雇主的财产。雇员在工作过程中，对雇主的财产有小心注意的义务，不得粗心大意或损害雇主的财产。

三、多样化的劳动者

随着时代的发展，劳动者队伍一直在不断地变化。劳动者受教育水平不断提升，知识存量不断增加，脑力劳动者在生产生活中的地位不断提高；劳动参与率不断下降；劳动者老龄化趋势不断加快，新的劳动者社会阶层不断浮现。

1. 劳动者分类

劳动者可以从不同的角度进行分类。从劳动性质来看有体力劳动者和脑力劳动者之分；从劳动者技术含量来看，有技术劳动者和非技术劳动者之分；从劳动者所属国别来看，有本国劳动者和外国劳动者之分；从劳动者就业所属单位的性质来看，有国有企业劳动者、集体企业劳动者、私营企业劳动者与"三资"企业劳动者之分；从劳动者在用人单位生产过程中的地位来看，有核心劳动者和非核心劳动者之分。

改革开放以后，我国很快引进了西方"白领"、"蓝领"等一些习惯性称谓，它们以职业服装的颜色特征来指称某一领域或从事这一领域工作的人。这些词的出现和广泛使用反映出经济在社会生活中的重要作用，以及由此带来的职业分工的细化和社会发展的转型。"白领"（white-collar）最早出现于20世纪20年代初，开始是泛指一般非体力劳动者，后来多指企业管理、行政和科研人员,政府公务员,商业销售人员等。职业要求他们服饰整洁,在上班时间多穿白领衬衣和正式西服。"蓝领"(blue-collar)始见于20世纪40年代,指以体力劳动为主要谋生手段的人,通常指现场操作工人。因为工作环境要求他们穿深色衣服上班,这也源于发达国家曾经或正在使用的蓝色工作服装颜色标志。"白领"、"蓝领"源于西方,"金领"却是中国人的发明,主要指那些高级管理人员,特别是经济管理界、金融界的管理人员,如企业经理、高级经济师等。他们所在的行业被认为是最容易挣钱的,他们也被认为是相当富有的人,故而冠之以"金领"之名。

从劳动关系调整角度来看,有必要区分正规部门的劳动者与非正规部门的劳动者。正规部门的劳动者是指在传统的具有稳定的劳动契约关系、全日工作制、有较完善的社会保障和福利政策保护,通常又是规模较大的正规经济组织就业的劳动者,主要包括国有和私营大中型企业、外资企业的劳动者。非正规部门(informal sector)也称"非正规经济",最初记载在国际劳工组织(ILO)1972年访问肯尼亚的报告中,它主要指规模很小的家庭作坊利用适当的技术进行劳动密集型生产,其特点是易进入(开工)、易市场化、活动无规则等。在这些用人单位就业的劳动者是非正规部门劳动者。他们在劳动关系上不具备法定的法律保障,工作时间弹性较大,所有制方面主要是以个体、私营经济为主,生产规模常常以家庭为单位。产品对象是低收入者,其目的主要是维持生活。

2. 劳动者结构分析

(1) 我国劳动者人数总量。

我国是世界第一人口大国,也是世界劳动力资源第一大国。2005年年末中国15~64岁劳动力人口达8.9亿人[①]。联合国预测数据显示(表3-1),中国15~64岁劳动力人口将继续增长,高峰年在2015年左右,届时劳动力人口将达到10亿左右。随后将会持续下降。预计2050年中国劳动力年龄人口降至8.5亿,相当于20世纪90年代的水平。

表3-1 中国15~64岁劳动力人口数量变化(单位:亿)

年份	2010	2020	2030	2040	2050
数量	9.79	9.92	9.70	8.92	8.51

资料来源:UN. World Population Prospects (The 2002 Revision). New York, 2003

[①] 中华人民共和国国家统计局. 2005年全国1%人口抽样调查主要数据公报. http://www.gov.cn/gzdt/2006-03/16/content_228740.htm. 2006-03-16

(2) 劳动者的教育状况①。

根据 2004 年人口变动情况抽样调查资料，就各种受教育程度人口占总人口的比重而言，大专以上占 5.42%，所占份额比 1990 年增长了 2.82 倍；高中占 12.59%，所占份额比 1990 年增长了 56.59%；初中占 36.93%，所占份额比 1990 年增长了 58.23%；小学占 30.44%，所占份额比 1990 年减少了 18.11%。这些数据全面反映了最近 10 多年来我国各级教育事业发展的成就。特别是进入 21 世纪以来，我国教育事业发展迅速，接受高等教育的人数大幅增加，各种受教育人口结构的变化明显加快。2000～2004 年，受高等教育和高中教育的人口比重平均每年分别增加 0.45% 和 0.36%，与 1990 年相比，年均增长幅度分别提高 0.23% 和 0.05%。与此同时，受小学教育人口比重平均每年减少 1.32%，相比 1990 年，年均减少幅度增加了 1.17%。

我国人口平均受教育年限持续增长。2004 年，6 岁及以上人口平均受教育年限达到 8.01 年，比 1990 年提高了 1.75 年，比 2000 年提高了 0.39 年。2004 年人口变动情况抽样调查数据显示，全国 16 岁及以上人口平均受教育年限达到 8.20 年，接近初中毕业水平。尽管我国人口的受教育水平不断得到提升，但是，男性、女性受教育水平还存在一定差距。6 岁及以上人口平均受教育年限男性为 8.5 年，女性为 7.5 年，女性比男性低 1 年；16 岁及以上人口平均受教育年限，男性高达 8.8 年，女性则为 7.6 年，女性比男性低 1.2 年。与此同时，城、乡之间在受教育程度方面的差异更为突出。2004 年，我国 6 岁及以上人口平均受教育年限城镇为 9.43 年，乡村为 7 年，乡村比城镇低 2.43 年。

(3) 劳动者的老龄化趋势。

我国是世界上老年人口最多、增长最快的国家之一。20 世纪 80 年代以来，60 岁以上的老年人口平均以每年 3% 的速度持续增长，1997 年已经超过 1.2 亿。我国现有 60 岁以上的老年人 1.34 亿，占总人口的比重接近 10.2%，早已进入人口老年型国家行列。到 21 世纪中叶，60 岁以上的老年人将达到 4 亿左右，约占亚洲老年人口总数的 36%，约占世界老年人口总数的 22.3%。我国老年人口规模之大，老龄化速度之快，高龄人口之多，都是世界人口发展史上前所未有的。在这段时间，65 岁以上老年人口占总人口的比例上升，中国人口年龄结构类型从成年型转向老年型。2000 年，中国 65 岁以上老年人口占总人口的比例超过 7%，从而进入老龄化社会。

根据联合国的预测，2000～2025 年中国老龄化进入加速发展阶段。在这一阶段，中国 65 岁及以上老年人口占总人口的比例将从 7% 左右上升至超过

---

① 根据 2004 年 1% 人口抽样调查和人口变动情况抽样调查资料计算。段成荣. 中国人口受教育状况分析. 人口研究，2000，30 (1)：93～96

12%，年龄结构将成为典型的老年型人口类型，将完成从成年型向老年型的转变。2025~2050年，中国老龄化进入高速发展阶段。在这一阶段，65岁及以上老年人口占总人口的比例将从12%上升到20%以上，中国人口的年龄结构高度老化。今后近半个世纪的时间内，中国老年人口的负担系数呈不断上升的趋势。

在未来50年，根据联合国预测，我国老年人口增长将分三个阶段：第一个阶段是平缓加速增长阶段，2000~2028年，65岁老年人口将从现在的不足1亿增加到并超过2亿，平均每年增加近400万。第二个阶段是急速增加阶段。2028~2038年，65岁以及上老年人将由2亿增加到并超过3亿，平均每年增加1000万。第三个阶段是基本平稳阶段。2038~2050年，65岁及以上老年人将由3亿增加到3.2亿人，平均每年增加150多万。

中国总人口数和65岁及以上人口比例见表3-2。

表3-2 中国总人口数和65岁及以上人口比例

年 份	1950	1975	2000	2025	2050
总人口数/亿	5.55	9.28	12.75	14.45	13.95
65岁及以上人口比例/%	4.5	4.4	6.8	13.4	22.9

资料来源：UN. World Population Prospects (The 2002 Revision). New York, 2003

3. 劳动者的社会阶层

目前，我国正处在由计划经济体制向社会主义市场经济体制转轨的过程中，正处在由农业传统社会向工业化、现代化社会转型的过程中。我国社会经济结构发生了一系列重大变化，从单一的公有制结构逐步转变为以公有制为主体、多种经济所有制并存和共同发展的所有制结构。社会阶层出现新的调整，我国现在存在着十大阶层：国家和社会管理者阶层，经理人员阶层，私营企业主阶层，专业技术人员阶层，办事员阶层，个体工商户阶层，商业服务业员工阶层，产业工人阶层，农业劳动者阶层，城乡无业、失业、半失业阶层[1]。依据劳动关系中劳动者的定义，作为整个社会阶层中的中下阶层劳动者比例达43.5%[1]。他们主要由两部分人组成：一是原计划经济公有制企业中转制过来的工人；二是进入现代产业，从事非农劳动的农民工[2]。

---

[1] 陆学艺. 当代中国社会流动. 北京：社会科学文献出版社，2004. 9~23
[2] 常凯. 劳动关系学. 北京：中国劳动社会保障出版社，2005. 165

(1) 转制工人。

计划经济时代，工人附属于国家，国家保证劳动者的就业，实行"铁饭碗"制度。改革开放以来，工人被推入劳动力市场，劳动者产权回归个人所有，成为独立的经济主体，拥有自由的流动权、职业选择权。但是，他们已经错过生命周期中参加劳动的最佳时间，加之他们的文化技术素养相对较低，他们很难有条件去实现现实的自由与选择。而且，劳动者在这种转变过程中未获得充分的补偿，权益受到一定的侵害。在计划经济时期，享受"铁饭碗"、"大锅饭"的代价是"低工资"，劳动者的价值并未全部归属于其本人，劳动者收益权是残缺的。在转制的过程中，劳动者的这些付出未能得到充分的补偿。他们失去了"饭碗"，失去了就业保障，带来了一系列的失落感，并成为社会的弱势群体。特别是，由于我国劳动者的集体权利，如结社自由权、集体谈判权、产业行动权的缺失，使得劳动者没有力量与资本方进行有效的抗衡，他们的劳动权更难得到保障。

(2) 农民工。

在计划经济时代，我国在城乡分割的二元经济和户籍管理体制下，把城市居民划入非农业户口，把农民划入农业户口。由此便形成了两个界限分明的社会阶层，他们受到国家明显不同的待遇。经济活动方面，农民被集体经济制度紧紧地束缚在生产队里，从事集体化的生产劳动；社会福利方面，农民几乎没有任何的社会保障；在社会身份上，户籍制度使得农民注定只能在农村生活、就业。在计划经济时代，"农民"实际上不是职业身份的标志，而是政策限定下的经济地位、社会地位和政治地位的标志，是社会角色的"先定模式"。

改革开放以后，以土地承包为核心的农村经济体制改革，使农民获得了选择职业的自主权，真正成为土地的主人和独立的生产经营者。为了寻找出路，农民或者自行集资兴办乡镇企业，或是走向城市谋求新的生存之路，农民群体开始了以市场机制为基础的职业分化，新的农民工阶层应运而生。以农民职业身份为标志、从事着第二或第三产业的进城务工人员，游离于城乡之间的边缘，成为中国转型时期最具"特色"的过渡性社会阶层，其职业具有显著的临时性、季节性、流动性等特点。据中国企业联合会《2003年全国千户企业管理调查研究报告》统计，2003年全国进城就业的农民工已达9 820万人，在第二产业中已占从业人员总数的57.6%，在第三产业中已占从业人员总数的52%以上，成为我国产业工人的重要组成部分[1]。

---

[1] 金崇芳. 当代中国农民工阶层的群体特征探析. 理论导刊, 2005, (11): 64, 65

第二节 工会

一、工会的概念

工会以一种独特的社会组织形式出现在人类历史舞台,已经有二百多年的历史。它同其他任何社会组织一样,在特定的社会历史条件下产生与发展。工会是产业革命后兴起的工业化的产物。工业化摧毁了传统社会的自给自足、自我雇佣的制度,使劳动者处于一无所有的地位,他们为了维护自己的利益,自发组织了工会,以集体的力量与雇主抗衡。在工会运动的历史长河中,经济、社会、政治、法律等诸方面因素对工会运动产生种种制约,面对不同的社会环境,工会的性质也随之改变。

劳动经济学认为:工会是劳工及受雇者自发组成的依靠团体力量维持及改善劳动条件与生活状况并保障劳工本身权益的长期性团体[1]。韦伯夫妇认为:工会者,乃工人一种继续存在之团体,为维持或改善其劳动生活状况而设者也[2]。上述的定义强调了工会组织的性质,经济利益目标及其实现方式。不过,"工会不仅是将谈判力量转变为会员工资与就业条件改善的'引擎',而且还是资本主义自由民主制衡体制中不可缺少的重要组成部分"[3],工会组织还有其他的政治目标。由此,工会可以定义为:由雇员自发自愿组成的依靠团体力量通过集体谈判维持及改善劳动条件与生活状况并保障劳工本身权益以及整个社会利益的长期性组织。对于工会的理解关键在于以下四点:

第一,工会因劳动关系冲突而产生。一无所有的劳动者在严重失衡的劳动关系双方力量中处于劣势地位,为了与资本相抗衡,劳动者组织起来,形成工会。工会存在的作用正是平衡劳动关系双方的力量,协调双方的关系,并使劳动关系冲突的解决走向制度化。第二,工会由雇员自发自愿组成。工会源于劳动者在生产、生活中维护自己的合法权益需要,自发地产生,并自愿地结合,劳动者可以自主的建立或选择某个工会作为自己的代表。第三,工会以维持及改善劳动条件与生活状况、保障劳工本身权益以及整个社会中的利益为主要职能。工会是一个利益集团,包括经济利益、政治利益和人身利益。其首要职能在于为会员谋求工资、就业、劳动保护等经济利益,同时通过集体谈判、民主参与管理等途径促进劳动者产业民主权利实现的民主政治利益,通过三方机制等社会对话渠道建立社

---

[1] 张德远. 西方劳动经济学. 上海:上海财经大学出版社,1999. 87
[2] [英]S. J. 韦伯,B. 韦伯. 英国工会运动史. 北京:商务印书馆,1959. 1
[3] Brian Towers. Trends and developments in industrial relations: deregonizing trade unions: implications and consequences. Industrial Relations Journal. 1988,19 (3):184

会伙伴关系的社会整合职能。第四,工会以集体谈判为实现方式。集体谈判是工会谋取雇员利益的基本手段,是劳动者一方集体劳动关系的核心运行机制。

1. 工会的分类

历史上出现过形形色色的工会组织,由于它们有着不同的目标、组织方式,因此有着不同的类型区别。

(1) 以工会运动的目标为划分标准。

追求经济利益、政治利益,还是目标在于整合现有社会制度,不同的追求表明工会有着不同的价值目标,具体分为经济主义工会、福利主义工会、政治主义工会和社会整合主义工会。

第一,经济主义工会,在认可现有的社会制度合理性的基础上,以通过集体谈判维持及改善劳动条件与生活状况为主要目标,实现会员经济利益的最大化。第二,福利主义工会,它们不仅关注员工的经济利益与劳动权益,而且更关注更广泛的社会、经济与政治问题。第三,政治主义工会,强调阶级革命和政治斗争,认为工会运动是以阶级冲突和社会政治动员为特点的激进民主运动或者共产主义工会运动。第四,社会整合主义工会,从社会功能主义和有机主义出发,以对抗社会主义的阶级敌对主义观点,强调工会应当成为追求逐步工业民主化的机构,以增进社会福利和社会凝聚力。

(2) 以工会组织方式为划分标准。

100多年前,人们往往根据工会募集会员的组织方式进行分类,把工会组织划分为职业工会、企业工会、行业工会和总工会。

第一,职业工会。它是将具有某种特殊技能,从事某种特殊职业的所有雇员组织起来的工会,它不考虑这些雇员所在的行业。同一企业的工人由于他们分属不同的职业而参加不同的职业工会。它表现出明显的横向特征,可以分成许多分支(如职业一样):在同一行业的同行工会、白领工会、技工工会和非技术工人工会。第二,企业工会。以企业为单位,将同一企业的所有成员组织在一起形成的工会,它不考虑这些雇员的技术、技能以及所从事的职业,不过企业工会组织成员不能超越一个单位。第三,行业工会。将在某一特定行业中从事工作的所有工人组织起来形成的工会,它具有明显的纵向特征,也可以细分为吸收一个行业所有员工的垄断性行业工会和仅限于特定行业的单一性行业工会。第四,总工会。进一步分为地方性、区域性和全国性总工会,即将同一地域的不同职业、企业、行业的所有员工全面吸收而形成的工会,体现出对职业工会、企业工会和行业工会分化的一种修正。

2. 工会的行为

为了实现工会的目标,工会组织必然要采取一定的行为。对于工会行为的分析,可以借鉴经典的"韦伯五分法",把工会行为方式分为互保互助、集体谈判、劳动立法、直接行动和政治行动[①]。

(1) 互保互助。

工会主要以互保（mutual insurance）互助（mutual aid）的方式向成员提供各种福利，包括医疗、教育、娱乐、住房等各个方面。这些开支从会员所交会费建立的基金中提取。有时，工会也向非会员提供这些福利待遇。作为工会的一种行为方式，互保互助有以下好处：①有助于工会吸收新成员；②有助于充实工会基金，使工会在集体谈判过程中有能力向雇主施加压力；③有助于建立工会内部福利制度。

(2) 集体谈判。

集体谈判是工会与雇主交涉、协商、确定薪酬、福利、工时、工作条件等有关劳动标准和劳动关系事务的活动，是工会为会员争取经济利益的最直接的方式。集体谈判可以直接或间接地改变工人的经济生活与社会生活。

(3) 劳动立法。

劳动立法是工会通过立法建议、监督法律执行等方式保护雇员利益，促进工会发展。工会一方面积极游说议会，与议员接触，力求颁布有利于工会的劳动法案。另一方面，工会还派代表负责监督法令的执行。

(4) 直接行动。

直接行动是在互保互助与集体谈判不能发挥作用时，工会采取罢工、罢市与强制战术等方式来实现维护工人尤其是会员利益的目标。其中，强制战术属于非法行为，罢工和罢市是工会合法的直接行动方式。不论采取什么方式，工会的直接行动都会损害既有的劳动关系，不利于经济的发展。因此从国家利益考虑，在经济发展过程中需要劳资双方的合作，避免劳资冲突。

(5) 政治行动。

工会政治行动的显著特点是它不仅维护会员利益，而且有利于工人阶级的整体利益。工会的政治行动主要包括：①向政府与立法机构施加压力，促使其颁布保护劳动者的条例或法律，这在早期工会的发展中发挥了重要作用；②建立政党或加入代表工人利益的政党。例如，英国保守党与全国总工会建立的工党轮流上台执政，当工党上台时必将采取更积极的措施来维护工人阶级利益。

二、工会运动简史

1. 工会的产生

工会组织是社会化大生产发展到一定阶段的产物，是工人作为一个阶级意识

---

① 程延园. 劳动关系. 北京：中国人民大学出版社，2002. 127

觉醒的必然结果。在封建和半封建的农业社会中，对农民和手工业者所提供的有限保护来自雇主的"仁慈"和行会。随着资本主义制度的确立，工人阶级作为一个独立的阶级完全丧失了赖以生存的生产资料，成为一无所有的雇佣劳动者，靠赚取工资维持自己和全家的生活。资本家对财富有无止境的占有欲望，尽可能地延长劳动时间，提高劳动强度，压低劳动者工资。为了争取合理的工作条件、工作环境和公平的待遇，同资本家做艰巨斗争是劳动者必然的选择。然而，劳动者个人的力量是微小的，只有组织起来，建立一种新的机构来保护集体利益，通过集体利益的保护来维护集体中处境相同成员的基本利益。工会作为维护劳动者自身权益的组织而产生，它是劳动者渴望自由、平等、安全的自觉反应。

2. 工会的发展

工会运动最早出现于18世纪90年代的英国手工业者建立的联谊会和美国费城鞋匠工会，至今已经有210多年的历史。由于不同时期的社会经济政治环境存在着巨大差别，受它们制约的工会目标也存在明显差异，使得工会发展呈现明显的阶段性。

(1) 工会萌芽时期。

工会是工业化的产物。在工业化初期的原始积累阶段，资本家除了剥削殖民地人民以外，也残酷剥削本国劳动者，使得劳动者处境十分艰难，劳资对立十分尖锐。早期劳动者把自己的贫困归咎于机器的使用，于是他们采取捣毁机器、焚烧厂房、殴打老板等原始方式，后来工人觉悟到破坏机器并不能使自己摆脱被剥削、被压迫的境地，于是采取罢工运动，在斗争中出现了一批简单的劳动者组织，最初是秘密的，后来转化为早期的工会组织。

早期工会的特征是：①目的上的互助。通过殡葬费、疾病补贴对会员在疾病、死亡时提供相互救济，很少就工资、工时及劳动条件和雇主进行协商谈判。②性质上往往是同行工会，由有一定技术的劳动者构成。③在范围上往往是地方工会，只局限于同一个工厂、同一个地方。

早期的工会活动体现了劳动者的初步觉醒，但是它还仅仅是自发性的，而且局限于采用原始方式的经济斗争，并不能很好地改变劳动者的处境，组织的范围也过小，对社会进步的影响力不大。与此同时，几乎所有资本主义的国家机器都保护资本对劳动雇佣和剥削的合法性。例如，英国颁布《劳工结社禁止法》，法国颁布《夏勃里埃法》，美国将劳动者提高工资的要求指控为蓄谋罪。

(2) 工会多元化发展时期。

随着产业范围的扩大，公司所有制形式的发展，交通和通讯手段的改进，19世纪50年代后，在地方性职业工会的基础上开始建立了全国性职业工会。美国1850年印刷工人组成全国性工会，1886年成立了美国劳工联合会，通过更大规模的工会组织向雇主施压，争取更好的报酬和工作条件，为会员争取实实在在的经济利益。随着工业化的进一步发展，工厂规模的进一步扩大，生产流水线的普及，钢铁、汽车、电机、电气等大规模工业对劳动者技术要求的越来越低，半技术、非技术工人的比例越来越大，逐步形成了以非职业为基础的行业工会，如1938年美国成立的产业组织联合会（CIO）。

在这个时期，迫于劳工联合起来的巨大压力，也为了避免罢工可能带来的经济损失，更多的雇主被迫开始与工会谈判并签订劳资协议。与此同时，19世纪80年代英国的工会运动进入了反抗和政治运动时期，规模扩大的工会希望劳工在各级政府中有政治影响力，谋求通过政治上的支持来保证工会会员的权益。西方各国政府出于缓和劳资矛盾、稳定社会秩序、巩固自身统治的目的，开始调整和改变劳动关系政策，从过去的放任自流转向积极干预，旨在保护劳工的相关立法不断出现，工会的法律地位不断提高。英国1871年通过的《工会法》和1875年通过的《合作及财产保护法》，认可了工会保护自身利益和争取福利的行为的合法性，1913年的工会法认可了工会参与政治活动、支持、捐助政党行为的合法性。

这一阶段另一重要的工会运动是马克思主义工会思想的形成、发展并形成新的社会制度的实践。马克思认为工会运动应该接受共产党的领导，目标是打破资本主义生产方式，实现劳动者的自主劳动，基本形式是暴力革命。由此形成阶级革命的工会思想，并导致了1871年的"巴黎公社"和1917年俄国"十月革命"的建国实践。此外，国际性工人联合的"三大国际"在历史上对工人运动产生过重要作用。它成立于1864年，马克思亲自担任"第一国际"的领导人。1889年，恩格斯担任"第二国际"的领导人，他在推行8小时工作制、普选制等方面做出了重要贡献。

（3）制度化的工会。

在西方国家，1935年美国《华格纳法案》的颁布，标志着工会制度进入成熟制度化的新阶段。《华格纳法案》最主要的内容是工人有权自己组织或参加工会，有权通过集体谈判来实现自己的利益。它认为劳资协商能使劳动条件确定在令各方满意的水平上，强大且稳固的工会组织有助于对工人的控制，减少罢工，雇主有许多有效的手段去保持雇主与工会之间的力量均衡，不需要政府的过渡干预。《华格纳法案》是一个对工会发展极其有利的法案，它的实施使工会得到了空前规模的发展。两次世界大战使得民族矛盾成为主要矛盾，工会甚至成为国家机器的一部分，各国不断完善劳资关系的立法，工会被纳入法制化轨道。由此，工会被定位于劳动力市场的合法经济主体，以工会为主建立集体谈判制度、民主参与制度，并且"三方机制"普遍推行，现代劳动关系框架基本形成。在社会主义国家，无产阶级取得国家政权以后，工会基本定位于工人和党之间的传动装置，工会在社会主义条件下成为党联系职工群众的桥梁纽带、共产主义学校和国家政权的支柱。

（4）全球化背景下的工会。

经济全球化使资本摆脱了原有的羁绊，资本的自由流动，降低了劳工通过自由结社对抗资本的能力。在资方资本外迁的压力下，工会的能力急剧下降，资本不愿再受劳资谈判制度的约束，承担过高的劳动成本；加之全球性失业的巨大压力，工会步步退却，不得不以牺牲其他利益为代价来保证就业。同时，为了更好地吸引外资，政府干预力量也不断削弱，甚至压制工会，而跨国公司势力却不断增强，"强资本，弱劳工"的格局更加明显，劳资双方谈判地位的差距更加扩大。

面对这样的形势，工会积极改变自己的策略，在维护职工利益的同时，关心国家和企业的经济状况，把发展经济和提高产品的国际竞争力作为工会的重要任务；希望超越意识形态的差异，促进各派工会联合，增强工会的力量。在劳资斗争方式上更多地转为对话和协商，提出建立"社会伙伴关系"的主张，努力建立一种新型和谐的劳资关系；在工作对象方面，从长期合同产业工人扩大到非全日制工人、个体户、农民工、失业工人、外籍移民等各类群体；从工作内容上看，由争取工人权益拓展到诸如环境保护、教育等各个社会领域。

3. 工会化的原因

工会化水平的高低与多种因素相联系，其中既有经济的，又有社会的；既有宏观因素，又有微观因素。对雇主提供的待遇和就业条件的不满，并相信工会是表达这种不满的有效机构将激励人们参加工会。

雇员对工作不满是他们参加工会的最主要原因，以下因素会导致劳动者对雇主不满：薪酬福利待遇过低，劳动安全没有保障，劳动条件恶劣，管理过程的不公平，存在歧视，就业没有保障。这些因素的存在促使劳动者参加工会，依靠集体的力量维护自己的合法权益。一般而言，年轻雇员更容易对工作不满，他们更愿意加入工会；妇女与少数民族雇员往往会遭遇歧视，他们也愿意加入工会；蓝领雇员也是一样；那些技术水平相同的雇员更容易被组织起来。

如果工会组织是高效的，能有效地保护会员的权益，人们将更愿意加入工会。工会组织效率的高低取决于工会的组织策略和雇主反工会化的措施。如果工会投入足够的人力、物力和财力，启用有丰富经验的工会组织者，并最大限度地使所有雇员参加到工会组织中去，工会组织就可能取得成功。如果过去的工会组织被证明是成功的、有凝聚力的组织，能为会员谋得足够的福利，工会组织将更容易成功。当然，如果雇主采取强硬的反工会策略，工会成功的可能性将下降。雇主可以在工会组建前采取预防性措施，提高工资水平，改善工作条件，消除可能导致企业工会化的种种措施；也可以在工会运动发起以后采取种种合法和非法应对措施。

三、工会理论

在工会运动的历史长河中,经济、社会、政治、法律等诸方面因素对工会运动产生种种制约,人们往往从不同视角来理解、分析工会组织,并形成了不同的工会理论。

1. 古典经济学的工会理论

关于工会理论的研究可以追溯到亚当·斯密,虽然他没有建立完整的工会理论,不过他关于早期工人协会的认识和讨论有助于我们了解早期工会和劳工运动。亚当·斯密指出由于工人要求得到更多的工资,而老板却要少付工资,这两类人就会组织起来,以便更有力地提出各自的观点。不过,工人联合比老板联合更有暴力性和侵害性,因为工人的经济维持力比不上老板。亚当·斯密认为工会运动完全是经济性的,工人为了加强其经济交涉能力而组织起来,以便实现工会会员经济地位的暂时改善,提高工资、缩短工时、改善劳动条件。不过,由于面对着雇主联盟的对抗和代表雇主阶级利益的资本主义国家利用法律出面干涉乃至用武力镇压,这一起码的要求也是难以实现的。

2. 马克思主义者的工会理论

马克思是历史上最早系统研究工会理论的理论家之一,他以劳动价值论和剩余价值论作为两大基本理论支柱,论证了资本主义劳资关系的本质特征:雇用性、剥削性、对抗性和不可调和性。他认为劳动者自身在提高工作生活条件的能力在资本主义社会受到非常严重的限制,虽然劳动者偶尔能得到雇主的让步,但更多的是失去工作。资本主义制度是劳动者处于不利地位的根本原因。政府是资产阶级的工具,是为保护资产阶级服务的。尽管政府也经常实施一些旨在提高劳动者工作生活的一些改革,但是它们是以不触动资产阶级根本利益为前提的。马克思强调工会运动的阶级组织与阶级对抗,主张打破资本主义雇佣劳动的生产方式,实现劳动者与生产资料的直接结合的公有制。

3. 产业民主的工会理论

产业民主的工会理论也称费边主义的工会理论,以韦伯夫妇为代表。韦伯夫妇认可马克思主义关于阶级划分是阶级斗争和对抗的基础的观点,但是他们认为阶级斗争无需通过一个阶级对另一个阶级的消灭而最后终止,阶级斗争可能、而且也应该通过雇员和雇主所拥有的权力均衡而得以解决。由于单个雇员流动性不足,雇主经济势力强,劳动者处于劣势,劳动者只有组织起来才有可能具有与雇主的谈判能力。韦伯夫妇主张用进化的、和平的方式达到社会主义,反对用革命方式。为此,他们认为工会并非是一种暂时的,或者过渡的体制。他们主张工会既要有政治方向,又要有经济方向。从政治上他们希望把政治范围内的代议制民主原则扩大到产业范围中去；从经济上，他们希望工会将使"工人摆脱竞争"，从而消除由于自由劳动市场和个体工人交涉权力不足而使产业工人降低到那种仆从状态，主要通过互助保险、集体协商和法律制定三种途径来实现上述主张。工会是社会伙伴角色，是工业关系中进步式变革的代理人，目的是实现从无政府状态和雇主专治到社会控制和规范的转型。在今天的欧洲大陆，由产业民主思想演化出的社会伙伴思潮成为欧洲工会运动的主流思想。

4. 制度经济学的工会理论[①]

制度经济学把工会作为工业社会的一种基本经济制度。在康芒斯看来，集体行动的基本原则在于对自由放任的个体行为加以或多或少的限制。相对于没有工会的组织而言，工会的存在实质上是对雇主权力的分割。原本由雇主单方面决定的劳动标准和规章制度，被劳资双方集体谈判的制度模式所取代。康芒斯指出，雇佣契约不是一个契约，而是一种无时无刻不断进行的契约的默示更新。劳动者在工作时持续处在生产与协商过程中，单个工人是没有能力与雇主抗衡的，因此工人通过组织工会联合起来以抵制雇主的不合理行为就成为必然，制度经济学不仅将工会制度作为工厂制度的基本组成成分，并且把劳动、资本、政府的三方协商以决定宏观层面上的劳动政策作为现代劳动关系的基本制度形式，赛立格·波尔曼更将工会理解为保护雇员利益的同时，也可以用来保护雇主利益的法律和政治制度。

5. 新古典经济学的工会理论[②]

新古典经济学把工会的出现看作是劳动力市场运行的必然结果，同时，也指出工会造成劳动力市场中低效率的消极影响。工会的垄断力能够暂时造成工资增长，但由于工资率的提高导致工会部门的就业率降低，非工会部门的就业竞争加剧，会产生降低非工会部门就业工人工资率的溢出效应；而由于担心工会进入威胁而不得不提高非工会部门工资水平的威胁效应则导致了工资成本的普遍上升；工会部门较高的工资福利水平，诱使工会部门的失业者不去非工业部门就业，这种等待性失业会导致失业水平的上升，新古典经济学通过实证分析表明，工会导致了工资差别的加大，降低了就业增长率，也导致了工会化企业的利润率下降。在宏观经济层面上，工会运动及整体福利水平都有所降低。从长远看，工会对就业条件和内容没有什么积极影响。

新古典经济学所持有的工会理念代表了当今经济学领域对工会及工会运动的基本看法的主流，这些思想不只是在发达国家有着或多或少的体现，在很大程度上成为一些发展中国家面对经济全球化竞争时的劳工政策导向。

---

① 常凯. 劳动关系学. 北京：中国劳动社会保障出版社，2005. 176, 177
② 常凯. 劳动关系学. 北京：中国劳动社会保障出版社，2005. 166, 167

四、工会功能

工会本身有多重追求,在谋求工会会员经济利益的同时,还兼顾了民主的实现和社会整体利益的提升,工会在人类社会经济的发展历程中发挥着重要的作用。不过,工会组织的存在会影响雇主管理的效率和灵活性,尤其是垄断性工会的消极影响时常为人们所关注。工会的功能表现出一定的复杂性。具体而言,可以从以下几个方面来分析。

1. 经济性功能

经济性功能是工会的首要功能,工会的目标就是为其会员争取到比非工会会员高的多的工资和福利,更稳定的就业,以及良好的劳动条件,提高会员的工作条件和生活水平。不过,工会追求工资提高的过程中要考虑由此可能因雇主利润下降而产生的就业压力,以及劳动者成本上升可能产生的资本对劳动者的替代效应。工会需要在工资与雇佣量之间进行选择,实现工会组织整体效用最大化,在维持和不断增加会员就业机会的同时,谋求更高的工资收入。工会经济性功能实现的主要方法是行使争议权以维护会员权利,从事集体谈判签订集体协议,参与企业经营管理以增强交涉能力。

2. 社会性功能

工会不仅代表会员的要求,提高工资,而且反映全体劳动者与弱势群体的利益。工会早期的反对使用童工、反对低工资、高工时的斗争,已经为人类社会的发展做出了巨大贡献。如今,社会工会主张通过集体谈判,提高工人阶级的整体工资水平,改善他们的就业条件。社会工会还积极参与社会公益事业,从事社会服务工作,如举办各种福利事业,推行社会教育,这一切将极大地促进人类社会的进步。

3. 政治性功能

工会试图建立一个平等的社会。在企业内部,工会希望通过参与制定工作规范,削弱雇主的专横垄断,提高自己的话语权,保护劳动者的利益。通过工会与雇主联合制定工作规程,使组织原有的雇主特权的权力结构被工会与雇主相互制衡的权力结构所替代,以便协调好双方关系,提高劳动生产效率,实现双赢。同时,工会运用群众力量影响政府的经济和社会政策的制定,通过对劳动者有利的宏观政策;影响立法活动,通过对劳动者有利的法案。工会通过这些政治努力间接影响政府,使其制定有利于工会会员的生活标准和职业保障制度。

4. 心理性功能

工会的自发产生体现了人类建立团体组织的朴素思想,建立工会可以使劳动者重新恢复前工业时代的团体感、稳定感与归属感[①]。工业化初期劳动者处于被歧视的地位，失去了团体感、稳定感与归属感，产生了自卑与不满心理。有了工会以后，工会成为劳动者的娘家，工会有助于会员发挥才能，并提高劳动者的自尊和责任感，给他们带来心理上的满足，使他们的人格得以健康发展。工会组织为成员心声的表达提供一种有效的冲突释放机制，由此减少工会与雇主的对立与不信任，增进理解与合作。

五、中国的工会

中华全国总工会于1925年5月1日正式成立。在历史进程中，中国共产党人努力实现马克思主义工会理论与中国工会运动结合，动员、组织工人阶级和全体劳动人民为中华民族崛起而奋斗。

1. 中国工会运动简史

(1) 工会的产生和早期发展情况。

中国最早的产业工人19世纪40年代起产生于外国资本企业中。早期，出现了一些具有封建色彩的工商团体，称为行会，包括公所、会馆、公行。1851年成立的广州打包工人联合会，是最早的具有工会性质的组织。19世纪下半叶，中国的现代工业逐步有所发展，无产阶级队伍逐渐壮大，工会组织如雨后春笋，纷纷成立。影响较大的工会组织有广东机器研究公会（1909年）、中华全国铁道工会（1912年）、上海缫丝女工同人会（1912年）、制造工人同盟会（1912年）、唐山公益社（1913年）、（沪宁、沪杭）两路同人会（1913年）、中国沿海船员会（1916年）、中东铁路工会（1917年）等[②]。但是清朝政府和民国初年的北洋政府对工会运动采取了极端仇视和严加禁止的态度。

(2) 民主革命时期的工会运动。

中国工会运动在复杂困难的政治社会条件下发展和壮大起来。民主革命先行者孙中山先生对工会运动采取积极支持的态度。他领导的广东政府于1921年1月明令废除《治安警察条例》和一切禁止、限制劳工团结的法规。1922年2月24日，广州政府国务会议通过《工会条例》，规定16岁以上的劳动者可组织工会，工会为法人；南京国民政府颁布的《工会组织暂行条例》（1928年）和《工会法》（1929年），这是中国现代工会立法的开端。

1921年7月中国共产党的成立，中国工人阶级有了一个用马克思列宁主义理论武装起来的具有先进无产阶级风格的战斗的先锋队；而作为先锋队的共产党

[①] Frank Tannenbaum. A Philosophy of Labor. New York: Knopf, 1951. 10
[②] 常凯. 中国工运史辞典. 北京：劳动人事出版社，1990. 79～86，249～266；史探径. 劳动法. 北京：经济科学出版社，1990. 252

要最有效地团结、发动起本阶级全体成员,必须领导建立这种本阶级的群众性的社会团体,这就是现代意义上的工会。

1922年5月1日在广州召开的第一次全国劳动大会,发表了宣言,提出了争取8小时工作制、罢工援助、打倒军阀、打倒帝国主义等目标口号,标志着中国工人阶级开始走向团结统一,推动了全国罢工高潮的发展。从1922年1月香港海员大罢工,到1923年2月"二七"斗争,历时一年零一个月,在中国劳动组合书记部及各地分部的领导和推动下,形成了中国工会史上的第一次罢工高潮。1925年5月1日在广州召开的第二次全国劳动大会,成立了全国工人阶级统一的工会领导机关——中华全国总工会。中华全国总工会的诞生,标志着中国工会运动进入了一个新的发展阶段。1926年5月召开的中华全国总工会第三次全国劳动大会,有效地总结了"五卅"以来工会运动的经验,正确地分析了当时的政治形势,及时提出了工人阶级当前的中心任务,有力地配合和支援了北伐战争,推动了工农运动的蓬勃开展。

除了中国共产党领导的工会组织外,依据民国广州政府、南京国民政府颁布的工会条例、工会法的规定,各地各行各业成立了许多工会,有些是产业工会,有些是职业工会。有些基层工会和职业工会还组织起地方性的联合会,如上海市总工会(1931年)、山西省总工会(1937年)等。

(3) 社会主义革命和建设时期的工会运动[①]。

中国共产党领导的革命根据地,经济不发达,现代工业企业很少。但工会立法受到重视,发布了许多具有指导工会运动的方针性、政策性、规范性文件。《中共苏区中央局关于工会运动与工作路线的通告》(1931年3月),《中共中央关于陕甘苏区工会工作的决定》(1936年1月),《陕甘宁边区总工会抗战期间工作纲领》(1938年4月),《中共中央关于目前抗日根据地职工运动的决定》(1943年5月),《中国工会运动的八项主张》(1945年10月),都及时分析了当时形势并提出了工运方针和具体任务。1948年2月7日发表新华社"二七社论"——《坚持职工运动的正确路线,反对左倾冒险主义》(1948年2月),提出工会运动应符合"发展生产、繁荣经济、公私兼顾、劳资两利"的经济政策,反对片面追求劳动者福利、提出过高劳动条件等左倾冒险主义做法,对于端正工运方向起了重要作用。

1948年8月在哈尔滨召开的第六次全国劳动大会,是中国工会运动的重要里程碑。会议恢复并重建了停止活动达16年之久的全国总工会。这对于实现全国工人组织和工会运动的统一,对于团结整个阶级,迎接新中国的诞生,都具有极为重要的意义。

建国初期,全国总工会动员和组织全体工人阶级,继续完成民主革命遗留的

[①] 杜万启. 中国工会运动的七十年. 北京党史研究,1995,(3):16~18

任务，努力恢复发展国民经济，巩固新生的人民政权，为长远的奋斗目标奠定物质基础和思想基础。为此，中华全国总工会大力推进工会组建工作。中华全国总工会在1949年11月22日发布《劳动争议解决程序的暂行规定》、《关于劳资关系暂行处理办法》、《关于私营工商企业劳资双方订立集体合同的暂行办法》等三个文件，通知各地总工会提请当地政府采纳。这三个文件对于维护职工权益和稳定劳资关系起了重要作用。

1950年6月，中央人民政府颁布了新中国的第一部工会法。明确规定了工会组织在新政权下的法律地位和职责。以后，中华全国总工会又相继制定了70多项劳动条例和法规。各地根据《工会法》和中华全国总工会的决定，组建和健全地方和产业的各级工会组织。1952年底，全国除台湾、西藏外，普遍成立了中华全国总工会领导下的各级工会组织。并建立了23个全国性产业工会。基层组织发展到18万多个，会员达到1020多万人。

1953～1957年是中国工会运动进入社会主义改造和实现"一五"计划的关键时期。1953年5月，中国工会第七次全国代表大会制定了新的方针，其核心是以生产为中心，生产、生活、教育三位一体的思想，这对建国后的工会产生了长期影响。中国工会在党的过渡时期总路线的指引下，组织全体工人阶级，积极推进社会变革，建立了以生产资料公有制和按劳分配为主体的经济制度，使人民走上了建设社会主义的新道路。新制度为工人阶级和其他劳动群众发挥积极性、首创精神和聪明才智，开辟了广阔的前景。为超额完成"一五"计划做出了巨大贡献。

1957年召开的中国工会第八次全国代表大会制定了职工代表会的有关规定，对职工群众参加企业管理、监督企业行政及加强自我教育等方面做出了重要规定。从工会八大到"文化大革命"前，经历了"大跃进"的失误和国民经济的调整阶段，在艰苦曲折的前进道路上，广大职工积极奋进，艰苦创业，勤劳节俭，无私奉献，为实现"二五"计划，实现国民经济的调整、巩固、充实、提高，做出了重要贡献。长达10年的"文化大革命"，使我国遭受了建国以来最严重的挫折。工会也成了重灾区，全国总工会被迫停止活动。

(4) 在建设中国特色社会主义道路上的工会运动。

粉碎"四人帮"的伟大胜利，标志着我国进入了新的历史发展时期，中国工会也经历了第二次伟大的历史性转折。1978年10月，中国工会召开第九次全国代表大会，明确了工会具有反对官僚主义和参与企业管理的双重任务，是一个民主管理、民主监督的机构。它是工人运动和工会工作指导思想上拨乱反正的开始，是新时期我国工会运动的新起点。

1988年的中国工会十一大，是一次改革的大会，是贯彻党的十三大精神，坚持用党的基本路线武装亿万职工的大会。大会提出了工会具有维护、建设、参与、教育四项功能。新《工会法》于1992年4月3日在全国人民代表大会上得到通过并自当日起公布施行。适应社会形势的新变化，工会权利有了一定增加：工会有参与权，工会具有法人资格，工会有权参加劳动争议处理，工会应协助处理停工、怠工事件等。1992年10月召开的中国共产党第十四次全国代表大会上提出了建立社会主义市场经济体制的目标，为了适应我国经济体制的根本性转变，1994年的《劳动法》明确规定：工会代表和维护劳动者的合法权益。

1992年《工会法》是计划经济体制急速向社会主义市场经济体制转轨过程中的产物，难以承担起保障新情况下工会法律地位的责任，对它进行必要的修改应属顺理成章之事。中国工会第十二、十三次全国代表大会都曾提出认真贯彻《工会法》并在适当时候修改《工会法》的意见。2001年10月27日，九届全国人大常委会通过了关于修改《工会法》的决定。修改后的《工会法》是对中国工会市场化改革的认定，内容除有关职工代表大会和民主管理等个别内容外，适用对象扩展到各种所有制形式的企业，突出规定维护职工合法权益是工会的基本职责；强调加强对职工参加和组织工会权利以及工会干部的保护力度；增加"法律责任"一章，维护了《工会法》的权威性和严肃性，而且大大增强了实施中的可操作性。

2. 中国工会的性质与职责

(1) 中国工会的性质。

工会是职工自愿结合的工人阶级的群众组织。这句话点明了工会的阶级性、自愿性和群众性特点。同时，依据《劳动法》、《工会法》和《中国工会章程》的规定内容，工会还是独立性和永续性的组织。

第一，阶级性。参加工会必须是以工资收入为主要生活来源的体力劳动者和脑力劳动者，即被用人单位招用的劳动者。所以工会是工人阶级的组织。工会的阶级性特点，是各国工会所共有的特点。而且，我国的工会自觉接受中国共产党的领导。

第二，自愿性。职工参加或组织工会完全是自愿的，任何组织和个人不得阻挠和限制，也不能强迫他们参加和组织工会。工会的生命和活力来源于会员的自愿。从实际情况看，职工一般均愿意参加工会。但由于工会发展组织的工作做得不够好以及某些单位阻挠组织工会等原因，现在职工加入工会的比率并不很高。

第三，群众性。工会法和中国工会章程规定，只要是工资劳动者，不分民族、种族、性别、职业、宗教信仰、教育程度，都有依法参加和组织工会的权利。工会必须密切联系群众，全心全意为职工服务。尤其是随着现代化发展，在工资劳动者职业身份多元化和分布面广泛化，第三产业从业人员和高科技人员持续增长的情况下，更应改变作风，采取适应不同阶层人员特点和需要的工作内容和工作方式方法。

第四，独立性。我国劳动法规定，工会"依法独立自主地开展活动"。《工会法》规定，工会"依照工会章程独立自主地开展工作"，"国家保护工会的合法权益不受侵犯"。

第五，永续性。中国工会不是暂设性组织，而是永久性连续性组织。基层工会所在的企业终止或者所在的事业单位、机关被撤销，该工会组织相应撤销；它的经费财产由上级工会处置；会员的会籍可以继续保留。中国工会作为一个整体，它是永久存在的组织。

(2) 我国工会的职责。

我国新《工会法》规定了我国工会的职责主要包括以下几方面：

维护职工合法权益。工会通过平等协商和集体合同制度，协调劳动关系，维护企业职工劳动权益。依照法律规定通过职工代表大会或者其他形式，组织职工参与本单位的民主决策、民主管理和民主监督。密切联系职工，听取和反映职工的意见和要求，关心职工的生活，帮助职工解决困难，全心全意为职工服务。企业、事业单位违反劳动法律、法规规定，工会代表职工与企业、事业单位交涉，要求企业、事业单位采取措施予以改正；企业、事业单位应当予以研究处理，并向工会作出答复；企业、事业单位拒不改正的，工会可以请求当地人民政府依法做出处理，参加企业的劳动争议调解工作。工会协助企业、事业单位、机关办好职工集体福利事业，做好工资、劳动安全卫生和社会保险工作。

参与管理国家事务、管理经济和文化事业、管理社会事务。国家机关在组织起草或者修改直接涉及职工切身利益的法律、法规、规章时，应当听取工会意见。县级以上各级人民政府制定国民经济和社会发展计划，对涉及职工利益的重大问题，应当听取同级工会的意见。县级以上各级人民政府及其有关部门研究制定劳动就业、工资、劳动安全卫生、社会保险等涉及职工切身利益的政策、措施时，应当吸收同级工会参加研究，听取工会意见。县级以上地方各级人民政府可以召开会议或者采取适当方式，向同级工会通报政府的重要的工作部署和与工会工作有关的行政措施，研究解决工会反映的职工群众的意见和要求。各级人民政府劳动行政部门应当会同同级工会和企业方面代表，建立劳动关系三方协商机制，共同研究解决劳动关系方面的重大问题。

组织生产、教育职工。工会动员和组织职工积极参加经济建设，努力完成生产任务和工作任务。教育职工不断提高思想道德、技术业务和科学文化素质，建设有理想、有道德、有文化、有纪律的职工队伍。工会帮助、指导职工与企业以及实行企业化管理的事业单位签订劳动合同。工会会同企业、事业单位教育职工以国家主人翁态度对待劳动，爱护国家和企业的财产，组织职工开展群众性的合理化建议、技术革新活动，进行业余文化技术学习和职工培训，组织职工开展文娱、体育活动。

工会代表职工与企业以及实行企业化管理的事业单位进行平等协商，签订集体合同。集体合同草案应当提交职工代表大会或者全体职工讨论通过。工会签订集体合同，上级工会应当给予支持和帮助。企业违反集体合同，侵犯职工劳动权益的，工会可以依法要求企业承担责任；因履行集体合同发生争议，经协商解决不成的，工会可以向劳动争议仲裁机构提请仲裁，仲裁机构不予受理或者对仲裁裁决不服的可以向人民法院提起诉讼。

3. 适应市场经济要求的中国工会改革

在计划经济体制下，工会仅仅是作为协助企事业单位开展工作的附属机构，是政府和企业行政的附庸，是一种单一的"福利型"、"娱乐型"的群众性组织；在维权方面，以维护职工的政治权益为主，本质上是排斥工会在经济生活中的渗透与参与的。随着我国社会主义市场经济的建立和市场化改革的进一步深化，多种所有制经济的不断发展与壮大，经济关系发生了深刻变化，劳动关系变得日益复杂。用人单位和劳动者之间的利益冲突日益显性化，作为弱者的劳动者的合法权益时常被侵犯。工会应逐渐转化为与市场经济体制相适应的、有独立法律地位，独立于企事业单位的社会团体，它利用团体的力量同企业进行集体交涉，维护劳动者的合法权益。

(1) 中国工会现状。

在国企内部，工会组织的转型尚不彻底，工会的维权职能依然存在着很大的偏差：仍局限于行使计划经济时期的那些政治职能和福利职能，忽视工会的经济职能，协调劳动关系的能力十分薄弱；工会的诸多职权如监督权、调查权等不能发挥作用；劳动争议处理中存在错位，倾向于站在企业一方，而非劳动者一方。究其原因，为了避免社会矛盾激化，我国采取的是一种渐进的改革措施，这就使得转轨时期国有部门的就业体制仍然带有计划体制的色彩。国有部门仍然受到来自于政府的工资和就业管制，企业中工会组织与经营者职能分离工作尚未全面展开，工会领导者仍习惯于被看作企业的领导者和经营管理者，在这种制度安排下，当企业目标和职工目标发生冲突时，工会组织当然更加偏向于企业。

对于在市场化环境下成长起来的非国有部门，劳动力资源是通过市场机制进行配置的，从理论上看已经具备了成立并发展工会组织的必要前提。但是，现实中工会组织在我国非国有经济部门的发展状况并不乐观。调查显示，全国尚有1亿多职工游离于工会组织外，已经建立起来的，其职能与角色定位也存在很大问题。产生原因是：国企没有起到很好的示范作用；一些地方领导为发展地方经济过分考虑投资环境，片面强调投资方利益，忽视对职工利益的保护；企业经营者认为建立工会后，每年要按规定向工会划拨占工资总额一定比例的会费，增加了成本，还担心建立工会后，工人力量强大会给自己带来麻烦；一些职工由于自我保护意识不足以及没有"利益"驱动，入会积极性不高。

(2) 适应市场经济要求的中国工会改革。

目前,我国"强资本"与"弱工会"之间的矛盾越来越突出,并且现行的工会体制还明显地带有计划经济的色彩,面对变化了的市场经济环境,工会原有的理念并没有完全转变,与市场经济的发展还存在许多差距。对此,我们要努力做到以下几点:

第一,转变观念,建立适应市场经济体制要求的工会。首先,努力规范工会组织,不断扩大集体谈判的内容范围,让劳动者享受到入会的实惠,尊重会员在工会中的主体地位,使工会组织真正建立在会员支持和认可的基础上。其次,通过法律、政府、社会舆论的共同努力,加快工会理念的更新,加速工会改革和发展的步伐,加强工人的工会组织化,完善工会的职能,建立用和谐的方式来解决问题的机制,通过"职代会"、"平等协商、集体谈判"、"三方机制"、"联席会议"等方式,缓解劳动关系的冲突,协调各方的利益,实现和谐的企业劳动关系,真正适应变化的形势,实现工会事业旺盛的生命力,实现"体面劳动",促进我国经济的长期发展。

第二,理直气壮地维护职工的合法权益,最大限度地把广大职工组织到工会中来,壮大工会队伍,提高工会的谈判能力。积极转变工会职能,做好工会的维权工作,突破工会仅仅关注工资报酬、工作时间、休息休假、福利待遇、劳动保护、社会保险、聘用解雇等工作条件和就业条件等方面利益的一面,努力延伸工会的目标,关注采用新技术、引进先进设备,变更管理组织,工厂的迁移变卖、合并、分包以及生产计划等直接或间接涉及员工的切身利益方面的问题。维护好、保持好已有的工会组织。同时,扩大工会集体谈判成果分享的覆盖面。谈判成果不应该只有参加谈判的工会成员才能享受,所有的工会会员,甚至非会员也应该得到集体协议的保护,分享谈判成果。再者,加大新建企业工会组建工作力度,把新建企业工会组建工作与推动改革、促进发展、维护稳定紧密结合起来,做到企业改制到哪里,工会就组建到哪里,哪里有企业,哪里就有工会,壮大工会队伍,更好地实现工会的职能。

第三,要保障职工参与管理和监督民主权利,坚持和完善以职工代表大会为基本形式的企业民主管理制度,强化工会在加强内部管理方面所能发挥的积极作用。首先要在各种所有制企业里全面推行厂务公开,凡是企业改革和发展等重大问题的决策,涉及职工切身利益的大事,都要召开职代会讨论。工会要积极参与研究、制定、出台涉及职工利益的各项改革方案。工会要建立和完善对经营管理者的民主监督机制,发动和组织职工进行民主监督,特别是要依法组织职工代表定期、不定期地对职代会的有关决议事项、集体合同条款的执行情况等进行监督检查。同时,工会要群策群力,积极组织职工参与企业管理,引导广大职工养成良好的职业道德，遵守规章制度，严格劳动纪律，提高工作质量。

第四，加大教育培训力度，不断提高职工的思想道德水平和科学技术素质。科学技术的发展需要更高的智力，这使得工作场所中的体力劳动者不断被知识员工所取代，这要求工会强化教育职能，尤其是发展职业教育和就业培训，不断提高职工的科学文化素质和思想道德素质，满足知识经济时代企业对人才越来越高的要求。同时，工会加强对职工进行法律知识的教育，在职工中普及法律知识，帮助职工正确判断雇主行为的合法与否，并及时维护自己的合法权益。再者，工会要在职工中广泛开展群众性建功立业活动，把解决企业面临的技术难题、提高企业的劳动生产率作为主攻方面，进一步增加活动的科技含量，通过技术练兵、技能竞赛、技术革新、技术协作、发明创造等活动形式，引导和帮助一线员工熟练掌握先进技术、先进设备和先进工艺，鼓励和支持企业技术人员主动进行新技术、新产品的研制开发，促进企业不断提高科技创新能力，创造更好的经济效益[①]。

▶本章小结

　　劳动关系中的劳动者是指达到法定年龄，具有劳动能力，并在现代产业社会中依据劳动合同受雇于他人，以劳动收入为生活资料主要来源的自然人。

　　劳动者权利是劳动法律规定的劳动者在履行劳动义务时所享有的与劳动相关的权利，根据劳动者权利内容以及实现方式的不同，可以分为个体劳权和集体劳权。劳动者有完成劳动任务，提高职业技能，执行劳动安全卫生规程，遵守劳动纪律和职业道德的义务。

　　工会是产业革命后兴起的工业化的产物。工会本身有多重追求，它在谋求工会会员的经济利益的同时，还兼顾了民主的实现和社会整体利益的提升，工会在人类社会经济的发展历程中发挥着重要的作用。

　　我国工会是职工自愿结合的工人阶级的群众组织，主要职能是维护职工合法权益。工会应逐渐转化为与市场经济体制相适应的、有独立的法律地位，独立于企事业单位的社会团体，它利用团体的力量同企业进行集体交涉，维护劳动者的合法权益。

▶关键术语

劳动者　劳动者权利　个体劳权　集体劳权　劳动者义务　农民工　工会　工

---

① 秦建国. 工会职能要适应"体面劳动"趋势. 中国改革报，2005-11-28，6

类型　工会职责　工会改革

▶案例 1　工会的力量*

湘钢梅塞尔是一家由德国梅塞尔公司控股的合资企业，创建于 1998 年 8 月，220 多名职工绝大多数来自原湘钢制氧厂。公司创立初期，外方委派的几个管理人员，完全是命令式管理，不许职工提意见。职工工资没按合资企业的标准发放，劳保福利没做详细安排，对职工正当的休息、休假和加班等也没个规矩。劳资双方的矛盾越来越尖锐。

对此，工人们有了自己的想法：组织起来，成立工会，以保障自己的合法权益。在湘潭市总工会和中方股东湘钢集团工会的支持下，1998 年底，湘钢梅塞尔工会正式成立。1999 年 1 月，公司决定选举工会主席，资方暗中指定了一位主席候选人。工人们提出要按着《工会法》的要求，由工会委员自己推出候选人。颜晓冬被工人们推举为候选人，并当选。

然而，在外资控股的企业，资方很难主动去改善工人的福利待遇。双方自然"交锋"较多。矛盾最激烈的一次，是 1999 年年终奖金的发放问题。按规定，企业完成利润后，要发 3 个月工资作为年终奖。但公司只发了一个半月工资。颜晓冬春节前跑到广州找梅塞尔（中国）华南区总监要求足额及时发放。总监答复可以，但要缓发。在 4 月到 5 月之间，工会先后 5 次去函要求补发。通过工会争取，年终奖补发了，职工的权利得到了维护。

工会要真正发挥作用，不能搞情绪化，更不能蛮干。要维护职工利益，但更重要的是要促进企业的生产经营，否则，就无异于无源之水。这样，以利益为中心的谈判机制的形成，促进了工会力量的成长。对于重大问题，特别是比较大的矛盾，工会要求各分会选出员工代表，参与行政的集体协商对话，是化解劳资矛盾最有效的方法。从 1999 年 5 月至 2006 年 4 月，资方与工会一共进行了 15 次集体谈判，内容主要涉及工资、奖金、福利等问题，双方还签订了集体合同，建立了平等协商机制。一协商，气顺了，心齐了，企业效益好了。工会还因势利导配合公司行政，在员工中开展劳动竞赛和"促生产、比销售"等活动。平等协商，促进了劳资双方利益均衡，也促进了企业的和谐发展。

＊ 龙巨澜，方大丰. 工会的力量. http://www.acftu.net/template/10001/file.jsp? cid=194&aid=34746. 中华全国总工会网. 2006-05-19

> **案例 2　"维权主席"陈有德**[*]

　　他是一个普通、平凡的人，却因为敢于维护职工权益深受职工特别是外来工的拥护。随着工会维权"义乌模式"在中国工会界的叫响，他成为了头顶光环的焦点人物，他就是浙江省义乌市总工会主席陈有德——工会社会化维权机制的首创者和实践者（"维权主席"）。

　　1999 年的初春，新上任的义乌市总工会主席陈有德，坐在自己的新办公室里，有点儿郁闷。"我该干点什么？工会又能做些什么呢？"不过，眼前的事实却让他深思：经济蒸蒸日上、高楼拔地而起的背后，义乌每年有 3 000 多件劳资纠纷得不到解决，每年 1 万多起劳动争议案件，职工通过法律途径（包括劳动仲裁）维护自身权益的只有百余起——不是职工不愿意打官司，而是很多人没有钱，打不起官司；或是不懂法，不知道如何依靠法律维护自己的权益。

　　"企业要普遍建立工会，继而通过工会维护职工的合法权益。"2000 年 10 月 14 日，《金华日报》刊登了这样一条简讯：《为职工说话，替职工撑腰，我省首家职工维权协会前日在义乌成立》。当天，维权协会就来了 3 位外来打工妹，投诉当地某宾馆扣发她们一个月工资。陈有德带人赶到宾馆，"这关你们工会什么事？"老板的态度很强硬。"我们工会就要管这事。成立职工法律维权协会就是专门管这些事的。"陈有德拿出《工会法》和协会成立的批复文件，老板吃惊地睁大了眼睛。

　　初战告捷，陈有德他们开始紧锣密鼓忙碌起来了：招聘法律专业人才，寻找合作的律师事务所，在职工中宣传维权协会的作用……这时，一个突发事件让刚成立的工会职工维权协会面临着夭折的危险。2000 年 12 月 25 日，义乌市一部门以协会不能从事当事人诉讼代理活动为由，派人砸了协会的牌子。嘈杂之中，陈有德从楼上的办公室冲了下来，当街一把揪住来人的衣服。"走，咱们找书记去！"事后冷静下来，陈有德感觉到了问题的严峻性：诉诸法律是维权的终极手段，没有了这个终极手段的威慑，工会的维权必然陷入困境。总不能每次都靠揪人脖领子找领导"摆平"吧，必须建立工会的维权机制。"在缺乏手段的情况下，工会维权只能走社会化维权的道路"。

　　2001 年 4 月，金华市召开四届二次人大代表会议，陈有德领衔提交了《关于建立工会系统职工法律维权新机制》的议案：建议由工会组织与司法部门协商，建立一个条件按司法部规定、人员由总工会管理、业务受司法局指导、诉讼

---

[*] 李元程，李刚殷. 时代先锋："维权主席"陈有德. http://www.acftu.net/template/10001/file.jsp? cid=194&aid=34226. 2006-04-30

案源由工会提供、服务面向职工的维权机构。在当地领导的重视下，义乌市职工法律维权工作自此正式纳入了该市司法援助体系。

经过不断探索实践，如今，义乌市总工会形成了在市委领导下的，以打造"平安义乌"，构建和谐社会为目标，以表达和维护职工合法权益为重点，以法律法规为基准，以社会化维权为基本途径，以职工法律维权中心为基本载体，以包括外来职工在内的职工群体为基本对象，以处理劳动关系矛盾为基本特征，以协商调解、参与仲裁、诉讼代理、法律援助为基本手段的工会社会化维权新机制。

据统计，义乌市总工会职工法律维权中心成立5年来，依靠社会化维权机制，先后受理投诉案件3 625起，调解成功3 315起，成功率达91.4%；接待集体来访297批5 645人，阻止和化解群体性恶性事件29起；共为职工追讨工资及挽回经济损失1 225万余元。义乌市总工会探索的社会化维权模式，唤醒了人们关注权益保护的意识。义乌市各类劳资纠纷已从4年前的平均每年1.3万多起，下降了30%。

复习思考题

1. 试述劳动者的不同含义。
2. 简述劳动者的权利和义务。
3. 简述工会的分类。
4. 简述工会的行为。
5. 简述工会的功能。
6. 简述中国工会运动史。
7. 简述中国工会的性质与职责。
8. 论述适应市场经济要求的中国工会改革。

第四章

雇主及其组织

第一节 雇主

一、雇主的概念

关于雇主的含义,学界尚未统一,各种各样的诠释都有,有从自然语词角度、政治经济学角度乃至法学角度进行阐述的,不过归纳起来,大同小异。《现代汉语规范词典》对雇主做的解释是:"雇用工人或车船等的人。"[①] 从雇主一词的产生来看,它与雇佣劳动及雇佣关系是密不可分的,它的内涵与法律特征均脱胎于雇佣劳动关系的形成与发展。雇主系拥有一定资本,以货币或实物同他人劳务成果进行交易,并对他人劳动过程具有指挥、监督权力的自然人、法人和其他组织。

1. 不同国家雇主的含义

美国劳工标准法规定:"'雇主'包括与雇员有关的直接或间接地代表雇主利益的人并包括公共机构,但不包含任何劳工组织(它作为雇主时除外)或该劳工组织中的职员或代理人。"加拿大法律规定:"'雇主'表示任何一个雇用一个或更多职工的人。"西班牙劳动者宪章规定:"一切责任人或法人,或者财产集团雇用第一条款中涉及的人,或者从某一合法的劳动服务公司为另一用户企业雇用服

[①] 李行健. 现代汉语规范词典. 北京:外语教学与研究出版社,语文出版社,2004. 473

务人员的，均称雇主。"日本劳动基准法规定："本法所称雇主，系指企业主、企业经理人或代表企业主处理企业中有关工人事宜的人。"韩国劳工标准法规定："本法中'雇主'一词是指企事业业主，或负责企事业管理的人，或在与工人有关的事宜上为企事业业主效力或代表企事业业主的其他人。"国际劳工组织的许多公约更简洁地规定，"雇主"一词，除另有歧义外，包括任何公共当局、个人、公司或协会。该组织的许多论著和文章在对"雇主"进行进一步解释时强调，"雇主"不一定就是企业主，不论在市场经济、计划经济还是部分社会化经济条件下，雇主是指雇用或解雇工人的人。

不难看出，雇主一词只是用来表示某些个人或群体特定的社会分工、地位和职能，更具体的是指在劳动法律关系中具有法定权利和义务的法人或自然人。其法律特征包括：①雇用他人为其劳动；②可以是自然人，也可以是法人。但在具体劳动关系事务中，必须由自然人来充任或代表；③在劳资关系中具有代表资方或管理方处理有关劳资事务权利的人[①]。

2. 劳动关系中的雇主

在劳动法律中，雇主是指在具体劳动关系中与劳动者相对应的另一方。如果说劳动关系作为劳动者与生产资料结合的具体形式，那么，雇主在劳动关系中即是生产资料的代表。据此，劳动关系中的雇主可以界定为在现代劳动关系中，代表资方从事管理和处理劳工事务，并向雇员支付工作报酬的法人和自然人。

在我国的《劳动法》中，对劳动力使用者用"用人单位"这一概念进行表述，无疑是计划经济劳动关系在劳动法学中的体现，同时也反映了我国的劳动关系尚处在转变过程中的现实状况，即相当的国有企业还没有改变"单位制"，市场化的劳动关系的雇用和被雇用的性质特点，还没有被社会所普遍认同。

我国法律学界和劳动社会学界对雇主的外延（范围）包含哪些社会成员存在较大争议。我国的劳动法并非按照雇佣关系的一般规律进行法律规制，没有在法律上确立雇主的客观存在，取而代之的是"用人单位"的制度约束。现行劳动法所规定的用人单位从其立法本意来说，多为以生产经营为主的自然人、法人和其他组织，认为雇主应指私人企业、三资企业、个人合伙、个体工商户、承包经营户、其他公民等私有用工主体。由于"雇主"范围的偏小，劳动法效力的普及性已受到影响，在社会机制大变革的今天更加面临着挑战。这种界定是比较狭窄的。

"雇主"应泛指一切雇佣他人为自己执行事务的主体，包括国家机关、企业法人、非企业法人、其他经济组织、个体工商户、农村承包经营户、普通自然人等。目前，赞成这一观点的人不断增加。理由主要是：第一，将非私有制用工主

[①] 程多生. 关于中国雇主问题的思考. 中国劳动，2005，(11)：25，26

体排除在雇主范围之外，不符合我国的立法走向。随着我国经济体制改革的深入，我国各类企业立法已经不再以所有制类型来分别制定，并且随着各种混合制企业日益增多，各类所有制类型的劳动者其身份上的差异将逐渐消失。没有必要把非私有制用工主体排除在雇主范围之外；第二，若依第一种观点，会造成实践中适用法律的困难。因为，我国目前甚至在以后的相当长时间内，各种混合制经济日益增多，对其所有制性质是公是私很难界定，如按所有制性质分别立法，势必会导致法律适用上的困难；第三，我们完全可以通过扩大外延的方法，赋予雇主特定的法律含义，使之成为一个专门表述所有用工主体的法律术语，从而像资本、市场经济等词语一样得到广泛使用；第四，将非私有制用工主体排除在雇主范围之外，不利于作为调整市场经济主要法律的我国民法与国际接轨。

二、雇主的权利与义务

雇主的权利义务，各国一般不采取法定主义原则，而主要由当事人之间的约定作为构建雇主权利义务的基础。雇主和雇员作为劳动关系双方当事人，其权利与义务是对等的，一方的权利就是另一方的义务，反之亦然。但从立法实践来看，雇主在劳动关系中承担的义务远远多于其所享有的权利，这主要是因为劳动者在劳动关系中处于相对弱势地位。从我国的实践来看，我国现行劳动法仅仅表述了一种事实存在的状态，技术较粗糙，体例尚残缺，它所要规范的内容同其本身有着较大出入。在当前没有更有效的法律文件时，宜以当事主体之间的约定来设置各自的权利义务，同时加以权力的宏观调控。

1. 雇主的权利

雇主的权利源于其对生产资料的占有权，各国法律都没有对雇主权利的明文规定，但是在实践上可以认为雇主主要有以下权利：

（1）招聘用工的主动权和决定权。雇主可根据生产经营的需要，自行确定机构设置和人员编制，自行招收、招聘职工，通过考核，择优录用。这是雇主实现自身利益、保证生产顺利进行所必需的权利。

（2）规划指挥劳务过程，管理劳动过程中的一切资源的应用（包括雇工的人身及劳动力资源），并可以整体性或个体性对雇员工作实行监督，消除雇员的"恶劣工作"行为，最大效益地保证劳务计划顺利完成，维护己方利益。对于以作为或不作为方式破坏劳务工作、造成损害的，可以以违约或侵权为由，请求行政或法律救济。这是雇主权利的重要体现。

（3）拥有设立工资数额、奖金、股权分配及其他物质待遇的主动权，决定报酬给付机制，有权发放弹性工资；根据雇主自身条件和发展需要，进行法定义务外的其他福利事务。

(4) 法定、约定的事实或条件出现时，雇主有权解除雇佣合同，终止雇佣法律关系。雇主对于经过试用或者培训而不合格的人员、因生产技术条件发生变化而富余的人员，可以辞退；对于违反劳动规章制度，造成一定后果的职工，可以根据情节轻重，给予不同的处分，直至开除。其他的雇主权利多为派生性权利，可以从上述四项权利中推导出来。

2. 雇主的义务

相对于雇主权利，雇主在劳动关系中对雇员承担更多的义务，归纳雇主的义务，主要由三个部分组成：诚实用工，合理用工，保障基本人权。

(1) 诚实用工制度来自于民法中的诚实信用原则。它要求雇主在履行雇佣合同时，应按合同要求，全面而适当地履行义务。这一制度是指导雇佣关系的强制性纲领，预防欺诈，防止雇主利用强势地位加剧当事主体之间的地位不平等。订立契约时，这应成为工作的重点。

(2) 除了诚实用工之外，雇主也应科学合理地使用雇员进行工作。体现在合同履行阶段，雇主宜根据雇员的年龄、性别、智力、能力和工作本身的特点来安排劳务进程和用人计划，尽量能做到人尽其能，发挥最大效益。防止雇主滥用权利，侵犯雇员合法权益。

(3) 保障人权不仅是雇主应履行的义务，也是我国政府和社会致力的重点，同时这也是国际社会就劳动和社会保障领域所共同关注的话题之一。依据我国劳动法的规定，主要包括：平等雇佣劳动者的义务；提供劳动报酬的义务；保证劳动者休息休假的义务；提供社会保险的义务；保证劳动者安全和健康的义务；提供职业培训的义务。雇员拥有基本人权，是现代雇佣劳动和古代奴役、奴隶劳动最根本的区别点。保证雇员基本的生存权、发展权不受侵害，禁止雇主对雇员人身自由的威胁，是这一问题的实质[①]。

三、中国的雇主

1. 中国雇主的产生

在计划经济条件下，中国没有雇主这样的概念。但在新中国成立初期到三大改造完成之前，由于经济条件发展的需要，中国曾允许私营经济存在和发展，因此而存在依托于私营经济的雇主，其合法地位也通过宪法或临时宪法中对私营经济的规定而得到间接的承认。《共同纲领》第30条规定："凡有利于国计民生的私营经济事业，人民政府应鼓励其经营的积极性，并扶助其发展。"第32条进一步规定："私人经营的企业，为实现劳资两利的原则，应由工会代表工人职员与

---

① 邓绍艺. 关于雇主问题的法律辨析. 昆明冶金高等专科学校学报, 2004, (3): 89~92

资方订立集体合同。"这里的"资方"实质上就是雇主一方，因为在传统的商品经济下投资者与经营者是合一的，只是到了现代市场经济发达阶段，投资者和经营者发生了相对分离后，"资方"和"雇主方"这两个概念才不再完全等同。《共同纲领》的上述规定，是对雇主阶层法律地位的间接承认，并为其正当利益的平等保护提供一定的基础。1954 年，新中国通过第一部正式宪法，在第 10 条规定："国家依照法律保护资本家的生产资料所有权和其他资本所有权，国家对资本主义工商业采取利用、限制、改造的政策。国家通过国家行政机关的管理、国营经济的领导和工人群众的监督，利用资本主义工商业的有利于国计民生的积极作用，限制它们的不利于国计民生的消极作用，鼓励和指导它们转变为各种不同形式的国家资本主义经济，逐步以全民所有制代替资本家所有制。"这里的"资本家"如以其经济与社会地位来考虑，相当于"雇主"。此时，国家在《宪法》中对雇主阶层存在的合法性虽然仍持肯定态度，但对于其存在合理性则已经有了否定的倾向，这一点从上述规定中的"利用和限制"手段与"逐步代替"的目的中得到反映。于是在三大改造完成后，雇主阶层就暂时性地在中国大陆消亡了[①]。

十一届三中全会后，随着我国社会主义市场经济体制的建立和发展，我国经济成分逐步实现多元化，非国有企业得到较快发展，一些私营企业、乡镇企业和外资企业都出现了大量的雇佣关系，使我国逐渐有了雇主和雇员的概念。而且随着企业深化改革进程的加快，很多国有企业有了自主用工的权利，开始在社会上自主招工，并通过签订集体合同、劳动合同来规范企业和员工之间的用工关系。特别是 20 世纪 90 年代初，劳动合同制开始在我国逐步引入，并从国有企业、集体企业，逐渐地向乡镇企业、私营企业全面推进。因此，无论是国有企业，还是非国有企业都出现了雇佣关系。雇主和雇员的概念在我国已被逐步引用，并得到社会认可。

中国企业联合会从 1983 年开始就以中国雇主代表的名义参与国际劳工组织的各项活动并于 2003 年正式加入国际雇主组织，尤其是近年来，各地企业联合会为突出其职能，也都将参与三方机制和协调劳动关系工作统称为雇主工作并通过各种渠道进行宣传报道以扩大社会影响。此外，最高人民法院 1992 年所做的《关于适用〈民事诉讼法〉若干问题的意见》（法发［92］22 号）第 45 条规定："个体工商户、农村承包经营户、合伙组织雇用的人员在进行雇用合同规定的生产经营活动中造成他人损害的，其雇主是当事人。"这里的雇主，虽然界定的范围极其狭窄，但可表明我国关于劳动力使用者的法律表述，正在逐步和国际劳动立法接轨。据网络搜索，雇主一词的出现已达到前所未有的频率，在百度搜索引

[①] 常凯．劳动关系学．北京：中国劳动社会保障出版社，2005．210

擎中，与雇主一词相关的信息达到 2 210 000 多条①。对此进行归类和分析不难看出，雇主正成为用人单位的一种泛称，成为劳动法律关系处理中的法律用语。而目前法律文件和正式文件中对"雇主"概念的回避，不仅不利于雇主对其自身合法地位与权利义务的自觉与自律，也不利于整个雇主阶层之整体意识的自觉化，更不利于雇主作为劳动关系的主体自觉履行其在劳动法律关系中所应有的责任和义务。这是我们在建立和谐、稳定的劳动关系，构建和谐社会过程中所必须正视的问题②。

2. 中国雇主的阶层

但由于历史的惯性和传统观念的影响，很多本属雇主范畴的管理人员并不愿意接受雇主这样的称谓，这说明中国从计划经济体制向市场经济体制的过渡尚未完成，中国改革开放以来阶级分层问题解决后，社会阶层划分问题还需要进一步探讨。在国有和集体所有的公有制企业中，由于其产权关系尚未明晰，产权与经营权的关系也还没有理顺，所以究竟谁来作为国有企业雇主的具体代表，目前在企业中还难以确定。但随着企业内部劳动关系的市场化，经营者在利益关系上已经形成一个有别于劳动者的利益集团。特别是随着生产要素分配方式的确定和经营者年薪制的实行，经营者开始参与企业的利润分配。虽然这些人在企业行使雇主的职权并享有雇主的经济待遇，但由于政治体制和人事管理制度的限制，仍然没有改变其国家干部的身份。按我国现行的理论和政策，他们仍属于工人阶级的管理者。

按照国内现在学术界和司法界比较流行的说法，中国具有典型的市场经济法律特征的雇主，是非公有制企业的劳动力使用者。他们主要由私营企业和外商投资企业的业主和经营者所构成。在中小型私营企业，企业主是生产资料所有者和经营管理者，他们或凭借生产资料所有权或行使经营管理权决定雇用条件，直接管理、支配劳动者。特别是在个体经济（如摊点、作坊和家庭工厂等）中，有相当多的劳动力使用者作为雇人的一方并不是"单位"，而只是"老板"。在外商投资企业和一些大型民营企业中，基本上是产权和经营权分离，出资方为国外或港、澳、台的跨国公司或个人，而经营者则是受聘负责经营这些企业的海外或国内管理人员，他们在经营管理和用工行为中所代表的是资产所有者的利益，因此私营企业的业主和外商投资企业的高级管理人员基本构成了中国雇主阶层。这一社会群体不论在数量、占有和支配的资金额以及所雇用的工人人数上，都已经远远地超过了中国历史上的资产所有者。根据国家工商行政管理总局的统计，到 2004 年 6 月底，全国登记的私营企业已达 334 万户，雇工人数为 4 714 万人，注

---

① 2006 年 5 月 5 日搜索
② 程多生. 关于中国雇主问题的思考. 中国劳动, 2005, (11): 25, 26

册资金为 42 146 亿元。按主要经营管理人员每户 5 人计算,属于私营企业雇主阶层的人员约达 1 600 万人。另据商务部公布,到 2005 年 5 月底,全国累计批准外商投资企业 525 378 家,直接从业人员达 2 400 万人。按每家 10 个主要管理人员计算,属于外商投资企业雇主阶层的人员约有 500 万人。如果再加上正在向雇主阶层靠近的公有制企业改制后的高级管理人员(由于是在发展中,其数字目前难以统计),中国雇主阶层在人数上将是一个庞大的数字,在社会影响上更是不可低估[①]。

第二节 劳动关系中的雇主管理

雇主是在现代劳动关系中,代表资方从事管理和处理劳工事务,并向雇员支付工作报酬的法人和自然人。劳动关系是雇主与劳动者在社会生产过程中所结成的关系,是生产组织内部的一种核心的或者说最为重要的人与人之间的关系,处理好雇主与劳动者之间的关系,实现劳资合作,是现代管理的核心。而在劳动关系中,雇主明显处于强势地位,雇主管理的方方面面对劳动关系的发展趋势有着重要影响。

一、雇主管理理论

古典管理思想认为,雇主通过提高企业的劳动生产率,实现企业利润与所有者财富最大化。为达到这一目标,雇主必须实现生产要素的最优配置,使单位产品的投入最小化。雇主视劳动者为生产工具,提供苛刻的劳动条件和就业待遇,尽力提高他们的劳动强度,严格控制以提高生产率,实现自己的目标。主要代表人物有被称为"科学管理之父"的泰勒(Taylor)及被称为"动作研究之父"的吉尔布雷思(Gilbreth)。古典管理思想时代的管理思想对劳动关系管理并不重视,所关心的是如何以科学方法运用各种生产要素有效率地生产,劳动者只不过是机器的附属品。

20 世纪 20 年代,兴起了近代管理思想。近代管理思想重视劳动者行为和人际关系的研究,认为人才是企业的重心。代表人物是梅奥。"霍桑试验"为管理行为的研究奠定了重要的基础,提供了一个进行有效管理必须注意的重点,即必须真正具体了解人是一个具有欲望、动机与目标且需加以满足的个体。管理思想发展至此阶段已不再如前期视劳动者为机器的附属品,而是以组织效率为管理的

---

① 程多生. 关于中国雇主问题的思考. 中国劳动, 2005, (11): 25, 26

着眼点,并提出了人为管理的中心。在劳动关系管理上以尊重劳动者为基础,对于劳动者所从事工作详细加以说明,并预测各种可能的反应,在一定职务权限内鼓励劳动者以自我控制方式进行工作,以使劳动者对组织认同,促进组织发展。

20世纪60年代,现代人力资源管理兴起,这是管理思想发展史上的一大进步。在人力资源管理概念下,对员工不仅是单纯地加以管理,而应视员工为企业的投资,必须加以妥善的计划、组织、发展与控制,使人的价值和才智获得最大效用发挥。认为劳资双方应处于对等地位,以对等立场进行交涉、协议。劳方有权参与企业重大决策,同时在报酬方面实行分享,员工有权分享企业剩余;资方应重视员工个人兴趣,意愿和专长,并据此进行职务配置。这一现代劳动关系框架顺利提出,并不断得到雇主的重视。

二、劳动关系中的雇主管理模式与策略[①]

1. 雇主管理模式的分类

管理模式是雇主对待雇员和处理某些特殊问题的一种参考原则,是雇主的行动指南。管理模式会对劳动关系产生影响,反过来也受到劳动关系的制约。为了更清晰地分析雇主管理模式,我们从雇主管理的职权结构和管理理念两个视角进行分类(图4-1)。

职权结构	自主型	自主/剥削 (承包工作任务)	自主/宽容 (传统手工业)	自主/合作 (人力资源管理)
	集权型	集权/剥削 (早期泰勒制)	集权/宽容 (第二次世界大战后的主流劳工体制)	集权/合作 (高级家长制)
	独裁型	独裁/剥削 (压迫运动)	独裁/宽容 (小型零售店)	独裁/合作 (早期家长制)

管理理念　　落后──→剥削──→宽容──→合作──→先进

图4-1　管理模式图

(1) 基于职权结构视角的雇主管理模式分类。

职权结构包括分配工作任务的方式、监督工人行为的方法以及奖惩办法。根据这三个标准,可以把管理模式分为以下三类:一是独裁型。高层管理人员直接分配工作任务,亲自监督,经常武断地做出奖惩决定。二是集权型。雇员按订立的制度与规程行事,有明确的工作角色,管理者根据雇员是否遵守企业的制度与

---

① 程延园. 劳动关系. 北京:中国人民大学出版社,2002. 90~98

规程监督、奖惩雇员。三是自主型。雇员被赋予高度自主权并参与决策，管理者以工作绩效作为监督、奖惩的依据。

(2) 基于管理理念视角的雇主管理模式分类。

经营管理理念是管理者的价值与目标在管理实践中的体现。根据管理者的经营理念，可以把管理模式分为以下三类：剥削型，管理者不关心雇员的需求，其目标是以最低的工资换取最大量的工人劳动；宽容型，管理者意识到雇员的某些需求是法律认可的，从而提供合理的报酬与就业条件；合作型，管理者充分考虑雇员福利，实施各种计划以赢得雇员对企业的忠诚，培养员工对企业的献身精神。

基于上述两个视角的分类，以纵轴代表职权结构，横轴代表管理理念，可以得到九种管理模式，沿着箭头方向观察，可见管理模式逐渐从古典科学管理向近代管理科学，再到现代人力资源管理的转变。可以看成是从落后到先进的转变，以下我们将重点介绍三种雇主管理模式及其策略。

2. 独裁/剥削管理模式及其管理策略

独裁/剥削管理模式起源于19世纪末期的"压迫运动"。这种模式最能体现新古典主义主张的成本最小化思想。虽然已经很难再找到这种管理模式的实践者，但在零售、餐饮、纺织、服装等高度竞争性的行业，仍然可以发现那些雇用非熟练工人的小企业依旧实施属于独裁/剥削的模式范畴的政策。

(1) 独裁/剥削管理模式的特征。

由于缺乏制度与规程，独裁/剥削模式充满了浓厚的主观主义色彩，因此相对来说比较简单。这种模式具有以下特点：强制性，作为一种强制的管理方式，独裁/剥削模式不允许雇员有任何偷懒、缺勤或抵制行为；专断性，这是一种专断的管理方式，管理者可以根据个人偏好偏爱某些雇员，惩罚决定往往直接在工作现场做出而不经过正式程序；独裁性，管理者对下属的信任度很低，只给予他们有限的决定权，而代之以独裁的方式进行管理，同时实施严格的规程，进行严格的监督；有限的忠诚性，在这种模式下，雇员对企业的忠诚，尤其是那些受管理者偏爱的雇员对企业的忠诚感主要是因为他们无法找到其他工作。

(2) 独裁/剥削管理模式的劳动关系管理策略。

独裁/剥削模式具有强烈的反工会思想。管理方总是不遗余力地将工会排除在本企业组织外，通过规避甚至违反法律来阻止工会的建立。一旦工会成立，管理方总是想方设法削弱或暗中破坏工会组织。管理方的主要手段有技术变革、灵活的就业安排、集体谈判中采取强硬立场和破坏罢工、停工和迁厂。

第一，技术变革。技术变革的本义并非削弱工会力量，但可以被反工会化企业作为反对工会的一种手段。通常，技术变革会降低工作所需的一般技能要求和特殊技能要求。这样，一旦工会组织罢工，管理者很容易在劳动力市场上找到替代工人。而且，技术变革还可以使管理方在订立集体协议时降低平均工资水平与工资增长幅度。

第二，灵活的就业安排。就其本义并非针对工会组织，但也成为企业反对工会的手段之一，这种就业安排形式包括：外购、转包、雇用兼职工或临时工。外购是公司将原自行制造的部件改向外国或国内不承认工会的供货商采购，而转包是指将原本可以由本企业员工完成的任务转包给其他企业。不论外购还是转包，都会导致某车间或整个分厂的关闭，从而彻底消除集体谈判中代表工人的一方。兼职工与临时工一般都不是工会成员，也不会支持工会。当工会发动罢工时，管理方通过兼职工或临时工，能有效地削弱工会罢工的影响力。

第三，在集体谈判中采取强硬立场和破坏罢工。为削弱工会组织，管理方在集体谈判中可以采取强硬的立场。拒绝做出实质性让步。如果工会发动罢工，管理方仍旧实施强硬路线。雇用替代工人或工贼以替代罢工工人。一旦成功破坏罢工，管理方便发动"撤销工会承认选举"，即由工人投票撤销工会的代表资格。

第四，停厂和迁厂。对管理方而言，最有效的反工会策略是关闭工会化企业，重新建立一个非工会化的企业。通常，管理方将新厂址定在农村未开发地区。相对于城市发达地区，农村企业工会化的可能性较小。但是，为消灭工会而关闭企业是非法行为。因此，管理方通常实施"计划报废"行动，使工会化企业严重亏损而被迫关闭。

3. 集权/宽容管理模式及其管理策略

集权/宽容管理模式产生于20世纪20年代，但是直到第二次世界大战结束，随着企业规模的日益扩大，资本密集型技术被普遍采用，工业力量不断壮大，这种模式才被钢铁、汽车、橡胶与铁路运输等行业所采用。

（1）主要特征。

第一，专业化。集权/宽容模式与马克斯·韦伯的"集权模型"类似，强调管理过程中职能的专业化，要求设置独立的人事与劳动关系部门负责处理原先由直线管理人员承担的相关职责，包括：①建立雇员甄选标准、职位分类标准和薪酬差别标准；②负责晋升与奖惩事宜；③处理员工申诉；④为集体谈判做准备并参加集体谈判。

第二，职位阶梯。管理者通过界定职位，建立职位阶梯，发展企业的内部劳动力市场。新员工从低职位开始，随着经验与资历的积累，慢慢地沿着职位阶梯向上爬。这一过程既可能发生在车间级，也可能发生在工厂级。总之，只要员工留在企业内，总能获得晋升机会。

第三，忠诚感。员工对企业有某种程度的忠诚感，这种忠诚并不是源于强制措施，而是源于员工对企业的认同。通过制定明确的规则与程序，使员工与基层管理者之间的职权关系变得非人格化，管理者按照客观标准行使职权。

(2) 对待工会的措施。

集权/宽容模式承认工人参加工会组织的合法权利。对管理方来说，一方面，工会作为工人利益的代言人，通过集体谈判维护雇员利益；另一方面，工会的存在使劳资双方的沟通更顺畅，企业内部申诉体制的建立可以防止直接管理人员滥用职权。

第一，工会的存在使企业成本增加。这是指雇主必须支付更高的工资与福利待遇，并将这部分成本转嫁给消费者，这一政策尤其适用于以下两种情况：①垄断或寡头企业通过限产提价策略使产品或服务的价格高于市场完全竞争时的水平；②资本密集型企业的劳动成本在企业总成本中所占的比例很小，因而，适度增加雇员的工资与福利不会对企业成本造成很大的影响。

第二，工会要求建立绩效考核的程序与规则。虽然这种制度安排会限制管理职权，但有助于强化集权型管理模式。因此只要这些程序与规则不至于严重地限制管理职权或损害企业效率，管理方通常愿意考虑工会提出的要求。例如，企业晋升标准规定，当候选对象的能力大致相当时，优先考虑资历深的员工。但是管理方不可能以员工资历作为晋升的唯一标准，否则会严重削弱企业的效率。

4. 自主/合作管理及其管理策略

自主/合作模式又称人力资源管理模式，它起源于福利资本主义与家长制管理，包括雇员年金计划、公司住房计划、公司工会、公司组织的娱乐活动、建议机制、利润分享计划，以及其他提高员工忠诚与献身精神、防止企业工会化的策略。20世纪五六十年代组织行为学提出的激励与组织承诺理论指出，管理方通过加强与雇员的沟通，给他们更多自主权，有助于提高企业的凝聚力。这时，雇员服从组织的目标既不像独裁/剥削管理模式那样被强迫所致，也不像集权/宽容管理模式那样处于工具性目的，而是一种对双方都有利的双赢结果：企业的利润增加，雇员的工资水平相应提高。在实践中，石油提炼、核能、国防以及计算机等行业，由于产品质量对企业成败起决定作用，从而雇员拥有强大的岗位力量，因而人力资源管理模式被普遍采用。

人力资源管理模式的主要特征表现为自主型组织设计、雇员参与计划以及人事与就业政策三个方面。

(1) 自主型组织设计。

人力资源管理模式主张给予雇员更多的决定权，提供富于变化的而不是高度专业化的工作，使员工具有广泛的技能。根据马斯洛的需求层次理论，最高层次的需求是自我实现的需求，与之相适应，管理方采用工作生活质量计划。工作生活质量计划的核心是职务再设计，包括职务扩大化、职务轮换、职务丰富化和自主性工作团队。

第一，职务扩大化。这一思想源于产业工程师，即通过增加一项职务所完成的不同任务数目，并减少职务循环重复频率，扩大职务范围，提高工作的多样性。

第二，职务轮换。这一职务设计方法使工人的活动多样化，从而避免产生厌倦。职务轮换包括纵向轮换与横向轮换两种类型。纵向轮换是指升职或降职。但我们所说的职务轮换，通常是指水平方向上的多样变化。横向轮换可以有计划地通过制定、实施培训规划，让员工在一个岗位上工作两三个月，然后在换到另一岗位，以此作为培训手段。

第三，职务丰富化。通过增加职务深度，将组织中纵向的工作职能合并成一个职位，从而给员工更大的自主权。它允许员工自定工作进度并在不断的自我修订和自我评估过程中完成一项完整的工作任务，以增强员工的独立性和责任感。

第四，自主性工作团队。工作团队大致可分为两种类型，综合性工作团队和自我管理的工作团队。在综合性工作团队中，一系列任务被分派给一个小组，小组再把任务分派给每个成员，并在需要时在成员间轮换工作。与综合性工作团队相比，自我管理的工作团队拥有更大的自主权。一旦确定了要完成的目标，自我管理的工作团队有权自主决定工作分派、工间休息和质量检验方法等，甚至可以挑选自己的成员，并让成员相互评价工作成绩，其结果是团队主管职位变得很不重要，有时甚至被取消。

（2）雇员参与计划。

雇员参与计划这一术语首次出现在1979年福特公司与汽车工人联合会签订的一份协议中，标志着管理思想发展到了一个新的阶段。雇员参与计划的指导思想是，如果劳资双方不再是两个对立的实体，那么工人工作会更有效。因为如果雇员能够进行一定程度的自我管理，那么，监督者与雇员之间的界限会变得模糊。这样，雇员在工作中参与得越多，工作就完成得越好。雇员参与计划可以采用多种形式，主要包括质量圈、劳资联合委员会以及主要在欧洲国家实行的共同管理计划。

第一，质量圈。质量圈一般是由通过共同工作来生产某一特定部件或提供某一特定服务的工作人员自愿组成的工作小组，每周在工作日之前或之后会面一次，讨论生产问题并找出解决办法。质量圈讨论的问题包括工作设计、任务分配、工作进度、产品质量、生产成本、生产率、安全卫生、员工士气等各个方面。

第二，劳资联合委员会。劳资联合委员会由工会代表与管理方代表共同组成，双方人数相等。最常见的劳资联合委员会是根据法律要求成立的企业安全卫生委员会。劳资联合委员会还被用于处理一些特殊问题，例如，引进新技术、员工培训与开发、奖惩条例、提高企业生产率等。近年来，劳资联合委员会最关心的两个问题是如何提高企业生产率和如何营造和谐的劳动关系。从理论上讲，建立劳资联合委员会，使雇员有机会参与决策而不是被动地接受管理，这种双赢结果有助于培养雇员的献身精神。

（3）人事与就业政策。

职务的重新设计与雇员参与计划旨在满足雇员的内在需求，因而更多地考虑工作内容与决策过程。而人事与就业政策旨在满足雇员的外在需求，以提高他们的忠诚感和献身精神，使雇员比以往任何时候都能得到更公平的待遇。

第一，内部公平制度。这是非工会化企业的一项正式制度安排，使雇员在受到不公正待遇时能够表达不满，与工会申诉制度不同，它是由管理方而不是合法的第三方仲裁者来实施的。

第二，薪酬体系。雇主提供至少不低于同行业其他雇主的薪酬与福利标准。为了体现劳资平等，雇员也开始领取薪金而不再被支付小时工资。此外，管理方还推出利润分享计划、雇员持股计划。

第三，全面质量管理。整个企业共同努力来满足顾客的需要并经常性地超出顾客的期望要求，通过引进新的管理体制和企业文化来大幅度削减因质量不佳而导致的成本因素。它有三个主要特征：一是降低组织的纵向变异，通过拓宽管理跨度和实现组织扁平化，管理者得以减少管理费用开支，增进组织的纵向交流；二是减少劳动分工，专业化的劳动分工不利于组织内部的合作与横向沟通，而全面质量管理活动的开展促进了工作的丰富化和跨专业职能界限的工作团队的更多使用；三是强调分权化的决策，职权与职责尽可能向下委派，并尽量接近于顾客，因为，全面质量管理的成功最终取决于对顾客需求的变化做出迅速而持续的反应。

目前，国际上主要有两个奖项授予那些能够建立高度有效的质量改善计划的企业。一个是日本科学家和工程师联合会授予的戴明质量奖，另一个是美国国会于1987年创立的马尔科姆·鲍德里奇国家质量奖。

在对待工会的措施方面，人力资源管理模式改变了劳资双方的"你我对立"关系，通过雇员广泛参与管理实践，融洽了劳资双方的关系。劳资双方以更加积极的态度看待集体谈判，在集体协议失效以前，劳资双方就开始共同协商订立新协议，集体谈判不再是双方对立的过程。因此，与其说劳资双方再进行谈判，不如说他们是在为共同订立集体协议而互相合作。

第三节 雇主组织

一、雇主组织的概念

雇主组织是由雇主依法组成的藉群体力量与工会组织进行协调劳动关系谈判

并代表、维护雇主利益的团体组织。雇主组织是西方国家雇主维护自身利益、协调劳资关系的重要组织，在社会各利益集团中也占有相当重要的地位。

国外的雇主组织多数是以协会的形式存在，有两种主要的协会组织：行业协会。它是由经济利益结成的组织演变而成，多数欧洲国家称这种组织为"经济"组织。这种行业协会主要负责行业规范、税务政策、产品标准化等事宜，他们一般不处理劳动事务；雇主协会。它是因为劳资关系而结成的组织演变而成，一般称它为"社会"组织，它主要负责处理劳资关系各个方面的事务，包括与工会的关系、劳工政策、参与劳动立法、行政管理和仲裁作用，其中与工会协商劳资关系是主要工作，它往往既有雇主组织的功能，又有行业协会的功能，同时处理生产与劳动事宜。

维护雇主利益、建立协调的劳资关系、促进社会合作，推动雇主提高企业的竞争力，改善雇员工作、生活质量，实现对股东、雇员、客户和国家的义务是雇主组织建立的宗旨。雇主组织的任务主要是以下几项：积极为雇主服务，提高雇主适应挑战的能力；促进和谐、稳定的雇主——雇员关系，即劳动关系；在国家和国际上代表和促进雇主利益；提高雇员的工作效率和工作的自觉性；创造就业机会及更好的就业条件；预防劳资纠纷，并以公平迅速的方式解决产生的争议；为其会员达到发展目标提供服务。一般国外国家的雇主组织都建立在两个层次上：一是为保持和谐的劳资关系在国家及地方一级建立三方机制，加强政府、工会和雇主组织在劳动关系问题上的协调与合作；二是在企业一级以提高企业的竞争力并改善劳动者的素质为目标，并在帮助雇主提高企业竞争力的同时，通过企业发展创造良好的就业条件。

二、雇主组织的产生与发展

雇主组织随着工会组织的发展壮大而建立和发展。19世纪末20世纪初，工会运动空前高涨，工会会员不断增加，加上许多国家的社会立法日益加强，工会地位日益稳定，为了平衡与工会之间的力量对比，对抗工会对资方的冲击，英国、法国、荷兰等国家的雇主纷纷采取"闭厂"等行动，并成立雇主组织。

第一次世界大战结束后，尤其是在20世纪30年代，西方国家普遍面临经济困难。这时，雇主组织在发展经济方面起到了积极的作用。雇主协会在与工会的斗争中也取得了很多经验，使雇主组织内部和外部环境发生了有利的变化，特别是雇主组织在与工会的协商、合作方面取得了很大的成效。在此期间，劳资双方之间的集体谈判走上了正轨，许多基本的劳资关系法规和社会立法也是在这段时间完成的。

在第二次世界大战中及战后的一段时间里，许多西方国家的雇主协会得到了稳定的发展，尤其是20世纪六七十年代，各国普遍加强了政府在劳资关系和经济生活中的作用。在这种情况下，政府更希望与具有权威性的中央一级的雇主组织打交道，这极大地加强了全国性雇主协会作为雇主发言人的地位，同时也要求各级雇主协会为其成员提供更多的、范围更广的服务，了解、掌握企业的需求，以便更有效地处理与政府和工会的关系。

20世纪后期开始，各国雇主组织又有了新的发展趋势，即雇主组织不仅开展协调劳动关系等社会性事务和活动，而且也逐步开始关注经济事务，并在国家的政治、经济和社会生活中逐渐发挥重要的作用[1]。

三、雇主组织的分类与作用

1. 雇主组织的分类

经济发展水平的不同决定了雇主需求的不同，雇主组织的角色和作用也就不同。一般来说，可以分成三种类型：

（1）发展中国家的雇主组织。

发展中国家的经济正处于上升阶段，大量的新企业诞生和资金进入都为经济增长提供了充沛的资源，因而企业生存的压力相对于发达国家要小，但发展中国家的雇主组织建立时间都不长，要取得雇主信任、发展足够的企业会员从而使雇主组织在国家或地区内具有较强的代表性是一项重要的工作。对于一个新建立或建立时间不长的雇主组织来说，只有有了足够的会员，才能有会费支持，并通过一些收费性服务和赞助，维持正常运转。另外，发展中国家的雇主组织要建立起一个较有影响的反映雇主声音的渠道，使政府能够听到雇主的声音，认识到雇主声音的重要性也是这些国家雇主组织要优先考虑的问题。

（2）经济转型国家的雇主组织。

这些国家的私有经济发展历史不长，雇主组织中的私营企业会员较少，所能提供的服务也相对较少，同时这些国家中的工会力量较弱，政府干预较多，因此如何适应市场经济发展，及时转变观念，吸引更多的非公企业加入雇主组织并能够提供持久、有效的服务是这些国家的雇主组织需要解决的问题。

（3）发达国家的雇主组织。

这些国家的就业关系变化快，集体谈判方式多样化，雇主组织所提供的传统服务已不能适应企业发展的要求。企业频繁的兼并和相互融资使得很多雇主组织之间的服务范围和内容重叠，竞争激烈。如何降低成本、提高工作成效是这些国家雇主组织所面临的挑战。

---

[1] 常凯. 劳动关系学. 北京：中国劳动社会保障出版社，2005. 202

不同国家的雇主组织由于所处的经济、政治和社会环境不同，因而所面临的问题和挑战也不尽相同。各个雇主组织只有立足于本国或本地区的实际，制定适宜的组织发展战略和行动计划，提供企业和雇主所需要的服务，才能取得企业的信任和支持，才能逐步拓宽工作领域，壮大经济实力和扩大社会影响力，更好地发挥企业代表的作用。

2. 雇主组织的作用

雇主组织作用的发挥主要由其成员需要的服务所决定。雇主所需要的服务取决于经济形势和企业的发展方向与目标。特别是随着经济全球化、技术进步、转轨国家朝着市场经济的运行，以及日益剧烈的商业竞争环境的变化情况下，为企业提供多方面的服务，是雇主组织发挥作用的重要内容。

（1）协调劳动关系。

广义讲，协调劳动关系的目的是通过和谐、稳定的社会关系促进经济发展。劳动关系反映社会中的利益结构，强调此系统的主要参与者——即工人、雇主和国家的利益关系，并通过合作的方式进行协商和谈判。另外，劳动关系政策通过建立公正、公平、稳定的条件，来促进经济发展。劳动关系政策也被看作在劳工和管理层之间获取一种平衡，是建立和保护一个多元化的社会所必需的。

（2）参与立法和政策制定。

雇主组织的另一个重要作用是参与劳动立法和政策制定。这主要体现在国家级雇主组织中，尽管有时它也发生在行业领域中。雇主组织在立法和政策制定中发挥作用，一般是通过在有关立法机构中吸收雇主组织代表参加来实现。因为很多国家的立法和政策制定都要依靠雇主组织和工人组织的力量。也有的国家雇主组织是通过扮演游说角色来影响政府在立法和政策制定中的立场。

（3）推动企业关注社会责任。

企业的社会责任越来越受到社会的关注，这项工作也是很多国家雇主组织发挥作用的领域。社会责任不仅要求公司以合理的价格为消费者提供优质产品，公司还应在遵守道德和职业规则的基础上谋求利润，公司还要对社会负责。

（4）为会员提供其他方面的服务。

一般雇主组织的成立是为了面对日益增长的工会的挑战，处理与劳资关系相关的问题。但是近些年来，雇主组织为会员提供其他方面的服务也日益成为雇主组织的重要作用之一，而且提供服务的范围已经或正在从传统的劳资关系服务等向多种形式服务扩展，如培训、信息、研究、人力资源管理等领域[1]。

---

[1] 雇主组织与三方机制. 企业管理，2004，(2)：16～18. 载：张彦宁主编. 雇主组织在中国. 北京：企业管理出版社，2002

四、国际雇主组织

1. 国际雇主组织的产生

国际雇主组织（International Organization of Employers，IOE）成立于 1920 年，是目前国际上在社会和劳动领域代表雇主利益的国际组织，现有包括非洲、美洲、亚太、欧洲四个区的 136 个成员。国际雇主组织随着各国雇主组织的发展而发展。在西方国家，雇主组织由于在促进雇主之间的相互协商与合作，推进行业标准规范化，加强劳资关系和人事管理方面的服务，参与社会和劳动立法，共同管理雇主有关事务等方面发挥了重要作用，获得了稳定发展。

在 20 世纪初期，西方国家普遍面临经济困难，雇主协会由于积极与工会组织开展劳动关系的协调工作，对于发展各国经济也起到了积极的作用。为了更好地发挥各国雇主组织的作用，在各国雇主组织之间建立和保持永久的联系，共同协商和讨论社会和经济发展问题，需要建立一个国际性的雇主组织来协调各国雇主组织共同参与国际事务。特别是随着国际劳工组织的成立，需要在国际劳工组织的机构和活动中，统一各国雇主组织的立场和观点，在国际上代表雇主组织来协调与工会的关系，因此，有必要建立一个国际性雇主组织来加强各国雇主组织的联系，推动雇主组织的发展，维护雇主利益，促进经济和社会发展。到了第一次世界大战时，许多西方国家都建立了稳定的全国性和行业性雇主协会。雇主组织在战争中起到了积极的作用，战争使雇主组织获得了法律地位和稳定的发展。

随着国际劳工组织地位和影响的扩大，国际雇主组织在国际劳工组织中的作用也越来越大。国际雇主组织在国际上协调各国雇主组织的立场，维护各国雇主的共同利益；参与国际劳工组织活动，作为三方机制的一方，代表雇主组织及雇主参与有关活动；与国际工会组织协调、合作，就共同关心的劳工等方面问题开展协商和合作，维护各自的利益主体；加强各国雇主组织的交流与合作，特别是在有关的立法、政策和信息上加强交流与合作；与各国政府建立积极的良好关系，为各国雇主组织的建立和开展活动创造良好的条件；指导各国雇主组织开展维护雇主利益活动，使雇主组织成为雇主利益的代言人。

2. 国际雇主组织的主要任务

国际雇主组织的主要任务有四项：

(1) 在国际上维护雇主利益。

国际雇主组织是唯一代表雇主利益的国际组织，因此，它的首要任务是在国际上维护雇主利益，包括在国际劳工组织内部维护雇主利益，确保国际社会政策不损害企业的生存和发展条件，而且在制定国际社会政策过程中，要尽可能地提出有利于雇主的方案，以维护各国雇主和雇主组织的整体利益。

(2) 促进企业自主发展。

国际雇主组织通过影响国际劳工组织的政策和制定技术合作项目，使国际法律法规不会限制企业的建立和经营，并通过制定积极的政策和措施促进企业提高竞争力，包括提高劳动力的素质和能力，促进企业管理水平的提升等。

(3) 帮助建立和加强国家级雇主组织。

目前各国和各地区的雇主组织发展很不平衡，特别是广大发展中国家和受战争影响的国家以及市场经济体制还没有真正建立和完善的国家，雇主组织的建立、发展还有大量的工作要做。帮助这些国家和地区建立和加强国家级雇主组织是国际雇主组织目前的重要任务，特别是在发展中国家和向市场经济转轨的国家。

(4) 促进雇主组织之间的信息交流和雇主之间的经贸合作。

各个国家的雇主组织的建设和发展需要学习其他国家先进的经验，特别是有关的政策、机制和制度方面，需要交流信息，总结经验，更好地为雇主服务，因此，加强各个国家雇主组织的联系和交流有重要的意义。此外，通过各国雇主及雇主组织之间的交流，还可以促进各国企业之间的友好往来和经贸合作，推动企业的优势互补，提高企业的经营效益。

3. 加入国际雇主组织应具备的条件

按照国际雇主组织章程的规定，加入国际雇主组织成员应具备如下几项基本条件：

第一，成员必须由雇主和雇主组织构成，内部不能有工会组织。因为国际雇主组织是代表和维护雇主和雇主组织利益的组织，是为雇主和雇主组织服务的，因此，它必须由雇主和雇主组织构成。特别是其内部不能有工会组织，因为雇主组织是与工会组织相对立的组织，它的出发点和立场与工会有着本质的区别，甚至是背道而驰的，因此，不能有工会组织加入。

第二，成员必须代表和捍卫自主企业的原则。所有加入国际雇主组织的成员要代表和捍卫自主企业的利益，要以维护企业利益作为工作目标和出发点，并通过具体的行动加以实施，这是国际雇主组织的基本原则。

第三，成员必须是自由、独立和自愿加入的组织，不受政府或任何外部机构的任何形式的控制和干涉。也就是说，国际雇主组织的成员必须是自主、独立的组织，其成立和运作不受任何外部机构的控制和限制，特别是不受政府有关部门机构的控制和限制，这也是加入国际雇主组织的基本条件。

第四，一般加入国际雇主组织的国家必须是国际劳工组织的成员国，如果某个想加入国际雇主组织的雇主联合会不符合此项条件，则须由三分之二与会者通过，并经总理事会决定后方可接纳为会员。如果某一国家没有这种国家级的雇主联合会，而该国又有一个或几个其他雇主联合会想要加入国际雇主组织。国际雇主组织执行委员会将综合考虑这些欲入会成员的条件，并向总理事会提交建议是否接纳那些没有国家级及其他雇主联合会的国家的雇主组织成为国际雇主组织的会员，最后由国际雇主组织总理事会考虑和评价执行委员会提交的建议，并最终决定是否接纳。

加入国际雇主组织的程序是，所有入会成员的申请及其附件先提交给执行委员会，由执行委员会在随后的会议上报告给总理事会。总理事会的决定将是最终决定，而且无须为其决定陈述理由。但执行委员会可在总理事会的决定前接纳申请者为临时会员。国际雇主组织可以和其他雇主组织建立联系，其联系的条件和决定由执行委员会向总理事会提出建议，由总理事会做出决定[1]。

五、中国雇主组织

中国同国际雇主组织已有多年的沟通。1998年初，国家经贸委发文，确定由中国企业家协会负责与国际雇主组织进行联系，并派代表出席国际劳工大会。1999年，国际雇主组织原则同意中国加入该组织。2003年6月，国际雇主组织正式接纳中国企业联合会/中国企业家协会为自己的正式成员。中国企业联合会在组织结构上强调覆盖所有的行业和各种经济类型的企业，并非常注意发展非国有部门的会员企业。中国乡镇企业协会、外商投资企业协会、个体劳动者协会、民营科技实业家协会等6个非公企业集中的团体，都是中国企业联合会的共同发起组建单位。目前，中国企业联合会的会员企业43.6万家，其中，非国有企业会员占51%。各省的个体、私营企业协会也是其地方组织的成员。中国企业联合会内部设立了雇主工作部，负责有关雇主事务的日常工作。

根据中国企业联合会雇主工作委员会的《工作规则》，其宗旨是：以"服务于企业"为中心，以沟通政府与企业和企业经营者联系为纽带，在市场经济中有效地维护、代表企业和企业经营者的合法权益，准确、全面和及时地反映企业和企业经营者的意愿，为营造有利于企业和企业经营者生存与发展的法制环境而努力。

工作目标是：提高企业经营者和雇主组织在与政府、工会共同制定有关企业的法律、政策和国际劳工标准时的参与程度，帮助企业经营者预测中国市场并进行决策的知识与能力，帮助企业经营者和雇主组织熟悉国家劳动政策和法律法规，协助国有、集体、私营、合资、独资等不同所有制企业解决有关劳动关系、人力资源等专业知识方面的问题，突出企业在经济和社会发展中的重要地位，使

---

[1] 中国企联雇主工作部．国际雇主组织简介．http://www.cec-ceda.org.cn/ldgx/info/content.php?id=250．2005-03-20

企业具有竞争力和可持续发展的能力。

工作任务是：在中国企业联合会、中国企业家协会指导下，代表中国企业和企业经营者参与国际劳工组织和国际雇主组织的有关活动；代表企业和企业经营者参与国内有关劳动政策和法律、法规的制定和监督实施工作。如：促进就业的政策和途径、工资和福利标准、社会保障计划、职业安全卫生和环境保护、人力资源管理和开发在企业建立良好的劳动关系等重要工作；帮助企业规范行为，促进落实企业的自主经营权；运用法律、法规影响政府部门对劳动争议处理，以改善调解、仲裁体制；探索调整企业经营者利益、激励、约束机制的新方法、新思路，并代表企业经营者反应他们在事业、社会地位、经济利益等方面的需求，使他们享有应有的待遇和地位；向企业和企业经营者提供国际、国内有关产业政策、劳动政策信息、咨询服务[①]。

与工会体制相同，企业家联合会有产业和地区性组织。企业家联合会雇主工作部既代表私营部门的雇主也代表公营部门的雇主。这与欧洲国家雇主组织只代表私营部门雇主的现象不同。雇主组织和工会组织在结构上的对称性，保障了他们之间在协调劳资关系的行动中可以对接。但是，目前国家层面的企业家联合会只参加相应层面的三方协商会议，与其他两方进行信息交流。在职能设计上，中国企业家联合会雇主工作部的工作已经涉及地区中雇主与工会开展集体谈判的事宜，并探索各种谈判形式的可行性。企业家联合会的一些地方组织，早已经开始介入当地的区域性与行业性集体谈判。另外，许多省市的企业家联合会也参加了劳动执法检查工作。2003年10月国家劳动关系三方联合发文，对企业家联合会参加劳动仲裁委员会提出了明确要求。

总体来说，中国雇主组织还处于刚刚起步阶段，在性质、职能、与政府的关系等问题上没有理清，其发挥的作用极其有限，很难适应社会主义市场经济的要求。对此，首要的任务是制定有关雇主组织法律法规，使雇主组织的成立和活动规范化和法制化。明确雇主组织是代表和维护雇主利益的组织，主要任务是协调劳动关系。其次，促进雇主组织的一体化建设，提高雇主组织的话语能力。

▷本章小结

劳动关系中的雇主是指现代劳动关系中，代表资方从事管理和处理劳工事务，并向雇员支付工作报酬的法人和自然人。随着我国社会主义市场经济体制的建立和发展，雇主概念被逐步引用，并得到社会认可。在不同的国家，对雇主的

---

① 中国企联雇主工作部. 中国企业联合会雇主工作委员会——工作规则. 中国企业联合会雇主工作委员会. 工作规则. http://www.cec-ceda.org.cn/ldgx/guzhu.php. 2006-05-05

定义各有特点，但是雇主享有的基本权利和义务大同小异。

在劳动关系中，雇主明显处于强势地位，雇主管理的方方面面对劳动关系的发展趋势有着重要影响。不同的管理理念带来了不同的管理模式和策略，人力资源管理模式逐渐成为现代雇主管理的主流。

雇主为了维护自身利益、协调劳资关系，雇主组织应运而生。它是由雇主依法组成的，藉群体的力量与工会组织进行协调劳动关系谈判时相抗衡，以代表、维护雇主的利益的团体组织。随着经济全球化的加快，国际雇主组织不断发展，重要性也日显突出。我国的雇主组织也不断成长壮大。

▶关键术语

雇主　雇主的权利　雇主的义务　雇主管理　雇主管理模式　雇主管理策略　雇主组织　国际雇主组织　中国雇主组织

▶案例1　怎样成为好雇主*

在人们工作时间越来越长、工作状态越来越紧张的情况下，是否有一个好的老板和一个舒心的工作环境，不但影响着人们的工作效率，还左右着人们的快乐指数。"快乐指数"出现于20世纪的调查形式，如今已经越来越被重视。英国《星期日泰晤士报》前不久刊登了一篇名为《快乐是新的经济指标》的文章认为，"快乐指数"是衡量一个国家相对成功的最佳指标。甚至有专家表示，"快乐指数"影响着一个国家的GDP。

《北京青年报》在最近对北京、上海、广州三大城市进行的一项有关"快乐指数"的调查中发现，在"不快乐"的被访者中有61.8%的人是因为工作。这就从另一个更广泛的角度表明了企业组织或雇主阶层是一个不容忽视的现实问题。还有研究表明，经济发展达到人均GDP1 000美元上升通道的时期，劳资关系呈现出趋于紧张的趋势。劳动力在收入不断提高的同时，压力感和不确定感增加，"快乐指数"下降。在很多国家都出现过这一阶段，国内许多专家认为中国已经开始进入到这一阶段。忙碌的现代人把他一生中最好的时光都奉献在了工作岗位上，难道工作本身不应当给他带来最多的快乐？难道雇主不应当承担起让员工"快乐工作"的责任？中央电视台从2005年9月开始的"2005CCTV中国年度雇主调查"就是以"快乐工作"为活动主题和调查标准来考量企业的，顺应了建设和谐社会的要求，敏锐地把握了现阶段劳动者对于工作状态的内在要求和希

---

* 王晶. 怎样成为好雇主. 经济观察报，2005-10-24，53

望，将为企业决策者提供一个全新而专业的思考方向，为雇主和雇员提供一个平等而良性的沟通平台。

那么什么样的雇主才是好雇主？在倡导"科学发展观"、建设"和谐社会"的时代背景下，好企业应当是好雇主，好雇主则应当是让员工"快乐工作"的雇主，包括员工的"成就感、成长感、归属感"这样三个维度。曾湘泉则认为，和谐的雇主雇员关系是企业竞争力的重要元素，员工工作不快乐将给企业带来各种负面影响；与世界范围内企业日益重视"雇主品牌"的发展潮流相比，国内对于雇主品牌的认识仍处于相对落后的水平。他说："借用20世纪中国工厂里最常见的一句口号'高高兴兴上班来，快快乐乐回家去'，就是'快乐工作'。"张车伟进一步指出，劳动者的基本权利是快乐工作的大前提，但现阶段在国内很多劳动者的不快乐来自于其基本权利无法保证。"许多煤矿工人工作条件很差，导致安全事故频频发生，同样处于弱势地位的农民工工资得不到及时发放，甚至没法回家过年。要让雇员'快乐工作'，除了企业为维护自身持续健康发展而努力做好之外，更需要对劳动力市场建立良好规范制度。"

▶案例2 福特汽车公司的人员管理*

20世纪70年代到90年代，日本汽车大举打入美国市场，势如破竹。1978～1982年，福特汽车销量每年下降47%。1980年出现了34年来第一次亏损，这也是当年美国企业史上最大的损失。1980～1982年，三年亏损总额达33亿美元。与此同时工会也是福特公司面临的一大难题。十多年前，工会工人举行了一次罢工，使当时的生产完全陷入瘫痪状态。

面对这两大压力，福特公司却在5年内扭转了局势。原因是从1982年开始，福特公司在管理层大量裁员，并且在生产、工程、设备及产品设计等几个方面都做了突破性改革，即加强内部的合作性和投入感。鉴于福特员工一向与管理层处于对立状态，对管理层极为不信任，因而公司管理层努力把团结工会作为主要目标。经过数年努力，将工会由对立面转为联手人，化敌为友，终于使福特有了大转机。

目前，福特公司内部已形成了一个"员工参与过程"。员工投入感、合作性不断提高，福特现在一辆车的生产成本减少了195美元，大大缩短了与日本的差距。而这一切的改变就在于公司上下能够相互沟通；内部管理层、工人和职员改变了过去相互敌对的态度。领导者尊重、关心职工，也因此引发了职工对企业的

---

* 中国管理联盟网站，福特汽车公司的人员管理. http://www.cnmanage.com/ArticleView/2005-12-16/Article_View_28658.Htm. 2005-12-16

"知遇之恩",从而努力工作促进企业发展。

复习思考题

1. 简述雇主的含义。
2. 雇主的权利和义务包括哪些基本内涵?
3. 说明雇主组织的作用与类型。
4. 如何看待我国的雇主组织问题?
5. 举例说明雇主管理模式及其策略。

第五章

政　　府

第一节　政府及其在劳动关系中的角色和职能

一、政府的概念

什么是政府？《辞海》的解释是："政府，即国家行政机关，国家机构的组成部分。"[1]《布莱克韦尔政治学百科全书》认为，就其作为秩序化统治的一种条件而言，政府是国家的权威性表现形式。其正式的功能包括制定法律，执行和贯彻法律，解释和应用法律，这些功能在广义上相对于立法、行政和司法功能[2]。可以这样认为：政府是整个国家统治和管理以及为公民服务的机关，政府是国家主权的管理者和行使者[3]。管理国家主权就是在一个确定的政治、经济与文化的制度框架内，使国家主权得以运行，管理主权的活动存在于政治社会体系之中，它受到来自政治社会体系内各种组织的制约；行使国家主权，就是通过政府的运作，将国家主权固有的影响力表达出来，行使国家主权正是政府的运作过程，它涉及政府的目标、体制、权能、决策等一系列问题，行使国家权力的所有机构包括立法、行政、司法机关。政府在劳动关系的形成和演变中的介入程度，所扮演的角色及所处的地位会极大地影响一国的劳动关系实践。国家行政机关、立法、

---

[1] 辞海编辑委员会. 辞海. 上海：上海辞书出版社，1999. 4164
[2] 布莱克韦尔政治学百科全书. 北京：中国政法大学出版社，2002. 312
[3] 商红日. 国家与政府：概念的再界定. 北方论丛，2001，(3)：39～45

司法等机关在劳动关系领域中起着非常重要的作用。

二、政府对劳动关系的干预

劳资关系随着资本主义的产生而产生，在工场手工业时期，手工业者曾面临恶劣的工作处境和劳动待遇。随着工业革命的开始，工人的处境进一步恶化，他们变成了机器的附庸，并面临大批失业的危险。在劳动关系中，资方处于绝对优势，他们可以大量雇佣童工、女工，尽量压低工人的工资。对此，工人从捣毁机器、厂房开始，到组织罢工，成立工会，采取了他们可以采取的一切手段与资本家斗争。而此时的资本主义国家在"自由竞争"、"契约自由"的口号下，采取自由放任、限制政府干预的政策。古典自由主义的代表亚当·斯密等人主张由市场机制这一"看不见的手"去引导经济活动，政府要少干预或不干预，只起一个"守夜人"的作用。放纵资本的剥削，不采取任何措施保护工人的权益，对工人运动进行残酷的抵制和镇压。这一时期，西方资本主义国家的劳资关系处于激烈对抗、不可调和的状态。19世纪欧洲社会一系列的不断演进的政治冲突和社会动荡，正是这种不可调和的劳资关系的产物。一直到20世纪30年代以前，各市场经济国家的政府都信奉古典自由主义的理论。在劳动关系领域，本着自由放任精神，让劳资双方在契约原则的引导下自愿结成雇佣关系。

工人阶级不断进行的反抗资本家剥削与压迫的斗争，迫使资产阶级国家对劳资关系的态度和看法不得不发生某些转变。同时，资本主义生产规模的扩大和生产社会化程度的提高，需要有稳定的劳资关系和社会环境来保证生产秩序的正常进行，资本家对工人再也不可能完全采取早期资本主义的那种野蛮的管理方式了。加之19世纪后期起，西方资本主义国家的政治民主化进程提高了，公民某些政治权利和某些经济权利得到国家法律的认可，资产阶级国家的劳动关系政策开始发生变化，从过去放任自流转向积极干预。以调节劳资关系为主要内容的产业关系政策开始出现并逐步向制度化、法制化方向发展。到19世纪的末期，西方主要资本主义国家相继完成了产业革命，规范劳动关系的一系列法律法规相继出台。例如，英国1906年颁布《劳资纠纷法》，德国1908年颁布《帝国结社法》，等等。调整劳动关系、处理劳资矛盾的机制逐步建立，劳动关系逐步进入到有序状态。

随着自由资本主义向垄断资本主义的过渡，市场经济本身所固有的一系列弊端如失业、贫富差距过大、周期性经济危机日趋严重，特别是1929年爆发的经济危机，使市场经济国家的公共政策走向发生了巨大的变化，新兴的凯恩斯主义认为应该放弃自由放任主义，实行国家对经济生活的全面干预，希望通过政府干预这只"看得见的手"去弥补市场缺陷和纠正市场失灵。表现在劳动关系领域，就是以实现充分就业、社会公平和经济的持续增长作为政府的主要目标,为此建立了完备的社会保障体系及完善的法律框架,推动劳资双方建立合作伙伴关系。西方各国纷纷调整了自己的劳动政策,尤其是第二次世界大战以后,随着各国经济的飞速发展,各国政府相继实行了支持充分就业、扩大"福利国家"的政策,并以第三种力量的角色积极介入劳资关系领域。例如,英国保守党政府就曾建立了由劳方、资方和政府三方代表组成的全国经济发展理事会;德国政府虽不直接干预集体谈判,却通过1949年《基本法》(相当于宪法)和法院系统对劳资双方的关系实行严格规范。这些做法,都对劳资关系的稳定起到了重要作用。

20世纪70年代以后,西方市场经济国家出现了"滞胀"现象。人们认识到,如同市场有缺陷、市场会失灵一样,政府的干预也有缺陷,也同样会失灵,并且政府失灵的代价更大。新自由主义思潮由此兴起,主张调整政府与社会、政府与市场的关系。限制政府职能,充分发挥市场机制的调节作用。

在社会主义国家的计划经济体制下,政府几乎是所有经济活动的"主宰者",企业与劳动者仅是政府的行政附属物。政府既是行政管理者和经济活动的调控者,又是全民所有制企业的资产所有者与经营者,劳动关系表现为政府和职工的关系。政府在劳动关系中扮演着双重角色,既是规则的制定者,又是劳动关系中的一方——所有权的代表。政府通过行政手段直接决定政府、企业和职工之间的利益分配。企业和职工并不是独立的利益主体,政府、企业和职工之间是行政隶属关系。

随着社会主义市场经济的建立,在劳动关系领域就是要让市场成为配置劳动力资源的主要力量,要让劳资双方通过充分竞争,在自愿、平等的基础上形成劳动关系。政府应回归其原有的超越各种利益之上的社会公共权利的地位。政府不再凭借资产所有权、不再通过层层隶属的行政机构对企业的经营活动进行行政控制,而是作为经济的宏观调控者,通过市场中介间接地贯彻社会偏好,为企业创造平等竞争的市场环境和运行环境,为管理者与劳动者在企业中的有效合作提供保证并创造有利条件。政府从原先的通过行政控制手段管理劳动关系双方主体的管理者,转向主要依靠法律的、经济的手段来规范劳动关系双方行为的调控者。

三、政府在劳动关系中的角色

政府作为国家主权的管理者和行使者。一方面,它是一种阶级权力,体现了统治阶级的意志和利益;另一方面,它又是一种社会公共权力,扮演着超越于社会各阶级、阶层、集团之上的公共利益代表者的角色,去管理国家的政治、社会和经济生活,通过控制社会矛盾、缓和社会矛盾,保证社会的持续、平稳发展。与此相对应,在劳动关系领域,政府一是要代表统治阶级的意志和利益,这可以从各国政府在制定相关劳动法律、法规时所体现的基本利益倾向和立法原则中得到证明。二是政府作为超越于劳资双方的独立的第三方公共权力，政府通过行使立法权、司法权和行政权来协调、综合和代表双方的利益、缓和双方的矛盾，把劳资冲突控制在既有的社会秩序范围之内，保证社会经济的稳定性和持续性。由此可见，政府在劳动关系中充当着特殊的角色，不同的角色有助于政府去实现其应该承担的特殊责任。

英国利物浦大学教授罗恩·比恩（Ron Bean）在《比较产业关系》一书中指出，政府在劳动关系中主要扮演五种角色：政府扮演第三方管理者角色，为劳资双方提供互动架构与一般性规范；政府扮演法律制定者的角色，通过立法规定工资、工时、安全和卫生的最低标准；如果出现劳动争议，政府提供调解和仲裁服务；政府作为公共部门的雇主；政府还是收入调节者[①]。

台湾学者林大钧先生认为，美国联邦政府是促进劳资合作的催化剂或鞭策者，是劳动争议的调解人、仲裁者或受害方的支持者，是劳动法律的制定者和执行者，在劳动关系中扮演一个不可或缺的角色[②]。

国内学者常凯结合劳动关系在中国的特殊实践，认为政府在劳动关系中扮演着四种角色：规制者、监督者、损害控制者、调节和仲裁者[③]。根据上述相关文献，政府在劳动关系中的角色可以总结为：

1. 劳动者基本权利的保护者

政府的第一个角色是保护者或管制者。政府通过立法机关制定法律，介入和影响劳动关系。政府的角色在于制定劳动政策并推进其实施。政府制定的政策与法律不仅反映了劳资双方施加的压力，而且反映了公共舆论以及劳资力量对比的变化。政府是否颁布劳动保护立法以及该法律保护的程度，直接反映了政府是否维持劳动力市场的社会正义，并反映了政府对劳动关系的基本理念，如公平与公正、权力与职权、个人主义与集体主义等问题的基本价值判断。例如，最低工资立法是劳动力市场中最能体现社会正义的政策，法律通过强制确定最低工资率和加班工资津贴、禁止使用童工等条款来保证每个雇员得到与其劳动相适应的报酬，保证雇员获得"维持生活工资"水平以上的工资，消除极端贫困。劳动保护立法的内容包括反对性别歧视与种族歧视、公平报酬、安全与卫生、职业教育、冗员与解雇等许多方面，它确定了劳动关系的调整框架，为保护劳动者的基本权益提供了各项制度和规范。同时，政府还要监察劳动标准以及劳动安全卫生的执

[①] Ron Bean. Comparative Industrial Relations: An Introduction to Cross-national Perspectives. 2nd ed. London: Routledge, 1994. 102, 103

[②] 林大钧. 美国联邦政府在劳资关系中扮演的角色. 劳资关系月刊（台北），1987, 6 (4): 15

[③] 常凯. 劳动关系学. 北京：中国劳动社会保障出版社，2005. 220

行，劳动监察是政府的第一个角色衍生出的重要任务。

2. 集体谈判与雇员参与的促进者

政府的第二个角色是促进者。根据不同的经济、社会问题，政府要采取不同的方针、政策和行动，为管理方和工会之间开展集体谈判创造宏观环境，积极促进双方自行谈判与对话，促使其在遵循劳动法基本规则和基本劳动标准基础上发展适合其特点的劳动条件。多数国家的劳动法律都规定了集体谈判的主体资格、谈判机构、谈判双方的责任、谈判的程序和内容、集体协议的签订和约束力。规定工会享有罢工的权利，而且如果工会采取合法的产业行动将免除法律诉讼。这里，政府的角色首先体现为确定合法产业行动的边界范围以及工会采取产业行动的程序性规定；其次，政府保护工会罢工权的重要体现是政府是否保护罢工雇员免遭解雇。政府是以促进者，而不是直接干预者的角色，推动集体谈判的开展以及雇员参与、分红和员工持股等工业民主的重要手段。

3. 劳动争议的调停者

政府的第三个角色是劳动争议的调停者，有时也是调解者或仲裁者。劳动争议是工业社会的必然现象，政府必须建立一套迅速而有效的劳动争议处理制度。为了维持良好的劳动关系，政府通常作为中立的第三方提供调解和仲裁服务。通常，管理方会认为政府干预会影响企业的经营自主权，削弱企业竞争力；而工会则希望政府作为公平的第三方积极干预劳动关系。因此，在劳动关系中，如果管理方的力量占优势，则政府将以自愿原则提供调解和仲裁服务；相反，如果工会占优势，则政府将采取强制性调解和仲裁措施，以此来平衡劳资双方的利益冲突。

理想的政府应该作为中立的仲裁者，为劳动关系营造一个公平的外部环境，使劳资双方能够平等地通过协商或谈判来解决内在冲突，使产业冲突减少到最小程度。对一些涉及国计民生的公用事业部门如天然气、电力、饮用水与污水处理、医疗机构、学校、交通等特殊部门的工会罢工问题，政府会特别关注。这些部门的工会举行罢工，将对经济和社会生活的正常运转构成严重威胁，甚至导致社会瘫痪。因此，政府一般限制这些工会的罢工权，通过仲裁方式解决产业冲突。例如，美国许多州都禁止公共部门工会举行罢工，而实行强制仲裁程序；加拿大与意大利政府虽然没有完全剥夺这些工会的罢工权，但要求这些工会在罢工期间保证提供最基本服务，以此来减轻罢工对经济和社会生活造成的破坏作用。

4. 就业保障与人力资源的规划者

政府的第四个角色是规划者，为全体劳动者建立一套就业保障体系。这个体系包括三大支柱：职业培训、就业服务和失业保险。在当今自由化、国际化和竞争日趋激烈的社会，政府应该在教育培训、研究开发、人力资源规划等领域进行整体设计，提供更多、更有力的支持，以增强企业的国际竞争力。政府的角色在于保持劳动关系稳定、促进劳资合作和实现经济繁荣。

5. 公共部门的雇佣者

政府的第五个角色是公共部门的雇佣者。公共部门的雇员包括政府与地方公务人员，在一些国家还包括公用事业部门的雇员，其规模和人数在各国不尽相同，但都占相当比重。政府作为公共部门的雇主，应该提供合法、合理的劳动条件，以模范雇主的身份参与和影响劳动关系，使之成为私营部门劳动关系的"样本"。

政府在扮演这五种角色时，作为保护者和规划者，政府应该积极而主动地完成任务；作为促进者和调停者，政府应该采取中立和不多干预的态度；至于政府作为雇佣者的角色，必须要真正成为民营企业家的表率，合法化、企业化和民主化是基本要素[1]。

第二节 政府介入劳动关系的理论与实践

一、政府介入劳动关系的理论[2]

政府介入劳动关系的实践需要相关的理论来支撑，新保守主义、多元主义、国家管理主义、马克思主义是四个主要流派，这四种流派在政府与社会之间的关系，政府在劳动关系中的角色，政府的政策选择等方面有着不同的见解。

1. 新保守主义

新保守主义主张政府应该扮演"守夜人"角色。除了维持法律和秩序、保障国防安全、促进自由市场的运作以外，政府应该尽量减少对经济和社会生活的干预。在劳动关系方面，新保守主义也反对劳动与就业立法，认为这些法律将扭曲自由市场并降低效率。新保守主义也反对建立工会，认为工会是一个追求经济租的垄断性组织。

新保守主义最有影响的理论当属公共选择理论。与古典主义经济学一样，公共选择理论假定投票者与政府官员都是追求效用最大化的理性人。政府官员的目标是保持已有的权力和地位，而投票者关心自身的利益能否得到满足。为谋求连任，政府官员必须权衡不同投票者的利益，优先满足那些对竞选结果起决定性影响的投票者的利益。在这种政治体制中，政府决策在很大程度上受利益集团左右，利益集团不仅可以影响公共舆论，而且可以通过选举捐款直接影响政府官员的行为方式。政府根据特殊利益集团而不是从公共利益出发制定经济和社会政

---

[1] 程延园. 政府在劳动关系中的角色思考. 中国劳动保障报，2002-12-10
[2] 程延园. 劳动关系. 北京：中国人民大学出版社，2002. 152～159

策，这样容易形成"大政府"。为了避免这一倾向，新保守主义认为，唯一的办法是严格限定利益集团的活动范围，削减政府开支，同时，工会作为一个强大的利益集团，有能力扭曲政府的公共政策。例如，工会利用会员缴纳的会费开展政治运动。这种行动显然不符合自由市场秩序，因而政府应当控制工会的政治影响。

2. 管理主义

所谓管理主义即主张对企业、机构、组织等采用经营技术进行规划和管理的学说。传统的管理主义者只关注劳动关系中企业管理方的政策与实践，而不考虑政府行为。近年来，管理主义者主张，政府应该采取措施促进劳资合作，应该在教育培训、研究开发、交通通讯等领域为私人部门提供更多、更有力的支持，增强它们的国际竞争力。与保守主义一样，管理主义从本质上说也属于规范性流派。不同的是，管理主义更强调政府在保持劳动关系稳定、促进劳资合作和实现经济繁荣方面发挥积极作用。这里，管理主义假定，不是公共舆论决定国家的舆论和政策；相反，政府履行职能的有效性直接影响公共舆论，进而影响政府是否能够连任。

20世纪80年代，政治学家提出了以国家为中心的研究视角，从更朴素的国家概念出发研究问题，认为政府制定的政策不仅反映决策者的意志、政府政策的历史连贯性，而且还体现了国与国之间关系与本国自身影响力的平衡。在劳动关系方面，该理论强调秩序与稳定，认为各种形式的骚动将危害国家的经济政策，最终不利于国家的统治。

3. 正统多元主义

与管理主义相比，正统多元主义政府理论主要关注政府制定的政策以及采取的行动。该理论主张，政府应该在不损害第三方利益（如消费利益）的前提下适度干预经济活动，平衡劳资双方的利益冲突。因此，政府的角色在于制定劳动政策并推进其实施。

正统多元主义假定，现代多元社会中存在不同的利益集团。为了争夺优先的稀缺资源，这些利益集团彼此之间展开竞争，因而利益冲突不可避免，但这并不意味着它们的利益是不可调和的。实际上，每个利益集团都希望在确保维持现状的前提下改善自己的境况。与公共选择理论不同，正统多元主义认为，不同利益集团的存在有利于增进民主，加强公民与政府之间的沟通，因而发挥着积极的而不是消极的作用。传统正统多元主义者假定各利益集团对政府具有大致相同的影响力，保持各个利益集团之间的力量平衡是政府的一项重要职责。但近年来，有些学者指出，政府平衡利益集团之间利益冲突的过程，实际上已经包含了政府的政治理念。因而，多数情况下只有少数利益集团能对政府的政策制定过程构成强大的压力。

在劳动关系方面，正统多元主义认为，政府的作用在于平衡劳资双方的利益冲突、政府制定的政策与法律不仅反映了劳资双方施加压力，而且反映了公共舆论以及劳资力量对比的变化。理想的政府应该作为中立的仲裁者，为劳动关系营造一个公平的外部环境，使劳资双方能够平等地通过协商或解决内在冲突，使产业冲突减少到最小程度。

4. 马克思主义

马克思主义有两个基本假设：一是资本主义式的生产关系制造了劳资之间利益上的敌对；二是资本主义的协作劳动形成了劳动者力量，为有效地抵抗资本家提供了基础。马克思主义认为国家只是资本家利益的代言人，是压迫劳动者的工具。

当代的马克思主义有"工具主义"、"结构主义"两派。"工具主义"认为，国家的功能与资本家的利益一致是由于结构所需。政府首先追求经济稳定，这需要资本主义经济体制的稳定，为此政府通常会鼓励私人利润，达到资本积累的效果。在政策目标上政府通常会优先考虑拥有和控制企业者的利益，而忽视劳动者的需求。

二、政府介入劳动关系的模式

政治理念决定劳动关系模式。政府的政治理念主要可以分为自由放任主义与社团主义。自由放任主义的政府主张经济体系中商品与服务市场以及劳动力市场的自由竞争是首要前提。这种经济又被称为契约经济，它是经济个体之间的行为，这不仅体现在就业关系中，而且也反映在教育、健康等社会服务的供给与获取上。政府认为，经济体中个人的福利首先必须由自己负责，而不应该依赖政府，从而，政府减少管制以及其他扭曲自由市场的行为。自由主义政府将工会的组织与谈判力量视为导致自由市场扭曲的根源。

社团主义认为经济和社会生活是各方面相互关系关联的统一体，需要社会不同阶层和不同群体，特别是工会和管理方，参与政府政策的制定。政府应该采取积极干预措施来防止经济个体因市场机制造成的生活质量下降。总之，政府需要对经济体制进行必要管制并建立社会伙伴机制，体现社会正义原则。

考虑工会的权力及地位，克劳奇与斯特里纳蒂认为，可以将劳动关系分为市场个人主义、自由集体主义、谈判社团主义、国家社团主义与中央集权主义五种模式。

1. 市场个人主义

市场个人主义模式的特征是自由放任思想与弱小工会组织。在这种劳动关系模式下，雇员一般不参加工会组织，他们受市场竞争机制约束。政府制定的政策与法律旨在保护资本产权，而不是保护雇员免遭管理者的剥削或管理者滥用职权。政府不保护工会组织，因而就业关系实际上由管理方决定，管理方"好"则采取家长制，管理方"坏"则剥削雇员。总之，政府的作用十分有限，甚至是消极的。市场个人主义模式的缺陷在于假定劳动合同只是个体之间经济行为，而实际上雇员与雇主作为劳动合同的签约双方，他们之间还体现了社会关系：雇员受管理方控制，并服从其管理。而且，资本与劳动力在地位上不是对等的，只允许劳动力依附于资本，而不可能出现资本依赖于劳动力的情形。这种劳动关系模式最初出现在西方国家工业化早期，即19世纪末20世纪初。但是，20世纪80年代以来，以英国"撒切尔主义"与美国"里根主义"为代表的新自由主义逐渐占据了统治地位。由于经济状况恶化，人力资源管理新战略的产生以及限制工会的立法，最终使劳动关系又回复到强调个人主义与竞争秩序的市场个人主义。

2. 自由集体主义

自由集体主义模式的特征是广义的自由放任思想以及工会拥有较大权力。自由集体主义是当代资本主义国家劳动关系的普遍模式之一，与之紧密相关的是多元主义与自愿主义。在这种模式下，政府不是积极参与劳动关系，而是为劳动关系提供一个法律框架，其中最重要的是承认雇员建立工会的权利。但工会只能通过集体方式与管理方谈判经济方面的就业条件，而管理方仍然拥有其他非经济领域劳动问题的决策权。这样，政府通过立法，既赋予了雇员和工会权利，同时又限制集体权利的行使，从而维持劳动关系中工会与管理方之间的平衡。

3. 谈判社团主义

谈判社团主义又称社团主义，这种模式的特征是社团主义治理思想以及独立、强大的工会组织。所谓社团主义是指这样一种制度，在这种制度中，利益的阐述和政策的确定都要通过作为其成员和国家间的合法中介而行事。在谈判社团主义模式中，劳动关系可以分为两个层次：在企业层面是工会与管理方之间的社会伙伴关系；在国家层面则是管理方、工会、政府之间的三方合作关系。政府邀请工会和管理方代表参与政府决策，包括制定就业政策与法律以及其他经济和社会发展战略。例如，通过调整社会政策和财政政策来影响劳动关系。这种模式主要被那些长期由社会民主党执政的国家如德国、瑞典、荷兰等欧洲国家采用。

4. 国家社团主义

国家社团主义模式的特征是社团治理思想以及工会在政治上隶属于某政党。在这种模式下，劳动关系受政治制度约束，而不是通过市场的自发经济秩序来调整。实行这种模式的国家，其政治体制或是一党制，或是由一个主要政党统治，而且工会都隶属于执政党。历史上，实行该模式的主要是前苏联与东欧前社会主义国家。第二次世界大战后，许多东南亚新兴工业化国家也采取国家社团主义劳动关系模式。

5. 中央集权主义

中央集权主义模式的特征是社团主义治理思想以及在劳动关系方面弱小的工会。这种模式以法国共和制为代表。在这种模式下，政府通过立法形式规定雇员的就业条件，修正雇主与雇员之间权力不平衡的状况。由于政府已经为包括工会会员与非工会会员在内的所有雇员立法，因而工会在劳动关系方面的作用相对减弱，它们主要通过发动政治运动来影响政府立法。

三、政府的劳动关系实践

政府在劳动关系中的实践主要包括：保护劳动者个人的劳动权利；推动、促进和影响集体谈判；处理劳动争议，化解劳资矛盾。

1. 保护劳动者个人的劳动权利

在市场经济中，劳资双方的地位和力量是不平衡的。劳动者个人在具体的劳动关系中一般处于事实上的相对弱势地位。资方则处于主导和优势地位，他们往往会利用自己的优势损害弱势劳动者的合理权益，从而造成严重的收入悬殊和劳资对抗。因此，为了缓和劳资矛盾，维护社会公平和正义，使社会处于稳定、有序和和谐状态，需要代表社会公共利益和社会公正的政府以其强制力来保障劳动者个人的权利，限制资本的权力，以平衡劳资双方的利益。

政府保护劳动者。首先，政府通过立法的形式界定劳动者个人应该享有的权利。其次，政府通过制定工资、工时、职业培训、保险福利、女职工和未成年人特殊保护和劳动安全卫生等方面的国家劳动标准直接规定用人单位的义务，保障劳动者的权利。再次，政府的劳动行政管理系统监察劳动标准的执行。最后，如果法制系统失灵，政府可能会被迫通过行政系统直接行使行政权力来保护劳动者个人的权利，调整劳资关系。虽然这是保护弱势劳动者的最后防线，但这种手段不能经常性地使用。因为用这种方法保护劳动者，维护社会的公平和正义，其维护成本往往非常高，更为重要的是它难以治本。

总之，政府主要通过制定和执行保护劳动者的法律、法规、规章和规定来规范雇主的行为，防范他们以其优越的经济地位滥用劳动力。

2. 推动、促进和影响集体谈判

集体谈判是市场经济条件下调整劳资关系的一种重要手段，是劳动者运用集体和组织的力量抵制雇主过度专权的劳资关系平衡机制。政府虽然不是劳资集体谈判的主体，但集体谈判的内容不仅直接关系着劳动者群体的利益，而且又可能影响着国家的宏观经济政策和经济发展，更为重要的是集体谈判能否开展和顺利进行也直接影响着劳资关系的和谐和社会的稳定，因此政府以独立第三方的身份推动、促进和影响谈判。政府通过制定和颁布有关集体谈判的法律和制度，使集体谈判活动能够依法有序进行。政府往往限制和约束集体谈判的内容。政府还向谈判双方提供有助于制定谈判方案和达成协议的各种信息和数据,在特殊时期直接干预谈判。

3. 处理劳动争议,化解劳资矛盾

在市场经济条件下,由于劳资双方对权利和义务产生不同的理解和要求,产生劳动争议是难以避免的,关键是如何处理劳动争议。政府通常是以调解者、调停者、仲裁者的角色处理劳动争议,化解劳资矛盾,协调劳资关系。政府发挥这一作用的结果就使得劳资关系的运行不完全取决雇主与劳动者双方的意志,还必须符合国家法律意志的要求。

四、我国政府的劳动关系实践

我国政府在劳动关系调整中的作用是巨大的。众所周知,在计划经济时代,我国相关劳动问题的调整几乎全部依赖于行政指令。随着市场经济体制的建立,适应市场经济要求的政府劳动关系实践体系逐步建立,并不断完善。首先,政府建立了完善的劳动政策和法规,搭建了良好的劳动关系运行平台;其次,政府努力保护劳动者个人的劳动权利的实现;再次,政府推动、促进和影响集体谈判;最后,政府尽力处理劳动争议,化解劳资矛盾,实现劳动关系的和谐,促进了社会经济的全面进步。

1. 劳动关系运行平台的搭建

劳动关系运行需要一个完善的外在平台,这主要包括:适应经济发展要求的劳动政策、完善的劳动力市场和健全的法律法规体系。

(1) 劳动政策的制定。

新中国成立以后,我国实行高度集中的计划经济体制,这种体制强调权力集中,形成了劳动力计划配置、统包统配、城乡分割的劳动就业制度。此时,强调"平等",轻视"效率",严重影响劳动者和管理者的积极性、创造性,并造成资源的滥用,制约了经济的快速发展。

十一届三中全会以后,中共中央、国务院做出了关于社会主义条件下实行多种经济形式和多种经营方式并存的重大决策。对此,提出了在国家统筹规划和指导下,实行劳动部门介绍就业、自愿组织起来就业和自谋职业相结合的"三结合"的就业方针,同时把企业和劳动者推向了市场。1986年,国务院出台了有关改革企业招工、用工、辞退和待业保险等的规定,从此社会保障制度开始建立。

随着社会主义市场经济体制的定位和国有企业改革的不断深化,20世纪90年代中期以后,社会保障制度进入按照社会主义市场经济体制要求的规范完善时期。1998年6月，中共中央提出了"劳动者自主择业，市场调节就业，政府促进就业"的新时期就业方针。同时，为了进一步推进"再就业"工程的进展，我国政府提倡并实施积极劳动政策，开展职业培训、职业指导、职业介绍、创业扶持、职业康复等，开创了我国就业工作的新局面，有力地促进了我国持续、稳定、健康地发展。适应市场经济要求的劳动就业政策的实行，为建立和谐劳动关系提供了良好平台，为政府职能的转变提供了基本环境。

(2) 劳动力市场的建立和完善。

建立和完善适应有中国特色的社会主义市场经济要求的劳动力市场是和谐劳动关系运行的前提之一。对此，我国政府在以下几个方面做了大量工作：

第一，真正确立劳动者和用人单位市场主体地位。实现用人单位在国家法律、法规、政策指导下，根据生产经营和工作的实际需要，自主决定招用人员的时间、条件、方式和数量；劳动者在国家法律和政策的宏观指导下，根据自身兴趣、专长等条件，自主选择职业，除少数特殊群体有国家特殊政策保护以外，各类劳动者平等参与市场竞争。用人单位和劳动者在统一、公开、平等、规范的条件下，真正做到通过市场双向选择。市场机制的作用不仅体现在劳动者和企业在求职、招工的选择上，也要体现在企业用人、分配的过程中。企业的用人制度、工资分配制度完全同市场接轨。企业富余人员能够直接向市场分流，实现企业能进能退，职工能进能出。

第二，实现市场对劳动力资源配置起主导作用。具体体现在以下方面：劳动力市场机制灵活，规则健全，功能完善；统一开放、竞争有序、信息灵敏的劳动力市场初步形成；市场主体明确，劳动者求职、单位招用及职业介绍中介行为规范有序；市场中介机构形成网络，服务功能完善，现代化程序较高；工资发挥市场价格杠杆的作用；劳动力能够在较大范围内合理流动。

第三，确立政府促进就业、扶持就业困难群体的服务体系。打破统包统配的就业制度，破除妨碍劳动力市场在不同所有制之间流动的身份界限——户籍制度，打破城乡之间、地区之间劳动力流动的障碍。积极稳妥地促进农村劳动力的合理有序流动，引导农村剩余劳动力的就地、就近转移和开发就业，大力发展小城镇，积极推动劳动力市场的城乡一体化建设，逐步打破劳动力市场的城乡分割、地区分割。同时，在劳动力市场中构建起辅助弱势群体的托底机制。具体包括：制定一套促进就业、调控失业的政策体系；形成稳固的资金来源与资金补充渠道；建立覆盖全社会的就业公共服务网络，给予就业困难群体以及时的特殊帮助。

第四，推动了劳动力市场科学化、规范化、现代化建设。建立了完整的劳动力市场服务和保障体系，主要包括社会保险体系、就业服务体系、职业技能开发体系、统计信息服务体系、劳动法律咨询服务体系、劳动安全监察体系、宏观调控体系等，为各类企业和社会劳动者提供优质、高效服务。建立了劳动力市场和失业状况的监测与评估系统，为政府和各个相关团体制定政策和计划提供系统全面翔实的就业信息。完善了劳动力市场所需要的一整套法律法规体系建设，规范劳动力市场的运行秩序，将劳动力市场运行纳入法制化轨道，劳动关系的建立、调整和终止，通过劳动合同法律形式来进行。

(3) 劳动法规的制定。

新中国建立后到改革开放以前，为了保障劳动者的合法权益，我国政府开始了劳动领域的相关立法，但它们都以劳动政策的形式出现。十一届三中全会以后，适应经济体制改革的需要，劳动立法进展很快。1994年颁布了《劳动法》，此后，我国相继制定了一系列劳动法律、法规和规章，基本形成了以《劳动法》为核心，多层次法律规范并存的劳动立法格局，劳动立法取得了突破性的发展。这些法律的制定和实施对于维护劳动者权益，建立协调稳定的劳动关系发挥了重要作用。不过，目前我国的劳动立法中多是侧重于个人权利的内容规定，缺乏个人权利保护的程序规定，而且一些重要的调整劳动关系所急需的法律，比如：《劳动合同法》、《社会保险法》、《就业促进法》尚未出台。

2. 保护劳动者个人的劳动权利

目前，由于我国劳动力的无限供给，劳资双方的地位和力量极不平衡，劳动者个人在具体的劳动关系中处于弱势地位。政府扶弱抑强，保护劳动者尤为重要。

第一，通过立法的形式界定劳动者个人应该享有的权利。目前我国已制定29类共1682项有关劳动权保护的法规和规章。有28个省、自治区、直辖市制定了劳动保护方面的地方性法规。全国已颁布了有关职业安全卫生国家技术标准452项。中国建立了劳动安全卫生监察体系，实行国家监察制度，包括劳动安全、劳动卫生、女工保护、工作时间与休假制度等[1]。

第二，政府通过制定工资、工时、职业培训、保险福利、女职工和未成年人特殊保护和劳动安全卫生等方面的国家劳动标准直接规定用人单位的义务，保障劳动者的权利。我国还批准相关国际劳工公约来保护劳动者的权利。同时，政府的劳动行政管理系统建立监督体系，加大劳动行政部门的监察执法力度，努力监察劳动标准的执行，规范企业行为。劳动监察工作的对象，重点放在经常发生违法行为、侵害劳动者权利的企业；工作重点是查处用人单位乱辞退劳动者、强迫加班、欠缴社会保险费和克扣工资等行为；工作方式采取接受劳动者举报进行查处与定期和不定期到企业进行检查督促相结合，下大力气纠正用人单位的违法行为。

---

[1] 何峥. 论我国公民劳动权利的保障. 常熟理工学院学报，2005，(3)：38~41

3. 推动、促进和影响集体谈判

集体谈判在我国已经逐步推开。政府以独立第三方的身份推动、促进和影响着集体谈判。我国政府在集体谈判中的推动、促进、影响作用具体表现在以下几个方面：

第一，制定和颁布有关集体谈判的法律和制度，使集体谈判活动能够依法有序进行。我国相关劳动法律规定了集体谈判的主体资格、谈判机构、谈判双方的责任、谈判的程序和内容、集体协议的签订和约束力等，这些制度确立了集体谈判的制度框架，为劳资双方自主平等谈判和对话铺平了道路。

第二，限制和约束集体谈判的内容。劳动条件和就业条件是集体谈判的基本内容。劳资双方通过集体谈判形成劳动条件和就业条件，不是完全自由放任的，要受劳动基准法的限制和约束。因为劳动条件和就业条件偏低或偏高对劳资关系的和谐稳定及社会经济的发展会带来不利影响。我国政府以立法形式强制规定工资、工时、劳动安全卫生等方面的劳动标准。劳资双方协商谈判，签订集体合同，必须在遵循劳动基准法的基础上进行。集体合同所确定的关于行业、区域、单位在劳动报酬、工作时间、休息休假、劳动安全卫生、保险、福利等方面的最低劳动标准，不得低于相关法律所规定的最低劳动标准。如果低于这一标准，即使双方达成了协议，该协议也属无效。这既防止了劳动者的权益受到资方的过分侵害，又给谈判的劳资双方留下了一定协商的空间，使劳资自治成为政府指导下的劳资自治。

第三，向谈判双方提供有助于制定谈判方案和达成协议的各种信息和数据。如政府通过公布地区、行业、企业的平均人工成本水平，发布工资指导线、劳动力市场工资指导价位，预测工资收入和物价水平变化的趋势等措施，引导谈判，避免劳资双方盲目要价，促进达成协议。

第四，在特殊时期直接干预谈判。如在严重通货膨胀时期，政府宏观政策的指向是降低通货膨胀率，这样政府可能会对劳资双方施加压力，迫使劳资双方接受政府节制工资增长的主张，甚至冻结工资。

4. 处理劳动争议，化解劳资矛盾

在市场经济条件下，劳动争议是不可避免的，关键是如何处理劳动争议。政府通常是以调解者、调停者、仲裁者的角色处理劳动争议，化解劳资矛盾，协调劳资关系。政府提供的调解、调停、仲裁服务具体表现在以下三个方面：

第一，集体劳动争议的调解者、调停者、仲裁者。集体劳动争议是由集体谈判和集体合同而引发的争议。它包括签订集体合同的争议和履行集体合同的争议。在我国，当集体谈判过程中发生争议，劳资双方不能协商解决时，政府的调解机构或仲裁机构或应邀协调处理，或在必要时主动介入，进行调解、调停、仲裁，甚至采取强制性措施，控制和阻止极端的争议行为。政府的主动介入和强制仲裁对避免劳资争端给国民经济带来损失发挥了极大的作用，同时也保证了政府在调节劳资关系方面的主动权。此外，因履行集体合同发生争议，当事人协商解决不成的，可由政府部门调解，也可由政府主持的劳动争议仲裁委员会仲裁，对仲裁裁决不服的，还可向法院提起诉讼，通过司法途径解决。

第二，个体劳动争议的调解者和仲裁者。个体劳动争议，是指用人单位与劳动者个人之间发生的纠纷。这种个体劳动争议在我国是由政府主持的劳动争议仲裁机构和国家司法机关裁决审判，其中司法机关对劳动争议拥有最终司法裁判权。

第三，劳资纠纷群体性事件的调解者和仲裁者。近年来，我国因劳资矛盾引发的劳动者集体上访、集体罢工、静坐、围堵交通和政府机关等严重影响社会秩序的突发性群体事件时有发生，并呈现上升趋势。这类群体行为一般与集体合同和集体谈判没有关系，绝大多数是由于劳动者个人劳动经济权益如拖欠工资、欠缴社会保险等基本生存权被侵害而又长期得不到解决而致。对于这类劳资纠纷群体性事件，各级政府部门必须制定处理程序及应急措施，及时平息事件，并组织专门的机构和人员进行公平、公正的调解和仲裁，以维护正常的生产秩序与社会秩序。

▷本章小结

作为第三方公共权力，政府通过行使立法权、司法权和行政权来协调、综合和代表双方的利益、缓和双方的矛盾，把劳资冲突控制在既有的社会秩序范围之内，保证社会经济的稳定性和持续性。政府是劳动者基本权利的保护者、集体谈判与雇员参与的促进者、劳动争议的调停者、就业保障与人力资源的规划者、公共部门的雇佣者。不过，不同的政府理论制约着不同的政府介入劳动关系的模式以及政府劳动关系实践。最后，我们关注了我国政府劳动关系的实践。

▷关键术语

政府　劳动政策　劳动法规　政府劳动关系角色　政府劳动关系模式　政府劳动关系实践

▷案例1　全面推进劳动合同制度实施三年行动计划[*]

中华全国总工会、劳动和社会保障部、中国企业联合会/中国企业家协会日

---

[*] 工人日报，2006-04-14，1

前联合发出通知，全面推进劳动合同制度实施三年行动计划。全面推进劳动合同制度实施三年行动计划的目标任务是：2006～2008年，用三年时间实现各类企业与劳动者普遍依法签订劳动合同。其中，2006年力争各类企业劳动合同签订率达到80%以上，2007年力争各类企业劳动合同签订率达到90%以上。劳动合同管理水平明显提高，劳动合同内容趋于规范，劳动合同得到较好履行，基本实现劳动合同管理的规范化、法制化。通知对全面推进劳动合同制度实施三年行动计划提出了具体的行动措施：

（1）加快劳动合同立法进程。积极配合全国人大常委会做好对《劳动合同法》（草案）的审议工作。在《劳动合同法》颁布之后，研究制定具体贯彻实施的办法，抓紧修订或制定本地区劳动合同法规或规章，为全面推进劳动合同制度实施提供法律依据。

（2）全面建立以劳动合同管理为基础的劳动用工登记制度。将用人单位与劳动者签订（续订）、解除和终止劳动合同等情况作为劳动用工登记的主要内容，要求用人单位录用劳动者或与劳动者解除劳动关系必须依照国家有关规定到当地劳动保障行政部门办理登记备案手续。对不依法履行劳动用工登记义务的用人单位，劳动保障行政部门责令限期改正；对逾期不改正的，依据有关规定给予行政处罚。

（3）加强对用人单位实施劳动合同制度的指导。针对不同行业以及不同类型用工的特点，分类制定规范、简明、实用的劳动合同示范文本并向社会公布，指导用人单位特别是私有企业与劳动者签订劳动合同。

（4）加大对用人单位签订劳动合同情况的执法监察力度。加强日常巡查、举报专查和专项执法检查工作，对拒不签订劳动合同的单位，依法予以行政处罚，对有重大违法行为的依法向社会公布，切实提高劳动合同签订率。

（5）积极开展劳动合同法律法规的宣传和培训。

▶案例2　湖北建立职工维权工作协调机制[*]

湖北省委、省政府着力在整合社会化维权资源、建立社会化维权平台、完善社会化维权网络、强化社会化维权手段上下工夫，努力构建党委领导、政府支持、工会运作、各方配合的社会化维权工作格局。对此，湖北省委办公厅、省政府办公厅向全省印发了《关于建立职工维权工作协调机制的意见》。

《关于建立职工维权工作协调机制的意见》认为，工会作为党联系职工群众

---

[*]　邹明强．湖北建立职工维权工作协调机制．http://www.acftu.net/template/10001/file.jsp?cid=194&aid=33857．中华全国总工会网．2006-04-21

的桥梁和纽带、职工利益的表达者和维护者，在参与协调劳动关系和社会利益关系、推动社会主义和谐社会建设中具有不可替代的作用。各级党委、政府及其相关部门要从巩固党的执政基础，增强党的执政能力的高度，充分认识建立职工维权工作协调机制的重要性和必要性。

省委、省政府在全省建立职工维权工作协调会议制度，要求建立由省纪检、宣传、信访、司法、法院、国有资产管理、经委、劳动和社会保障、民政、工商、卫生、安全生产监督管理、工会等部门和单位参加的职工维权工作协调会议制度。省总工会为牵头单位，省总工会主席为召集人，各成员单位有关负责人为协调会议成员。其主要职责是协调解决职工维权工作中的突出问题以及需要协调会议成员单位配合解决的重大问题。协调会议办公室设在省总工会，省职工法律维权中心承担协调会议日常工作。

协调会议设联络员，各成员单位指派一名有关业务处（室）负责人参与日常联络和协调工作。省职工维权工作协调会议一般每半年召开一次，会议由协调会议召集人主持。经协调会议召集人同意，可以召开临时会议。省职工法律维权中心联络员会议不定期召开。研究协调重大事项，召集全体成员参加；一般会议，根据议题需要，确定参加会议成员。必要时，可以邀请省总工会法律顾问委员会成员及有关专家列席会议。协调会议议定的事项，要形成会议纪要，各成员单位均要认真贯彻落实。

复习思考题

1. 简述政府对劳动关系的干预。
2. 简述政府在劳动关系中的角色。
3. 试述政府介入劳动关系的理论和模式。
4. 简述政府的劳动关系实践。

第六章

劳动关系的法律调整

　　法律是调整社会关系的手段。现代法律体系由公法、私法和社会法三大结构要素构成。其中公法与权力强行干预相适应，以行政法和刑法为核心；私法与市场自行调节相适应，以民法和商法为核心；社会法是国家为保障社会利益，通过加强对社会生活的干预而产生的一种立法，以社会本位为特征，是兼具私法和公法因素的第三法域。相应地，法律调整社会关系的方法主要有三种：公法调整、私法调整和社会法调整。劳动关系作为社会关系的一种，同样受到法律的调整。

　　"劳动法律体系"[①] 是一个复杂的法律制度系统。"对劳动关系进行调整和规范的法律主要是劳动法。劳动关系方面的法律具有三个主要功能：确定基本劳动标准、保护劳动关系双方的自愿安排并为之提供保护、解决纠纷。"[②] 对劳动关系的法律调整的研究可以主要针对劳动法、劳动合同、集体合同、劳动关系争议处理展开。其中，劳动关系争议处理将在第十章论述。

■第一节 劳动法

一、劳动法的概念

　　《现代劳动关系辞典》中指出，劳动法有三种含义：①泛指调整劳动关系的

[①] 苑茜等. 现代劳动关系辞典. 北京：中国劳动社会保障出版社，2000. 775
[②] 程延园. 劳动关系学. 北京：中国劳动社会保障出版社，2005. 173，174

各种法律规范；②特指劳动法典；③指研究劳动法的科学或课程的名称。在一般情况下，劳动法是指国家所有劳动法规的总和。

世界各国立法界和法学界根据自己的社会背景对劳动法进行了不尽一致地界定，但"世界各国均视劳动法为保护劳动者合法权益和调整劳动关系的法律规范"。①

在我国，劳动法实际包括两个概念，即狭义劳动法和广义劳动法。狭义劳动法仅仅指1994年颁布的《中华人民共和国劳动法》。广义劳动法则是指所有涉及劳动关系的法律法规和制度，即国家制定或者认可的、以国家强制力保证实施的、调整劳动关系以及与劳动关系密切相关的其他社会关系的法律规范的总和②。

二、劳动法的起源和发展③~⑥

调整劳动关系的法律可以追溯到遥远的古代。奴隶社会和封建社会不存在独立的劳动关系，因此不存在独立的劳动法规。18世纪中期欧洲开始的产业革命使劳动和资本的隶属关系被确定下来，成为现代劳动关系的开端。在资本主义初期，劳动力雇佣关系完全被作为财产关系，很多国家用民事法律规范来调整劳动关系，同时还制定了一些从资本家利益出发、强化剥削的"劳工法规"。工人被迫在极恶劣的条件下劳动而导致事故频发、劳动问题突出，这一严重的社会问题日益为全社会关注。18世纪出现的一批启蒙思想家提出进步学说，并逐渐渗透到一些国家的人权立法中，这些进步思想的传播使广大劳动者的权利意识觉醒，也为保护劳动者权益的立法奠定了良好的社会基础和思想基础。18世纪末19世纪初，工人运动由自发性斗争发展到了有组织的自觉运动，工人的要求得到某些社会政治力量的同情和支持。总之，这一时期社会政治、经济、文化等环境的变迁为颁布以保护劳动者为宗旨的立法提供了客观条件。1802年英国颁布《学徒健康与道德法》，标志着现代劳动法诞生，并促使各国出现大量针对特殊劳动者的、以最高工时、最低工资、职业安全等为内容的劳动立法。19世纪，劳动法的内容逐步丰富、适用人群范围逐渐延伸，工会的合法地位逐渐得到认可。

---

① 杨燕绥. 劳动与社会保障立法国际比较研究. 北京：中国劳动社会保障出版社，2001. 60
② 郭军. 劳动关系的调节器，劳动者的保护神——劳动法颁布十周年的回顾与思考. 中国工运，2004，(7)：14~16
③ 常凯. 劳动关系学. 北京：中国劳动社会保障出版社，2005. 250~252
④ 杨燕绥. 劳动与社会保障立法国际比较研究. 北京：中国劳动社会保障出版社，2001. 81~90
⑤ 关怀. 劳动法. 北京：中国人民大学出版社，2001. 25~36
⑥ 李景森，贾俊玲. 劳动法学. 北京：北京大学出版社，2001. 39

20世纪上半叶,伴随着战争、经济危机和工人运动,劳动法在曲折中得到发展,60年代至70年代末趋于完善。这一时期劳动立法覆盖劳动关系的各个方面;劳动法律制度体系逐渐完整;劳动争议协商和司法制度健全并建立了劳动执法监督,公共力量(国家)和社会力量(工会)在平衡劳资关系上的作用明显加强。另一方面,解决劳动问题的主要手段逐渐超越单纯劳动法的范畴。20世纪80年代以来,劳动立法在全世界范围面临劳动力市场弹性化、工业民主新型化、社会保障多元化等挑战。20世纪初,国际劳动法产生。随着国际间政治、经济、文化、科技的交流与合作的发展和密切,国际劳工组织、国际劳动立法也日益成为劳动法研究的主要内容[1][2]。

中国的劳动法的产生和发展可分为解放前、后两大阶段。20世纪初期,随着经济的发展,工人阶级出现并日益壮大,但在半封建半殖民地社会里,工人们在极恶劣的劳动条件下工作。北洋军阀政府颁布各种法律统治劳动人民,包括镇压工人运动的特殊法规。中国共产党领导工人群众为争取劳动立法进行了激烈斗争。1923年3月,北洋军阀政府被迫通过农商部颁布《暂行工厂通则》,这成为中国劳动法的开端。之后,国民党政府、革命根据地和解放区都有自己的劳动立法并各具特点。总体来看,旧中国的劳动立法残缺不全,而且实际上有许多未能真正实施或持久。解放后,新中国的劳动立法坎坷起伏。建国初期我国颁布了一系列劳动法律和法规。1958年后尤其是十年动乱期间,我国劳动立法工作基本停滞。1978年起我国劳动立法得到恢复,颁布大量劳动法规。1995年1月1日开始实施的《中华人民共和国劳动法》作为我国的第一部劳动法典,标志着我国劳动立法工作进入一个新阶段,正在加速形成和发展。

三、劳动基准法

1. 劳动基准法的定义

1802年英国颁布的《学徒健康与道德法》尽管仅在工作时间方面略有改善,但由于是首次为保护工人利益而制定的,与之前的"劳工法规"有质的区别,而且明显影响了之后的劳动立法,这一关于劳动标准的立法因而成为现代劳动法诞生的标志。

从劳动法产生和发展的历史主流看,劳动法的主旨集中体现为保护劳动者的

---

[1] 郭捷,王晓东. 劳动关系及其法律调整的历史演进. 人文杂志,1998,(5):49~54
[2] 林嘉. 十届全国人大常委会法制讲座第十八讲——我国的劳动法律制度(2005年12月29日). 中国法制信息网. http://www.chinalaw.gov.cn/jsp/contentpub/browser/contentpro.jsp?contentid=co1696059093. 2006-05-24

权益，以法律手段确立公正的社会劳动秩序，保护在纯市场经济生产要素中处于弱势的劳动者。劳动法保护劳动者权益，是通过制定最低劳动条件和标准来实现的①。

劳动基准法又叫劳动标准法，是国家规定最低劳动条件的法律规范的总称②。劳动基准一词来源于日本，日本 1947 年 4 月 7 日制定了《劳动基准法》。"基准"一词准确地反映了该法所确立的"基础标准"、"最低标准"的含义③。

2. 劳动基准法的特征④

（1）劳动基准法为公法。劳动基准法是国家通过立法对劳动条件的强行干预，以救济处于弱势地位的劳动者，并在此基础上促进社会和谐和稳定。

（2）劳动基准法具有替补性质。劳动基准法对条款不完备的劳动合同有一定替补作用。

（3）劳动基准法为实体法，但又区别于一般意义上的实体法。劳动基准法仅制定劳动条件的最低标准，而当事人真实权利义务的内容是通过协商达成的。

3. 劳动基准法的立法模式⑤

劳动基准法在立法模式上有三种形式：

一是采取单独立法模式，即专门制定《劳动基准法》。日本、韩国、中国台湾地区、美国等均采取这种形式。

二是在采取法典式立法的国家，劳动基准规范包括在劳动法典中。例如，法国劳动法典中在不同章节对劳动基准做了细致规定。

三是采取综合立法和单行立法共存的模式，有关的劳动标准立法存在于综合的《劳动法》和单行的法规中。我国目前采取的就是这种模式，已确立了一系列法定的最低劳动基准。

四、劳动法体系

1. 劳动法体系的定义

劳动法起源于法定劳动基准的立法，之后受到世界上各种不同社会制度国家的重视，逐渐发展为调整劳动关系的各种法律规范。

劳动法体系是指一国的全部劳动法律规范按一定标准分类组合形成的具有一

---

① 程延园. 劳动关系学. 北京：中国劳动社会保障出版社，2005. 175
② 周长征. 劳动法原理. 北京：科学出版社，2004. 154
③ 黄越钦. 劳动法新论. 北京：中国政法大学出版社，2002. 196
④ 常凯. 劳动关系学. 北京：中国劳动社会保障出版社，2005. 255
⑤ 常凯. 劳动关系学. 北京：中国劳动社会保障出版社，2005. 256，257

定结构的有机整体①。

2. 劳动法体系的结构

对劳动法体系中各项劳动法律规范可以从多种角度进行分类：

依劳动法律规范的内容，劳动法体系的结构如下：①劳动管理法；②劳动就业法；③劳动关系协调法，包括劳动合同、集体协商、集体合同有关规定；④劳动标准法，包括工资法、工时休假法、职业安全卫生法、女工和未成年工特殊保障法、职业训练与职业资格标准法、职工奖惩规则；⑤社会保险法；⑥劳动争议处理法；⑦劳动检查监督法；⑧工会的法律保障②。

按照劳动法律规范的基本职能，劳动法体系的结构如下：①劳动标准法：工资法、工时休假法、职业安全卫生法、特殊群体的劳动保护法；②劳动关系法：劳动合同法、集体合同法、工会和雇主组织法、劳动争议处理法；③劳动保障法：就业法、职业介绍与培训法、社会保险法；④劳动行政法③。

根据劳动法律规范的性质，劳动法体系由劳动实体法、劳动关系法、劳动监察法构成④。依据劳动法律规范针对的时间区间，劳动法体系由劳动关系建立前的法律调整、劳动关系运行中的法律制度、劳动关系结束后的法律调整等构成。劳动法律规范的分类标准还可以是效力层次及制定主体、针对的职业（行业）等。

3. 国外劳动法体系的立法模式⑤⑥

综观各国的劳动立法，主要有以下三种模式：

（1）劳动法典模式。这种模式的代表性法典有《法国劳动法典》、《俄罗斯劳动法典》等，其特点是劳动法完全脱离民法而独立，通过法典化建立了一个统一的劳动法律体系，有利于法律的适用。

（2）民法典与多部劳动单行法并行的模式。即在民法典中规定雇佣合同或劳动合同，另外制定大量的单行劳动法律。这种模式典型的代表是德国，德国在《德国民法典》中规定了雇佣合同，此外还颁布了许多单行的劳动法律，如《集体合同法》、《工作时间法》、《解雇保护法》等。其特点是法律分散，存在如何统一和协调的问题⑦。

---

① 常凯. 劳动关系学. 北京：中国劳动社会保障出版社，2005. 252
② 贾俊玲. 劳动法学. 北京：北京大学出版社，2003. 30，31
③ 常凯. 劳动关系学. 北京：中国劳动社会保障出版社，2005. 253
④ 贾俊玲. 劳动法学. 北京：北京大学出版社，2003. 31
⑤ 林嘉. 十届全国人大常委会法制讲座第十八讲——我国的劳动法律制度（2005年12月29日）. 中国法制信息网. http://www.chinalaw.gov.cn/jsp/contentpub/browser/contentpro.jsp?contentid=co1696059093. 2006-05-24
⑥ 参见参考文献中已出版的相关书籍
⑦ 李晓霞. 美国与德国劳动法律体系概述与比较. 国外社会科学，2006，(1)：69～72

(3) 多部单行法的模式。即制定大量单行的劳动法律，英美法系国家大多采取这种模式，如美国有《国家劳资关系法》、《公平劳动基准法》、《同工同酬法》等法律。需要指出的是，在英美法系，法院判例是劳动法重要的法律渊源，同时也具有统一劳动法律体系的功能[①]。

4. 中国现行劳动法体系

中国劳动法体系以《劳动法》为龙头，包括一系列单行法律和法规[②]。

(1) 中国劳动法体系的概况。

我国全部劳动法律规范以宪法中有关劳动问题的规定为立法基础，按制定机关及法律效力包括以下层次：①全国人大制定的劳动基本法即《劳动法》。②全国人大常委会制定的劳动法律。如《工会法》、《职业病防治法》、《安全生产法》、《矿山安全法》等。③国务院制定的劳动行政法规。主要有《女职工劳动保护规定》、《禁止使用童工规定》、《失业保险条例》、《工伤保险条例》、《企业劳动争议处理条例》、《劳动保障监察条例》等。④国务院有关部、委员会制定的劳动规章。劳动和社会保障部颁布的配套规章主要有《集体合同规定》、《违反和解除劳动合同的经济补偿办法》、《违反〈劳动法〉有关劳动合同规定的赔偿办法》、《企业最低工资规定》等。⑤省级人民代表大会及其常务委员会制定的地方性劳动法规及地方性劳动规章。《劳动法》赋予了省、市、自治区制定劳动合同实施办法的权力，如《北京市劳动合同规定》、《上海市劳动合同条例》等。⑥司法解释。如最高人民法院于2001年发布的《关于审理劳动争议案件有关问题的司法解释》。此外，还有经我国批准的国际劳工公约。迄今为止，我国已批准了24个国际劳工组织通过的国际劳工公约，例如《消除就业和职业歧视公约》、《准予就业最低年龄公约》、《同工同酬公约》等。中国劳动法体系已初步建立，其中以《劳动法》和其他法律为主体，行政法规、部门规章、地方性法规和地方政府规章、司法解释和国际公约等为辅助。

按照劳动法律规范的性质，我国劳动法体系包括以下三方面：①劳动实体法。由劳动法律、劳动法规和劳动规章构成。②劳动争议处理程序法。③劳动监察法[③]。

按照劳动法律规范的内容，我国劳动法体系包括以下四个方面：①劳动标准法，如劳动合同法、工资法、工作时间条例、职工休假条例、劳动安全卫生法、女职工和未成年工劳动保护条例、职业培训法、职工福利待遇条例等。②劳动关系法，如工会法、劳动争议处理法。③劳动保障法，如劳动就业法、社会保险法

---

① 张再平. 英国劳动法及其体系. 中国劳动科学，1996，(1)：42～45
② 杨燕绥. 劳动与社会保障立法国际比较研究. 北京：中国劳动社会保障出版社，2001. 62
③ 苑茜等. 现代劳动关系辞典. 北京：中国劳动社会保障出版社，2000. 775

等。④劳动监察法[①]。

(2) 中国劳动法体系的社会意义[②]。

首先,它打破了以前劳动关系的行政调整模式和按照用人单位所有制性质管理劳动关系的模式,确立了市场经济下劳动关系调整的基本模式,有力地推动了经济体制改革和市场经济的发展;其次,它明确了劳动者享有平等就业权、自主择业权、劳动报酬权、休息休假权、劳动安全卫生保护权、职业培训权、社会保险权、提请劳动争议处理的权利等,完善了劳动权利保障与救济制度,从而使劳动权这一基本人权具有了实在内容和法律保障,维护了劳动者的合法权益;再次,它明确了劳动关系双方的权利义务,有利于减少纠纷,维护稳定、和谐的劳动关系,从而为构建和谐社会提供了重要保证。

(3) 中国劳动法体系构建和实施中存在的主要问题[②]。

我国劳动立法存在的主要问题包括:①劳动立法相对滞后。在我国的劳动立法中,最高国家权力机关制定的劳动法律较少,滞后于社会发展的需要。《劳动法》颁布实施以来,全国人大常委会制定的劳动法律只有《职业病防治法》和《安全生产法》,另外还修订了《工会法》。其余的劳动立法多数位阶较低,以行政法规和部门规章为主,法律效力不强。调整劳动关系所急需的劳动合同法、就业促进法、社会保险法、劳动争议处理法等专项法律都还没有制定,影响了劳动关系的法治化进程。在司法实践中,处理劳动争议的法律依据,严格地说只有法律和行政法规,部门规章只作参考。劳动立法的位阶较低,也是目前社会上对劳动法尊重不够的原因之一。②立法不统一,法律法规之间有冲突。劳动立法中有大量的地方性法规和规章,不同地方性法规和规章对同样问题却有不同的规定,例如劳动合同的违约金设立条件、竞业限制的范围、经济补偿金的标准等各有不同,这造成了省与省之间、省与部委之间规定的冲突,不利于法律的贯彻实施。③法律制度不够完整,内容不够完善。《劳动法》采取纲要式立法模式,许多规定都是原则性的,再加上缺少单项立法,难以进行全面细致的规定。例如,对集体合同制度,仅在《劳动法》里原则性地规定了四条,还不能有力地推动集体合同制度的实施;就业促进立法主要应包括就业调控、就业管理、反就业歧视、就业服务、职业培训等法律制度,但目前我国就业调控法律制度缺失,反就业歧视的规定过于原则,其余的立法也均为行政法规或部门规章,内容也不够完善。

我国劳动法实施中也存在一些问题。目前我国正处在经济转轨时期,利益格

---

① 苑茜等. 现代劳动关系辞典. 北京:中国劳动社会保障出版社,2000. 776
② 林嘉. 十届全国人大常委会法制讲座第十八讲——我国的劳动法律制度(2005年12月29日). 中国法制信息网. http://www.chinalaw.gov.cn/jsp/contentpub/browser/contentpro.jsp?contentid=co1696059093.2006-05-24

局发生了重大变化,再加上劳动力市场供大于求的矛盾,劳动法的实施存在许多问题,劳动者权利受侵害的现象时有发生,在个别地区、行业和某些单位还相当严重,归结起来,主要有以下问题:第一,劳动合同签订率不高、期限较短、内容不规范,部分企业劳动合同内容显失公平,甚至有违法条款,严重侵害了劳动者的合法权益。第二,存在违反劳动基准的现象,例如,拖欠工资、随意延长工作时间、劳动安全和卫生条件差等现象,极大地侵害了劳动者的人身权利和财产权利。第三,部分用人单位不缴纳社会保险费,尤其是非公有制企业中的私营企业参保率低,进城务工人员难以获得社会保障。第四,存在就业歧视和侵犯劳动者人格尊严的现象。目前就业歧视种类繁多,如性别、年龄、相貌、身高、户籍、地域、残疾、婚姻状况等歧视。还有一些企业对劳动者随意体罚或搜身,限定劳动者去卫生间的时间和次数(等)。这些做法侵犯了劳动者的平等就业权和人格尊严。

2004年国务院发布《劳动保障监察条例》,强化了劳动保障监察执法措施。但目前,我国劳动监察制度仍存在两方面不足:①人员、经费和设施配备不足,人员少、力量弱与劳动监察面广、任务重之间的矛盾十分突出。②监察力度不够,主要体现为一些地方政府重视不够,地方保护主义盛行,行政干预过强。因此,我国的劳动监察制度还有待进一步完善。

我国劳动争议处理制度中主要存在的问题如下:无救济则无权利,权利的实现必须有相应的救济机制,劳动争议处理机制是保护劳动者权利的最后屏障。目前我国劳动争议处理采取"一裁二审"的体制,劳动争议仲裁是劳动争议诉讼必经的前置程序。一个劳动争议的处理可能要经过调解、仲裁、一审、二审等众多程序,比普通民事诉讼程序还复杂。实践证明,"一裁二审"的劳动争议处理制度周期长、成本高、效率低。而且,劳动法规定提出劳动争议仲裁的时效为劳动争议发生之日起60日内,超过时效的不予受理,而因超过时效不予受理的仲裁案件,法院也不予受理,这使得相当一部分劳动者的劳动权被侵害而得不到法律的救济。当劳动争议案件起诉到法院后,法院是按照民事诉讼程序来处理的。当前,劳动争议案件的诉讼程序存在一些不利于保护劳动者权益的问题,主要表现为:①程序复杂,时间过长;②诉讼成本过高,许多劳动者请不起律师,甚至打不起官司;③举证责任分担不合理,举证责任倒置在司法解释中虽有列举规定,但尚不全面,可操作性也不强;④审判机构的组成与劳动争议的特点不相适应,劳动争议案件由民事审判庭审理,审判人员的组成和相关程序难以适用国际上推行的劳动争议处理的"三方原则",即由政府、雇主和工人共同参与劳动争议处理的原则。

目前,完善中国劳动法体系主要应做好以下几方面工作:第一,加快劳动立法,构建适应社会主义市场经济秩序的劳动法体系。第二,完善劳动监察制度,加大劳动法的执法力度。第三，关注国际劳工标准与我国劳动法的衔接。

第二节 劳动合同法

一、劳动合同的概念和特征

劳动合同亦称劳动契约、劳动协议，一些国家称雇用（佣）合同，是指劳动者与用人单位之间为确立劳动关系，依法协商就双方权利和义务达成的协议。劳动合同是劳动关系建立、变更和终止的一种法律形式[1]。

合同也称契约，它是两个或者两个以上当事人之间，就确立、变更和终止某种权利义务关系依法订立的协议，即交换权利义务的双方当事人的合意。其法律特征包括：双方当事人地位平等；平等协商是订立合同的必经程序；等价有偿地进行交易等[2]。

劳动合同作为契约的一种，具有合同的一般特征，但由于劳动合同涉及的权利和义务是围绕劳动力这一特殊商品的交换行为展开的，使其还有与其他合同显然不同的特征：

1. 主体的特定性

劳动合同的主体，即双方当事人，一方是各种类型的用人单位（雇主），另一方是劳动者，都具有法律的特定性。用人单位是依法具有使用劳动力的权利能力和行为能力的企业、事业组织、国家机关、个体经济组织、社会团体等。劳动者是依法具有劳动权利能力和行为能力的自然人。

2. 主体间关系的从属性

劳动合同双方当事人都是自主的独立主体，劳动力的市场交换关系是一种平等经济关系。但由于资本的稀缺性和独占性，使劳动关系具有从属性特征[3]。劳动合同当事人的人身依附关系随着高技能和高智能型劳动者的出现而淡化，但在企业内部劳动力市场，双方仍存在管理与服从的关系[4]。

3. 主体意志的限制性[5]

劳动合同的成立除需经双方当事人平等协商达成一致意见外，还受国家干预的影响，包括劳动合同的内容、形式、期限和订立、履行、变更、终止、解除的

---

[1] 贾俊玲. 21世纪亚太地区劳动法与社会保障发展趋势. 北京：中国劳动社会保障出版社, 2001. 81
[2] 杨燕绥. 劳动与社会保障立法国际比较研究. 北京：中国劳动社会保障出版社, 2001. 91, 92
[3] 常凯. 劳动关系学. 北京：中国劳动社会保障出版社, 2005. 10
[4] 杨燕绥. 劳动与社会保障立法国际比较研究. 北京：中国劳动社会保障出版社, 2001. 91
[5] 程延园. 劳动关系学. 北京：中国劳动社会保障出版社, 2005. 208

原则与程序等多个方面。国家通过其干预对用人单位施加限制，对劳动者及其供养的直系亲属予以救济，使"劳动合同具有以国家意志为主导、当事人意志为主体的特征"①。

4. 内容的特殊性

劳动合同的内容，即双方当事人统一、对应的权利和义务，除法定条款和协商条款，还有较多补充性内容。如，部分国家标准、集体合同内容、企业劳动规章制度等。同时，由于种种主、客观原因，劳动合同的内容往往又不可能完全明示或完善。

二、劳动合同立法沿革②③

早在罗马法时期，雇佣契约（劳动契约）被规定为"劳动力租赁"，规定于物的租赁一章，按租赁关系调整。以此为源泉，19 世纪初在法国及德国法学的影响下，绝对契约自由和当事人意思自治逐渐成为 19 世纪契约法的基本原则，体现于大陆各国民法典的编纂中。法国 1804 年制定的《拿破仑民法典》在租赁契约部分中规定雇佣契约为"劳动力与技艺的租赁"。可以说，法国民法典奠定了自由主义契约法的基础④。英美法系国家中，早期的雇佣契约对应主仆关系，带有封建等级色彩。之后受工业革命和大陆法系契约自由思想的影响，形成以对价为中心的契约理论，使其普通法中的契约法发生根本转变。

尽管有民法典中的规定对雇佣契约进行规范，但产业革命后形成的工人阶级在实际生活中处于明显劣势而导致诸多问题，促成了其他立法对劳动合同的涉足。1802 年英国颁布《学徒健康与道德法》，标志着民法以外又出现了由专门的劳动立法来直接规范劳动合同的少数内容。回顾 19 世纪劳动法的发展历程，其中涉及劳动合同诸多内容的规范加强了对劳动者的保护，改善了民法对雇佣契约的调整。劳动合同中自由意志的作用并没有被绝对禁止，但其范围和程度在最低标准等强制性规范下日益相对衰弱。

19 世纪劳动立法的发展并未改变雇佣关系的本质。19 世纪末 20 世纪初广泛而高涨的工人运动引发学者们尤其是德国法学家们对劳动合同关系的深思，劳动力作为特殊商品的属性逐渐得到认识。20 世纪初，在一些国家和地区出现独立的劳动合同立法活动，如丹麦及我国台湾地区等。其中，1900 年 3 月比利时首

---

① 常凯. 劳动关系学. 北京：中国劳动社会保障出版社，2005. 259
② 王礼伟. 劳动合同的基本理论问题比较研究. 武汉大学硕士学位论文，2000-05-01
③ 常凯. 劳动关系学. 北京：中国劳动社会保障出版社，2005. 259，260
④ J. L. Halperin. L'Impossible code civil（1992）. 276~278

先制定《劳动契约法》，被劳动法学界称为劳动合同法的起点。在不单独进行劳动合同立法的国家，有一些国家在其民法典中单列一部分直接对劳动合同进行详细规定，如1942年的《意大利民法典》，其中明确指出劳动合同主体间的从属性，规定劳动合同还适用行业规则。也有一些国家以民法典对雇佣合同的规定为基础，同时制定规范劳动合同的单行劳动法律，如德国、日本、加拿大等国；或者在民法典基础上颁布专门的劳动法典，在其中设立关于劳动合同的规范，如法国等国。在英美法系国家，如英国，"一个内容详尽的成文法体系调整着劳资关系的各个方面，不过普通法仍有其很大影响。在劳资关系的某些领域（如劳动合同法）仍然主要由普通法调整，成文法只起补充作用"[1]，同时，其劳动合同还在很大程度上受集体合同及判例法等的规制。

1918年12月的《苏维埃劳动法典》第27条规定："劳动契约是一种协议，一方向另一方给付劳动力而换得报酬。"1922年的劳动法亦规定了雇佣，可见"雇佣一词并非和社会主义水火不融"[2]。但之后由于雇佣被认为是资本主义制度下特有的剥削现象，而在20世纪40年代从其法律中消失。在曾经"实行计划经济的国家，劳动合同仅作为劳动法的一部分，很少有独立的劳动合同法，如匈牙利、保加利亚、波兰等。如今，实行计划经济向市场经济转移的国家，纷纷制定了独立的劳动合同法"[3]。

新中国建立后，中国劳动合同立法的发展大致经历了三个阶段[4]。

1. 建国初至20世纪80年代初：探索和反复阶段

建国初期，1949年中华全国总工会发布《关于劳资关系暂行办法》要求私营企业劳资双方经协议签订集体合同或劳资契约。原劳动部1951年初制定《关于各地招聘职工的暂行规定》要求非国营企业招聘职工应直接订立劳动契约并备案。社会主义改造完成后，劳动者基本由国家安置就业，就业形式以固定工为主。20世纪50年代末60年代初，我国曾就尝试合同用工方式发布若干规章政策，但仅限于临时工、季节工、轮换工及新招收学徒工等人员。在"文化大革命"中，固定工制度得到进一步强化。

2. 20世纪80年代初至1995年：试点和实践阶段

20世纪80年代的劳动制度改革，开始确立以市场配置劳动力资源，我国陆续发布多个有关劳动合同的重要法律规范，主要包括：1980年国务院发布《中外合资经营企业劳动管理规定》、1982年劳动人事部发布《关于积极试行劳动合

---

[1] 张再平. 英国劳动法及其体系. 中国劳动科学，1996，（1）：42～45
[2] [苏]亚历山大洛夫. 苏维埃劳动法. 中国人民大学教研室译. 中国人民大学出版社，1954. 18
[3] 杨燕绥. 劳动与社会保障立法国际比较研究. 北京：中国劳动社会保障出版社，2001. 96
[4] 程延园. 劳动关系学. 北京：中国劳动社会保障出版社，2005. 214～216；贾俊玲. 劳动法学. 北京：北京大学出版社，2003. 84～86

同制度的通知》和《国营企业实行合同工制度的试行办法》、1984年国务院先后颁布和批转关于国营建筑企业、矿山企业、交通和铁路部门装卸搬运作业等从农村招用合同制工的几个规定、1986年国务院发布《国营企业实行劳动合同制暂行规定》等，为在全国推行全员劳动合同制提供了法律依据，以固定工为主的用工制度被彻底改变。

3. 1995年至今：全面实施阶段

1995年1月1日起实施的《劳动法》中就劳动合同设专章规定，使统一和完善劳动合同制度的依据首次由法规规章等提高到法律层次。此后，原劳动部制定若干项与《劳动法》配套的规章政策，如《违反和解除劳动合同的经济补偿办法》、《违反〈劳动法〉有关劳动合同的赔偿办法》、《关于实行劳动合同制度若干问题的通知》。很多地方也出台地方性配套政策规章等。目前，劳动合同单独立法工作已纳入规划。

综上，各国劳动合同立法各有其特点。本节所讲的劳动合同法概念从狭义上指劳动合同的专门立法，从广义上指对劳动合同进行规范的立法。

三、劳动合同法规范的主要内容[①]

1. 劳动合同的内容

劳动合同的内容，是通过条款表述出来的劳动合同当事人的权利和义务，反映了组织生产劳动和保障双方合法权益的需要。雇主主要义务包括劳动报酬给付义务、提供劳动保护义务、保障权利义务等。雇员主要义务包括劳动给付义务、忠实义务、附随义务等。劳动合同的内容一般包括关于劳动合同期限、工作内容、劳动保护和劳动条件、劳动报酬、劳动纪律、劳动合同终止条件、违反劳动合同的责任等法定条款，还可经协商补充关于试用期、保密条件、培训、补充社会保险和福利待遇等约定条款。

2. 劳动合同的形式

在不同情况下，根据当事人需求可以用不同形式表现劳动合同的内容，包括：①非要式合同：主要是指由劳动关系当事人以口头约定或默示等形式产生的劳动合同，如口头劳动合同。②要式合同：主要指书面劳动合同，即由劳动关系当事人依法律规定的书面形式产生的劳动合同。劳动关系属于不能即时清结的社会关系，很多国家法律规定劳动合同必须采用书面形式。

3. 劳动合同的期限

劳动合同期限，是企业根据生产需要进行劳动力配置的手段；也是劳动者根

---

① 杨燕绥. 劳动与社会保障立法国际比较研究. 北京：中国劳动社会保障出版社，2001. 94～104

据自己的就业生涯设计，分期实现就业权的手段。主要包括有固定期限劳动合同、无固定期限劳动合同及以完成一定工作为期限的劳动合同。

4. 劳动合同的订立、履行、终止及变更、解除

劳动合同的订立是指劳动关系主体间互递信息，依法就劳动权利和义务协商一致，建立劳动法律关系的行为。订立劳动合同的原则主要包括：遵守相关法律法规，做到主体合法、内容合法、程序合法。订立劳动合同的程序需要经过要约和承诺两个反复进行的阶段，包括企业提出招工简章、劳动者自愿报名、平等协商和签订书面劳动合同等步骤。

劳动合同的履行是合同当事人实现权利和履行义务的过程，直接关系劳动过程的结果和生产要素配置的效率。劳动合同履行主要应遵循下列原则：①亲自履行，即劳动合同当事人直接履行劳动合同规定的义务、直接享受劳动合同规定的权利；②全面履行，即按劳动合同规定的时间、地点和要求等履行全部义务，以保证实现劳动合同规定的权利。劳动合同的履行依程度不同可分为完全履行、不完全履行、完全不履行三种情形。劳动合同当事人无正当理由不完全履行或完全不履行劳动合同义务时，应承担违约责任。劳动合同违约责任的形式主要包括：①刑事责任：指劳动合同违约行为同时触犯了国家刑律，根据刑法规定进行处罚的责任。②经济责任：指经济赔偿责任。

劳动合同终止是指劳动合同确立的劳动关系因一定法律事实出现而终结，劳动合同法律效力依法消灭。各国关于劳动合同终止的法律规定比较一致，主要包括：①合同期限届满。若双方愿意也可续订合同，但有些国家规定合同期限届满时双方均无终止的明确表示则视为合同的不定期延续，劳动合同继续有效。②为完成某一工作而签订的劳动合同在工作任务完成时自行终止。③由于不可抗力使劳动合同无法履行而告终止，如合同主体死亡、法人破产等。④雇员退休。

劳动合同的变更指尚未履行完的劳动合同发生条款修改或增减等内容变化。为了协调劳动关系同时维护劳动合同的权威性，劳动合同变更的主要原则包括：①理由正当，即在法律规定或合同预先约定条件发生时进行变更。②平等协商，即一般情况下双方当事人应就新的合同条件进行平等协商，但在特殊情况下则有例外，即劳动合同的变更是强制性的。这些情况都由国家法律明文规定，大致有以下几种：由于不可抗力或紧急情况而由雇主单方变更劳动合同；根据雇员的身体健康状况等单方变更劳动合同；根据雇主经营需要（如转产、生产上的临时需要及临时歇工等）单方变更劳动合同；由于国家法律修改等原因引起的，并非劳动合同当事人意愿的强制性变更。

劳动合同的解除指劳动合同双方或单方当事人提前终止劳动法律关系。各国法律对劳动合同的解除通常都有详尽的规定，主要内容包括：双方协商解除劳动合同的条件、企业单方解除劳动合同的条件、雇员单方解除劳动合同的条件、解

除劳动合同的提前通知期和经济补偿条件等。在市场经济条件下，常见的解除劳动合同的条件是经济裁员。为保护雇员既得利益，各国通常对经济裁员的理由、对象选择标准和程序等进行严格限定，并在政府监督下完成协商。违反上述规定或协商未成强行解除劳动合同则是不公正辞退，可能导致争议。

1995年实施的《中华人民共和国劳动法》及一系列配套政策规章等对劳动合同的内容、形式、期限和劳动合同的订立、履行、终止及变更、解除等内容均进行了相应规范。"为劳动力供求双方通过市场相互选择和劳动力作为生产要素在市场上自由流动提供了法律条件"[1]，促进了我国劳动力市场配置的统一和完善。另一方面，我国在劳动合同立法和实践方面仍存在不足之处，诸如"劳动合同期限、担保制度、违约金"[2]等相关规定与现实的不适应逐渐凸现；现实中存在着部分劳动合同双方当事人尤其是一些劳动者的利益得不到有效保护的现象。

四、劳动合同制度面临的挑战

自20世纪80年代起，随着知识员工就业形式的多样化、弹性化、个性化，劳动合同制度重现其光辉[3]。

同时，应该看到，劳动合同制度的理论和实践面临着一系列的挑战：[4]

（1）传统劳动合同理论中，"雇员依附于雇主"的理念，随着知识型员工独立性的增强而正在弱化。

（2）劳动合同的主体身份发生变化，传统的、泾渭分明的"劳资"界限正在淡化。

（3）在传统的保护劳动者权益的理念中应引入效率原则。劳动合同作为现代企业人力资源管理的有效工具，在坚持保护弱者、公平合同的基础上，必须将效率原则引入用工期限、岗位配置、工资福利待遇和晋升等条款，以调节变动活跃、具有创造力和竞争力的企业劳动关系。

（4）在劳动合同中将更多引入国际因素。随着劳动力在国际市场的流动，需要各国在劳动合同方面予以合作与协调。

（5）劳动合同的功能从单纯维系就业关系，保护劳动权，向适应劳动力市场变化、促进和增加就业的方向发展，劳动合同的种类增多，条款更加有弹性。

---

[1] 常凯. 劳动关系学. 北京：中国劳动社会保障出版社，2005. 26
[2] 常凯. 劳动关系学. 北京：中国劳动社会保障出版社，2005. 256, 257
[3] 程延园. 劳动关系学. 北京：中国劳动社会保障出版社，2005. 214
[4] 程延园. 劳动关系学. 北京：中国劳动社会保障出版社，2005. 216

第三节 集体合同制度

一、集体合同的概念

集体合同在不同国家或不同时期的文献中的称谓和表述不尽一致，如集体协议（协约）、集体劳动合同、团体协议（协约）、联合工作合同等，是个人劳动合同的对称。1951年6月国际劳工大会通过的《集体协议建议书》（第91号建议书）中指出，集体协议是一个雇主、一群雇主，或者一个或多个雇主组织为一方，一个或几个有代表性的工人组织（或依法由工人选举并授权的代表）为另一方，上述各方之间缔结的关于工作条件和就业条件的一切书面协议。2004年我国劳动和社会保障部《集体合同规定》中指出，集体合同是指用人单位与本单位职工根据法律、法规、规章的规定，就劳动报酬、工作时间、休息休假、劳动安全卫生、职业培训、保险福利等事项，通过集体协商签订的书面协议。

二、集体合同制度及其沿革

1. 集体合同制度的概念

集体合同制度是调整劳动关系的重要劳动法律制度，与集体合同的多种称谓、表述相应，各国表述这一劳动法律制度的角度和侧重点也不尽相同，如集体协议制度、集体协商制度、集体谈判制度、集体谈判和集体合同制度等，但不同称谓的实质含义实际上是相同的，是指"关于工人组织或代表与雇主或雇主组织之间，就劳动条件、劳动标准等问题进行谈判、签订集体合同的法律制度"[1]。

2. 西方国家集体合同制度的产生和发展[2]

集体合同制度发源于西方市场经济国家。资本主义发展的早期，特别是产业革命时代，资方处于绝对优势地位，而这一时期各国政府在"自由竞争"、"契约自由"等口号下，对工人罢工、组织工会等反抗行为采取抵制和镇压政策，如英国议会1799年通过《劳工结社禁止法》。然而工人经过更激烈的罢工、谈判的反复较量，迫使一些雇主与工会签订了改善劳动条件和生活条件的协议，这便是集体合同的萌芽。18世纪末19世纪初，这些合同或协议开始出现于欧美一些国家，如1799年美国费城制鞋工人迫使雇主签订增加工资的协议、1850年英国纺织、矿山、炼铁业工会就工人工资等问题与雇主谈判达成一系列协议。初期的这

---

[1] 常凯. 劳动关系学. 北京：中国劳动社会保障出版社，2005. 274
[2] 常凯. 劳动关系学. 北京：中国劳动社会保障出版社，2005. 277~281

种集体合同不具有法律效力，只是劳资间的"君子协议"。19世纪中叶以后，经济发展和社会民主化的推进，加上工人运动的强大压力，更多雇主被迫开始与工会谈判并签订劳资协议，西方各国政府出于稳定社会秩序的目的，开始实施积极干预劳资关系的政策，旨在保护劳工的工厂立法开始出现，劳资谈判方式逐渐得到法律许可，集体合同制度开始建立。如1871年英国的《工会法》首次承认工人的结社权，1875年英国颁布的《企业主和工人法》允许工人团体与雇主签订契约。20世纪初，以公司制为主要形式的现代企业制度出现，这一时期各国政府开始出台承认并支持集体合同制度的立法。1904年新西兰制定世界上第一部集体合同专项立法。随后，奥地利、荷兰、瑞士等资本主义国家相继制定相关法律。第一次世界大战后，出现一些较有影响的单行集体合同法，或在劳动法典等基本法中设专章规定集体合同。如德国1921年颁布《劳动协约法（草案）》。法国1919年制定劳动协约法，后将其编入《劳动法典》。美国在1935年颁布的《国家劳工关系法》中规定了集体合同的内容。第二次世界大战后，由于世界内经济结构和社会体制的巨变以及科学技术在生产中的应用，摒弃劳资对立、谋求劳资合作成为工业国家劳资关系发展的主要潮流。战后30年，集体合同制度作为对劳动者的一种契约保障，不仅成为市场经济国家调整劳动关系的主要手段，通过规范程序进行谈判、缔结集体协议也成为劳资间协调利益的有效途径。由上，集体合同制度的发展经历了"禁止、承认和支持"的历程。

20世纪70年代中期以后，整个社会政治经济形势恶化，劳动力市场供大于求，80年代开始推行新自由主义经济政策，对工会采取排挤打击政策。90年代开始，西方各国政府及雇主采取一系列措施限制工业工人权益，如修订或重新颁布劳资谈判相关法律来限制或取消劳资谈判，特别是随着经济全球化的加速发展，工会谈判实力和工会会员率的降低相互影响，种种社会环境变化的影响和制约，使集体合同制度的发展和运作受到前所未有的冲击。

3. 中国集体合同制度的产生和发展[①]

20世纪20年代初，中外资本家、官僚买办和封建军阀的残酷剥削和压榨，使中国工人阶级处于极恶劣的劳动条件之中，工人们被迫组织起来与雇主进行谈判，出现了我国最早的集体合同。1922年7月中国劳动组合书记部拟订《劳动法大纲》，明确提出"劳动者有缔结团体契约权"，把签订团体契约作为工人阶级维护自己权益的一项法定权利确定下来，并作为当时工人运动的斗争纲领之一。1924年孙中山以大元帅令方式公布《工会条例》，确认工人有组织工会主与雇主或雇主团体缔结协约的权利。1930年，国民党政府颁布《团体协约法》，承认工人团体有缔结团体协约的权利。这是中国历史上第一部专门的集体合同法。1931

[①] 常凯. 劳动关系学. 北京：中国劳动社会保障出版社，2005. 286，287

年，中央苏区通过《中华苏维埃共和国劳动法》，对集体合同形式做了具体规定。之后，1942年，陕甘宁边区政府曾制定《陕甘宁边区战时工厂集体合同暂行条例》。至1948年第六次全国劳动大会上，集体合同已在各解放区有了一定的发展并积累了一定的经验。

新中国成立后，工会在企业中普遍建立起来，集体合同制度得到进一步发展。建国初期，1949年9月通过的具有临时宪法作用的《中国人民政治协商会议共同纲领》规定："私人经营的企业，为实现劳资两利的原则，应由工会代表工人职工与资方订立集体合同。"同年11月，由全国总工会制定后经政府发布《关于私营工商企业中劳资双方订立集体合同的暂行办法》。1950年中央人民政府颁布《中华人民共和国工会法》，明确确定工会在国营、合作经营、私营企业中有权代表工人分别与行政方面或资方缔结集体合同。到1953年，先后有纺织、铁路和电力等产业部门发布了推行集体合同的文件并普遍实施。随后，集体合同制度在其他国营工厂和私营企业中也得以应用，为建国之初协调企业劳动关系、恢复和发展经济建设起了积极作用。但是，随着社会主义改造的完成及生产大跃进的到来，集体合同制度逐渐被削弱直至被取消。

1978年以后，为适应我国全面进行的经济体制改革，集体合同制度被再度提上议事日程。1979年，全国总工会发出在全民所有制企业恢复签订集体合同的倡议。之后，相继在多个法规或规章政策等中规定了集体合同制度，主要包括：1983年修订的《中国工会章程》和颁布的《中外合资经营企业实施条例》，1986年颁布的《全民所有制工业企业职工代表大会条例》，1988年颁布的《私营企业暂行条例》，1992年修改颁布的《中华人民共和国工会法》等。我国1995年开始实施的《劳动法》第一次以法典的形式对集体合同制度做了原则性规定，标志着我国集体合同制度进入新的发展阶段。2000年11月劳动和社会保障部颁布《工资集体协商试行办法》对集体合同中的专项合同—工资协议—做出明确具体规定。2001年10月人大常委会通过修订的《工会法》，修改或补充了集体合同制度的相关内容。2004年劳动和社会保障部颁布《集体合同规定》，详细、具体地对集体合同的内容和程序等方面进行了规范。以上集体合同制度相关立法的出台，意味着我国集体合同工作正在进一步深入。

4. **集体谈判的国际立法**[①]

1944年第26届国际劳工大会在《费城宣言》中提出"切实承认集体谈判权利"的要求。第二次世界大战结束后，国际劳工组织通过了一系列推进集体谈判的文件，包括1949年的《组织权利和集体谈判权利公约》（第98号公约）、1951年的第98号建议书即《集体协议建议书》、1971年的《工人代表公约》、1981年

[①] 程延园. 劳动关系学. 北京：中国劳动社会保障出版社，2005. 332~334

的《促进集体谈判公约》（第 154 号公约）和同名建议书（第 163 号建议书），以及关于公共事业雇员和乡村工人开展集体谈判的特别公约和建议书。这些公约和建议书规定了集体谈判的概念、原则、地位和实施办法。在推行集体合同制度的过程中，国际劳工组织发挥了积极作用。

20 世纪 80 年代以来，国际劳工组织基于全球经济一体化的发展趋势，提出创造协调劳动关系的新机制，发布国际劳工标准，共同制定经济与社会发展规划的新思想，越来越多的国家接受了国际劳工组织的建议，建立了包括集体谈判内容在内的社会伙伴、社会对话和社会合作的新机制。

三、集体合同制度的一般特征

集体合同制度作为市场经济国家普遍实行的劳动法律制度，具有"市场功能、管理功能和决策功能等多重功能"[1]，主要有以下特征：

首先，这一制度承认劳动关系双方是两个具有不同利益需求的法律主体。集体合同制度的推行，使得劳动者不仅从法律意义上取得了在协商谈判中与雇主平等的地位和权利，也改善了劳动者在实践中仅凭借个人力量与雇主进行对话和抗衡的不平衡状况。

其次，集体合同制度反映了市场机制的要求，属于国家指导下的劳资自治。在市场经济条件下，国家并不直接参与劳动关系双方权利义务的确定，而是通过相关立法促成和指导劳资双方进行团体交涉，以要式合同方式规范了劳资双方的权利义务，能比较客观地反映劳动力市场的状况。

最后，集体合同制度的最终目的是协调劳动关系，促进劳资双方的共同发展。集体合同制度自产生之初就明确地以保障劳动者权益为中心和出发点，但并非对此进行单方面的片面强调，而是在劳资双方利益的动态平衡中加以相对保护。

四、集体合同制度的主要内容

集体合同制度作为调整劳动关系的重要劳动法律制度，在世界范围内并没有共同且单一的立法起源，各国集体合同制度在各方面呈现差异。总体来看，"其法律规范涉及集体谈判的主体、内容、程序，集体合同的签订、报送审核、履行

---

[1] 杨体仁，李丽林. 市场经济国家劳动关系：理论·制度·政策. 北京：中国劳动社会保障出版社，2000. 303，304

实施、监督检查，违反合同的责任、争议处理等"[1]。

1. 签订集体合同的当事人

签订集体合同的当事人是指参与协商谈判的直接责任者。在集体合同制度的发展历程中，对当事人资格的争议曾经非常激烈。目前，这一问题在各国立法和实践中并不完全一致。

参与协商谈判的主体一方为工会，另一方为雇主或雇主团体，这是各国劳动法学者的共识。但对于没有组织工会的雇员是否有权签订集体合同的问题则存在不同看法。国际劳工组织《集体协议建议书》指出，集体协议的一方主体是一个或几个劳动者代表组织，或在没有此类组织的情况下，由有关劳动者根据本国法律或条例正式选出并委任的代表来进行谈判，签订协议。而且这些组织是不受雇主或其代表建议、控制或资助的劳工组织。可见，国际劳工组织认可的作为集体协议主体的工会，必须是独立的，而且可以是多元的。我国《劳动法》规定：在没有工会的情况下，由职工推举的代表签订集体合同[2]。"西方国家的劳动关系法和就业法留给雇主较大的自由，依自愿原则在协商中解决谈判资格的承认问题。"[3]

2. 集体合同的内容、形式、期限[4]

集体合同的内容是指经劳资团体间依法协商谈判而确认的双方权利和义务。集体合同的内容可以是劳资团体间协商谈判内容的全部或部分。有些国家在集体合同制度相关立法中详细规定了集体合同的内容，有些国家仅简略规定了必要条款，也有些国家对此不作具体规定。

在西方国家，集体协议文本一般首先从总体上概括双方的权利和义务，其中最有名的是有关"工会承认"和"管理权力"条款。其次是集体合同的主要内容，即法定条款，这些内容可以作为个别劳动合同的基础或直接成为个别劳动合同的组成部分。另外，集体合同中还可以有约定条款。法定内容包括大量有关工资和福利、工作分类、资历、申诉处理、工会保障和权利、工作规则、劳动纪律及惩处程序、工作和收入保障以及其他在谈判中所出现的问题的规定。最后，在行业性、区域性谈判中还有"双层协议"情况，即存在覆盖谈判单位内部所有工作场所的"主要协议"和针对不同工作场所特点的各项"补充协议"。前者通常规定涉及全体劳动者工资福利的重大问题，后者则具体规定个别工作场所工人具体关心的问题，如工作分类和工作规则等。我国1995年的《劳动法》对集体合

---

[1] 常凯. 劳动关系学. 北京：中国劳动社会保障出版社，2005. 274
[2] 程延园. 劳动关系学. 北京：中国劳动社会保障出版社，2005. 338，339
[3] 杨燕绥. 劳动与社会保障立法国际比较研究. 北京：中国劳动社会保障出版社，2001. 125
[4] 程延园. 劳动关系学. 北京：中国劳动社会保障出版社，2005. 240～272

同条款的规定较具原则性。依据2004年《集体合同规定》，协商双方可以就下列多项或某项内容签订集体合同或专项集体合同：劳动报酬；工作时间；休息休假；劳动安全与卫生；补充保险和福利；女职工和未成年人特殊保护；职业技能培训；劳动合同管理；奖惩；裁员；集体合同期限；变更、解除集体合同的程序；履行集体合同发生争议时的协商处理办法；违反集体合同的责任；双方认为应当协商的其他内容，如工作评估程序等。

要求集体合同采用书面形式是各国普遍的做法。其理由在于：书面协议是当事人履行集体合同的依据；是劳动者签订个别劳动合同的参考凭证；是处理集体争议的根据和证据，同时也有利于政府对集体合同履行情况进行监督。

集体合同的期限是指合同的有效持续时间，包括定期和不定期两种。各国一般采用定期集体合同，并且出于保证合同相对稳定和与社会经济发展相适应等考虑而在立法中限制最短期限（通常为1年）和最长期限（通常为3~5年）。不定期集体合同较少被采用，少数国家只规定合同生效时间而不规定其终止时间。按惯例，这类合同可以在当事人提前一定期限通知对方时即行终止。我国现行立法仅就定期集体合同做了规定，期限为1~3年。

3. 集体合同的订立、变更、解除、终止

订立集体合同应遵循合法、平等、合作的原则。合法原则作为基本原则主要指双方主体资格合法、内容合法、形式合法、程序合法。各国对集体合同订立程序的规定不尽相同，有繁有简，一般要经过双方谈判签约、政府确认和公布三个阶段。关于集体合同是否需要送交政府主管部门备案或批准，取决于各国的看法。如法国、德国采取备案制，我国实行批准制（审查制）。

集体合同的变更和解除是指因订立集体合同所依据的主客观情况发生变化，当事人依法或经协商对尚未履行或未完全履行的集体合同分别进行修改、增减和提前结束的行为。

集体合同的终止是指由于一定法律事实发生而导致集体合同效力的消灭。西方法律一般规定只要法定或约定终止条件成就，集体合同就自行终止。如集体合同有效期届满、双方合意达成新协议取代原协议、企业经营原因或不可抗力等。我国2004年的《集体合同规定》中也做了相关规定。

五、中国集体合同制度的特点和突出问题[①]

就中外集体合同制度的共性而言，体现在以下方面：①将集体合同制度作为调整集体劳动关系的法律制度。②该制度的实施以协调、稳定劳动关系为主要目

---

① 常凯. 劳动关系学. 北京：中国劳动社会保障出版社，2005. 288~294

的。③由劳动关系的双方主体及其代表作为协商谈判的当事人。④把与劳动者权益相关的就业条件和劳工标准作为合同的基本条款。⑤倡导集体争议通过当事人自行和解或按法定程序解决，以避免产业行动。与此同时，由于我国是在从计划经济体制向市场经济体制转轨的过程中实施集体合同制度的，因此从实施初期就表现出一些特殊之处。主要表现在以下方面：①自上而下的推进方式。②政府的主导作用。③以企业为主的实施范围。④有待成熟的集体协商主体。⑤独具特色的集体协商机制。

中国的集体合同制度经过数年的推广，在全国范围内得到广泛发展。但无论是从制度的立法规范还是从制度的实施过程看，现实中存在着许多不尽如人意的现象。其中，集体合同制度立法中目前存在的问题主要包括：①法律规定分散，过于原则化而缺乏操作性，且存在部分规定不一致情况。②从立法层次看多为较低层次的部委规章，缺乏权威性。③集体合同的实施范围过窄，缺少对行业或产业以及地区集体合同的规定。④没有明确集体协商和签订集体合同的责任。我国集体合同制度推进过程中的突出问题主要表现在以下方面：①主体方面存在错位问题，导致部分集体合同的实质主体缺失，进而使职工的权利往往被企业或工会有意或无意忽视。②在程序方面，一些工会或企业忽视或越过协商程序而仅重视合同签订。③集体合同在内容上常常照抄法律条文，过于空泛。④一些企业或工会将集体合同制度当成上级布置的一项任务或指标，重签订而轻履行。

随着我国市场化的不断推进和相关立法的不断完善，我国集体合同制度作为重要的劳动法律制度将发挥其应有的社会作用。

▶本章小结

劳动法律体系是一个复杂的法律制度系统。

世界各国立法界和法学界对劳动法进行了不尽一致的界定，但"世界各国均视劳动法为保护劳动者合法权益和调整劳动关系的法律规范"。在我国，劳动法包括狭义劳动法和广义劳动法。劳动基准法又叫劳动标准法，在立法模式上有三种形式。各国的劳动立法主要有三种模式。中国劳动法体系以《劳动法》为龙头，包括一系列单行法律和法规。

劳动合同亦称劳动契约、劳动协议，是指劳动者与用人单位之间为确立劳动关系，依法协商就双方权利和义务达成的协议。具有以下特征：主体的特定性、主体间关系的从属性、主体意志的限制性、内容的特殊性。劳动合同法规规范的主要内容包括：劳动合同的内容、形式、期限及劳动合同的订立、履行、终止及变更、解除。

集体合同在不同国家或不同时期的文献中的称谓和表述不尽一致。集体合同

第六章 劳动关系的法律调整

制度的主要内容包括：签订集体合同的当事人、内容、形式、期限及订立、变更、解除、终止。

▷关键术语

劳动法律体系　劳动法　劳动基准法　劳动合同　集体合同

▷案例　解除劳动合同应依法办事*

1999年6月王先生应A公司的聘请，担任该公司的市场部经理，双方依法签订了聘用合同，合同中写明，未经双方同意或非因法定事由，任何一方不得解除合同。

2000年3月，A公司以精简人员、减少开支为由，未与王先生协商，单方宣布解除合同，王先生不服，向劳动仲裁部门提出仲裁申请后又提起诉讼，纠纷长达数月之久。

类似王先生与A公司之间的纠纷不是个别现象。我国的劳动人事制度曾经对不同的用工形式、不同的劳动者身份有着不同的法律规范和政策规定。1995年1月1日施行《劳动法》之后，混乱的用工形式和五花八门的劳动者身份（如干部、工人、固定工、合同工、临时工）状况得到了根本性的改变。根据劳动法的规定，用人单位与劳动者建立劳动关系应当订立劳动合同，合同一旦生效双方就应该全面履行，任何一方都不得借故解除合同。对于合同工不管劳动合同期限为固定期限、无固定期限或以完成一定的工作为期限，用人单位均可以依法通过解除劳动合同的方式解雇员工。《劳动法》规定用人单位可以通过下面的途径和程序解除劳动合同：

(1) 同当事人协商一致并依照国家有关规定给予经济补偿。

(2) 当劳动者有下列情形之一的，用人单位可以单方面解除劳动合同：在试用期间被证明不符合录用条件，严重违反劳动纪律或者用人单位规章制度，严重失职、营私舞弊，对用人单位利益造成重大损失，被依法追究刑事责任。

(3) 当劳动者有下列情形之一的，用人单位可以解除劳动合同但应当提前30日书面通知劳动者本人，并依照国家有关规定给予经济补偿：①因病或非因工负伤医疗期满后不能从事原工作也不能从事由用人单位另行安排的工作。②劳动者不能胜任工作，经过培训或者调整工作岗位仍不能胜任工作。③劳动合同订立时所依据的客观情况发生重大变化致使原劳动合同无法履行，经当事人协商不

---

* 陈远胜，侯永红. 解雇员工要依法办事. 企业管理，2001，(1)：67

能就变更劳动合同达成协议。

(4) 用人单位在破产法定整顿期间或生产经营状况发生严重困难、确需裁减人员时，应当提前 30 日向工会说明情况，听取工会或者职工意见，经向劳动行政部门报告后可以裁减人员，并依照国家有关规定给予经济补偿。

由于历史原因以及《劳动法》实施需要一个过程，仍有一些用人单位至今因种种理由未能与劳动者个人订立劳动合同。对于那些至今未能与之订立劳动合同的固定工，用人单位应当向劳动者提出在一定的期限内订立劳动合同的要求。如果劳动者在一定的期限内拒绝订立劳动合同，用人单位可以解除与劳动者之间的劳动关系，但用人单位不得以实行劳动合同制度为由借机辞退部分职工。因为解决劳动就业是我国的一项政治性任务，事关维护社会稳定。用人单位可以解雇员工，这是法律赋予用人单位的权利，是用人单位劳动人事管理的必要手段，用人单位尤其是工商企业为了在市场竞争中求生存求发展，就必须千方百计地提高工作效率、降低成本，因而对劳动者素质提出了较高的要求。用人单位解雇本单位不需要或不能胜任工作的员工是达到上述目标的有效途径。但是劳动者的合法权益同样受法律保护。所以用人单位解雇员工必须符合法定条件和履行全部的法定程序。

复习思考题

1. 简述劳动法的概念。
2. 简述劳动基准法的概念、特征和立法模式。
3. 简述劳动法体系的概念、结构和立法模式。
4. 简述劳动合同法的概念、特征和主要内容。
5. 简述集体合同的概念和集体合同制度的主要内容。

第七章

企业劳动规章制度

第一节　企业规章制度概述

一、企业劳动规章制度的产生

马克思说："一较大规模的直接社会劳动或共同劳动，都或多或少地需要指挥，以协调个人活动，并执行生产整体的运动。一个单独的提琴手是自己指挥自己，一个乐队就需要乐队指挥。"[①]

在社会化大生产条件下，为了实现劳动过程中人、物、时间等要素相对平衡的合理状态，"人们在长期的劳动实践中，逐渐形成了一套必须共同遵守的有关劳动的规章、制度、纪律，乃至道德、习惯。这就是劳动规范"。其中，"有关劳动的规章、制度、纪律等"是对劳动的正式社会控制，"具有权威性、强制性和直接性"。"习惯、舆论、职业道德等"是对劳动的非正式社会控制，其"权威性、强制性和直接性要弱于正式控制，却具有广泛性、现实性和持久性"。"在劳动过程中还存在劳动者的自我控制，即劳动者将劳动中的社会规范内在化，自觉地用它们来约束自己的行为"[②]。

从历史的角度而言，就业规则不过是雇主最直接的劳务管理手段而已。就业规则是随着工厂制生产的发展而正式开始形成的。就雇用众多劳动者通过分工、

[①] 马克思. 马克思恩格斯全集. 第23卷. 北京：人民出版社，1972. 367
[②] 童星等. 劳动社会学. 南京：南京大学出版社，2001. 260～281

协作开展生产的工厂制度而言，为了形成、维持厂内必不可少的生产秩序，经营者需要规定雇员的行为准则，即工作纪律以及对违反者的惩戒措施，这便是企业就业规则的原型。后来，出于企业经营上的需要，经营者便将工资、劳动时间等劳动条件统一、系统地列入就业规则之中。这种管理上的需要在近代经营中具有相通性，就业规则便超越工厂的范围而普及到所有的事业主体。为了限制雇主滥用制定企业内管理制度的权力，世界各国从19世纪开始，尝试通过国家立法对自发形成的就业规则进行规范。从1859年澳大利亚的营业法、1877年瑞士的工厂法，到1891年德国工业条例的确立，有关就业规则的法律体系基本形成。1896年希腊的《就业规则法》则是世界上第一部有关就业规则的现行法。国家通过立法形式对就业规则的内容及实施予以明文规定的原因，可以理解为国家实行的一种劳动者保护法[1]。

二、企业规章制度的定义

有组织的地方就有规章制度，它是指"国家机关、社会团体、企业事业单位等颁发的有关行政管理、生产操作、学习与生活等方面的各种规则、章程与制度的统称"[2]。

企业规章制度是企业依据国家有关法律法规和政策，并结合企业实际需要制定的规范企业生产经营及其管理工作的行为规范总称。主要涉及"产、供、销"等环节，"人、财、物"等要素。劳动管理规章制度是企业规章制度的重要组成部分。

也有学者认为，现代企业管理制度有广义和狭义之说。广义管理制度为现代企业制度三大内容（产权制度、组织制度、管理制度）之一，是现代企业制度的重要组成部分。狭义的管理制度也称管理标准、规章制度，是企业所制定的、以书面形式表达的、用以规范企业经济、技术、生产等项活动的条例、规则、程序和办法之集合；是对企业组织中的机构和个体在权力、责任、利益等方面的设定，是各项管理体系、管理流程的具体表达；是企业和劳动者共同遵守的准则与约束。它因企业的类型、规模不同而各异。

三、企业劳动规章制度的定义

企业劳动规章制度在国外也被称为雇佣规则、工作规则、从业规则或就业规

---

[1] 孟祥杰. 浅析日本企业的就业规则. 日本学刊，1997，(3)：58
[2] 辞海. 上海：上海辞书出版社，1989. 1627

则等。在我国原来称为企业内部劳动规则,现在理论界仍有如此称呼,但我国《劳动法》中将其规定为用人单位的劳动规章制度[1]。

关于企业劳动规章制度的概念界定,目前并无公认的说法。有人提出:"企业劳动规章制度是指适用劳动法的用人单位根据劳动法律,结合本单位实际制定的加强劳动管理的一系列有关准则和规定。"[2] 也有人提出:"用人单位内部劳动规则是指用人单位依法制定并在本单位范围内有效的,关于如何组织劳动过程和进行劳动管理的规则。"[3] 还有人提出:"单位的内部劳动规则是将劳动法律、法规与本单位的自身特点相结合而制定的,是用来规范本单位和员工的劳动权利和劳动义务的内部规定,体现了用人单位和员工之间的管理和被管理关系。"[4]

就业规则,在日本也叫工作规则,是"指日本企业中实行的由雇主单方面制定的包括劳动者的劳动条件以及就业过程中劳动者必须遵守的规章制度的细则"[5]。就业规则的本质是雇主单方面制定的用来支配、管理劳动者的手段,在客观上起着约束、规范乃至强制劳动者的作用。

由上可见,各种关于企业劳动规章制度概念界定的说法虽然不统一,但基本一致。概而言之,理解这一概念应该把握下述要点:

(1) 企业内部劳动规则是用人单位规章制度的组成部分之一。以用人单位为制定主体、以公开和正式的用人单位行政文件为表现形式,它是不同于国家的法律、法规,也不同于社会团体的规章[6]。从内容、程序等各方面看,企业内部劳动规章制度均不得违反国家相关法律、行政法规及政策规定等。

(2) 企业内部劳动规则是劳动者和用人单位在劳动过程中的行为规则。它对职工和用人单位的约束只限于劳动过程,在用人单位规章制度中,凡是关于劳动过程之外事项的规定,都不属于内部劳动规则[6]。

(3) 企业内部劳动规则的调整对象是在劳动过程中用人单位与职工相互之间以及职工之间的关系。它所规范的是劳动过程中的劳动行为和用人行为。既约束

---

[1] 肖海龙. 用人单位劳动规章制度及其立法模式探讨. 河南省政法管理干部学院学报,1999,(4):33~37

[2] 劳动和社会保障部劳动工资研究所. 中国劳动标准体系研究. 北京:中国劳动社会保障出版社,2003. 54

[3] 王昌硕. 劳动法教程. 北京:中国政法大学出版社,1995. 98

[4] 张立新. 用人单位内部劳动规则浅析. 内蒙古大学学报(人文社会科学版),1999,(6):103~108

[5] 孟祥杰. 浅析日本企业的就业规则. 日本学刊,1997,(3):58

[6] 石美遐. 对我国企业内部劳动规则立法的几点初步建议. 中国劳动,1999,(7):11~13

全体职工，又约束单位行政的各个组成部分①。既保障用人单位和劳动者在劳动过程中的权利，也规范双方在劳动过程中的义务。

企业制定的劳动规章制度可看作广义劳动法律体系的组成部分或劳动法律体系的延伸，如图7-1所示②。

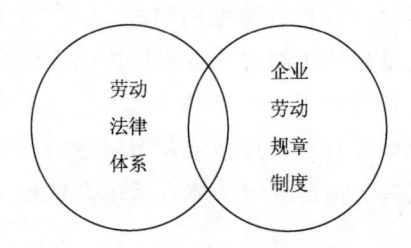

图 7-1 劳动法律体系和企业劳动规章制度的关系图

四、企业劳动规章制度的基本内容

用人单位劳动规章制度的内容"几乎涉及劳动关系的各个方面和劳动关系运行的各个主要环节，它与劳动者在劳动过程中的权利义务密切相关"③。"企业规章制度的内容不仅因国家和地区的不同而不同，而且也往往因企业而异"④。

各国关于用人单位劳动规章制度的立法主要分两种模式：一是在私有制和市场经济体制国家的授权式立法模式。在立法中对内容不直接做出规定或仅列举规定其应包含的事项，对具体的内容和标准不作规定，而完全授权用人单位，只要不违法即可发生法律效力。二是在公有制和计划经济体制国家的纲要式立法模式。用人单位的劳动规章制度所涉及的不只是单位自身利益而主要是国家利益和社会公共利益。遵守劳动规章制度不仅是职工对单位的义务，还是双方对国家的义务。为此，国家通常在立法中对其内容作纲要性甚至强制性规定，而要求用人单位以此作为制定规章制度的依据和标准⑤。

劳动规章制度的内容一般包括：职工工作时间、休息时间、休息日、休假及轮班时的有关事项；工资的决定、计算及支付方法；工资制度及发放时期；工资

---

① 石美遐. 对我国企业内部劳动规则立法的几点初步建议. 中国劳动，1999，(7)：11~13
② 劳动和社会保障部劳动工资研究所. 中国劳动标准体系研究. 北京：中国劳动社会保障出版社，2003. 54，55
③ 王俊英，宋新潮. 论用人单位劳动规章的法律效力. 河北法学，2003，(5)：102~104
④ 常凯. 劳动关系学. 北京：中国劳动社会保障出版社，2005. 346
⑤ 肖海龙. 用人单位劳动规章制度及其立法模式探讨. 河南省政法管理干部学院学报，1999，(4)：33~37

增减等；职工退职、离职及退休；劳动安全卫生；各项社会保险及福利；劳动纪律及实施奖惩的方法、种类及程度的事项；职业训练及考核的有关事项；劳资双方相互沟通的内容等[①]。

劳动规章制度的内容可以从不同角度进行归类。依据其"主要内容和表现形式"可分为："①劳动基准的规定，主要内容为工作时间、劳动报酬的计算和支付方法等、关于辞职或解除劳动合同的相关事项；②劳动安全卫生制度与工伤制度；③职业培训制度；④劳动者日常劳动纪律；⑤资产的保管和促使措施；⑥表彰和惩处制度；⑦基于用人单位员工身份而应遵守的纪律。"[②]

依据其功能，"除公司简介、公司信念、管理方针等一般性规定外"，最主要的内容包括"关于劳动条件的规定"、"关于劳动纪律的规定"和"关于程序管理的规定"三方面。其中关于劳动条件的规定具体应包括以下内容：①工作时间及休息休假；②工资与劳动报酬；③劳动安全卫生；④员工培训；⑤社会保险和福利。关于劳动纪律的规定包括：①劳动纪律；②岗位规范；③奖励与惩罚。关于程序管理的规定具体包括以下内容：①员工招聘；②劳动合同管理；③劳动争议处理[③]。

从劳动管理规章制度内容的共性和特殊性看，"可以分为两部分，一部分是基本规章制度。如考勤制度、工资分配制度、劳动安全卫生制度、奖惩制度、劳动合同管理制度、考核聘任制度等。另一部分是企业根据自身实际需要制定的规章制度。例如在技术密集型企业及外贸企业，可以制定员工保守商业和技术秘密等制度；对资金密集型企业，企业可以制定员工使用高值办公设备、工具（包括交通工具）的保管和损坏赔偿责任制度等"[④]。

综上所述，"把握企业规章制度的主要内容要考虑到国际惯例、政策目的与企业实践三个要素"[③]。

五、企业劳动规章制度制定的基本程序

各国关于劳动规章制度的制定程序的立法往往都是择其足以影响单位成员权利、义务的关键环节进行明确规定的，而对非关键环节一般由用人单位根据具体情况自行确定。这些关键环节主要包括：

1. 职工民主参与

各国劳动法都将职工民主参与作为用人单位制定劳动规章制度的首要法定步

---

① 祝晏君. 劳动关系. 北京：中国劳动社会保障出版社，2001. 24
② 杨继春. 企业规章制度的性质与劳动者违纪惩处. 法学杂志，2003，(5)：47~49
③ 常凯. 劳动关系学. 北京：中国劳动社会保障出版社，2005. 353~358
④ 董平. 如何从企业规章制度上预防劳动争议的发生. 职业杂志，2001，(1)：38~40

骤。即只有在体现了多数职工意志或得到多数职工认同的前提下,劳动规章制度才能在本单位生效。

2. 报送备案审查

由于劳动规章制度是国家劳动法规范在用人单位的具体贯彻和落实,劳动行政部门对其内容的合法性进行审查实质上是对用人单位劳动执法状况的行之有效的监督检查措施,同时也是对用人单位职工参加民主管理状况的监督。国外劳动法一般都将这一程序在立法中予以明确。

3. 正式公布

凡在立法中对雇佣规则或工作规则有明确规定的国家的劳动法大都对该程序进行了明确的规定,并明确了公布方式。按我国的习惯法,立法应当要求劳动规章制度必须由用人单位以经其法人代表人签署和加盖公章的正式文件的形式予以公布,同时在文件中明确生效时间。

第二节 市场经济国家的企业劳动规章制度

企业劳动规章制度是指"用人单位依法制定并在本单位范围内有效的,关于如何组织劳动过程和进行劳动管理的规则"[①]。从企业劳动规章制度的基本定义出发,在研究市场经济国家已经较成熟的企业劳动规章制度时,可以主要着眼于各国相关法律法规等的取向和设立、各国对用人单位制定企业劳动规章的权利和义务的规制、各国企业劳动规章制度的主要内容等方面的状况和特点。

"从历史意义上讲,现代企业制度的萌芽是在中世纪的欧洲,其长足发展却在开国相对较晚的美国,日本又因'奇迹'性的经济成长而成为东方模式的样本"。作为国际上最有代表性的三种企业制度类型,欧洲现代企业制度是"随着英国、法国、德国等欧洲各国政府相继正式为现代公司立法"而确立并广泛发展起来的,在其"演进过程中,政府指导思想和国家立法对企业的升级起到了很重要的引导和促进作用"。"美国现代企业制度则从一开始就与工业革命结下不解之缘,科技发展和市场的不断成长深刻影响着美国企业的成长"。"日本现代企业制度则在政府提倡的企业创新中引进已较成熟的西方经验结合东方文化形成"。但三种模式有一个共同点,即现代企业制度的形成与发展是与社会经济发展相一致的,二者紧密相联,互为动力[②]。因此,在研究市场经济国家企业劳动规章制度时,可以重点考察美国、日本和法国、德国等欧洲国家。

[①] 王昌硕. 劳动法教程. 北京:中国政法大学出版社,1995. 98

[②] 谭黎阳. 欧、美、日现代企业制度的国际比较与启示. 世界经济文汇,2001,(3):68~71,79

一、市场经济国家关于劳动规章制度性质的劳动法理论

目前各国劳动法主要从企业规章制度的建立义务、建立程序、企业规章制度的备案或申报制度、劳动者周知义务等方面直接对企业规章制度进行法律规制,同时还通过劳动合同和集体合同的内容对企业规章制度的内容进行确认和间接规制[①]。

在现代社会,关于企业等用人单位劳动规章制度的性质问题主要存在契约规范说和法律规范说两种主张。这两种主张代表了主要发达国家劳动法理论中关于规章制度性质理论的主要论点[①]。

契约规范说认为,劳动制度首先由用人单位单方制定或变更,经过劳动者同意后才成为劳动者与用人单位之间劳动合同内容的一部分,进而具有法律约束力。规章制度不过是劳动合同的雏形,其之所以具有约束力,是因为其经过劳动者的同意成为了劳动合同的内容。依照契约规范的主张,对于不同意规章制度内容的劳动者来说,规章制度本身不具有约束力。然而,由于劳动者对规章制度的同意,事实上多数体现为默示同意或概括性同意,规章制度几乎对所有劳动者都具有约束力。

法律规范说认为,企业规章制度在事实上发挥着行为规范的作用,从法理角度观察,企业规章制度的强制力和约束力的基础是上述规范具有法律规范的性质。企业规章制度作为一种法规,具有对劳动合同实施规制的法律效力。

除法律规范说和契约规范说外,还有非主流的二分说和集体合意说等学说[②]。

二、美国的企业劳动规章制度

美国是西方文化的代表,注重并追求个人价值。美国政府通过比较完备的法律体系保证劳动力市场有效运行,强调企业在劳动用工等方面的平等和公正。美国企业内部劳动管理呈现偏重对外部劳动力市场的依赖、企业管理权具有强烈的排他性、企业倾向于建立系统严密的管理制度等突出特点。

对美国企业劳动规章制度的把握主要包括以下要点:

---

① 杨继春. 企业规章制度的性质与劳动者违纪惩处. 法学杂志,2003,(5):47~49
② 石美遐. 美国劳动关系立法及机构职能. 中国劳动科学,1994,(2):40~42;中华人民共和国劳动部国际合作司. 中国劳动科学研究院国际劳工研究所. 世界劳动. 第一集. 北京:中国劳动出版社,1996

(1) 在美国，企业管理权具有强烈的排他性，经营者理所当然拥有包括就业规则制定权在内的企业管理权。

(2) 美国劳动法律体系对企业劳动规章制度的规制是间接的。

美国的劳动法"从内容上包括劳动关系法、劳动实体法两大部分。前者是指对职工结社和集体谈判双方职能及集体谈判的程序进行规范的立法，如《国家劳资关系法》。后者是指有关工资、工时和其他雇佣条件等集体谈判主题事项的各种法规之总和，如《公平劳动标准法》、《就业法》、《社会保障法》、《职业安全卫生法》等"[1]。美国的公正劳动基准法中找不出针对就业规则的法律条文。在对职业健康和劳动安全的管理上，由于雇主提供的安全水平往往低于社会要求，因此政府通过法律直接干预雇主的行为，美国职业安全和健康管理部门负责制定劳动安全和健康准则，监督劳动环境并对违反规定的雇主进行处罚。

(3) 美国企业劳动规章制度的内容系统、详尽。

美国企业的员工流动性高，劳资关系从建立到维护大多通过双方自主确定和协调，关于劳动条件、劳动争议处理等内容通过集体谈判确立，政府不直接干涉。美国企业内部等级关系分明，分工精细严密。对在每一个工种工作的个人素质、技术要求、工作责任、常规问题的处理程序等都有明文规定。员工遵照规章制度能很快适应岗位。

由上可知，美国企业关于工资等劳动条件的规定大多体现于书面集体协议，关于劳动保护的规定由国家法律直接干预，而企业规章制度更侧重关于劳动纪律、岗位规范及奖惩等内容的规定。

(4) 美国的企业就业规则必须做到使劳动者知晓，否则被视为无效规定。

三、日本的企业劳动规章制度

企业劳动规章制度在日本被称作"就业规则"，或"工作规则"。日本劳动基准法中规定，所谓的就业规则，就是员工在工作现场所要遵守的各项劳动守则、纪律和具体详细的劳动条件[2]。日本就业规则的历史，可以追溯到资本主义生产方式产生以前。而这种封建式的约束并未随着资本主义的发展而消失，而是沉淀于日本的家长制社会原理及企业大家庭的思想里，残存在资本主义发展的全过程中[3]。现代日本企业劳资制度是由封建家族化的资本观念与日本企业实际结合起

---

[1] 林玳玳. 美国政府对劳动关系的调控. 世界经济，1999，(3)：42～44

[2] 日本劳动基准法的主要内容. 中国劳动力市场信息. http://www.lm.gov.cn/gb/salary/2004~05/20/content_28240.htm. 2005-05-20

[3] 孟祥杰. 浅析日本企业的就业规则. 日本学刊，1997，(3)：58～68

来而形成的政策惯例①。

对日本企业就业规则的把握主要包括以下要点：

(1) 就业规则由资方单方面制定、修改。

就业规则是以车间、部门为单位来制定的②。对于劳动条件迥然不同的劳动者，企业可以根据需要制定特别的就业规则，一个企业中存在两个规则的现象司空见惯③。

(2) 日本现行劳动基准法对就业规则的制定、修改进行了明确限定。

包括：规定持续雇用10人以上的雇主都有制定就业规则的义务；规定就业规则的内容应包括绝对记载事项和相对记载事项④；规定资方制定和修改就业规则的程序均应包括以下环节：①起草后征求由企业过半数劳动者组成的工会的意见，没有工会的企业则须征求过半数劳动者的代表的意见；②将意见书添附在必要记载事项上提交劳动基准署；③资方在企业内醒目的地方张贴公布就业规则，或印刷成小册子分发给每个人，让所有员工知晓。

日本劳动基准法规定：《工作规则》不得违反法律或适用于企业的《集体合同》，而《劳动合同》中未达到《工作规则》要求的部分无效。此无效部分遵从《工作规则》制定的标准。

(3) 日本企业制度化程度低。

日本的生产特点是资本主义灵活大规模生产，要求企业的劳动组织具有灵活性，企业内部的管理制度也必须相应灵活。分工不能太细，规章制度也不能太多，这就要求员工也具有相当高的素质才行。企业主要依靠内部劳动力市场，通过企业培训、工作轮换等方法解决人才需求问题。

日本就业规则的内容可归纳为绝对记述事项、相对记述事项和任意记述事项三方面。而且上述内容并非全部包罗在一个规则中，其《工资制度》、《退职补助制度》、《安全及卫生制度》及《工作灾害及业务外伤病补助制度》常常分离于就业规则之外。就业规则中只记述了上述4个方面的大纲，其具体内容则分布在细则之中。工作规则着重劳动纪律及比集体合同更具体的劳动条件。

其中，绝对记述事项包括：①上下班时间、休息时间长短和休息方式、休息日、休假以及实行倒班制时的有关事项。②工资的数额和设定因素、计算、支付方法以及支付时间，外加有关提工资的具体问题。③有关退职的事项。通常是指

---

① 王希久. 日本企业劳资制度的文化特征. 商业文化，1998，(3)：54~57
② 袁铁铮. 日本企业内部的劳动力管理. 中国劳动科学，1996，(6)：39~41
③ 边婷婷，陈晓丹，胡伟. 美、日人力资源管理模式之比较. 临沂师范学院学报，2001，(3)：15~20
④ 黄昱方. 影响人力资源管理政策选择的社会因素——对美、德、日人力资源管理的起源和演变的比较分析. 生产力研究，2005，(6)：155~157

到退休年龄的退职，其中亦包括劳动者的自愿退职、解雇、劳动契约期满的退职等。

相对记述事项是如果企业在就业规则中就以下问题进行规定时，需要在文中有明确的记述。①设有退职补助制度的企业，需要就退职补助的适用范围、实施方法等进行明文记载。②临时工资等。如果企业中设有支付临时工资、奖励金以及出勤成绩补助、奖励等工资制度时，必须就支付条件、计算方法、支付日期等做出明确说明。③其他的诸如安全与卫生、劳动灾害与业务外的伤病补助、表彰与惩戒，以及让劳动者负担伙食费与工作用品时的具体规定等。同时，必须注明上述规定适用于企业内的所有劳动者。

以上两种事项之外的内容为任意记载事项，诸如就业规则的制定宗旨、就业规则变更时须与工会协调等条款。

（4）日本企业就业规则受雇用管理习惯的影响，在很大程度上规定了劳动者的就业规范及对雇主的归属意识。

日本企业的就业规则内容中包含着雇用习惯，甚至出现就业规则适应雇用习惯的局面。最终使得产生于雇用习惯的经营者权限转移到就业规则之中，而就业规则又成为经营者权限在制度上的保障。例如，就业规则中与劳动纪律相关的内容，不仅仅限于企业经营范围，还涉及与劳动者个人生活有关的事项；工资制度中明确规定反映工龄工资习惯的定期升级方式及升级数额、条件；就业规则中明确规定"劳动者有加班、休息日出勤的义务"、"雇主根据企业的需要，可以随时命令劳动者变换工种、到远距离的分社或到与企业有业务关系的其他企业工作"等内容[①]。

四、欧洲各国的企业劳动规章制度

欧洲现代企业制度在演进过程中，政府指导思想和国家立法对企业的升级起到了很重要的引导和促进作用[②]。欧洲企业劳动关系和人力资源管理体系内容完整、制度健全、管理规范，且企业员工能自觉遵守[③]。

1. 法国的企业劳动规章制度

法国企业雇主在制定和运用内部劳动规则时必须遵循劳动法中全面而有效的一系列规范。与此对应，考察法国企业内部劳动规则主要应把握以下要点：

---

① 孟祥杰. 浅析日本企业的就业规则. 日本学刊，1997，(3)：58~68
② 谭黎阳. 欧、美、日现代企业制度的国际比较与启示. 世界经济文汇，2001，(3)：68~71，79
③ 中国企业联合会雇主工作部. 透视挪威、法国三方协调机制及人力资源管理（下）——中企联组织企业考察挪威、法国劳动关系与人力资源管理. 上海企业，2005，(3)：43~44

(1) 法国企业内部劳动规则制定权是雇主的一项"规范性权力"。法国法律承认雇主有制定企业内部劳动规则的权力，并明确界定其使用范围以预先防范雇主滥用这一权力。同时，法国法律又把某些企业、组织制定内部劳动规则规定为一种义务。凡雇用20人以上的私法上的企业或者组织都必须在开业后的3个月内制定内部劳动规则，适用于全体员工和雇主。这一义务的主体非常广泛，包括各类企业、公司、协会、工会组织、社会保险组织，以及具有工商性质的公共部门。内设多个独立单位的企业或者组织，可以根据岗位的实际情况，制定一个或多个内部劳动规则[1]。

(2) 法国企业内部劳动规则在内容上包括与安全卫生措施有关内容、惩罚措施规定等必备条款，同时不得出现法定排除条款。其中，第一部分内容是企业依照法律规定的安全、卫生要求，结合企业内部劳动岗位的性质，而制定的适用于本企业内部的安全生产制度，并在这种制度中协商确定雇员的参与程度。第二部分内容涉及纪律要求，但是，雇主在行使处罚权而规定这部分内容时无论是处罚措施还是处罚程序都必须符合法律要求。而法定排除条款指内部劳动规则中不得包括违反法律、法规以及集体合同、集体协议的条款，不得对雇员个人性的、集体性的权利和自由做出不能为雇员承担的任务性质所证明的、或者与雇主所要追求的目标不成比例的限制；也不得含有对具有同等职业能力的雇员，只因性别、习俗、家庭状况、出身、观点或信仰或者残疾等因素不同，而侵害其劳动权益的条款[2]。由上，法国企业就业规则的内容主要限于劳动协约未曾规定的范围。

(3) 法国企业内部劳动规则的制定和修改需经过以下法定环节。首先，雇主在正式公布内部劳动规则以前必须征求企业委员会（或员工代表）和企业安全卫生委员会的意见。否则雇主要受到刑法处罚。第二个程序是雇主必须通过将内部劳动规则张贴在员工能够看得到的适宜地点而将其公布于众。在张贴的同时，将内部劳动规则及各方意见一并提交劳动监察官从而接受合法性监督。最后，在劳动争议委员会秘书处备案。劳动监察官的监督虽然不构成该规则生效的必要程序和条件，但具有实际意义。内部劳动规则的具体生效时间要在规则中明确写明，且必须是公布后一个月后的某一个日期。

(4) 法国企业内部劳动规则的合法性受到两种途径的监督。一是行政性的直接监督，即通过劳动监察官对内部劳动规则（包括雇主处罚权）进行程序上和内容上的全面检查；二是司法性间接监督，通过法院审理劳动争议案件来纠正内部

---

[1] 郑爱青. 法国劳动法对企业内部劳动规则的调整及对我国的借鉴意义. 北京市劳动法学社会保障法学研究会专家论文集，http://www.ldbzfx.org/lunwen/15.htm.

[2] 全国人大常委会法工委行政法室根据劳动和社会保障部提供的材料整理. 国外有关劳动合同问题的法律规定. 中国人大网 http://www.npc.gov.cn/zgrdw/common/zw.jsp. 2005-12-06

劳动规则中不合法的内容（包括雇主处罚权）。值得指出的是，劳动监察官的监督权不受时间限制。同时雇主制定权也通过健全的法律救济途径得到保护。

2. 德国的企业劳动规章制度[1]~[3]

企业制度在德国经济发展中起了举足轻重的作用，被誉为西欧国家的典范和成功经验。德国文化是典型的欧洲类型，崇尚自由、提倡竞争和效率。社会市场经济制度是德国政府管理经济生活的理论基础，谋求自由和秩序的平衡[4]。德国的劳动法律富有民族特色，突出劳资自治，以保护雇员合法权益为基本指导思想，兼顾雇主、雇员和失业者三方利益。

在此背景下，德国企业制度形成了"强调企业独立法人地位的管理制度和企业职工参与管理的劳资共决制"的突出特点。体现在企业劳动管理方面，德国"企业按生产所需自由雇佣"，并把"调动职工积极性、职工培训作为企业劳动管理重点"。

把握德国的企业劳动规章制度主要包括以下要点：

(1) 企业劳动规章制度由劳资双方协商制定。

德国法律很早就对就业规则实施了限制，1891年的《普鲁士工业条例》规定20人以上的企业必须制定就业规则；1920年的《经营协议会法》规定：由各企业的劳动者代表机构——劳动者协议会与经营者缔结包括就业规则在内的"经营协定"，这种制定方法使得就业规则趋向协定化。

(2) 企业劳动规章制度的内容受法律规制，并突出了企业对效率的追求。

早在1891年，《普鲁士工业条例》就对德国企业就业规则的内容进行了限定，与日本企业的就业规则极为相近。德国企业的用工制度无论在实践中还是理论界历来"将效率作为企业管理的中心"。企业实行能力工资基础上的自由雇佣制，又以"企业不可以任意地解雇工人"、"劳资共决制"、"鼓励职工购买本企业股票"、"全面的社会保障制度"和"双重职业训练制度"等为特色；企业内部分工明确，且实施强调个人能力、基于量化标准、偏重物质鼓励的奖励制度。德国企业劳资双方通过每年一次协商谈判达成以劳动者工资待遇、劳资双方的权利和义务为主要内容的"工资协议"和以规定劳动条件的改善、劳动保护和各种福利待遇为主要内容的"劳动协议"[5]，使就业规则中有关劳动条件的内容有所减弱，更侧重劳动纪律的规定。

---

[1] 张仰东，田敬. 德国企业制度概述. 现代企业导刊，1995, (22): 61~63
[2] 王晓蓉. 德、日劳动管理体制的比较与启示. 天津师大学报，1999, (6): 18~23
[3] 孟祥杰. 浅析日本企业的就业规则. 日本学刊，1997, (3): 58~68
[4] 黄昱方. 影响人力资源管理政策选择的社会因素——对美、德、日人力资源管理的起源和演变的比较分析. 生产力研究，2005, (6): 155~157
[5] 孙晓峰. 浅谈德国劳资关系对于我国建立现代企业制度的启示. 经济问题，2001, (2): 62~64

(3) 企业规章制度的效力低于集体合同,高于劳动合同。

(4) 大型企业劳动规章制度可能具有地区或行业特色。

19世纪末以来,德国作为后起资本主义国家逐步建立与完善了美国式的高度职业化企业管理制度[①]。德国企业的劳动管理不仅受劳动法律约束,还受到国家联邦经济劳动部和职业协会双重管理的影响。企业内部分工明确,劳动规章制度中诸如劳动纪律、岗位规范等规定可能因地区或行业而存在差异。

3. 英国的企业劳动规章制度

英国作为工业革命的发动者,在创建近代公司制度(股份制)和古典企业生产方式(工厂制)方面曾遥遥领先于美国和欧洲其他国家。然而,英国企业家对19世纪末蓬勃发展的技术革命反应迟钝。在19世纪末20世纪初美国不断推进和完善层级式职业化企业管理制度的时候,英国企业管理仍停留在家族控制和管理的传统形态上。钱德勒将英国这种具有浓厚家族管理色彩的企业管理制度定义为"个人管理的资本主义"。相对于美国日益成熟的职业经理制度而言,英国19世纪末以来仍然始终是家族化管理最典型的代表。

把握英国的企业劳动规章制度主要包括以下要点:

(1) 雇主拥有企业劳动规章制度的制定权。在英国,基于资本所有权与企业管理权的传统思想,雇主拥有企业秩序管理权,即持有就业规则的制定权。因此,在英国的工厂法中不存在有关就业规则制定的具体规定。但是,这并非意味着雇主可以随心所欲地制定就业规则[②]。

(2) 企业劳动规章制度的内容侧重劳动纪律。就业规则内容要受到工厂法、实物支付禁止法及其他劳动立法的限制,其中有关劳动条件的规定并不多,往往只是限于劳动者在企业内必须遵守的规章制度。这与英国悠久的工人运动史有密切的关系。由于产业工会及行业工会的发展,诸如工资、劳动时间、带薪休假、解雇等劳动条件成为劳资协约内容的一部分,加上不同工种的最低工资制度及行业法院的仲裁决定,构成英国劳动者的劳动条件规范。由此可见,英国企业的就业规则内容只限定劳动协约之外,即为了维持企业的管理秩序的规章制度,而不包含劳动者的劳动条件[③]。

(3) 向雇员公布不是企业劳动规章制度生效的法定程序。英国的工厂法中不存在有关就业规则向劳动者公布的具体规定。

总之,"在以行业工会为主的欧美各国,劳动协约与就业规则的机能相对分

---

① 唐更华,史永隽. 美英企业制度的一个重要差异剖析. 岭南学刊,2004,(5):92~94
② 孟祥杰. 浅析日本企业的就业规则. 日本学刊,1997,(3):58~68
③ 贺洪超. 英国劳动安全与健康立法的历史演进. 同济大学学报(社会科学版),2004,(6):54~59

离，无论有关就业规则的法律规定是否存在，经营者的就业规则制定权正逐渐为劳资间的劳动协约所代替，其内容也不断衰退。而在以企业内工会为中心的日本，就业规则的制定、变更权事实上完全在于经营方，这使得雇主很容易将各种雇佣管理方式制度化，也很容易单方面向劳动者提出各种义务要求。而以企业为单位结成的工会，尽管其立场与经营方不同，却与经营方有着相通的利害关系，对外具有封闭及排他性，起着弱化劳资对立关系的作用"。

第三节 中国的企业劳动规章制度

一、中国企业劳动规章制度的制定依据

新中国建立后，企业制定劳动规章制度的法律、法规、政策规章等相关依据从出台的时间看大致可分为三个阶段，即1978年之前、1978~1994年、1995年至今。

社会主义改造未完成的建国初期，旧的劳动管理制度崩溃而新的劳动管理制度尚未建立，企业中违反和破坏劳动纪律的现象时有发生。政务院根据中华全国总工会的建议于1954年公布《国营企业内部劳动规则纲要》（1954年5月6日政务院第215次政务会议通过，同年7月14日公布）[1]，规定了企业劳动规章制度制定主体和程序。

1978~1994年，我国先后颁布、修订了涉及企业劳动规章制度各要点方面的多项法规或政策规章、司法解释等规范。1982年12月4日第五届全国人民代表大会第五次会议通过、1988年4月12日第七届全国人民代表大会第一次会议修正、1993年3月29日第八届全国人民代表大会第一次会议修正、1999年3月15日第九届全国人民代表大会第二次会议修正《中华人民共和国宪法》。关于劳动关系建立的规范：1982年2月，劳动人事部发布《关于积极试行劳动合同制的通知》；1986年7月，国务院发布《国营企业实行劳动合同制暂行规定》及《国营企业招用工人暂行规定》等。关于劳动标准的规范：1994年2月3日国务院颁布《国务院关于职工工作时间的规定》；1978年，国务院发布《关于实行奖励和计件工资制度的通知》；1980年4月，国务院发布《关于试行国营企业计件工资暂行办法》（草案）；1981年1月，国务院发布《关于正确实行奖励制度，坚决制止滥发奖金的几项规定》；1993年，劳动部颁发《企业最低工资规定》、劳部发〔1994〕489号《工资支付暂行规定》、劳部发〔1995〕226号《对"工资

---

[1] 中央人民政府政务院. 国营企业内部劳动规则纲要. 人民日报, 1954-07-14. 新华网. http://news.xinhuanet.com/ziliao/2004-12/27/content_2385524.htm.

支付暂行规定"有关问题的补充规定》；1982年3月，国务院发布《矿山安全条例》、《矿山安全监督条例》和《锅炉压力容器安全监察条例》；1987年6月，劳动人事部发出《严格禁止招用童工的规定》；1988年7月，国务院发布《女职工劳动保护规定》；1990年1月，劳动部颁发《女职工禁忌劳动的规定》；1992年，人大常委会颁布《中华人民共和国矿山安全法》；1978年5月，五届人大常委会第二次会议原则批准了国务院《关于安置老弱病残干部的暂行办法》和《关于工人退休、退职的暂行办法》；1986年7月，国务院发布《国营企业职工待业保险暂行规定》等。关于劳动纪律的规范：国家经济委员会、公安部、国家劳动总局、全国总工会于1981年12月14日下发《关于转发上海市整顿企业劳动纪律有关文件的通知》；1982年4月，国务院发布《企业奖惩条例》；1986年7月，国务院发布《国营企业辞退违纪职工暂行规定》等。关于民主管理的规范：1981年7月，中共中央和国务院转发《国营工业企业职工代表大会暂行条例》；1986年9月，中共中央和国务院联合发布新的《全民所有制工业企业职工代表大会条例》；1988年4月，第七届全国人民代表大会第一次会议上通过《中华人民共和国全民所有制工业企业法》；1993年八届人大五次会议通过、1994年7月1日起实行《中华人民共和国公司法》；国务院于1993年7月颁布《全民所有制工业企业转换经营机制条例》，1991年9月发布《城镇集体所有制企业条例》；1979年7月1日，五届人大二次会议制定颁布《中外合资经营企业法》；1988年4月13日，七届人大一次会议制定颁布《中外合作经营企业法》；国务院于1983年9月20日发布《中外合资经营企业法实施条例》，并于1986年1月15日、1987年12月21日、2001年7月22日三次修订；1986年4月12日，六届人大四次会议制定颁布《外资企业法》；国务院配套颁布《外资企业法实施细则》等。关于劳动争议处理的规范：1987年7月，国务院发布《国营企业劳动争议处理暂行规定》；1993年7月，国务院颁发《中华人民共和国劳动争议处理条例》等[①]。

这其中包括国务院对其各部门和省级政府在制定劳动纪律和奖惩措施方面授权而出台的大量地方法规和政策规章等。仔细梳理就可以发现，这些规范虽然均不同程度地涉及劳动规章制度的制定主体或主要内容等方面，但由于都不是专门针对企业劳动规章制度，法律效力层次不高，又分别适用于不同所有制、不同行业或不同地方、不同建立时间等的各个企业，加上约束效力参差别、内容基本上只是原则性地涉及企业劳动规章制度的某一方面等原因，这些庞杂的规范并未能有效指导我国企业普遍制定出较全面、系统的劳动规章制度。这一时期的企业劳动规章制度强调劳动者遵守劳动纪律的义务，往往表现出较明显的计划经济痕迹。

1995年施行的《劳动法》（1994年7月5日第八届全国人民代表大会常务委

---

① 关怀. 十一届三中全会以来我国劳动法学的发展. 法学家，1999，(1)：222～228

员会第八次会议通过、1995年1月1日起实行）首次改变了计划经济时代劳动规范中缺少法律层次而多为劳动政策的状况。之后，我国还陆续颁发或批准了一些涉及企业劳动规章制度的规范[1]，这其中包括地方法规、政策规章等和我国先后批准的国际劳工公约。总体来说，这些规范为用人单位制定、运用劳动规章制度提供了原则性指导，其针对性、全面性、协作性、可操作性等方面的缺陷未发生彻底转变，但从其理念和对劳动规章制度的中心内容、制定主体、程序等方面的约束看，较以往表现出一定程度的市场化、国际化倾向。而这些变化也在一定程度上显现于我国一些用人单位的劳动规章制度中。

二、中国企业劳动规章制度的制定主体

1954年的《国营企业内部劳动规则纲要》中责成"各企业主管部门"为本部门内部劳动规则制定、修改、补充的主体；"各企业单位的厂长或经理"为本企业单位内部劳动规则制定主体，并指出机关、合作社、公私合营企业及私营企业可参照执行。

1995年颁布的《劳动法》第4条规定："用人单位应当依法建立和完善规章制度，保障劳动者享有劳动权利和履行劳动义务。"[2]《劳动法》一定程度上改善了之前众多劳动政策按企业所有制等特征分别约束部分劳动规章制度制定主体的状况，将其统一为所有"用人单位"。但这条规定仍过于原则性，而且仍有部分涉及劳动规章制度的政策规章等仅适用于部分用人单位，如"试点企业"、"新开办企业"[3]。

一些学者[4]~[6]进一步指出，"单位行政是一个由多层次、多部门管理机构所组成的劳动管理系统，有权以用人单位名义制定劳动规章的主体应当是用人单位

---

[1] 劳动部、国家经贸委1995年颁发《现代企业制度试点企业劳动工资社会保险制度改革方法》，劳动部1997年下发《劳动部关于对新开办用人单位实行劳动规章制度备案制度的通知》（劳部发［1997］338号），2001年3月22日讨论通过《最高人民法院关于审理劳动争议案件适用法律若干问题的解释》等

[2] 肖海龙. 用人单位劳动规章制度及其立法模式探讨. 河南省政法管理干部学院学报，1999，（4）：33～37

[3] 劳动部、国家经贸委1995年颁发《现代企业制度试点企业劳动工资社会保险制度改革方法》劳动部1997年下发《劳动部关于对新开办用人单位实行劳动规章制度备案制度的通知》（劳部发［1997］338号）

[4] 王俊英，宋新潮. 论用人单位劳动规章的法律效力. 河北法学，2003，（5）：102～104

[5] 王志凯. 用人单位劳动规章制度之我见. 中企联合网 http://www.cec-ceda.org.cn/cenn/news/?id=5817，2004-05-11

[6] 王全兴，吴文芳.《最高人民法院关于审理劳动争议案件适用法律若干问题的解释》的不足及其完善建议. 法学，2002，（10）：58～66

行政系统中处于最高层次、对用人单位的各个组成部分和全体职工有权实行全面和统一管理的机构",其他行政管理机构或组织(如车间、班组、党组织)虽然可参与用人单位劳动规章的制定,但无权以用人单位名义发布,不具有用人单位劳动规章的制定主体资格。

三、中国企业劳动规章制度的内容

1954年制定的《国营企业内部劳动规则纲要》要求各部门依据纲要制定本部门内部劳动规则,并列举了内部劳动规则应包括录用、调动和辞退职工、企业行政和职工的基本职责、工作时间、处分等四章内容。各企业单位应根据本纲要和本部门内部劳动规则的规定,结合本企业单位的具体情况,拟订其内部劳动规则。1982年制定的《企业职工奖惩条例》、1986年制定的《国营企业辞退违纪职工暂行规定》专门针对用人单位规章制度中关于劳动纪律的内容进行了强制性规定。

在我国《劳动法》做出原则性规定的前提下,其他立法主体可以依法在权限内对用人单位劳动规章制度应包含的内容进行列举性规定,甚至对重要内容如奖惩制度等进行限制性规定。如《劳动部关于对新开办用人单位实行劳动规章制度备案制度的通知》(劳部发[1997]338号)即在第2条对新开办用人单位的规章制度应包括的主要内容从劳动合同管理、工资管理、社会保险福利待遇、工时休假、职工奖惩以及其他劳动管理规定等六个方面进行了列举[①]。可见,我国企业劳动规章制度的中心内容由强调劳动纪律转为侧重劳动条件。但其适用范围只限于新开办的企业。

四、中国企业劳动规章制度的制定程序

1954年,政务院颁布的《国营企业内部劳动规则纲要》明确规定企业主管部门制定、修改或补充内部劳动规则均必须征得相应的产业工会的同意,并送中央人民政府劳动部备查。国营企业单位拟订内部劳动规则,必须征得各该企业单位工会组织的同意,并经当地劳动行政机关审核后,报送直属上级管理机关批准实行。机关、合作社、公私合营企业及私营企业制定内部劳动规则,须征得各该单位工会组织的同意(未建立工会组织者,须交群众讨论),并经当地劳动行政机关审核后,报送直属上级管理机关批准实行(私营企业送当地人民政府劳动行政机关批准实行)。同时,纲要还指出内部劳动规则应公布在车间(科、室)中

---

① 肖海龙. 用人单位劳动规章制度及其立法模式探讨. 河南省政法管理干部学院学报, 1999,(4): 33~37

的显目地方。之后出台的企业制定劳动规章制度的相关依据中也包含了关于民主程序的规定。如1988年《全民所有制工业企业法》第45条、第52条规定：厂长提出工资调整方案、奖金分配方案和重要的规章制度应提请职工代表大会审查同意。职工代表大会有审查同意或否决的权利。1994年《公司法》第122条规定：公司研究决定生产经营的重大问题、制定重要的规章制度时，应当听取公司工会和职工的意见和建议。2001年《最高人民法院关于审理劳动争议案件适用法律若干问题的解释》第19条规定了用人单位规章制度生效的程序包括民主制定、向劳动者公示。综上，我国企业劳动规章制度制定的民主程序在不同企业里可能是职代会审查、工会代表参与讨论或听取工会意见、职工代表参与讨论或一定比例职工同意等形式[①]。

1995年颁发的《现代企业制度试点企业劳动工资社会保险制度改革方法》第18条规定：企业制定的有关劳动管理的规章制度，应抄报劳动行政部门备案。1997年颁发的《劳动部关于对新开办用人单位实行劳动规章制度备案制度的通知》要求新开办企业在正式开业后半年内将制定的劳动规章制度报送当地劳动行政部门备案。

由上，我国还没有针对所有用人单位劳动规章制度制定程序的统一规范。鉴于此，有学者建议我国立法对于劳动规章制度的制定和修改的程序应明确规定："凡建立职工代表大会制度的用人单位，内部劳动规则应当经职代会审议通过；没有建立职代会制度的，或者在职代会闭会期间的，应当征求工会的意见；没有建立工会的，应当征求过半数职工所推举的职工代表的意见，并向劳动者公示，之后报送劳动行政部门审查备案。"[②]

五、中国企业劳动规章制度的效力层次

对于企业劳动规章制度和集体合同的关系，我国理论界和实践中基本形成共

[①] 1981年7月中共中央和国务院转发《国营工业企业职工代表大会暂行条例》，1986年9月中共中央和国务院联合发布新的《全民所有制工业企业职工代表大会条例》，1988年4月第七届全国人民代表大会第一次会议上通过《中华人民共和国全民所有制工业企业法》，1993年八届人大五次会议通过、1994年7月1日起实行《中华人民共和国公司法》，国务院1993年7月颁布《全民所有制工业企业转换经营机制条例》，1991年9月发布《城镇集体所有制企业条例》，1979年7月1日五届人大二次会议制定颁布《中外合资经营企业法》，1988年4月13日七届人大一次会议制定颁布《中外合作经营企业法》，国务院1983年9月20日发布《中外合资经营企业法实施条例》并于1986年1月15日、1987年12月21日、2001年7月22日三次修订，1986年4月12日六届人大四次会议制定颁布《外资企业法》，国务院配套颁布《外资企业法实施细则》等

[②] 王全兴，吴文芳.《最高人民法院关于审理劳动争议案件适用法律若干问题的解释》的不足及其完善建议. 法学，2002，(10)：58~66

识，即"集体合同应当成为制定内部劳动规则的依据，内部劳动规则所规定的劳动者利益不得低于集体合同所规定的标准"。

对于企业劳动规章制度和劳动合同的关系，"在实践中，劳动关系双方当事人对内部劳动规则的地位认识不一。用人单位多认为其内部劳动规则是劳动合同的必然组成部分，劳动者则多强调劳动合同的效力，认为内部劳动规则的内容应服从于劳动合同。即使双方承认内部劳动规则的约束力，也是各朝着有利于自己的角度对内部劳动规则进行解释"[1]。我国理论界一些学者认为："劳动合同的法律效力要优先于企业内部劳动规则。当劳动合同的内容与企业内部劳动规则的内容发生冲突时，应当遵守劳动合同效力优先的原则。"[2]

但也有人认为："内部劳动规则与劳动合同在效力上的关系，具体表现在下述三个层面：①内部劳动规则作为劳动合同的附件，具有补充劳动合同内容的效力。②劳动合同所规定的劳动条件和劳动待遇不得低于内部劳动规则所规定的标准，否则以内部劳动规则所规定劳动条件和劳动待遇为准。这是因为，内部劳动规则规定的标准是平等适用于全体劳动者的标准，劳动合同所约定的劳动者利益若低于该标准，就是对单个劳动者的歧视，不符合平等原则。③劳动合同中可以特别约定其当事人不受内部劳动规则中特定条款的约束，但这种约定应当以对劳动者更有利为前提。这是因为，劳动合同作为主件，对作为其附件的内部劳动规则的效力，可以在合法的范围内予以一定制约。"[3]

▷本章小结

企业规章制度是企业依据国家有关法律法规和政策，并结合企业实际需要制定的规范企业生产经营及其管理工作的行为规范总称。企业劳动规章制度在国外也被称为雇佣规则、工作规则、从业规则或就业规则等。企业劳动规章制度的基本内容几乎涉及劳动关系的各个方面和劳动关系运行的各个主要环节，它与劳动者在劳动过程中的权利义务密切相关。企业劳动规章制度制定的基本程序包括职工民主参与、报送备案审查、正式公布。

在现代社会，契约规范说和法律规范说这两种主张代表了主要发达国家劳动法理论中关于规章制度性质理论的主要论点。

---

[1] 张立新. 用人单位内部劳动规则浅析. 内蒙古大学学报（人文社会科学版），1999，(6)：103~108

[2] 石美遐. 对我国企业内部劳动规则立法的几点初步建议. 中国劳动，1999，(7)：13

[3] 谢恒. 公司、企业所制定的内部劳动规则具有什么样的法律效力？该内部劳动规则能约束劳动者的就业权吗？——李某诉红星房地产公司以其配偶辞职为由将她解雇劳动争议案. 华律网. http://www.66law.cn/channel/viewlawarticle.aspx?lawarticleid=423．2005-10-28

在以行业工会为主的欧美各国，经营者的就业规则制定权正逐渐为劳资间的劳动协约所代替，其内容也不断衰退。在以企业内工会为中心的日本，就业规则的制定、变更权事实上完全在于经营方。

分析中国企业劳动规章制度可以从制定依据、制定主体、内容、制定程序、效力层次几方面入手。

➢ 关键术语

企业劳动规章制度　　企业劳动规章制度的制定依据　　劳动规章制度的制定主体　　企业劳动规章制度的制定程序　　企业劳动规章制度的效力层次

➢ 案例　　企业对职工违纪处罚适用法律的探讨*

1. 案情简介

上海某超市收银员周某在工作中贪图小利，私自拿了超市搞促销的价值36元的鸡蛋，被发现后，自愿赔偿超市3 600元。周某辞职后，向徐汇区劳动争议仲裁委员会申请仲裁，要求超市退还3 600元的罚款。仲裁委裁决超市退还周某3 564元。超市不服，诉诸法院。法院认为，周某作为超市的收银员，理应知道自己的行为准则，私拿鸡蛋的行为违背了诚实信用的原则，亦为职业道德所不允许，因此，周某自愿赔偿超市3 600元并无不当。徐汇区人民法院一审判决超市不予返还周某赔偿款3 600元，周某不服而上诉，上海第一中级法院维持一审判决。

2. 案情评析

本案是一起因职工违纪被单位经济处罚而引发的劳动争议案件。与一般此类案件不同的是，对违纪职工的处罚不是由用人单位依职权履行一定程序后做出，而是由职工"自愿"高额赔偿单位经济损失的方式来进行处理。诚然，职工在履行劳动义务中因故意或过失行为违反单位规章制度，损公肥私，给单位经济利益造成损害的，单位有权予以行政处分或经济处罚，但在处罚的度与方式上应如何把握，如何保证处罚的合法性与公正性。

本案中，周某在工作时私拿了单位价值36元的鸡蛋，其行为既违反了劳动合同义务，亦违背了单位的规章制度。由于在主观上属故意行为，因此，应承担民事赔偿责任，赔偿给单位所造成的经济损失，同时单位亦有权依据企业规章制

---

* 何小勇. 企业对职工违纪处罚适用法律的探讨. 河海大学学报（哲学社会科学版），2004，(7)：22～25

度对其进行行政处分。由于我国民事赔偿强调赔偿实际损失，而法院以当事人主观上为"自愿"，认为赔偿高出实际损失近百倍的数额并无不当，其理由及依据值得商榷。

　　法院判决观点主要从当事人意思自治的角度出发，但忽视了劳动者与单位存在劳动关系，且该法律关系具有隶属性的特征，与单位相比较，劳动者处于从属的地位。因此，国外劳动法律在对雇主行使处罚权利时往往加以多方面的限制，如要求企业制定的内部惩戒规则应公示，方便劳动者查阅；处罚应遵循一定程序，须征求企业工会意见，及时书面通知劳动者并给予劳动者申诉的时间等，同时赋予劳动者提请司法救济的权利。我国《企业职工奖惩条例》第19条规定："给予职工行政处分和经济处罚，必须弄清事实，取得证据，经过一定会议讨论，征求工会意见，允许受处分者本人进行申辩，慎重决定。"并要求受处分的职工情节上应属"经批评教育不改的"。本案中，在对职工周某行为处理上存在适用法律上的竞合，如选择内部惩戒或追究劳动合同违约责任，根据现行《中华人民共和国工会法》第21、22条之规定，工会均可介入：认为处分职工不适当的，工会有权提出意见；认为违反法律、法规和有关合同，侵犯职工合法权益，有权代表职工与企业交涉，要求企业改正或重新研究处理。笔者认为。即使选择按民事赔偿处理，职工周某的赔偿责任也应当相当于因其过错行为给单位所造成的经济损失。实践中，劳动者之所以"自愿"承担企业对自己显失公平的处理结果，主要基于两个原因：一是担心单位因此而解除劳动关系，特别是一些女职工或年纪较大且缺乏劳动技能的劳动者；二是担心被企业行政处分后将处分结果记入人事档案而影响今后的就业与择业。因此，本案周某在其辞职后方敢提请劳动争议仲裁，要求原单位返还其3 600元。上海一审、二审法院既认定了周某身份属超市员工，其行为违背了诚实信用原则及职业道德，就应当对双方当事人约定过高的赔偿金予以变更。综上所述，笔者认为法院及劳动争议仲裁部门在裁决类似劳动争议时，应充分考虑劳动者在劳动关系中的隶属性与从属地位，遵循《劳动法》保护劳动者合法权益的立法精神，以维护社会的公平与正义。

复习思考题

1. 简述企业劳动规章制度的概念。
2. 简述市场经济国家关于劳动规章制度性质的劳动法理论。
3. 举例说明市场经济国家的企业劳动规章制度。
4. 试述我国企业劳动规章制度的制定依据、制定主体、制定程序和效力层次。

第八章

员工参与

第一节 员工参与概述

一、员工参与的界定

1. 员工参与的定义

员工参与管理，最早起源于19世纪末期的英国，这与英国的工业革命最早和工会运动比较发达有关。19世纪末期，在英国的印刷、造船、机械制造、建筑等行业中建立了劳资集体谈判制度。员工参与管理在第二次世界大战后的工业民主化运动中逐步得到法律承认。

纵览国外学者关于工人参与管理的研究与著述，在描述"参与管理"这一现象时，经常使用的术语有：employee involvement，employee participation，management by participation，participative management。虽然都是指通过职工参与管理活动，最终使企业管理形态发生了变化，但用语不同，表示的侧重点也有所差别。employee involvement 表示由雇主方发起参与管理，并接受雇员参与到管理中来；employee participation 表示工人本身有愿望参与管理，并在实践中得以实现；management by participation 表示采用了雇员参与的管理方式，这一管理方式可能是雇主自愿采用的，也可能是被动采用的；participative management 表示参与化或民主化的管理方式，工人参与管理成为管理的内在要素。浏览国内学者相关的研究专著和相关教材，员工参与还被称为员工参与管理、工人参与管理、劳动者参与、劳动者参与管理①。在阐述西方国家的员工参与时，员工参与一般被称为"工人参与"；在阐述社会主义国家的员工参与时，员工参与一般被称为"职工民主管理"、"工人自治"或"企业自治"。本教材赞成"职工民主管理实质上就是劳动者参与管理"②这一观点，因此本教材在概述部分采用了"员工参与"这一用语，希望能表明这一立场，同时又能兼顾对不同社会制度员工参与的不同称谓。此外，由于员工的范围不仅包括普通的工人，还包括低层管理者③，因此我们也认为员工参与比劳动者参与在用语上更准确。

到目前为止，员工参与并没有一个公认统一的定义，但总结国内外学者对员工参与的定义，不难发现，这些定义无非是从两个角度关注和界定员工参与：一是从工业民主或产业民主的角度，二是从企业组织管理的角度。我们在此给出的员工参与的定义是：就业组织中的普通员工依据一定的法律规定和制度，通过一定的组织形式，直接或间接地参与管理与决策的各种行为的总称。

2. 员工参与包含的几个要点

第一，员工参与的目的是实现工业民主和企业内部劳动管理方式的转变。过去被看成是资方独享的领域如今变成与工人分享，恰恰体现了工业民主所倡导的尊重人格和以人性化为目标的人本主义管理原则④。

第二，员工参与的主体是普通员工。员工是指在就业组织中，本身不具有基本经营决策权力并从属于这种决策权力的劳动者⑤。程延园在《劳动关系》一书中所指的"员工"，其实就是我们这里所讲的普通员工。它包括低层管理者，不包括高级管理者。由于低层管理者只负责监督和分配，而无权命令或奖惩下属，所以也属于员工的范畴，而那些只向产权负责的高级管理者，无需他人参与、无需征求他人意见就可做出重大决策，他们掌握着是否为一线职工、低层管理人员、技术人员提供参与管理与决策的机会与权利的主动权和决定权。

第三，员工参与具有明确的合法性和高度的权威性。员工参与管理是受国家法律保护的活动。它不是指企业职工的个别参与，它是一种制度，是一种和民主政治、文明社会联系在一起的制度。员工的参与权之所以成为"权利"，正是因为它来源于法律规定并得到法律的支持与保护。由于法律体系在各个国家及同一个国家的不同发展时期具有不同的特点与内涵，因此，不同国家的员工参与权也会有所不同，即便在同一个国家，不同发展时期的员工参与也会表现出很大的差异性。

---

① 在本章内容中，这几个概念的含义一致，是通用的
② 常凯. 劳动关系·劳动者·劳权——当代中国的劳动问题. 北京：中国劳动出版社，1995. 306
③ 程延园. 劳动关系. 北京：中国人民大学出版社，2002. 4
④ 常凯. 劳权论——当代中国劳动关系的法律调整研究. 北京：中国劳动社会保障出版社，2004. 307

第四，员工参与是员工对企业管理决策权的分享。企业的民主参与权，并不是一种替代管理权，而是一种分享权，是对企业管理决策权的分享。即使是社会主义国家的职工民主管理，在实践中不可能也没有能够做到工人的直接管理。

3. 社会主义国家与西方主要资本主义国家的员工参与的比较

把分别发生于社会主义中国与西方主要资本主义国家的员工参与放在一起加以对比研究，我们不难发现它们的共同与不同之处。

两者的相同之处是非常明显的：①在产生根源上，两种参与都是社会生产力发展到一定阶段的产物，体现了生产力发展的客观要求；②在参与的政治背景上，两者都有政党、政府、工会运动活动的背景；③在参与目的上，两者都是要充分调动企业组织内部每一个人的积极性，以提高企业的生产效益和整体竞争能力，从而在市场竞争中处于不败之地；④在参与内容上，两者都可以对重大决策提出建议，通过平等协商、集体谈判等方式共同决定工资标准、劳动条件和职工行为准则，以及劳动关系所涉及的其他内容。在劳动报酬确定方面，西方国家职工的参与权利更大；⑤在学习借鉴方面都持开放态度。两种参与之间都在学习和借鉴对方的长处与经验，扬长避短、取长补短，在学习其他国家职工民主参与和企业管理经验方面，意识形态的考量已变得十分微弱。

两者的不同之处：①在参与形式方面，有着社会主义传统的大陆法系国家主要通过立法的形式强制规定劳工代表必须进入董事会、监事会；有着自由主义传统的英美法系国家强调员工参与企业管理的自愿性，并不强制要求工人代表直接参加董事会，而是通过集体谈判，把职工参与与工会活动结合在一起，并通过近几年来广泛实施的职工持股计划对员工实施长期的激励与约束；职工代表大会是有中国特色的职工参与制，是我国国有企业中职工参与企业管理的基本形式，在资本主义国家，则缺乏这样的形式。②在受政治影响的方面，社会主义国家的职工民主参与无疑要大大超过西方国家。以中国为例，职工参与管理一直被赋予浓厚的政治色彩，与政治始终保持着特殊关系，政治属性反而比经济属性更为明显。③在参与范围上，社会主义国家具有广泛性和普遍性特点。这与民主参与和政治的关系紧密相关。社会主义国家在政府的强权推动下，所有的国有企事业单位都被要求实行职工民主管理。而在资本主义国家，除去欧洲个别国家外，政府对职工民主参与基本上采取自由、放任态度。④在参与的独立性与有效性方面，社会主义国家并不具有天然的优势。资本主义国家由于职工参与没有设定统一的标准，政党在基层的影响也仅仅限于竞选时期，所以基层组织尤其是经济组织中的职工参与都能体现出个性化色彩，得到独立发展。由于职工都享有罢工权，这种极端参与方式使得劳资关系处于一种相对良好的动态平衡之中，职工的工资保障、劳动保护法规的执行总体上处于一种良性状态。

两种参与的同与不同都是相对而言的，都是在一定的社会发展时期所表现出来的特征。随着经济全球化的发展,发生于不同社会制度和不同企业中的两种参与将在发展中互相学习、互相渗透、相互融合。可以预见的发展趋势是,两种参与的不同将会逐渐减少,同的东西将不断扩大,即共同点将越来越多。

二、员工参与的必要性和可能性

无论社会主义国家还是资本主义国家,也不论是经济发达国家还是经济落后国家,我们都能发现员工参与走向普遍化与制度化的趋势。那么员工参与的意义何在,这种趋势是如何产生又是如何形成潮流的,本文从以下几方面对这些问题做出回答,旨在揭示员工参与的必要性和可能性。

1. 员工参与的必要性

第一,员工参与是社会生产力发展的客观需要。

员工参与是社会生产力发展到一定阶段的产物,又是生产力进一步发展的客观需要。

就管理者而言,社会生产力的发展客观上需要企业管理思想的转变。首先,生产力发展对职工民主参与的促进作用,主要是通过科学技术的不断进步并导致劳动结构发生变化的过程体现出来。在劳动者队伍中脑力劳动者的比例越来越大,在具体的劳动过程中脑力劳动的比例越来越大。劳动结构的改变客观上要求管理者管理思想的转变。脑力劳动是创造性思维活动,具有自觉性和自主性特点。这种特点决定了在生产管理中,单纯依靠监工、延长工时等强制性手段已经不能有效地提高劳动生产率,而是更加依靠劳动者的自觉性。这样,重视人的因素,实行以人为本的管理,吸引和组织劳动者参加管理,充分发挥和调动劳动者内在的积极性、智慧和创造力,就成为现代化管理的客观要求和中心内容。其次,管理者个人能力的局限性也要求职工参与管理。由于现代企业生产规模的扩大,社会化程度和技术水平越来越高,企业内部的分工也越来越细密,使得企业管理工作变得异常复杂。面对日益复杂的管理要求,管理者个人能力的局限性与生产社会化及管理内容日益复杂的矛盾日益突出。

就劳动者而言,企业规模扩大和生产复杂性日益增加,使工人与管理者越来越疏远。一方面,为了更有效经营,企业的所有权与经营管理权不得不开始分离,出现了职业经理者阶层,他们与企业中普通劳动者通常要保持一定的距离,造成两者之间的疏远;另一方面,企业生产分工细密,使产品不能体现出劳动者的个人特色,从而也就降低了对自己所生产产品的认同感和工作后的满足感。这种情况并不利于劳动者产生关心生产后果的责任心和增进团队合作精神,而这两者又是现代化大生产必不可少的人为因素。一些管理者经过探索和实践发现,如果鼓励工人在企业技术革新、生产质量提高、降低生产成本和改善企业经营管理方面提出他们的意见,让工人参与组织变革和重大决策,能够较好地满足员工自我实现的需要,重新获得成就感,增强对企业的忠诚度,提高工作热情,而这将直接带来员工人力资本付出的水平,最终将提高企业的经济效益。

在此,要特别说明的是,过去很长一段时间,中国一直把西方国家职工民主参与看成是削弱工人斗志、减缓劳资矛盾的"障眼法",而且资本主义性质也决定了它们不可能实现"民主管理"。社会主义企业的民主管理是由企业的社会主义性质决定的。在生产资料公有制的社会主义社会,劳动者成为企业和国家的主人,在企业中居于主人翁地位。公有制决定企业要实行民主管理。改革开放以来,综观各个国家的职工参与管理,我们发现社会主义制度并不意味着必然能立即实现高度发达的社会主义民主。对于各国的职工参与管理,技术和意识形态两个主要因素都在发挥作用,而技术因素起了主导作用,也就是说,技术进步、生产力的发展是决定职工民主参与产生与发展的最重要力量[①]。

第二,员工参与是建立和谐稳定的劳动关系的需要。

市场经济条件下的企业经营管理者深知激烈的市场竞争环境需要和谐与稳定的劳动关系,需要通过参与管理这种方式来调动被管理者的热情、积极性与合作精神。通过员工参与管理,管理者能及时了解工人的意见和要求,并根据工人要求对原有决策进行适当调整,这种调整可能是巨大的,也可能是微小的,但这种调整可能更适应决策受体的要求,这对于增强工人实施决策的自觉性和接受管理者的命令与指挥都会产生积极影响。正如美国管理学家西蒙提出的那样,受条件所限,员工参与可能并不会提出太多有价值的建议,但这对于决策的实施却是不可少的。因此,员工参与对增进劳动关系主体双方的了解,消除意见分歧,把有可能造成重大利益冲突进而影响劳动关系稳定的因素和隐患清除于萌芽之中,都是非常有必要的。从这个意义上讲,员工参与是和谐劳动关系的保障机制,是增进劳资合作实现双赢的有效润滑剂。

第三,员工参与是现代企业制度的应有之义。

现代企业制度是与市场经济相联系,按市场经济要求建立起来的企业形式。负有有限责任的股份制企业,被看成现代企业制度的典型和代表。在股份制企业,由于企业一切经济活动都以投资人的投资份额为准,一股一权,一股一利。对于持股职工来说,他们同是企业的股东,理应享有参与管理的权利。在股份制企业,投资者与经营者目标的实现,都无法离开企业职工劳动者努力工作,离不开职工的积极性与创造性。这也需要吸引员工参与管理,调动劳动者的劳动积极性,形成和谐的劳动关系。在市场经济条件下形成的现代企业制度,内在地包含

---

① 刘元文. 相容与相悖——当代中国的职工民主参与研究. 北京:中国劳动社会保障出版社,2004. 152~156

着公开、参与、尊重职工权利的原则。依据现代企业制度建立起来的股份制企业，总是对先进的管理思想与管理方式最早做出反应的企业组织，也是职工参与管理最早形成制度的地方。在德国，政府关于"共决制"的立法主要是针对公司制企业。在美国等其他国家，企业资本社会化、让职工持有企业股份，目的之一就是要留住职工，增强职工关心企业的责任心，提高其参与企业管理的热情。可以说，重视劳动者的地位和作用，吸引职工参与管理，是现代企业制度的重要标志。

第四，现代企业制度下员工参与企业管理的重要依据是人力资本的专用性。

传统企业理论认为由于物质资本具有专用性和可抵押性，当企业面临风险时首先暴露在风险中的是投资者的物质资本，因此物质资本的所有者承担了企业风险，理应拥有企业所有权，并实施对员工的权威。相反由于人力资本是通用的且不可抵押，企业发生危机时可以毫无困难地一走了之，因此员工只能获得固定收入，并接受雇主的权威。但随着科学技术发展和企业制度的演进，人力资本的专用性程度不断增加。威廉姆森认为人力资本的专用性是指工作中有些人拥有某种专门的技术、工作技巧或拥有某些特定的信息。人力资本的专用性既可以通过企业提供的特殊培训形成，也可以通过雇员自身的人力资本投资及在边学边干中积累而成。当引入人力资本的专用性时，雇员的退出就会给退出者本人及企业带来损失。员工的退出对企业来说，企业要承担培训费、使用新人的效率损失、工人之间的替换成本及新旧工人之间的摩擦成本；对员工来说，专用性的人力资本一旦退出企业，其价值或降低或荡然无存。所以，雇员的这部分专用性人力资产就相当于抵押给了企业，和股东的物质资本一起共同承担了企业风险。根据风险与收益相匹配的原则，企业员工理应拥有企业的所有权，参与公司管理。可以说人力资本的专用性是现代企业制度下员工参与企业管理的重要依据，而人力资本与人本身的不可分又决定了人力资本不能压榨只能激励。

2. 员工参与的可能性

无论是在中国，还是在西方发达国家，来自企业外部的社会、政党与政府、工会组织的强力推动，都是员工参与得以普遍发展的重要条件。

第一，工人、工会组织为争取参与权而斗争。

西方国家工会领导人认为，工人参与管理是保护工人利益的最有效手段，在工人民主参与之下制定出的决策，能够比较好地体现他们的利益，这等于在源头上维护他们的利益，因此应大力推动。工会组织在开始面对工人参与管理这一问题时，曾一度处于进退两难的境地。一方面，广大职工以雇员的身份参与管理，而不是以工会会员的身份，如果工会强调以会员身份参与管理，必然会把非会员排除在外，造成与他们之间利益上的矛盾。另一方面，因为工人参与管理，尤其是资方主动提出让工人参与管理，工人与雇主进行面对面、直接的接触，就会降低工会在工人中的作用。所以在一段时间内，工会组织对工人参与管理并不持积极支持态度，但这样又使得工会组织面临着被工人离弃的风险。后来大多数工会组织还是选择了支持工人参与。它们依靠多年经营所建立起来的组织网络优势，用新的纲领和目标吸引工人，不仅成功地保全了自己的实力，而且又迅速成为工人参与管理的倡导者与组织者，成为工人参与管理的强大推动力量。如第二次世界大战以后，德国工会联盟利用罢工手段相要挟，迫使联邦议会通过了旨在实现"劳资对等共决"的《煤钢共决法》。在此基础上，又力图把适用于采矿、钢铁企业的平等法案推广到所有企业，并终于在1976年取得部分胜利。新的"共决法"规定，2 000名以上的公司制企业，都将实行"共决制"。当然我们也应该看到，随着工人素质不断提高，以及各种参与形式的普遍化与广泛化，工人维护和实现自己利益的途径在不断拓宽，工人对工会组织代表自己的利益和发挥中介作用的依赖程度在下降。

第二，各国的政党、政府对推动员工的民主参与发挥了重要作用。

西方各个国家现代意义上的政党大都认为有必要增加工人的参与活动，尤其是社会民主党，它对推动工人参与的发展发挥了重要作用。社会民主党把扩大基层民主、实现产业民主、工业民主作为实现"社会民主"的重要内容。在丹麦、德国、瑞典等国家，当社会民主党执政时，受他们的"社会民主主义"理论的影响，大都通过法律形式使工人参与形成了制度。其中，德国公司制企业中实行的"监事会中的职工代表制"最具有特色。

在社会主义国家，不管是过去还是未来，政府与政党的推动都是职工民主参与的关键性因素。一直以来，社会主义国家都将民主作为基本政治信念，信仰共产主义的政党在执政期间，都广泛地推行各种民主管理的方式，并制定、颁布了相应的法律和制度。无论在国家事务中，还是在国有企业，"职工当家做主"始终是根植于人民大众意识深处的愿望。在前南斯拉夫，曾长期实行工人自治制度，在职工民主管理方面做了最彻底、最全面的尝试。在苏联，20世纪80年代作为指导政治经济体制改革原则之一的"自治"原则，主要内容就是在企业中实现职工自治这种更彻底、更完全的职工民主管理形态。在中国，各级政府和中国共产党始终是企业职工民主参与的倡导者、组织者，他们通过立法形式推动国有企业普遍建立起职工代表大会制度。这一制度与政治生活中的人民代表大会制度相呼应，形成了具有中国特色的民主组织网络。在党的领导下共同实现社会主义国家职工群众参政议政、参与管理和实行管理的政治要求，成为人民代表大会制度在企业中的延伸。党和政府还根据改革的新形势，适时调整和不断拓宽民主参与内容，不断丰富民主参与的形式。

第三，员工参与管理的意识增强。

从劳动者本身看，由于生产力的发展带动了文化教育事业的发展，劳动者所受的学校教育、职业教育不断增多，文化和技术水平不断提高。由于从小就接受社会民主理念的熏陶，使他们形成了民主价值观，参与社会活动的机会与深度不断增加也使他们获得了民主经验。他们追求自我，崇尚自由与个人主义，敢于怀疑权威和挑战权威，对那些影响到自己利益的社会决策有着强烈的参与要求。自主意识、参与意识和参与管理能力的增强，都使劳动者富有成效地参与管理成为可能。

第四，政治民主化进程的影响和推动。

员工参与管理首先在那些民主政治制度相对发达的国家和地区发展起来，企业管理民主化无疑受到了政治民主化进程的影响和推动。在欧美发达国家，民主制度经过几百年的锤炼与改进，形式日趋完备，已经是一种相对成熟的政治制度。平等自由的理念已经是社会公众普遍接受的政治信仰。在这种背景之下，民主的基本原理、价值观、行为规则自然也会流向社会基层组织，尤其是企业这样的生产性组织。当一个或少量企业组织在管理中融入了民主，而且取得了一定成效，就会在越来越多的组织发生连锁反应，民主参与也就更有说服力，更有渗透性。

第二节 西方国家的工人参与

一、国外工人参与的历史发展[①]

工人参与最早出现于19世纪末期，一些工业比较发达国家的工会组织开始把参与管理作为改善工人劳动和生活条件的一个途径，并要求在立法中予以确认。英国最早建立了劳资集体谈判制度，而德国最早出台了规定劳动者参与权的立法。1891年，德国修订《工商业营业法》，该法建议"企业主可视情况设置工人委员会"，由工人委员会代表工人就企业经济财务和劳动问题与企业主进行沟通与协商，反映工人的要求。工人参与在苏联成为一项广泛实行的制度，出现在十月革命以后。1917年11月，全俄中央执行委员会颁布了由列宁起草的《工人监督条件草案》，草案规定在雇佣工人和职员共计5人以上，或年周转资金在1万元卢布以上的一切工业、商业、银行、农业等企业中，由工人和职员选举代表组成工人监督委员会，对企业的生产、储藏、买卖进行监督。虽然这一规定没有使工人直接掌管管理权，但却赋予了工人参与管理的权利。

1919年，德国第一次将工人参与权写入宪法。德国的《魏玛宪法》第156

---

① 常凯. 劳动关系学. 北京：中国劳动社会保障出版社，2005. 306，307

条规定，"依公共经济原则规定雇主及劳工参加管理经济财务"。此后，挪威、瑞典、丹麦等北欧国家也在立法中承认了工人的参与权。

工人参与在美国一些企业得到认可是在 20 世纪 30 年代。在著名的霍桑实验完成以后，让工人参与管理的思想逐渐为众多的管理者所接受。30 年代初期，美国帕帕因梯钢铁公司因为经济危机而濒于破产。该公司的工会工作者斯肯伦提出了他的改革方案，即有名的"斯肯伦计划"（Scanlon plan）。该计划的主要内容是，成立劳资联合委员会共同商讨降低成本、提高产量和质量等重大问题，发动全体职工开展合理化建议活动；实行集体分红制，超产部分按一定比例作为职工的集体奖。由于该计划在一定程度上使职工个人收益与企业的生产经营结果联系在一起，增加了职工收入，使职工更直接地体会到自己是组织的一部分，是为了共同的目的而工作，增加了归属感，减少了工人与企业主的对立情绪。由于实行这一计划，该企业的生产率得到显著提高，企业最终也扭亏为盈。这一做法引起其他企业的关注，包括派克笔厂在内的一些企业纷纷效法帕帕因梯钢铁公司，开始实行斯肯伦计划。这种让职工深度参与的做法，在当时风行一时。

但工人参与成为一种相对稳定的制度则是在第二次世界大战以后。1946 年《法兰西共和国宪法》规定："工人通过其代表，参加关于工作条件之集体决定及企业之管理。"[1] 1947 年，《意大利共和国宪法》规定："为了提高劳动者的经济和社会地位并根据生产的要求，共和国承认劳动者有权按照法定程序并在法定范围内参加各种经济企业之管理。"[2]《葡萄牙宪法》规定："在企业中，工人有权成立工人委员会，以维护自身的利益和参与企业事务。"同时规定工人委员会享有下列权利：对企业的经营进行监督；参与重新组织生产单位的工作；对企业经营的社会事业有建议或参与的权利等[3]。工人民主参与最具影响的是德国的"共决制"，这一制度成为西方国家工人参与发展历史上的一个里程碑。在德国的影响下，董事会和监事会中的职工代表制成为欧洲大多数国家采用的工人参与方式。第二次世界大战以后，许多第三世界国家也建立起了工人和工会参加管理的制度，而且形式多种多样。比如阿尔及利亚采取了类似中国的职工代表大会制；叙利亚、马里、玻利维亚等国家建立了职工代表参加企业行政领导机构的制度；新加坡、印度等国则采取了劳资协商咨询制度等。

进入 20 世纪 80 年代，由于工人参与加大了参与财务管理和利润分成的力度，比如职工持股计划的实施、劳动管理领域中的"人力资源管理"的兴起，因此有学者认为"工人（雇员、职工）参与"这个概念应该由"雇员（工人）加

---

[1]《法兰西共和国宪法》(1946 年) 序文
[2]《意大利共和国宪法》(1947 年) 第三章第 46 条
[3]《葡萄牙宪法》(1982 年) 第一部分第三章第 54 条、第 55 条、第 57 条

盟"概念取代。"雇员加盟"是指：由雇主实施的，在最大化地利用雇员劳动的同时，保证雇员目标、需求与组织目标一致的方法[①]。其实雇员加盟只是在深度和广度上进一步发展了的职工民主参与，并没有脱离职工民主参与的本质属性[②]。如果非要说它们之间的区别，可以这样理解，雇员加盟是要加强雇员对组织目标和价值的支持；而工人参与则是给雇员提供影响和参与组织决策的机会。

二、西方国家工人参与管理的一般特征

西方国家工人参与管理从产生到现在，虽然各个国家在不同时期的活动内容和组织形式有所不同，参与的深度和广度也不一样，但仍有以下几个方面的共同特征：

1. 以一定的思想理论为指导

20世纪30年代以后，行为科学在美国等国家兴起，它构成资本主义各国工人参与管理的主要理论基础。在不同的国家，工人参与管理还深受一些其他思想的影响。在美国，人民资本主义思想、二元经济理论、实用主义哲学使工人参与管理更注重形式的多样性和结果的实效性。在西欧诸国，民主社会主义理论构成工人参与管理的主要思想理论。在日本等东方国家，工人参与管理则深受儒家思想传统和家族主义观念的影响。

2. 具有明确的合法性基础

西方国家大都通过法律形式规定工人参与管理的权利。一方面，这种规定源自民主政治发展的特定要求。在民主国家，企业职工既是企业雇员，也是政治投票人，每个人都有特定的权利包括投票选举权、隐私权、言论自由权和集会权等。这些权利随着时间的推移而成为人们的信念，进而延伸到企业直至社会之中。另一方面，这种规定也是政府干预经济职能的内在要求。一旦员工感到自己的要求合法，而最低工资、收入保证、工作条件、公平待遇以及雇用机会等得不到满足，他们就会通过政治的方法做出反应。比如通过自己选出的立法代表制定更有利于劳动者权益保护的法规，或者通过采取有组织的行为向政府施加压力，等等。这种情况由于涉及社会稳定及市场经济的有效运行，因而促使政府出面干预企业劳动关系，通过立法形式对管理层特权和员工权利进行再定义。实践证明欧美国家有关工人参与权利的立法略有不同。欧洲国家的法律覆盖了劳动关系的

---

① 杨体仁，李丽林. 市场经济国家劳动关系：理论·制度·政策. 北京：中国劳动社会保障出版社，2000. 369

② 刘元文. 相容与相悖——当代中国的职工民主参与研究. 北京：中国劳动社会保障出版社，2004. 312

绝大多数内容，对工人的权利以及这些权利的实现方法与途径都做了具体而明确的规定。而在美国，劳动立法则更多的是规定原则与标准，具体的内容留待企业集体谈判过程来解决。不过，各国政府的立法和管制最终都会产生这样的结果，即促使企业建立起员工对决策施加影响的机制，同时员工对自身职业生涯发展也会有更多的影响。

3. 参与类型的多样化

随着西方国家企业工人在经济、精神和政治利益上享有的权利不断扩大。在工人参与方式上也呈现出多样化特征，既有直接参与，也有间接参与；从参与的深度和范围上看，既有提出建议的参与，又有重大问题决策的参与；从参与的层次上看，既有工作现场的底层参与，也有在最高管理层进行的参与。总之，员工参与存在于企业各个管理层次之中，企业组织有多少等级层次，则员工的参与就有多少层次，从最低层次直至董事会层次。

4. 实现程度取决于多种因素相互作用的结果

西方国家的工人参与管理已经非常普遍，但工人参与能否顺利进行以及参与的深度与广度到底如何，最终还要受到劳动关系主体双方意愿以及力量对比的影响。一方面，雇主和高层管理者对员工参与重要性的认识起着至关重要的作用。资方既希望通过工人参与的机制能够提高组织的效率和生产率，使劳资关系更加协调，又担心工人参与决策在实际上不可避免地构成了对管理层决策权威的挑战。因此趋向接受员工的参与，但他们希望这种参与应该被限定在他们能够接受的范围和程度之内。另一方面，员工民主参与的意识强烈程度以及组织程度都会影响到参与的效果。员工对自身利益追求的执著愿望，会增强与雇主进行意志较量的坚定性和取得更多利益的可能性。当然，追求自身利益本身也有一个度的限制，这个度就是一个利益平衡点，是劳资双方较量的结果，是双方都能接受的标准，是动态的平衡。此外，工会的组织工作及参与技巧的运用，对工人参与的效果也有一定的影响。

三、西方国家工人参与的一般形式

国外工人参与管理的形式多种多样，具有普遍性的有以下几种：集体谈判，工人委员会制，公司董事会或监事会中的职工代表制，工人自治小组或小集体活动。

1. 集体谈判

在西方国家，集体谈判是劳动关系管理中最重要的制度，也是工人通过其工会组织参与企业管理的普遍形式①。西方国家大都通过立法形式规定集体谈判的具体内容、机制与做法，并赋予工会作为工人代表与资方进行谈判的资格。在实际的谈判过程中，有三个权力主体参与其间：管理层、工会和政府。其中，管理层代表股东利益，工会代表组织起来的工人的利益，而政府是作为一种补偿力量来发挥作用，政府不管是否直接参与了谈判，主要是试图在两者之间代表"共同利益"来寻找平衡。谈判的结果是签订集体合同。合同一旦订立，便具有法律效力，劳资双方必须恪守执行。对工人和工会来讲，集体谈判对工人参与管理具有双重作用：一方面，要想取得良好的谈判结果，工人不得不想方设法去了解企业的生产经营和管理状况，取得真凭实据，在此基础上提出修正企业现行管理政策的要求。这就要求工人主动参与企业管理。另一方面，集体谈判也是签订集体合同的过程，又由于集体合同具有劳动合同"母合同"的性质，因此它与劳动者集体中所有成员的个人利益都密切相关。因而也最容易引起员工群体的重视，工人大都会为谈判的顺利进行出谋划策。

目前，集体谈判呈现出两大发展趋势：一是谈判范围分散化，职责向基层转移；二是谈判的内容不断扩大。西方国家传统上盛行产业或全国一级的集体谈判，这种谈判社会影响力强大，谈判双方都容易从中找到有利于自己的一面。但这种谈判所形成的主要决策经常远离实际生产部门，并最终损害双方的利益。因此，集体谈判便向公司一级、工厂一级、甚至车间一级发展，全国性的合同由地方性的合同补充，地方的工厂和地方工会就该厂中特定的工作条件进行谈判。在谈判内容上，过去许多国家集体谈判的内容只限于工资和劳动条件，现在谈判的范围不断扩大，如工会权利、工人代表权利、参与管理形式、假日和养老金等方面的优惠，大都列入谈判范围，甚至人事、公司投资及搬迁等过去被认为是资方管理特权的问题也被列入谈判范围。

2. 工人委员会制

工人委员会制是一种在欧洲国家较为广泛采用的形式。从组织形式上看，基本上分为两种：一种是由企业管理者代表和工人代表按人数对等原则组成，类似劳资联席会议，这种形式的代表是美国和日本。在美国，工人委员会被称为劳资委员会，美国职工参与企业管理一般是在自愿的原则下由企业管理部门和工会共同提出参与方案，劳资委员会就是一种代表形式。在美国大多私人企业都建立了由工人和管理人员组成的劳资委员会，一般由8到12名代表组成，一半由管理部门指派，一半由工会代表组成。主要解决集体谈判涉及不到而劳资双方共同关心的问题。其目标是在帮助改善工人工作条件和提高他们的工作热情的同时，提

---

① 需要说明的是：在日本，集体谈判主要通过劳资协会进行。在有工会组织的企业里，劳资协会由资方和工会各5名代表组成；在没有工会组织的企业里，由资方确定的代表和工人代表组成

高企业的效率。在日本，工人委员会被称为经营委员会，它是企业吸收员工参与管理的一种组织形式。经营委员会一般由企业的总经理、高级职员和员工代表组成经营委员会，每月开会一次，委员们对企业的经营计划、利益分配及人事调整等经营情况交换意见，然后由总经理根据委员们的意见做出决定；另一种是由工厂全体工人选出的工人代表组成，不论是否是工会会员都可当选员工代表，这种形式的代表是西欧国家。在一些西欧国家，工人委员会被认为是工人影响企业决策的"双轨体系"的一部分，工人委员会是合法的代表机构。其主要职能是代表工人就工厂财务、计划、员工的录用和开除等事项，与厂方协商或共同决策。工会参与到集体谈判和政治性的活动之中，而工人委员会则在工作场所被赋予更大的权力——从被通知和参与讨论的权力到共同决策的权力。

3. 董事会或监事会中的职工代表制

董事会或监事会中的代表制是劳资共决制[1]的主要形式，主要在西欧、北欧国家实行。董事会或监事会中的员工代表制也被称为工人董事、工人监事制度，是公司制企业最高管理机构中的工人参与制，也是员工依法参与企业管理的最高形式。董事会中的员工代表称工人董事，监事会中的员工代表称工人监事。它是市场经济条件下公司发展的产物。它的具体含义是指由企业员工民主选举一定数量的员工代表直接进入企业管理决策机构——董事会或监事会，成为其中的一员，代表员工参与决策、监督的制度。员工董事或监事与资方董事与监事享受同等权利，他们与资方代表一起，对企业实行"共同管理"、"共同决策"。在实践中，又可分为一级委员会制（董事会）或两级委员会制（监督委员会和管理委员会）两种形式。在荷兰、奥地利，公司一级均设有监委会和管委会两级职工代表制[2]。而在其他国家，有的只在公司董事会一级实行员工代表制，还有的只在低层的部门董事会中设有工人董事，工人董事的职责是作为部门管理长官的顾问。在各种体制中，员工代表少则1人，多则占到1/3，只有德国在监事会中，员工监事的比例占到1/2。

董事会和监事会中的员工代表制的意义在于：工人董事在员工与雇主之间建立了一个结合体，能够把工人利益和公司利益结合在一起，共同承担风险、承担责任、共享利益；工人董事通过提供他们的观点和经验提高了决策会议的质量和

---

[1] 欧洲是社会主义思想的发源地，历来就有重视工人权益的传统，欧洲的许多学者认为，工人参与企业决策在微观层面上可以协调公共利益和私人利益。面对这种呼声，第二次世界大战后，德国、法国等许多欧洲国家开始通过立法强制规定企业必须让工人代表进入决策层，由此形成了欧洲独特的"共决制"。共决制的典范是德国，20世纪50年代以来，德国制定了一系列促进员工参与共决制的法律。在德国实行这一制度的企业必须是依法设立监事会且员工人数超过一定量的企业

[2] 在德国，大中型企业在董事会之上设监事会，代行股东会的某些职权，职权大于董事会，而董事会与经理班子实行合一制。德国的"共决制"采用监事会中的员工代表制做法

决策的质量；工人代表对公司决策进行监督，及时反映员工的意愿和要求，员工的利益要求也能够更多地在企业决策中得以体现；并且通过让员工了解管理方的问题和限制条件，也确保员工对董事会的决策有更多的认同，减少劳资冲突，创造一种劳资相互信任的氛围，促进劳资合作。"董事会或监事会中的员工代表制"与集体谈判、工人委员会相比，员工参与管理更直接、更具有针对性，也更富有效果。但这种形式存在的问题是，工人董事在董事会上具有双重职责，作为董事必须对股东负责，作为员工代表必须对员工负责。但这种状况有时会使员工代表在角色处理上出现矛盾，也造成董事会决策的统一性与集体性受到冲击。另外，工人董事同样依赖高级经理人员提供的信息和建议进行参与，从而大大降低了对决策的影响。

4. 工人自治小组或小集体活动

工人自治小组（也被称为工人自我管理小组）或小集体活动是车间和班组一级工作的现场工人直接参与管理的一种形式。它强调工人在生产中的作用，凡小组成员都参与小组的管理工作，是一种注重人的因素的新的企业管理方法。工人自治小组实行生产线负责制，它是由班组成员自行安排小组计划，决定完成生产任务的方式方法，并且从事技术改革和质量改进等项工作。小组有权分派工作，有权决定工时，甚至可以提出解雇意见。与其他形式不同，这样的参与更直接，员工也被授予更大的责任和权力对工作任务本身做出决策。这种形式最具有代表性的就是质量管理小组（quality circle），它最初起源于美国，20世纪50年代传到日本，被日本企业发扬光大，成了日本提高产品质量、降低生产成本并击败美国公司的重要原因之一。工人自治小组也是西欧国家车间班组工人直接参与企业管理的一种形式。

5. 员工持股计划

员工持股计划[①]（Employee Stock Ownership Plans，ESOP）是20世纪60年代初由路易斯·凯尔索（Louis Kelso）最先在美国提出的，他也因此被称为"员工持股计划之父"。ESOP在西方被看作一项员工福利计划，员工获得的股票是福利的一部分。从资本意义上说，ESOP使员工成为企业的所有者。员工持股计划导致工人更注重财务参与。员工持股计划在美国的实施比较成功。实行的情况有两种：一种是不利用信贷杠杆的ESOP，即由企业直接将股票交给公司成立的ESOP委员会（小组），该委员会为每个员工建立股权账户，并每年从企业利润中按其掌握的股票分得红利，用部分红利归还雇主或公司以股票形式的赊账，归还完后股票即为员工个人所有。另一种是利用信贷杠杆的ESOP，即企业成立

---

① 也被翻译为"职工持股计划"。程延园. 劳动关系. 北京：中国人民大学出版社，2002. 224

一个专门的员工持股信托基金会[①]，基金会由企业全面担保，贷款认购企业的股票。企业每年按一定比例提取出工资总额的一部分，投入员工持股信托基金会，偿还贷款。当贷款还清后，该基金会根据员工相应的工资水平或劳动贡献的大小，把股票分配到每个员工的"员工持股计划账户上"。员工离开企业或退休，可将股票出卖给员工持股信托基金会。没有信贷杠杆的 ESOP 实际上是企业主或雇主对员工的无偿捐献，因此，这种形式并不是 ESOP 的主流，后者才是员工持股计划的典型形式。

20 世纪 80 年代以来，在各国政府制定了一系列优惠政策的鼓励下，越来越多的企业开始拟订并实施员工持股计划。员工持股计划的发展越来越趋于国际化。目前美国已有 1 万多家员工持股的公司，遍布各行各业，日本绝大部分上市公司也实行了员工持股的计划。欧洲、亚洲、拉美和非洲已有 50 多个国家推行员工持股计划。我国国内许多企业也开始在企业内实施职工持股计划。

ESOP 对企业业绩的提升作用十分明显，这是 ESOP 迅速得以推广的重要动因。在实行 ESOP 以后，员工既是股东，又是雇员，使员工与公司的利益融为一体，与公司风雨同舟，对企业前途充满信心，公司因而获得超常发展，员工也从持股中得到了巨大的利益。因为个人收益与企业的经营联系起来，员工较以前更为重视参与企业管理，而经理人员和员工的沟通也相应增多，企业的劳动关系开始发生了一些变化。此外员工持股计划还可使公司减少被敌意收购的可能，这也是员工持股计划快速发展的动力。随着市场经济的发展，ESOP 渐渐成为一些高科技公司留住人才、激励员工的有效方式。但需要强调的是，并非仅仅使员工获得公司股份就可以达到激励员工的目的。员工除了具备财务股份外，还需要了解企业的经营状况并拥有对公司经营施加影响的机会。只有具备了这些条件，员工才会对他们的工作更满意，对其在公司中的身份更满意，并积极地去做好工作，为公司赢得更大的效益。此外，我们也应该看到，ESOP 不管实行得如何，它都是为企业利益而设计的，其主要目的是调节劳资关系，激励员工做出更大贡献，而不是让员工对企业进行全面控制。另外，ESOP 最初是作为一项福利计划实行的，当企业实行 ESOP 以后，员工的劳动保险金和退休保险金主要是通过持有本企业股票来获得，但由于企业的倒闭，股票有可能变得一文不值，员工的保险金也就化为乌有。因此，ESOP 对员工来说收益只是其中一个方面，个人所担负的风险也相应增大。

[①] 除了公司自己组织，管理员工股票的信托委员会或信托基金组织也可以是企业外部的公共托管机构。在正常情况下，企业内部的信托委员会由 3～5 人组成，人员由董事会任命，其中可包括一个或一个以上的普通雇员。

四、西方国家工人参与管理的启示[①]

1. 生产力的发展是西方国家工人参与管理得以产生和发展的根本原因

工业发达国家工人参与管理从产生伊始,发展到今天成为一种普遍现象,也不是一帆风顺的。德国前总理施密特曾说过:"共决是迄今我们在经济上获得国际竞争优势的一个原因。"[②] 工人参与管理的重要作用得到了充分肯定,但大家不会忘记的是,在共决制推行之初,也曾遭受不少资本家的抵制,然而最终还是形成汹涌之势。究其根源我们会发现,生产力的发展。现代经济发展最终推动了工人参与管理这一现象的产生与发展。现代经济发展到一定程度,客观上就孕育出了工人参与管理,这是不可逆转的历史规律,不以个人好恶为转移。相应地,没有生产力的发展和科学技术的进步,就没有广泛的劳动者参与管理。但我们并不是说有了生产力的发展,劳动者参与管理就会顺利地发展、壮大、普及,还需要其他一系列的条件。例如对于企业经营管理者,他们要深刻认识到劳动者参与管理的巨大作用,放弃落后的管理方式,积极推动这一活动的开展。

2. 政府干预是工人参与管理顺利发展壮大的必要条件

西方国家政府主要通过立法来干预工人参与管理,使存在于个别企业的特殊现象推广到整个社会,使它成为一种受法律保护的制度。西方工业发达国家对工人参与管理一般都在立法上加以确定。比如,1951 年德国联邦议会通过了《煤钢共决法》,1976 年又通过了《共决法》,全面推行共决制。受德国的影响,欧洲其他国家也纷纷仿效。1973~1992 年,美国陆续通过 16 项鼓励员工持股的法律,14 个州通过了建立员工所有制法案。有了立法,再加上严格的法治,工人参与制就会顺利地发展壮大起来。因此,政府干预是工人参与管理所不可缺少的条件。

3. 工人参与管理的进化方向是经济民主,不能解决所有制问题

西方工人参与管理的出现,一方面是因为生产力的发展,另一方面也可以说是工人阶级斗争的产物。开始,西方各国的左派政党和工会组织,是把工人参与管理作为实现某种政治目标的政治行为来积极开展的。当工人参与管理发展起来以后,工人追求的目标趋于现实化。随着经济的发展,大部分工人工作条件变好、收入增加、生活稳定,开始注重追求个人享受,群体观念淡薄,对政治目标越来越疏远。到目前,西方工人参与管理已很少带有政治色彩。再看一看与生产资料所有制有直接联系的员工持股现象,员工持股的发展,固然可以使员工增加

[①] 常凯.劳动关系·劳动者·劳权——当代中国的劳动问题.北京:中国劳动出版社,1995. 320,321

[②] [美]戴维·加尔森.神话与现实——西欧国家工人参与管理概况.张强等译.北京:工人出版社,1985. 163

收入，改善社会地位，甚至取得对工厂的某些控制权，但是，员工持股不会在根本上触动少数人掌握生产资料的资本主义社会性质。因此，工人参与管理不能解决所有制问题，其进化方向只是使资本主义国家的经济更加民主一些而已。

4. 工人参与作用的发挥是有条件的，需要劳资双方付出成本

虽然工人参与管理曾一度被认为是提高士气与生产效率的灵丹妙药，但许多探讨参与管理与绩效之间关系的研究结论得出：参与管理对提高员工生产力、士气与工作满足度只有中等程度的影响力。实践证明工人参与管理也不是放之四海而皆准的法则。工人参与制度要能够顺利实施并达到预期的效果，需要很多条件。它不仅要求员工有足够的参与时间，更需要参与的内容必须和他们自身的利益有关，企业文化必须支持员工参与，员工本身也必须具有一定的参与能力（智力、知识、技术、修养与沟通能力）。

工人参与对劳资双方来讲都要付出一定的成本。对资方管理层来说，工人对决策有着广泛影响，注定会削弱他们对下属机构的控制权威，经理们经常向工人咨询意见、不断调整决策方案会大大提高管理的成本。这种成本并不主要是经济上的，而是精神上的。要想使管理者心甘情愿地去付出，而不是迫于制度和法律的规定，前提是他们必须认同普通员工确实具备决策能力。然而西方一些学者所作的调查显示，经理有关雇员参与决策能力的假设大都是悲观的。这一方面得自于他们的管理经验，另外一方面，维持组织正常运行的不可替代的等级制度最终并不允许最高管理者放弃自己的权威。也就是说，员工参与的发展和发挥空间并不是无限自由的。对于员工来说，要搞好民主参与就必须学会彼此之间相互依存，必须尝试理解其他利益相关者（员工）的观点，学会与他人进行合作、沟通、交流，还要尝试掌握有关经营管理的新知识，既包括专业技术知识，也包括法律知识、社会知识。他们还必须准备付出工作之外的时间调查、计算、参加会议、进行辩论。作为一个整体，他们需要对企业负责，对自己的决策负责。要想成为一个好的参与者，会面对许多问题，如决策的不确定性造成自己未来收益的不确定性，牺牲休息时间，无休止的知识补习，工作与家庭之间的矛盾，等等。这些付出让许多员工对参与望而却步，甚至让许多人厌恶参与。在正常情况下，管理者总不是企业组织中的全部员工参与。因此，工人参与是西方现代企业管理制度中的重要组成部分，也起着改善工人工作和生活条件的重要作用，但同样不能完全解决劳动关系中存在的所有问题。

第三节　中国的职工民主管理

员工参与在我国被称为"民主管理"而不是"民主参与"。这一称谓更多的

是强调管理权（亦即决定权）。它带有明显的直接管理性质。而从我国职工民主管理的实践来看，不管是在计划经济体制下，还是在社会主义市场经济体制下，我国职工民主管理都是劳动者参与管理，而不是"直接做主"。我国的职工民主管理与工业发达国家工人参与管理并没有什么本质的区别，如果说有区别的话，主要体现在我国国有企业职工拥有"国家和企业的主人"这样的政治地位。由于历史传统的影响，民主管理这个概念已成为一种普遍的语言现象，为广大员工所接受，因此，在市场经济条件下，继续沿用这一称谓是必要和应该的[①]。因此"职工民主管理"、"员工民主参与"这两个概念在本节是通用的，是一个意思，都指劳动者参与管理。

一、中国职工民主管理的历史演变[②]

中国的职工民主参与制度，诞生于中国共产党领导的革命根据地。1933年，中国共产党在江西瑞金革命根据地颁布《中华苏维埃共和国劳动法》，规定工会有权代表职工与各企业各机关的管理人员以及与各种私人企业的雇主签订合同。1933年4月，苏维埃政府颁发了《苏维埃国有工厂管理条例》，进一步确定了职工民主参与的制度。当时职工民主参与的主要形式是"三人团"，"三人团"由厂长、党支部代表和工会代表组成，协同厂长处理厂内的日常问题。"三人团"实际构成了工厂的领导核心。职工群众的民主参与活动主要是通过工会来实现的，但这种参与主要是提出意见，对工厂的决策与管理并不产生实质性影响。

解放战争时期，中国共产党在华北等地区的公营企业中，逐渐建立起以工厂管理委员会和职工代表会议为主要形式的职工民主参与制度。工厂管理委员会由厂长（经理）、副厂长（副经理）、总工程师（或主要工程师）及其他生产负责人和等于以上数量的工人职工代表组成，具有讨论与决定一切有关生产及管理重大问题的权利。

1950年9月，东北区人民政府还发布了《关于公营企业签订集体合同的指示》，要求国营、省市营厂矿企业根据现有经验与可能条件，逐步实行各企业工会与行政订立集体合同的制度，为职工民主参与增加了新内容。

1956年，中共第八次全国代表大会决定所有企业都实行党委集体领导下的厂长负责制或经理负责制。1957年4月，中共中央《关于研究有关工人阶级的几个重要问题的通知》提出，要求把企业中现行的由工会主持的职工代表会议改

---

① 常凯. 劳动关系·劳动者·劳权——当代中国的劳动问题. 北京：中国劳动出版社，1995. 303～306

② 常凯. 劳动关系学. 北京：中国劳动社会保障出版社，2005. 314～316

为常任制的职工代表大会(在较小的企业为全体职工大会),并且适当地扩大它的权力。在党委集体领导下,职工代表大会制与厂长负责制构成企业管理的两项平行的制度,使企业行政管理和职工民主管理从组织制度上开始分离。同时,党中央还以文件的形式赋予职工代表大会四项职权[①]。

1961年,时任中央委员会总书记的邓小平主持制订了《国营工业企业条例(草案)》,即《工业七十条》,再次提出发挥职工代表大会和企业工会作用的原则。1965年7月,《国营工业企业工作条例(修正草案)》规定了职工代表大会的性质,"是职工群众参加管理、监督干部、行使三大民主的权力机关"。条例还规定了职工代表大会的四项职权,增加了工会是组织职工对干部进行经常监督的机构的规定。

"文化大革命"期间,和政治生活与社会生活中的民主制度统统受到严重冲击一样,企业职工民主管理制度也被严重破坏。

十一届三中全会以后,特别是1984年实行经济体制改革以后,企业职工民主参与制度得到迅速恢复和发展。1986年9月,中共中央、国务院颁布了《全民所有制工业企业职工代表大会条例》,对作为国有企业职工民主管理基本形式的职工代表大会制度的性质、职权、内容,职工代表的职责、义务等内容做了详细规定。1988年4月,七届全国人大通过了《企业法》,其中专有一章"职工和职工代表大会"。这些规定对于促进职工代表大会制度的普遍发展,起到了强大的推动作用。1988年,全国各地区建立职工代表大会制度的单位数达到382 882个,占应建职代会基层单位的65%,职代会在数量和组建率上,都达到建国以后的最高值。

1993年起,国有企业进行现代企业制度改造,绝大多数中小国有企业变为民营企业,大型国有企业也逐渐改为股份制企业。职工代表大会制度遂在许多企业中退出,但在国有企业、国有投资为主体的公司制企业,依然是职工民主参与的基本形式。1996年4月,中华全国总工会提出"关于国务院确定的百家现代企业制度试点中工会工作和职工民主管理的实施意见",按照国务院有关指示,提出坚持和完善职工民主管理、逐步建立平等协商和集体合同制度,以及做好董事会和监事会中职工代表的选举工作的要求,对职工代表大会的职权进行了重新调整,以适应改制后的国有企业的需要。

中共十五大以后,企业改制加快,职工代表大会制度受到严重冲击,"新三会"(股东会、董事会和监事会)和"老三会"(党委会、职代会和工会)关系的处理成为新时期职工民主参与面临的困难问题。但职工代表大会作为职工民主参

---

① 中共中央关于研究有关工人阶级的几个重要问题的通知.载:中国企业领导制度的历史文献.北京:经济管理出版社,1986. 224

与的基本形式，在国有企业、国有投资为主体的公司制企业中依然得到坚持。

二、中国职工民主参与的形式

随着我国改革的深入，企业财产构成成分和经营方式的多样化，劳动者参与管理的形式也呈现出多样化趋势。这既表现在不同类型的企业可能采取不同的形式，又表现在即使采取同样形式的企业，其活动方式和内容以及效果也会有所区别。在现代企业制度条件下，职工民主管理或参与管理形式的确定，并无一定之规，一切视企业的需要，以能够促进企业和职工的共同发展为出发点。结合我国当前职工民主管理的实践，职工民主参与形式主要有以下几种。

1. 职工代表大会制度

职工代表大会是一种具有中国特色的职工参与制，不管是在计划经济体制下，还是在市场经济体制下，它都是我国国有企业中职工参与企业管理的基本形式。之所以把职代会作为基本形式，是因为它是直接民主和间接民主最好的结合形式。我国宪法明确规定："国有企业依照法律规定，通过职工代表大会和其他形式，实行民主管理。"《全民所有制工业企业法》规定："职工有参加企业民主管理的权利，职工代表大会是企业实行民主管理的基本形式，是职工行使民主管理的权力机构。"《公司法》也明确规定："国有独资公司和两个以上的国有企业或者其他两个以上的国有投资主体投资设立的有限责任公司，依照宪法和有关法律规定，通过职工代表大会和其他形式，实行民主管理。"职工代表大会实行民主集中制原则，主要通过听取、审议、评议、建议、决定、监督等形式行使职权，其他各种民主管理形式都与职工代表大会相联系。工会是职工代表大会的工作机构，负责职工代表大会的日常工作。职代会和工会在员工教育、民主管理、员工生活等方面有共同的责任和任务。职工代表大会因其具有比较充分的民主性和代表性、充分的法律依据和法定职权、完整的组织体系等特点，在我国已经有四十多年的历史，积累了比较丰富的经验，是广大国有企业、事业单位职工最熟悉的民主参与形式，目前依然有着较强的适用性，因此应该继续坚持和完善这一制度。但在实践中，需分门别类，不能强求所有的企业都实行这一制度，在职权、活动方式、活动内容等方面，也不能强求一致。如按企业法，职工代表大会制度有五项职权。但随着企业改革的不断深入发展，职代会职权也需要进行适时的调整。但无论怎样改革，其中的三项职权是应该固守的，即第一项审议建议权，第二项审查同意或者否决权，第四项民主评议监督权。这是确保职代会基本规定性的本质要求。尤其是第二项，它涉及工资、劳动条件、重要规章制度等与职工切身利益相关的决策问题，因而也是职工最关心的一项职权。

2. *厂务公开制度*

中国部分企业基层职工民主参与的形式主义严重，长期低效运行，一个重要的原因就是职工参与者对需要参与的问题缺乏了解。近几年，一些国有企业开始实行厂务公开制度，解决职工不知情、想参与不知从何入手的问题，取得了一定成效。尽管中华全国总工会认为它不是一种民主管理新形式，而是职工代表大会制度应有的义务，但在2002年6月，中共中央办公厅和国务院办公厅发布《关于在国有企业、集体企业及其控股企业深入实行厂务公开制度的通知》以后，企业几乎都是把它作为一项单独的工作来开展，使其体现出很强的独立性。

和职工代表大会制度相比，厂务公开制度具有三个明显的特点：一是内容更具有广泛性。按照两办通知的规定，厂务公开的内容可以概括为"凡是企业改革、发展、职工群众普遍关注的热点问题，即所有的'厂务'（除去不能公开的科技秘密和商业秘密），均在公开之列"。它突破了职代会职权的条框限制，能够及时地把企业面对市场经济所出现的经营管理新内容、新问题涵盖其中。内容的不确定性使各个企业在操作时更具有灵活性，避免了内容划一的教条色彩。同时无形中对企业行政领导人也会产生一定的威慑力——凡是职工要求公开的就应该公开，这就是原则，这样才能达标。二是时间上更具有灵活性。企业行政领导人通过向职代会递交报告实行厂务公开。在职代会闭会期间，只要职工代表和职工群众有要求，并且通过一定的民主程序，可以选择任何时间公开职工所要求的内容。这就使得民主监督不仅出现在决策领域，而且还出现在决策的执行和企业日常管理的各个环节上，而这些环节是过去职工代表大会活动的盲区，因而也往往是企业腐败行为的多发区。厂务公开的这一特征，使民主监督得以发挥"全天候"作用，使企业日常管理中的"暗箱操作"现象大大减少。三是形式上的多样性。厂务公开的基本形式还是职工代表大会，这又说明这两者之间具有很强的内在联系。除此之外，企业还通过厂务公开栏、厂情发布会、各种形式的联席会议、厂报、内部电视、网络、座谈会、意见箱、举报电话等形式，做到厂务公开及时全面、公开真实。厂务公开制度的实行，有力地弥补了职工代表大会制度的不足，是对职工代表大会制度的发展与完善。厂务公开发挥作用的关键，是要求企业公开的各种信息（厂务）必须是真实的，员工借此才可以进行评判和监督，才可以进行深入的民主参与。

在充分肯定厂务公开重要意义的同时，也要看到存在的一些问题，比如工人素质有高有低，会对厂务公开的质量造成一定的负面影响。同时厂务公开之所以在一个很短的时期内在全国范围推广并形成制度，一个重要的因素就是靠政府通过行政和政策手段加以推动才完成的。因此，它们都带有很强的行政色彩，是一种具有中国特色的制度安排。这种安排在一定程度上要实行"一刀切"，而无法区别对待不同地区、不同行业、不同行为主体的差异。这种来自政府或者说来自党的强大推动力,对厂务公开制度的迅速推广和格式化,无疑是非常有利的,但从学理上来说,这也是一种党政不分、政企不分现象。这些问题需要探索、研究、解决。

3. 集体协商与集体合同制度

集体协商与集体合同制度是规范与调整劳动关系的重要手段,也是职工民主参与管理的重要形式。集体合同是以组织的名义、以职工全体的力量与用人单位进行协商、谈判,甚至斗争,在很大程度上弥补了个人力量的不足,职工的权益也相对能够得到较好维护。而集体合同确定的职工待遇,将成为订立劳动合同的依据,按"就高不就低"原则,劳动合同的规定不能低于集体合同的相关规定。因此,集体合同是确保劳动合同体现公平、公正原则和顺利订立的重要条件,它也由此被称为劳动合同的"母合同"。集体合同一旦订立,就处于集体而不是个人的监督之下,因为与劳动者集体中所有成员的个人利益关系密切,所以最容易引起职工群众的重视。所以在市场经济国家,它成为劳动者争取与维护劳动权益最主要的手段,也是职工参与管理的过程。在我国,集体谈判和签订集体合同制度正在国有和其他类型的企业中全面推广,其促进和带动职工参与管理的重要性也日益受到职工群众的重视。但在国有企业,因为国家、企业、劳动者三方的利益具有统一和不可分割的特性,职工工资、劳动条件的标准确定,并非主要由企业和职工通过集体协商来确定,国家在这些方面还发挥重要的甚至决定者的作用,这使得集体协商的内容和范围都受到了限制,使它不能像在资本主义国家那样,充分体现讨价还价的特色。但不管怎样说,国有企业引进集体协商和集体谈判机制,使得企业劳动关系正逐步贴近市场经济要求,使职工的主体地位得到进一步体现。职工对照用人单位提供的劳动报酬、劳动条件和企业经营状况,来衡量自己劳动力价值的实现程度,并通过合同的形式使自己的劳动权利和义务法制化,提高了劳动者在企业中的地位,其人格将进一步得到尊重。把这一制度与职工代表大会制度有机地结合起来,由职代会对集体合同进行讨论和最后确定,可以极大地增强集体合同的权威性,也有利于促使企业经营者与职工群众双方增进契约意识,在享有各自权利的同时,尽自己的义务。这对于保证企业劳动关系稳定、和谐、健康,促进企业与员工共同发展都非常有意义。

4. 职工董事和监事制度

职工董事和监事制度(也称董事会和监事会中的职工代表制[①]或工人董事、工人监事制度[②])是公司制企业中员工参与企业管理的主要形式。它是指公司制企业的职工依照法律规定,选举一定数量的职工代表进入董事会、监事会,担任

---

① 常凯. 劳动关系·劳动者·劳权——当代中国的劳动问题. 北京:中国劳动出版社,1995. 313
② 程延园. 劳动关系. 北京:中国人民大学出版社,2002. 227

董事、监事，参加企业重大决策的制度。董事会中的职工代表称职工董事（也被称为工人董事），监事会中的职工代表称职工监事（也被称为工人监事）。按《公司法》规定，国有独资公司和两个以上国有企业或两个以上国有投资主体设立的有限责任公司，由公司职工民主选举一定数量的职工代表参与董事会；所有公司的监事会都应由公司职工民主选举一定数量的职工代表参加。党的十五届四中全会决议又提出，国有控股公司的董事会中也应有职工董事参加。中央做出这种规定，一方面是为了企业能更好地适应建立现代企业制度的需要，进一步拓宽企业民主决策的渠道；另一方面也是借鉴了西方工业发达国家的惯例性做法。职工董事和监事制度使职工代表对公司决策进行监督，及时反映职工的意愿和要求；平衡职工与投资者、管理者的关系；能够把职工利益和公司利益结合在一起，共同承担风险、承担责任，共享利益；在促进公司发展、协调劳资关系方面起到重要作用。和其他职工民主管理形式相比，职工董事、监事制度有层次高、参与管理直接性强等特点，具有其他民主参与管理形式不可替代的作用。它与职工代表大会制度、平等协商与集体合同制度及其他民主管理制度，共同构成市场经济体制下的职工民主参与管理体系。

职工董事、监事由企业全体职工或职工代表民主选举、更换。在建立职工代表大会的公司制企业，由职代会负责选举和更换。职工董事、监事制度与职代会制度有机结合起来，一方面可以在一定程度上保障在全企业范围内把优秀职工代表选入决策层；另一方面也丰富了职代会的工作内容，提高了它在企业决策中的地位与作用。职工董事、监事经由职工民主选举产生后，无需股东大会认可，直接进入董事会和监事会。职工董事和监事的比例，《公司法》中没有明确规定，但要求在公司章程中予以确定。

在我国，职工董事和监事制度是一项新制度，是职工代表大会制度的延伸，是完善我国公司法人治理结构的重要内容，是公司实行民主管理的重要形式。截至 2005 年 9 月，全国基层工会所在公司制企业建立职工董事制度的 2.9 万个，比上年增加 4 799 个；工会主席进入董事会的 2.6 万人，比上年增加 843 个；建立职工监事制度的企业 2.4 万个，比上年增加 6 599 个；工会主席进入监事会的 2.1 万人，比上年增加 491 个[①]。为避免这一制度流于形式，还要做好以下几方面的工作：其一，要把好选举关，把那些真正具备职工代表素质的职工选拔到董事会和监事会之中。所谓职工代表应具备的素质，是指了解生产经营情况、相关法律知识、大伙公认的道德修养和基本的交往与语言表达能力，等等。这是这一制度发挥作用的前提条件之一。其二，工会要组织好对职工董事、监事的业务培

---

① 中华全国总工会. 2005 年中国工会维护职工合法权益蓝皮书. 人民网-中国工会新闻-权威发布. http://acftu.people.com.cn/GB/67582/4565515.html. 2006-06-02

训，同时要得到企业业务主管部门的支持，这是职工董事、监事很快进入角色并能发挥作用的基本条件。其三，订立职工董事和监事工作细则，要求他们在决策会议上积极反映职工的意见和愿望，不辜负职工群众的期望。建立职工董事和监事述职制度，及时把握他们的工作情况，对工作出色、成绩优异者给以奖励，对那些不能履行职责者要采取补救措施，或培训、或撤换。

5. 职工合理化建议活动制度

我国在企业中开展合理化建议活动已经有数十年的历史，这项活动因具有范围广、投资少、见效快等优点，一直受到人们的重视。在过去，它是与企业技术革新和技术改造连在一起的。在科学技术高度发展的今天，这项活动依然有着很强的现实意义。当前，合理化建议活动制度呈现出这样的发展趋势：制度建设越来越健全，许多企业由行政或工会负责人主抓这项工作；提高管理效能、管理制度创新、消化和应用先进技术成为重点，合理化建议有奖征集成为时尚；奖励标准已突破1986年国务院发布的《合理化建议和技术改进奖励条例》的规定，超过幅度越来越大。有条件的企业还通过举行职工合理化建议评比活动，使合理化建议提出者名利双收。

6. 职工持股会

职工持股会适用于职工持股的公司制企业。在这种企业中，职工购买本公司的股票，成为公司的股东，与公司之间又增加了一层产权关系。他们作为股东有权参加股东大会，参与产权管理。但在一般情况下，职工每人持股数量有限，且股份额度不均匀，尽管人数众多，如果分别参加股东会，难以形成维护共同利益的统一力量和一致意见。因此，在工会组织的指导下，有些企业就把持股职工组织起来，建立由工会主持的职工持股会。持股会的主要工作是：按照国家有关法规和公司章程，选派代表参加股东会；将持股职工的意见和要求集中起来，在股东大会上充分表达，行使股东权力。组织职工持股会，有利于维护持股职工的共同利益，有利于将职工自发的利益要求引导到关心和维护企业发展上来，也有利于充分发挥工会的作用，更好地维护员工的合法权益。目前，职工持股会需要妥善解决的问题是处理好持股职工与不持股职工之间的利益关系。在股份制企业中，职工入股自愿，不可避免地会有部分职工不参股，而且持股也不均等。这样，不同职工的利益关注点会有所不同。参股多的职工关注按资分配，参股少或不参股的职工关注按劳分配。因此，持股会要能顾全大局，在利益要求上也要照顾到不持股员工的利益。

7. 民主对话

民主对话是指企业职工群众与行政负责人就职工关心的问题直接交谈、协商，当场解答职工提出的问题。它不同于集体协商谈判制度，也不同于工会与行政之间的定期协商制度。它是一种人员不固定、内容不固定、时间不固定的座谈会议形式，具有平等性、直接性、灵活性等特点。

对于我国不同类型的企业来讲，要依据企业、组织的具体情况选择最适合于本企业的职工参与管理的形式，来调动员工的积极性、主动性和创造性，使企业充满生机和活力。

三、中国职工民主参与存在的主要问题

中国职工民主参与经历了几十年的实践活动，取得了一定成绩。中国的《宪法》、《企业法》、《工会法》、《劳动法》、《公司法》等多项法律中关于坚持职工民主参与的规定构成了一个相对完整的、以职工代表大会制度为轴心的职工民主参与法律体系。国企改革，从根本上说，并没有动摇职代会作为国有企业职工民主参与基本形式的地位。职工群众的民主知识、管理知识也得以充实和丰富。职工对民主参与的追求，要求自主和自立以及用民主参与的形式来维护自身合法权益的信心，都在不断增长。但客观地说，我国职工民主管理的实际效果还远没有达到理想的程度，在理论探索和实践效果上还存在许多问题。

1. 社会民主意识和民主传统相对薄弱

中国职工民主参与存在的最大问题，主要体现在社会民主意识和民主传统相对薄弱，对企业基层组织的民主参与并不构成强力支持。社会民主意识淡薄的原因，一方面在于长期的封建统治和封建文化教育所造就的根深蒂固的"官主民仆"伦理思想与传统。普通劳动者不仅不能树立起"社会主人"意识，甚至对此还有相反的理解。他们对自己到底享有哪些权利漠不关心，对企业管理和社会管理中出现的违背民主原则的现象也淡漠处之，对于民主参与也消极应对。另一方面在于社会主义制度长期存在的结构性弊端。对此，中国共产党第十三次代表大会明确指出："我国现行的政治体制，是脱胎于革命战争年代，是在大规模的群众运动和不断强化指令性计划的过程中发展起来的。""具体的领导制度、组织形式和工作方式上，存在着一些重大缺陷，主要表现为权力过分集中，官僚主义严重，封建主义影响远未肃清。"传统观念与政治体制中不符合民主参与要求的因素，直接影响了职工民主参与的进程与效果，使中国的职工民主长期受形式主义泛滥和长官意志盛行的困扰。

形式主义泛滥主要表现在以下三个方面：一是统计数字欠准确，二是重理论、轻实际，三是走过场、走形式。职工代表大会活动中的形式主义造成了极其恶劣的影响，不准确的统计数字会影响政府和工会在职工群众中的形象，拉大工会组织与群众的距离。同时，上级部门依此做出的决策也会多多少少偏离实际情况，最终危害基层组织和职工群众。职工群众对企业宣传部门"奢谈"工人当家做主的地位普遍表示反感。形式主义降低了职工群众对这一活动的信任，也降低

了职工群众积极参加民主参与活动的热情。在许多情况下，当工会组织或是企业行政领导真心实意地动员职工参加民主管理时，也由于遭遇到职工群众的心理排斥而半途而废。由于不能得到职工群众发自内心的大力支持，企业也只好硬着头皮搞活动，从而陷入形式主义的恶性循环。

长官意志盛行是指在企业职工民主参与活动中，个别人的意见和意志对这一活动的开展有着至关重要甚至是决定性的影响。职工民主参与活动不是按着本身发展规律的要求进行，而是依据基层组织领导个人的好恶及其个人的安排来进行，职工民主参与制变为了具有个人色彩的一项活动，其结果是造成职工代表大会制度在各个企业中发展不平衡，以及职工民主参与容易变成个别领导干部实现个人利益的工具。从本质上讲，这是有悖于民主制度要求的。造成职代会活动中个人或长官意志盛行的原因是多方面的，它涉及领导者个人素质、领导者产生的方式、民主监督机制的建立及有效程度等。

2. 职工民主参与理论的相容与相悖

中国的职工民主参与正面临着从计划经济向市场经济的转变，形成于计划经济时期的中国职工民主参与理论带有明显的政治或意识形态色彩，包含了许多既相容又相悖的现象。随着改革的不断深入和发展，这些现象更为突出。所谓相容相悖，是指在理论与实践之间甚至理论的各环节之间，存在着取向一致、原理一致、理论上讲得通，但实际上又相互矛盾、相互冲突、不能互相支持的现象[1]。这些现象的存在，导致职工民主参与的理论与实际脱节，甚至矛盾重重。比如，理论上依据"公有制决定企业职工主人地位"，职工应该在管理、决策等各方面都享有充分的权利，但公有制是一个整体概念，公有的生产资料不能进行任何面对个人的"一对一"的分割。理论上可以说明职工是企业的主人，但他们在企业可以直接行使的却主要是建议权，所有权对他们来讲是"虚化"的、"空有"的。再比如，法律规定职代会有民主选举权，但这项职权从制定出来的那一天起，就注定了职工群众不能充分享有。职工群众一直热切期待能够行使这项职权，但等待越久，失望也就越大。法律规定职工代表大会在工资调整、资金分配、奖惩办法等方面享有与企业行政共同决定的权利。实际上在企业法颁布的同时，企业职工工资标准、奖金分配基本上还是由政府主导，职工很难在劳动成果分配方面享有"共决权"。这些情况都可以看成是理论与实际相背离，它对职工代表大会效果的负面影响非常大。

3. 工会行政化

所谓工会行政化，"是指工会在其组织、活动等方面，在相当程度上受到政

---

[1] 刘元文. 相容与相悖——当代中国的职工民主参与研究. 北京：中国劳动社会保障出版社，2004. 238~239

府或企业行政的控制和制约，在相当意义上是作为政府和企业行政的附庸而存在的"[1]。按我国的有关政策和文件的规定，工会组织在同级党委的统一领导下，独立自主地开展工作，这是工会组织最基本的行为准则。"接受领导"和"独立自主"本身就是一对矛盾。要"接受领导"，就是要贴上从属性的标签，"独立自主"就不可能是充分的。工会领导人和企业行政领导者一样，由上级机关（党委或行政）任命，这种产生方式，是造成工会组织行政化倾向的重要原因之一。

工会行政化是一把双刃剑。对工会组织来讲，有其现实的需要。涂抹上行政化色彩，相应的行政级别、官职，在一定时期是工会组织开展工作必不可少的条件，对于工会组织工作的稳定性和连续性也是有好处的。但与此同时，工会组织代表和维护职工合法权益的特色被冲淡，失去了群众的信任，造成脱离群众，而"脱离群众对于工会来说，是一切危险中最大的危险"[2]。它带来了和企业行政类似的种种问题。比如对上负责，对下不负责等，对上级个别领导人（决定自己任命的）负责，对本职工作不负责等。工会干部不怕员工不信任、不拥护，但是怕得罪上级和行政领导。工会组织机构臃肿，工作效率低下。工会行政化所带来的各种问题，使它不能很好地承担起组织职工参与管理和维护职工合法权益的职责，同样也极大地影响了工会在职工群众中的形象。从而使它有可能面临着被职工群众抛弃的危险。为适应市场经济的要求，工会组织也必须增强危机意识，大刀阔斧地进行改革，逐渐消除行政化倾向，真正成为职工群众利益的代表，成为名副其实的职工民主参与的组织者。

上面列举的三个主要问题，一直困扰着我国职工民主参与的健康发展。这些问题并不是孤立地存在着的，而是互相影响、互相制约，盘根错节复杂地交织在一起。要解决这些问题，不是一朝一夕的事，最重要的则是从体制入手，做到正本清源，从根本上改变职工民主参与的内部和外部环境。

四、中国职工民主管理的前景展望

1. 职工参与形式多样化

随着经济改革的深入开展，企业财产构成成分和经营方式的多样化，劳动者参与管理的形式也将呈现出多样化趋势。表现在：

第一，职工代表大会制度不再具有普遍意义。

随着市场经济体制的建立，单一的公有制经济格局被打破。各种非公经济的企业组织大量出现。基层职工民主参与也将面临着历史性转变，在所有企业建立

---

[1] 中国工运学院工会学系. 向市场过渡中的工会工作. 北京：中国大百科全书出版社，1993. 5
[2] 赖若愚. 李立三、赖若愚论工会. 北京：档案出版社，1987. 226

职工代表大会制度并不现实。在国有企业以及国有资产占主体的公司制企业，实行这一形式是完全有可能的。但在国有资产不占主体的股份制企业、民营企业，则无法律依据要求其建立职工代表大会制度。中国的工会组织曾试图在新颁布的《工会法》中列入"所有的企业都必须建立职工代表大会制度"的条款，但因为这样的要求有悖于民营经济自主发展和减少政府干预的改革方向，而未能实行。因此，职工代表大会制度并不具有完全的普遍性，即便非公企业建立了职工代表大会制度，也要根据自己的特点和需要对其职权进行调整与完善。

第二，经济成分多元化导致基层民主参与多元化。

企业的所有制性质不同，经营机制和劳动关系状况也就不同，职工民主参与的方法、深度与广度也有所不同。以下分别以国有企业、股份制企业和私营企业为例展望职工民主参与的前景。

未来的中国企业职工民主参与中，国有企业将担负着"领头羊"、"排头兵"的角色。国有企业的职工代表大会制度的基本形式、地位不会受到动摇。当然，职工代表大会的职权也要随着企业改革的变化而进行调整。国有企业因为各自的具体情况不同，在落实职代会制度职权时也会各有侧重。国有企业职工民主参与的形式将趋于多样化，民主参与活动更注重公开、实效和人性化。适用于市场经济国家的集体合同制度、职工董事、监事制度首先被引入国有企业。厂务公开等与现代企业制度相联系的民主参与形式，也在国有企业中得以开展。长期实行的合理化建议、劳动竞赛等活动依然有着广阔的实行空间。

我国股份制企业的劳动关系中，劳动关系双方力量不平衡等问题比较突出。企业中的职工群众更需要民主参与来维护自己的利益。股份制企业职工参与管理有多种形式可以选择。主要包括两类形式，一类是职工介入治理结构的组织系统参与管理。这主要包括两种方式：一是职工参股并以职工参股会的名义进入股东大会；二是职工代表进入董事会和监事会。另一类是集体谈判和集体合同制度。它是股份制企业职工民主参与的最基本形式。股份制企业要不要实行职工代表大会制度，并没有明确的法律要求。即使有一些企业继续保留了职工代表大会制度，但其职权和作用与国有企业的迥然不同。股份制企业职工参与管理的形式并无一定格式，这是由企业的性质决定的。不管采用哪种形式，最终都是服务于加强企业管理、提高生产效益这一目的。因此，像民主对话、合理化建议、劳动竞赛等国有企业职工民主参与的形式，其实际效果都经过了长期的实践检验，因而亦会广为采纳。

私营企业职工民主参与是一种权利争取型的参与，即旨在争取和扩大自己的权利。职工参与的内容主要是有关劳动标准和劳动条件等职工劳动权益所涉及的问题，其中工资福利是重中之重。如果职工民主参与被证实有利于提高经营效益，企业主将会接受职工民主参与。职工在有关企业发展和改善经营管理方面的参与最易得到雇主的认可和支持,也比较容易取得成效。工会组织的建立和存在是私营企业职工民主参与的前提条件。私营企业职工民主参与的形式,可以采用那些适用各种类型企业的形式。除此之外,还可以借鉴国有企业的做法,如职工代表大会制度①,借鉴德国、日本等国家企业的做法,建立常设性的劳资协议机构和工厂委员会等。总之,私营企业的员工参与由于还处于起步阶段,出现这样或那样的问题在所难免,这注定是一个长期和艰难的过程。

另外要特别说明的是,股份合作制企业②作为混合经济的企业形式之一,它并不是一种固定的企业模式,而只是一种过渡性的企业模式,其发展前景有三:一是私营企业,二是合伙企业,三是股份制企业。前两者是它的主要发展方向。它的"集体经济组织"的特性不可能持久地保持下去。职工参与管理的形式最好由企业自主决定,在企业发展变化中自发产生,不宜由一个部门事先确定,或套用"公有制"企业的做法——必须建立或保留职工代表大会制度③。

2. 中国的职工民主管理仍处于初级阶段

中国的职工民主管理仍处于初级阶段,其主要工作内容、工作目的、工作手段、宣传口号也必然具有"初级"特点。

目前,中国社会生产力发展水平及职工群众的素质水平都相对较低,这是初级阶段的职工民主参与面临的基本现实。初级阶段职工民主管理基本上还是在"民主参与"层次上运作,"民主参与"是其基本特征也是主要内容,虽然在部分领域和个别问题上可以有"民主共决"内容,但因为范围和深度受到许多限制而不能改变"参与"的总特征,参与的主要表现形式是"审议决策、提出建议"。与此相适应,民主管理追求的直接目标则应是:职工的劳动者地位得到尊重,作为工资劳动者的合法权益得到保障,职工与用人单位得到共同发展。

美国著名政治学家亨廷顿在其《民主的第三波》一书中指出,一个国家民主水平与经济发展水平之间存在着极高的相关性。职工民主管理也总是和市场经济的发展、生产力的发展相依为命,社会主义初级阶段生产力的发展还没有创造出职工自治管理的条件,因而也就不可能大面积推广职工集体决策、民主选举厂长等做法。也就是说,"职工当家做主"并不能实质性地包含民主选举

---

① 这其实是职工代表大会制度向非公企业的拓展问题。由于职工代表大会制度这一几乎人人耳熟能详的职工民主参与形式具有广泛代表性,节省人力与财力,可以改善私营企业的社会形象,对调动职工群众的劳动积极性和提高企业决策科学性的作用有目共睹,因此,一些开明的私营企业主并不反对在自己的企业建这项制度

② 国家体改委《关于发展城市股份合作制企业的指导意见》,1997年6月发布。其中指出:股份合作制企业是指以企业职工出资为主或者全部由企业职工出资构成企业法人财产,合作劳动,民主管理,实行按劳分配和按股分红相结合分配方式的企业法人

③ 刘元文. 相容与相悖——当代中国的职工民主参与研究. 北京:中国劳动社会保障出版社,2004. 231

自己最直接的领导人的内容。在生产力发展的现阶段，无法改变现实生活中的少数人管理多数人的模式。也就是说，在管理中发挥决定作用和掌管决策权的总是少数人，让全体职工一起管理、一起决策并不现实。民主管理只能是停留在参与层次上。

民主自治是民主管理的最高境界，作为一种理想，我们始终要坚持，并为了它的升华而努力工作。这既包括千千万万劳动者在实践中不断提高参与能力，也包括理论工作者的不断"呐喊"。但对理想的追求不能完全替代对现实的研究，以初级阶段为基础，提出适应这一特定历史时期的民主管理理论与实践方法，是我们的基本出发点。

3. 工会成为名副其实的职工利益的代表者和职工民主参与的组织者

随着市场经济的建立，政府对基层的职工民主参与的直接干预和影响会降低。与此同时，工会组织在基层民主参与中的重要性和责任则在不断增大。要使其成为名副其实的员工利益的代表者和职工民主参与的组织者，我们认为应该做到以下几点：

首先，工会需要消除行政化倾向。职工民主参与成效如何，在一定程度上取决于工会的组织力度和在多大程度上消除行政化倾向。而要消除工会行政化的倾向，就要实行基层工会干部的直选，由职工群众直接选举工会干部。当然，职工群众直接选举，应在上级工会组织的指导之下进行，以避免其过强的自发性和情绪性。当前切实可行的做法是，在新成立的基层工会组织中实行会员直选试点，然后逐渐扩大直选的范围，直至基层工会组织全面实行。目前，一些外商投资企业已经实行直选工会主席，事实证明这种做法是可行的、效果是好的。直选工会主席体现了工会民主化和群众化改革的要求，因而它应该成为工会组织改革的方向。要逐渐消除工会的行政化倾向，还可以采取这样一些做法：建立工会干部问责制度；惩戒工会不作为；设立工会发言人，对一些社会突发事件表明自己的立场，树立职工利益维护者和为职工请命的鲜明形象；等等。

其次，要做好源头维护工作，使职工总体受益。源头维护是中国工会组织一直倡导的工作目标。对不同层级的工会组织来讲，源头维护的内容并不相同。全国一级、省市一级的工会组织，源头维护的主要方式和手段是参与国家或地方立法。在各级政府制定涉及职工切身利益的用工、劳动保护、社会保障等重要改革方案时，能够听到工会的声音，反映出广大劳动者的意见和要求，使各项改革政策能够考虑到普通职工群众的承受能力，保障弱势群体的基本生活需求，得到大多数职工的理解和支持。

最后，工会还要做好宣传和教育工作，应极力避免那些空洞而缺乏说服力的政治说教，应把重点放在最基本也是最重要的两个方面。一是提高职工的民主意识，包括职工的公民意识、纳税人意识、自主意识；二是提高职工的文化素质和科学技术管理素质。同时，工会干部更需要提高自身素质，包括文化、法律、道德、管理等各个方面。这些条件是组织职工积极参加各项民主参与活动，并使民主参与取得更大成效的基本保障。职工民主参与重在实践，只有把职工组织起来，不断参与民主管理实践，他们的民主参与水平才能得到全面提高，才能真正理解民主参与的方法、意义、技能。民主参与才能成为广大职工群众的共同事业，才能在职工群众的推动下健康发展。

在现有条件下，职工民主参与工作仅仅依靠工会组织孤军奋战是不可行的，较有效的办法就是把职工群众都组织起来，积极投身民主参与之中，形成强大的集体力量，造就人人都关心、人人都参与的氛围和声势，共同维护职工的合法权益。

▶本章小结

尽管各国的制度环境和历史文化传统不同，但员工以不同形式参与企业管理却是当代各国企业管理制度创新的共同趋势。本章主要探讨了员工参与的基本理论问题，并对西方国家的工人参与和中国的职工民主管理的实践状况进行了总结和评价。

本章第一节首先解释了使用"员工参与"这一术语来描述"参与管理"这一现象的原因，在总结国内外学者对员工参与定义的基础上给出了员工参与的定义，并指出这一定义包含的几个要点。将社会主义国家与西方主要资本主义国家的员工参与进行了比较，并预见两种参与的不同将会逐渐减少，共同点将越来越多。在此基础上，从多个角度分析了员工参与的必要性和可能性。

本章第二节在回顾了国外工人参与的历史发展的基础上，归纳总结了西方国家工人参与的一般特征和西方国家工人参与的一般形式。在此基础上，指出西方国家工人参与管理的启示。

本章第三节在回顾中国职工民主管理历史演变的基础上，归纳总结了中国职工民主参与的形式。在此基础上，对当前中国职工民主参与存在的主要问题进行了分析探讨，并展望了中国职工民主管理的前景。

▶关键术语

民主　员工参与　工人参与　职工民主管理　职工持股计划　职工代表大会制度　厂务公开制度　员工董事和监事制度　工会

> **案例 非公有制企业中新型工会组织的建立和工会领导人直选**[*]

  最近以来，在广东、浙江、福建等沿海经济发达省份的一些外资、私营等非公有制企业中出现了由企业职工自主建立的工会组织，而且通过采用直接选举的方式，产生了工会领导人，这是继农村村民自治和城市社区居民自治之后我国基层民主发展的又一个新发展动向。这不仅意味着一种维护工人利益、协调劳资关系新型力量的出现，而且体现了中国基层民主的新发展。

  早在1986年，作为中国对外开放窗口的广东深圳蛇口工业区，就开始了工会直选的尝试。蛇口工业区还专门成立了工会联合会，在工业区进行工会直选试验。到2003年，广东12万多个基层工会组织中，有将近1/3的企业实行了工会直选。2000年12月，浙江宁波市有15家企业进行了工会直选试验，当地政府工会领导部门评价效果相当不错。到2003年7月，浙江省杭州市的余杭区有310家企业进行了工会直选，其中非公有制企业占70%。近几年来，工会直选不仅在广东、浙江、福建等东南沿海经济发达地区蓬勃展开，而且在中西部经济欠发达地区也已经崭露头角。据报道，2003年7月，在青海省，首家农民工工会组织在西宁市大通回族土族自治县桦林乡成立。这个工会组织在当地政府工会部门的支持下成立，通过直接选举产生了工会负责人，旨在维护农民工利益，防止不良工头和私营企业老板恶意克扣和无理拖欠农民工工资。新型工会的产生和直选工会领导人的出现，使广大劳工有了真正代表自己利益的组织和代言人，既有利于依法维护劳工利益，也有利于协调劳资关系，将劳资关系从冲突对抗引向谈判协商，为企业发展创造有利的条件。

  从普遍的意义来看，企业工人权利意识觉醒、组织能力增强是目前非公有制企业中新型工会组织产生的主要原因。最近几年，非公有制企业中的工人已经意识到，要更好地维护自己的权益，必须组织起来，通过组织所凝聚的力量，增加工人在劳资谈判中的筹码。从深层次的背景来看，工会直选与工会改革是中国基层民主从农村向城市逐步推进的产物。非公有制企业的工会直选同农村基层民主的发展有着密不可分的关系。这种现象同农村基层选举和村民自治实践的影响有某种密切的内在联系。经过村民自治实践洗礼的新一代农民已经逐步具备了比较清醒的民主观念、权利观念、平等观念等现代新政治观念，成为初步掌握了民主实践经验和技能的理性政治人。而从目前在非公有制企业中就业的大多数职工的

---

[*] 王金红．工会改革与中国基层民主的新发展——非公有制企业工会直选的案例分析．华南师范大学学报（社会科学版），2004，(5)：35～42

来源看，多数来自农村，是有文化、有技术、有民主意识、权利意识和平等意识的新人。他们不仅在自己的家乡要按照民主法制的要求决定村庄的公共事务，创造自己的幸福生活，而且要按照民主法制的要求在务工劳动的企业维护自己的合法权益。

有人认为，工会组织和工会直选在非公有制企业的出现是地方政府操纵的产物，也有人认为是"一场由老外推动的工人权益变革"。总之，政府引导也好，WTO规则也好，外商的关注也好，企业家的开明也好，都只是促进非公有制企业工会组织发展和工会直选的外部条件，都不可能从根本上保障工人的合法权益。归根到底，要切实维护工人的利益，必须靠工人自己的组织和自己的利益代言人。

综上，非公有制企业工会组织的建立和工会直选，是工人维护自身利益的客观需要，是协调劳资关系、维护地方社会稳定的积极因素。非公有制企业工会组织的发展和工会直选对我国工会组织的改革与发展具有重要的启示，昭示了未来我国工会组织发展的新趋向。

复习思考题

1. 请举例说明社会主义国家与西方主要资本主义国家的员工参与的异同。
2. 如何理解员工参与的必要性和可能性？
3. 简述西方国家工人参与管理的一般特征。
4. 西方国家工人参与的一般形式有哪些？请简要评价其中的一种。
5. 西方国家工人参与管理给我们的启示是什么？
6. 中国职工民主参与主要有哪些形式？请简要评价其中的一种。
7. 当前中国职工民主参与主要存在哪些问题？请谈一谈中国职工民主参与的发展前景。

第九章

集 体 谈 判

第一节 集体谈判概述

一、集体谈判

1. 集体劳动关系调整机制的类别

劳动关系就其构成形态而言，可以分为个体劳动关系和集体劳动关系。个体劳动关系，是劳动者个人与雇主之间形成的劳动关系。集体劳动关系，是劳动者集体（以工会为代表）与雇主或雇主组织之间形成的劳动关系。它是在个体劳动关系存在和发展的基础上形成的，工会与雇主双方主要通过集体谈判和集体协议的形式来体现其构成和运行。在市场经济条件下，集体劳动关系是保护劳动者合法权益，实现工业民主和更好运作劳动力市场的必要条件。

在20世纪90年代的市场经济国家，有两个并行的协调集体劳动关系的社会机制正在运行和发展，一个是基于对立统一原理创立的具有悠久历史的对抗性集体谈判机制，另一个是基于国际劳工组织倡导的以三方原则为基础的、现代性的非对抗性社会对话机制[1]。

(1) 对抗性集体谈判机制。

对抗性集体谈判机制，是将雇主与雇员组织作为对立的双方，通过平等协

---

[1] 杨燕绥. 劳动与社会保障立法国际比较研究. 北京：中国劳动社会保障出版社，2001. 118

商，调整双方的利益关系，并通过相互之间的妥协寻求统一的运作方法和制度。在这一机制中，工会与雇主或雇主组织为谈判主体，谈判内容涉及工作报酬、工作条件、福利待遇等。谈判层次可以为企业、行业、地区甚至全国。经过一定的谈判程序后产生的协议对双方都具有约束力。如果地方政府或国家政府签署执行命令，它将在地方或全国具有约束力。因谈判和履行集体协议发生争议，首先进行协商，协商不成功，依法律程序可以发生产业行为。

（2）非对抗性社会对话机制。

非对抗性社会对话机制，是基于国际劳工组织倡导的三方原则，在政府、雇主（或雇主组织）和雇员组织之间进行非对抗性的社会对话机制。其主体是具有相对独立性的三方主体，即政府、雇主和雇员组织，内容涉及与劳动关系有关的各方面，采取的方式主要是在平等的基础上进行对话、协商、谈判，具有合作性，始终以促进共同发展为目标。非对抗性社会对话机制的产生基于广义劳动关系理论，即将雇主、雇员关系，雇佣双方组织之间的关系以及政府的介入融为一体。

2. 集体谈判的含义

国际劳工组织在《促进集体谈判公约》第 2 条将集体谈判定义为：集体谈判是适用于一名雇主、一些雇主或一个或数个雇主组织为一方，一个或数个工人组织为另一方，双方就以下目的所进行的谈判：①确定工作条件和就业条件；②调整雇主和工人之间的关系；③调整雇主组织与工人组织之间的关系。

在我国现行法规文件中，通常将集体谈判表述为"集体协商""平等协商"。如《集体合同规定》第 7 条指出，集体协商是企业工会或职工代表与相应的企业代表，为签订集体合同进行商谈的行为。为方便起见，本文在表述上一般都用"集体谈判"，在特别情况下使用的"集体协商"，其含义与集体谈判也是一致的。

集体谈判这一术语最早由西德尼·韦伯（Sidney Webb）和比阿特丽斯·韦伯（Beatrice Webb）首先提出。在《产业民主》一书中，韦伯夫妇指出：在无工会组织的行业，劳动者个人无论是在找工作，还是在接受或拒绝雇主提供的就业待遇时，除了考虑自身所处的紧急情况外，并没有与其同伴进行交流。为了出卖劳动力，劳动者个人不得不与雇主进行艰难的个人交涉，但如果工人们团结起来，推选代表以整个集体的名义与雇主谈判，其弱势地位将会立刻得到改变。雇主也无须再分别与每个雇员签订一系列的个别劳动合同，而只要签订一份能够满足集体意愿、规定集体劳动条件的协议即可。根据这一集体协议所确定的准则，从签订之日起，所有特定群体、特定阶层、特定等级的人员都应遵守。这一论述阐明了集体谈判制度的起源[①]。

---

① 程延园. 集体谈判制度研究. 北京：中国人民大学出版社，2004. 37

集体谈判的内容和范围也就是其最终谈判结果——集体协议的内容和范围。早期集体谈判内容主要是工资，以后扩大至包括就业条件和劳动条件的标准，以及规范劳资关系行为的规则等方面。国际劳工组织关于集体谈判的公约规定："集体谈判的内容应当逐步扩大，直至把决定劳动条件和就业条件、规范工人与雇主之间的关系、规范雇主或其组织同工人组织之间的关系等一应事务都包括进去。"一般说来，就业条件和劳动条件方面主要包括：工资、奖金、工时、休假、福利、职业安全、职业培训等；劳资之间关系方面包括：雇佣和解雇、请假、违纪处理、工会的组织和权力、劳资争议的处理、劳资双方在集体合同中的权利和义务等。有些国家在集体合同中还包括诸如社会保险、利润分享、新技术的采用、工人参与等问题。

集体谈判区别于劳动者个人为自己的利益与雇主进行的个别谈判，它是工会与雇主或雇主协会之间针对工作报酬、工作时间及其他雇佣条件，在适当时间以坦诚态度所进行的协商和交涉。集体谈判的目的是签订集体协议，规范双方的权利义务关系，解决工作场所中共同关心的问题。集体谈判可以在不同层次上进行，涉及的问题范围也可以有宽有窄。集体谈判之所以能够成为调整劳动关系的重要机制，受到工人们的推崇和喜爱，主要是因为它能够克服个别劳动关系的失衡状态，同时使雇主可以直接与劳动者的代表进行交涉，而无须与每个雇员逐一谈判。集体谈判可以在单个雇主与单个工会之间展开，也可以在代表多个雇主的雇主组织与多个工会之间举行，谈判所达成的协议可以覆盖少量工人，也可以覆盖成百上千的工人。

3. 集体谈判的特征

集体谈判具有以下几个特征：

(1) 谈判双方的平等性。雇员组织即工会代表雇员在谈判中与雇主或雇主组织处于平等地位，站在平等的位置上协商双方的权利与义务，在平等的基础上互相监督，互相制约。

(2) 互利性。集体谈判的主要目的，是通过协商来调节双方的利益关系，使双方的应有利益都得到保障。在集体谈判中，既要维护雇员合法权益，又要维护企业与国家的利益。因此，通过集体谈判必须纠正侵犯雇员权益的不当企业行为，如劳动报酬偏低、克扣工资、非法延长劳动时间等，切实维护雇员的利益。同时又必须纠正不当的雇员行为，来维护企业的整体利益。只有互利才能调动雇员与企业双方的积极性。

(3) 调节性。集体谈判的出发点是调节劳动关系中不和谐的一面，调动谈判双方的积极性。集体谈判调解的问题有两大类：一是由于存在利益上的差异而产生的矛盾，需要通过集体谈判进行利益调节。如工资、奖金、安全生产、保险福利等方面的利益差距的调节。二是由于劳动关系中的某些具体方面的变动，需要通过集体谈判进行调整。这是由市场变化引起生产调整,从而引起劳动关系的新变动而产生的新矛盾。

(4) 制约性。集体谈判具有强烈的互相监督、相互制约的作用。经过集体谈判签订的集体协议对双方当事人具有同样的约束力,得到法律的认可和司法制度的保护。

在现代市场经济国家,集体谈判是具有悠久历史的调整劳动关系的重要机制。通过集体谈判规范劳动关系事务,构成了市场经济国家劳动关系的核心。集体谈判不但确立了集体劳动关系调整的正式规则,而且本身就是解决冲突的一种重要机制。通过集体谈判能有效地促使双方互相让步,达成妥协,签订协议,降低诸如怠工、辞职等冲突产生的消极影响,因而集体谈判始终是劳动关系领域研究的重要问题。

二、集体谈判的主题和主要功能

1. 集体谈判的主题

集体谈判是工会和资方确定就业条件和待遇的交涉过程,主要目的是协调双方的利益冲突,维护双方的权利。因此,权利是集体谈判的主题,一切谈判内容围绕权利而展开。集体谈判的主体是代表雇员利益的工会和雇主或雇主组织。双方针对各自的权利问题展开谈判。集体谈判的实质最终表现为劳资双方之间的权利分配。

(1) 雇主的权利。

雇主,是指一个组织中使用雇员,进行有组织、有目的的活动且向雇员支付工资报酬的法人或自然人[1]。这一含义暗含了雇主的权利及义务。在企业的运行中,雇主是当然的经营者与管理者,拥有经营权与管理权。典型的雇主权利条款如下:雇主对于经营管理商业、工厂以及受协议条款约束的工作场所保留单独的排他性的权力与责任。其中包括雇佣、责令停职或者有正当理由的解雇或调动权,以及因为雇员旷工或其他合法原因而解除雇员职务的权力[2]。

(2) 雇员的权利。

在劳动关系中,雇员处于相对弱势地位。由雇员组织起来结成工会,可以增强雇员在与雇主谈判中的力量,使双方力量达到一种平衡。雇员的权利是集体谈判中的主要内容,具体表现为经济报酬与非经济报酬。

经济报酬可能是劳动关系中最核心的问题了。报酬的数量、形式及其决定过

---

[1] 张彦宁. 雇主组织在中国. 北京:企业管理出版社, 2002. 2
[2] [美] 丹尼尔·奎因·米尔斯. 劳工关系. 李丽林,李俊霞等译. 北京:机械工业出版社, 2000. 304, 305

程，对职工来讲，都是最基本的问题。通常我们把劳动所得看作工资或薪金，实际上它们是劳动报酬的最重要形式。可是报酬的形式不仅限于此。历史上，除了小时工资外，雇员很少得到其他报酬。可是随着各种形式的工资和员工福利的出现，报酬的组成也日益复杂了。一般认为，报酬由工资和员工福利组成。工资收入包括工资、薪金和（或）激励工资。员工福利包括各种社会保险、福利津贴、带薪休假等。在报酬的谈判中，应考虑到不同工种、不同岗位、不同技能的工人的工资要求，考虑通货膨胀和劳动生产率的提高对报酬的影响，在遇到特殊困难时，工会要学会灵活的谈判策略尽量抑制工人实际工资的降低，并最大限度地保证大多数工人的工作岗位不至于丢失。

非经济报酬包括工作时间、劳动安全卫生、休息休假、生活质量等。①工作时间。在半个多世纪的社会历史发展过程中，工人每周劳动的平均工时逐渐缩短。这些变化的主要原因是：各国立法的不断进步，国际劳工组织的努力，现代科学技术和生产力的不断发展以及工会运动所发挥的作用。工作时间谈判的内容主要有：对不同岗位、不同工种在工作时间上的不同规定；特殊工种缩短时间的认定；特殊情况下工作时间的计算；对延长劳动时间的工资计算；对延长工作时间限制的认定；对计件工人工作时间的认定等。②劳动安全卫生。劳动场所的安全卫生在各工业国家都是十分重要的问题，因而也成为集体谈判中的又一焦点问题。具体谈判内容包括：对工作场地环保和劳动条件的改善；在集体谈判中向企业提出建议，如加强工人安全教育的培训，协助总结经验，建立安全监督机制等；对劳动保护品的发放、购置的谈判及对从事有毒有害工作的职工进行定期身体检查的谈判；对女工及未成年工保护的谈判；对企业侵犯工人权益的谈判等。③休息休假。休息时间的分类，如工作日的间歇时间，每周的公休假日，每年的节假日，年休假及婚丧假等；对在节假日延长工作时间的限制及支付的报酬。④生活质量。工人生活质量不仅包括工资和工时问题，还指工人及其家庭生活的"环境变化"以及影响这一变化的诸多因素。生活质量的问题通常包括保护和改善工人劳动场所的周围环境，如劳动环境污染问题，工业有害物质或有毒废料危及工人及其家庭生活环境问题等工人身心健康的基本要求，还包括一些特殊利益要求，如卫生室、托儿所、食堂、体育娱乐设施等。

2. 集体谈判的主要功能

集体谈判在劳动关系的调整与运行中，具有重要的功能。正如学者张伯伦和库恩所概括的，集体谈判的过程实际上也就是完成三个功能的过程，即市场或经济功能、政府调控作用以及决策功能。通过谈判确立劳动力市场工资水平，体现了集体谈判的经济功能；通过谈判形成的一系列规范劳资关系的程序性规则，体现了政府行业管理的作用；通过谈判确认工人有权通过工会参与工作场所规章制度的规定，体现了集体谈判的决策功能①。

(1) 市场或经济功能。

集体谈判建立了一种交易关系，通过这种交易，劳动者个人可以出卖自己的技能、知识或经验，工会可以签订适用全体雇员的就业协议。集体谈判是劳资双方根据市场供求关系的变化就效用进行谈判、调整并确定双方的均衡效用，使双方效用最大化的一种有效交易方式。通过不断的谈判，明确双方的权利、责任和义务，达成合约。集体谈判决定在何种待遇和条件下，现有雇员将继续向一家企业供给劳动力，新工人也将向这家企业供给他们的劳动力。这时的集体协议可以被看成是一种正式的契约和不满的解决程序，以及确保雇主遵循协议条款的一种非法律手段。

(2) 政府调控作用。

把集体谈判看作是行业管理的一种方式，其主要目的是建立管理方行使权力的规则，因而在集体协议中制定了一系列规范工会和管理方关系的程序性规则，如惩戒、不满申诉和争议处理程序等。这样，虽然管理职能仍由管理方行使，但工会作为劳动者代表，与管理方共享了企业的最高管理权。

(3) 决策功能。

这一功能最能体现出集体谈判的公平与工业民主。在这一机制中，工人阶级可以通过他们的工会代表，参与到指导和规范他们工作生活的政策制定过程中。工会或工会代表组织可以与雇主一起，就共同关心的问题进行磋商和谈判。这一功能强调了工会与企业间的相互依赖关系，认为劳资双方通过集体谈判联合起来，使冲突制度化，用共同的利益协调产生的分歧。并且承认，那些努力为企业工作的劳动者，应该有权力对企业的经营管理发表意见，尤其当这些决策对他们会产生某种影响时，更应当赋予工会代表参与企业管理的权力。

集体谈判的这三个功能并不是相互排斥的，大多数谈判都包含了这三种功能。但集体谈判在多大程度上能够实现其第二或第三种功能，则取决于雇员及其工会参与决策的愿望，取决于他们拥有的能够迫使雇主接受那些影响其管理权力携带的力量大小，以及管理方在多大程度上愿意接受这些要求。

三、集体谈判的常见结构

集体谈判的结构，是指不同层次、不同等级、不同类别的谈判单位的集中或分散程度，以及相互间的内在联系②。谈判结构影响着谈判结果，还影响着各方

---

① 程延园. 集体谈判制度研究. 北京：中国人民大学出版社，2004. 40
② 程延园. 集体谈判制度研究. 北京：中国人民大学出版社，2004. 157

的经济力量，从而影响劳资力量的均衡。谈判结构取决于多种因素，主要包括市场因素、历史因素、主体因素、利益因素和国家政策因素等。总体来讲，西欧国家的集体谈判结构比较集中，北美国家的谈判结构比较分散。就谈判主体而言，工会多主张集中，集中有利于工会争取统一的较好的劳动条件，而雇主或管理方则倾向于分散，分散有利于企业争取更大的活动空间。

1. 分散型结构

分散型结构是指集体谈判只发生在企业内部，由企业和企业工会进行谈判。日本是分散型结构的代表。企业工会是工会结构的核心，独立存在，即使成为全国行业工会的一个松散会员，仍在很大程度上享有自主权。大多数企业工会严格掌握集体谈判的主要职能、谈判策略和对抱怨的处理，但其中一些企业在解决劳资争端中可以接受来自全国工会组织提供的协调、政策导向和帮助。实际上，不到总数 1/10 的企业工会允许全国工会干事参加他们的集体谈判。而大多数企业资方即使没有参加他们的协会，一样可以介入集体谈判。因此，双方——雇主和工会——中介的行业一级组织的作用仍然十分有限，其权力和职能也都不允许有严重的扩张行为。就此而言，工会和雇主协会的最高联盟也不参加集体谈判。因此，集体谈判的重心无疑在企业。

2. 集中型结构

集中型谈判结构的表现形式主要有行业、地方和全国性结构。

（1）全国性结构。全国性集体谈判指集体合同的谈判和签订发生在全国性雇主和全国性工会组织之间。比如瑞典，在全国级别上要求集体合同的谈判，谈判双方是全国总工会和雇主联合会，通过谈判签订的整个部门经济协议，大致勾画出了通常为 1~2 年的特定时期工资就业条件的基本变化趋势，这些协议为单个的行业或行业集团直至企业谈判树立了指导标杆。

（2）行业性和地方性结构，也称多雇主结构。在这种情况下，雇主组成一个团体与工会代表进行谈判。在工业化发展初期，多雇主的谈判结构是最富有成效并得到重要发展的一种谈判模式。在一些劳动密集型行业，或者由于地理位置集中而竞争激烈的企业之间，雇主为了控制工资成本，避免无序竞争，阻止工会各个击破进入企业，就联合起来形成了多雇主谈判的模式。大多数西欧和北欧国家，包括德国、法国、意大利、荷兰等，实行独立于企业之外的行业范围的多雇主谈判制度，由雇主协会代表本行业的单个雇主进行谈判，签订集体协议。许多欧洲国家，如意大利、荷兰、葡萄牙、瑞士、比利时等，均规定行业或地区性的谈判所达成的协议，对本行业或本区域内的所有企业及其雇员均具有法定约束力，而无论这些企业或雇员是否是相应的雇主协会或工会组织的成员。

虽然集中谈判结构仍是欧洲国家集体谈判制度的主要特点，但经济和技术的发展，要求每个企业要控制生产成本，尤其是劳动成本，并不断提高技术水平，更好、更快地满足消费者对产品需求的变化，这就需要企业有更大的灵活性，采用具体有效的方法来利用、配置劳动力资源，合理规定就业条件待遇。因此，分散型的企业谈判更具有优势。而由于大型企业产品多样化，集体谈判更多地向企业或工作场所层级转变，小企业由于更倾向于将工资谈判与工人工作绩效挂钩，也日益脱离行业级别的集体协议。因此，整个欧洲的集体谈判正呈现出一种日益分散化的趋势，虽然各国的具体谈判不尽相同，但却都以相似的方式在适应这些变化。

集体谈判模式复杂多样，现以英国为例，具体说明集体谈判结构及其发生的变化。在过去二三十年中，英国谈判结构盘根错节。罗伯特对谈判结构的复杂性做了评价："许多雇主都加入雇主组织，在大多数行业，雇主组织和工会组织一直就极有限的问题举行全国或行业级谈判。在这一层次以下，谈判可以划分为区域或地方级和企业或工厂级。在许多行业则有各级谈判。"在非制造业（如建筑业）和公有制行业（煤炭业），或是以数目众多的中小企业力求联合起来它们不太强大的、单一谈判权力为主要特征的、竞争激烈的制造业，集体协议一直由全行业谈判或多雇主谈判签订。尤其在公共部门，全行业谈判一直占据显著地位。随着劳动关系的演变，集体谈判制度也发生变化。在第二次世界大战及战后的一段时间里，工会和职工的力量有所增强，于是工厂一级的谈判也就自动地得到了发展。同时，随着企业的规模变大，企业将越来越多的生产活动和特定的就业构成内部化了，这样一来，从多雇主谈判中分离出来，将自己企业的工资设得更高一些并形成自己的劳动关系都对企业较为有利。因此，单一雇主谈判盛行起来，无论工厂或企业的单一雇主协议都基本取代了多雇主协议，成为许多私有部门制造业工资和工作条件的主要决定方式，整个集体谈判呈现出分散的趋势[①]。

第二节　市场经济国家的集体谈判

一、集体谈判的由来

集体谈判被西方市场经济国家视为"民主社会的必要组成部分"和"处理公共部门中劳资关系的正常手段"。经过上百年的发展演变，集体谈判制度已成为西方国家劳动法律制度中不可或缺的组成部分，集体谈判是西方国家劳资双方解决矛盾冲突的最主要手段。

集体谈判的出现，最初是与工业革命所出现的社会经济、技术、人口的变化

---

① ［国际劳工局］约翰·P.温德姆勒等. 工业化市场经济国家的集体谈判. 何平译. 北京：中国劳动出版社，1994. 101~103

分不开的。工业革命促进了西欧一些资本主义国家经济的飞速发展和工人阶级队伍的迅速壮大，但是工人阶级并没有得到工业革命的好处。相反，机器的推广使用，把大量的工人抛入失业者的队伍，工人的劳动条件和生活条件也不断恶化。在此情形下，工人们逐渐意识到，分散的个别斗争难以对资本家形成威胁，只有联合起来，依靠集体的力量同资本家进行交涉和对抗，才能改善自己的地位和状况。集体谈判正是在这种情况下出现的。初期的集体谈判，目标各种各样，而且在一段很长的时期里，欧洲各国的公共政策是不支持集体谈判的，集体谈判的作用也并不十分明显。19世纪下半叶开始，随着工人运动的高涨，欧洲各国立法逐渐放宽对集体谈判的限制，集体谈判的法律地位开始逐步得到认可。从1904年到1919年，奥地利、荷兰、德国、法国等西方国家政府相继颁布了集体谈判的有关法律。第一次世界大战之后，集体谈判制度在许多国家有了进一步的发展，如德国于1918年颁布了《团体协议法》，其后，法国于1919年制定了《劳动契约法》，后将该法编入《法兰西劳动法典》。这些立法表明，当时的一些主要工业国家已经将集体谈判视为劳资关系调整的重要途径。

　　第二次世界大战后，集体谈判得到了更大的发展。许多获得独立的第三世界国家，也先后确立了本国的团体协约制度。英、美、法、德等发达国家也相继修改完善自己的集体谈判制度。这时，国际劳工组织也非常重视集体谈判和集体合同制度，通过了一系列推动集体谈判的文件，包括1949年制订的《组织权利和集体谈判公约》（第98号公约）、1951年的《集体协议建议书》（第91号建议书）、1971年的《工人代表公约》（第135号公约），而1981年的《促进集体谈判公约》（第154号公约）和同名的建议书（第163号建议书）是专门规定集体谈判的国际劳工公约和建议书。《促进集体谈判公约》共有四部分17条，包括范围和定义、适用方法以及促进集体谈判。在第1条规定了其适用范围："本公约适用于经济活动的所有部门。""本公约所规定的保证对军队和警察适用的程度可由国家的法律或规章或国家的惯例加以规定。""关于公共事业，适用本公约的特别模式可由国家的法律或规章或国家的惯例加以规定。"在第2条则为集体谈判做了定义："'集体谈判'一语包括在以一个雇主、一个雇主团体或一个或一个以上的雇主组织为一方，以一个或一个以上的工人组织为另一方进行的所有谈判，以确定工作条件和雇用条件；和/或调整雇主和工人之间的关系；和/或调整雇主或其组织同一个工人组织或一个以上的工人组织之间的关系。"第5条叙述了采取适应国情的措施促进集体谈判所达到的目的，主要有：①在公约所包括的活动的所有方面，所有雇主和所有工人团体都应当有可能进行集体谈判；②集体谈判应逐渐扩大范围以包括第2条所指的所有事项；③应当鼓励订立雇主组织和工人组织之间议定的议事规则；④集体谈判不应当因没有可予应用的议事规则或因此等规则不足或不适当而受到阻碍；⑤解决劳资争端的机构和程序的制定应有助于促进集体谈判。此外，公约还要求各国把政府采取措施推动集体谈判的开展，作为政府当局同雇主、工人组织之间优先进行协商的项目，在可能的时候成为签订协议的项目。《促进集体谈判建议书》着重从促进集体谈判的方法方面做出规定，包括：①各国主管机关按确定程序确认哪些雇主组织和工人组织有资格进行集体谈判。②谈判双方应采取措施，使各层次的谈判人员受到适当培训。③应采取适合国情的措施，使参与集体谈判的双方获得为进行谈判所需的必要信息资料。

今天，在许多市场经济国家中，集体谈判制度已经成为确定劳动制度和调整劳动关系的主要手段之一，通过集体谈判确定的就业条件不仅直接适用于数量庞大的雇员，而且日益成为整个部门、整个行业或一个地区的模式。1992年在澳大利亚召开的国际产业关系协会第九次世界大会，在深入分析了工业化革命的不同阶段里国家在产业关系中作用的各种表现形式的基础上，明确指出：国家干预劳动关系的手段主要有两种：一是对劳动关系的司法干预，二是指导集体谈判和集体合同。在利用集体谈判干预劳动关系方面，美国堪称典范。美国政府以"均衡"、"制约"作为调整劳动关系的出发点，通过立法巧妙地平衡劳动关系双方的力量对比，使之趋于对等，以利于平等谈判；同时又通过立法来约束劳动关系双方的行为，以免对经济和社会发展产生消极影响。

二、集体谈判的层次

不同因素共同影响下形成的特定文化倾向，促使了集体谈判层次的选择和发展。总体说来，西方国家的集体谈判一般分为三个层次，即企业（工厂）一级的、行业一级和中央一级的。各个国家谈判的主要层次也各不相同。

第一个谈判层次是企业级集体谈判，它无需复杂的谈判机构，谈判的直接性明显，即谈判的内容均为本企业的问题，双方代表都能亲自参加，可就某些谈判问题当场做出决定。对劳方来讲，这种好处还表现在工会易将职工召集起来，选举代表、听取意见、讨论提案、形成决议等都可提高效率。如在日本，工会不搞多级谈判并存，而主要在企业一级中进行。这是由于在这些国家中，企业工会是该国工会的主要形式，企业级集体谈判对该国的劳资双方均有利。在加拿大最为重要的谈判层次是在工厂一级（即一家工厂对一个工会的谈判），其次是企业一级的谈判（即一个有多家工厂的雇主与一个工会的谈判）。在美国，企业一级的谈判更为重要，因为美国有很多大企业都有遍布全国的小厂家。行业一级的谈判常常只发生在那些多由中小企业构成的行业，这种谈判层次在北美并不重要。

第二个谈判层次是在行业一级。行业级的集体谈判的长处在于：第一，它有助于缩小各类企业雇职工资收入的差距，避免出现同行业内工人收入的过分悬殊。第二，它有利于建立本行业最低工资水平，以避免工会会员因就业机会而相互竞争。第三，通过建立集体合同，即制定诸多通用的劳动规则，能够弥补劳动立法的不足，以更好地保护雇员利益。但是，行业级的集体谈判，使得谈判双方的代表往往会同各自的上级领导机构发生意见分歧，从而使谈判的程序复杂化。德国、奥地利、新西兰和瑞士都以这种谈判层次为主，因为这些国家的产业工会相对强大。以德国为例，它没有企业工会，工会都是按产业原则建立的。实行行业范围的谈判，使工会看起来更像一个独立于工作场所之外的组织。重视行业谈判反映了工会的偏好，工会认为集中谈判和较大的谈判单位可以使工会拥有最大的谈判力量，使谈判力量不依赖于具体企业经济实力的强弱，或者某一技能在劳动力市场上的重要程度。通过缩小行业内部就业条件和待遇的差别，可以减少劳动者为就业而竞相压低工资带来的竞争风险。

第三个谈判层次为中央一级。在西方市场经济国家中，工会选择以全国一级为主与雇主进行集体谈判的也不乏其例，如瑞典、挪威等斯堪的那维亚诸国。这主要是由于类似瑞典这样的国家的两个特殊因素所决定的：一是国内存在统一而又强大的全国性的雇主联盟，这是实行国家一级集体谈判的组织基础；二是国家法律规定，集体谈判和签订集体协议的权利在劳方归工会组织所有，且集体谈判的决定权控制在劳资双方中央一级组织手中，许多重大问题在中央一级进行谈判并做出决定。这种集中统一的谈判模式并不适用于所有国家。因为，这一制度是建立在一定的历史、经济和特定的社会条件之下的。这一制度虽然在瑞典、挪威等少数国家是成功的，但在其他一些国家并不很成功。

集体谈判有不同的层次，每一个国家根据自己的情况实行不同层次的谈判，但并不是说一国只有一种层次的谈判，比如大多数在行业一级展开谈判的国家，也以企业一级的谈判作为补充。实际上，在许多国家，不同层次的集体谈判是同时存在的。

表 9-1 给出了 17 个经合组织国家集体谈判的层次。

从表 9-1 中我们可以看出，除了奥地利以外，所有的 OECD 国家都有在企业一级进行的集体谈判，而且谈判日益分散化，特别是向企业一级分散。青木昌彦认为，"这一趋势是许多在大企业中发展的一些因素所引起的一个必然后果。例如，企业的雇员对组织租（垄断所得）提出合理的要求；对于更为综合性和正式的工资结构的需要，以便适应企业内部就业结构并提供可靠的决策基础；在蓝领工人的白领化同时，对企业有重要利害关系的白领职工也开始作为谈判的同伴出现；企业的管理决策对雇员的福利有着越来越强的影响；等等"。近年来，随着失业问题在西方国家越来越严重，集体谈判分散化的呼声也越来越高涨，有些经济学家甚至主张实现雇主和职工之间的单独谈判，以使得工资能够更为灵活。

表 9-1　经合组织国家集体谈判的层次（1980～1994）

国　家	集体谈判的层次	主要的谈判层次	国　家	集体谈判的层次	主要的谈判层次
澳大利亚	1, 2, 3	2→3, 1	挪　威	1, 2	2→1
奥地利	2, 3	2	新西兰	1, 2, 3	2→3
比利时	1, 2, 3	2	葡萄牙	1, 2, 3	2→2/3
加拿大	1, 2	1	西班牙	1, 2, 3	2/3→2
芬　兰	1, 2, 3	3→2/1	瑞　典	1, 2, 3	3→2
法　国	1, 2, 3	2	瑞　士	1, 2	2
德　国	1, 2	2	英　国	1, 2	2→1
日　本	1, 2	1	美　国	1, 2	1
荷　兰	1, 2, 3				

资料来源：OCDE（1994）

注：1. 企业/工厂；2. 部门；3. 中央一级；→ 代表变化的方向

三、集体谈判的机构和程序

1. 集体谈判的机构

谈判机构，即为进行集体谈判而设立的特别机构和常设机构。这些机构基于法律规定或者基于双方同意而建立。谈判机构的发展及其特点是国家、行业和企业特殊需要和环境因素的产物。

在多数国家，以签订劳资协议为目的的劳资谈判在特设机构内进行。当然，这并不意味着这种谈判方式就是偶然的、紊乱的、不稳定的。在一些国家，有常设机构，或者是在双方同意基础上形成的，或者是由公共立法产生的"宪章"或"宪法"规定的，其中指明谈判各方，说明主要目的，制定谈判程序，还可能指出全时职工的职责等[①]。特设机构是临时性的，常设机构在行业层次上最流行。但也可以像比利时和瑞典等建立国家级常设机构。

比利时最充分地展现出常设机构的谈判方式。国家通过为某些行业和整个经济领域立法把这种方式建立起来。在行业或相等的层次上有将近 100 个联合委员会，实际上覆盖了整个私营部门。它们由相等数目的劳资双方代表组成，并且在保持中立态度的主席主持下进行谈判。每个委员会设有自己的秘书处，提供日常性的和管理方面的服务。联合委员会的主要任务是从事全行业范围的集体谈判，尽管某些谈判不在联合委员会的管理范围之内进行，特别是在企业层次。一些委

---

① [国际劳工局] 约翰·P. 温德姆勒等. 工业化市场经济国家的集体谈判. 何平译. 北京：中国劳动出版社，1994. 51

员会只分别涉及蓝领雇员或白领雇员的劳动条件，也有一些兼而有之。就国民经济整体而言，劳资双方组成国家劳工委员会。从其功能来看，它是一个与政府联系密切的咨询机构，但也可以签订全国范围的劳资集体协议。

另一种常设机构以荷兰的劳工基金会为代表。它成立于1945年，包括了主要的工会联盟和雇主联盟，主要援助战后重建经济。它有书面章程、常设秘书处和双方同意的一套工作程序。尽管它开始的目的并不是从事全国范围的劳资谈判，但是事实上它逐渐向这方面转变。在60年代中期高度集中的工资协商体制衰落后，该基金确定工资指导方针的主要职能虽然没有完全消失，但是缩小了。在相当大的程度上，它的集体谈判的职能被咨询的职能取代了[1]。

2. **集体谈判的程序**

集体谈判一般要经过四个阶段：①谈判的提出和资格的认定。②组织谈判机构，进入谈判准备阶段，议定谈判议题。③依双方共同订立的规则和日程，在谈判桌上进行谈判。④签订集体协议。

资格认定。主体资格问题是集体谈判首先遇到和需要解决的问题。所谓主体资格问题，是指谁有资格进行集体谈判，以及这一主体资格应该如何取得或应该具备什么条件。一般说来，工会组织代表劳动者作为一方当事人，企业管理者或管理者组织作为另一方当事人。并且双方要相互承认，这是进行谈判的前提。

在准备阶段，不论是工会代表还是资方代表，都需要花费很多时间来从事谈判准备工作。谈判一般从工会向雇主发出谈判新协议的通知不久后开始，可能会持续一年甚至更长的时间。各国法律规定不一。在加拿大，谈判通知必须在协议前30天至4个月送达雇主，雇主接到通知后，应立即或在20天内安排谈判。双方都要为谈判做大量的准备工作。一般来说，包括：①拟定谈判方案。就是要根据近期的经济形势和企业经营状况，双方当事人各自拟定包括谈判的基本原则、最低目标和主要谈判策略等内容在内的谈判方案，以便自己一方在谈判中做到有的放矢。②组建谈判组织。即在没有谈判常设机构的情况下，双方当事人都要临时成立自己的谈判机构，具体确定自己一方的谈判人员及其首席代表。③约定谈判日期和地点。这是由双方当事人协商而定的。④上报政府有关部门或主管机构。即要将预定的谈判主体、谈判日期和谈判地点以及谈判的双方当事人代表等上报政府或劳动部门。需要指出的是，在谈判准备阶段，企业管理者还有义务向工会方面提供企业准确的有关信息和数据，以作为双方谈判方案和进行具体谈判的客观依据和共同基础。

在具体谈判阶段，主要是针对准备阶段提出的议题进行交流、协商。这一阶

---

[1] [国际劳工局] 约翰·P. 温德姆勒等. 工业化市场经济国家的集体谈判. 何平译. 北京：中国劳动出版社，1994. 52

段又分为初始阶段和继续谈判阶段。在初始阶段，双方都会拿出各自的初始方案，向对方提出初步的要求。谈判开始阶段双方的姿态很关键。这一阶段的气氛无论是敌意的还是平和的，都将对此后双方的谈判风格定下基调。继续谈判阶段是实质性阶段，在这一阶段，每一方都试图了解对方到底最看重的是什么，并希望通过这种摸底来达成最佳的交易。在具体谈判阶段，一般来说，会出现下面几种情形：第一种是谈判双方相互谅解和妥协，谈判很快达成协议；第二种是就有关问题互不相让，谈判陷入僵局，但经调解后可以达成协议；第三种是谈判陷入僵局后，经调解无效，导致谈判破裂甚至引起工人罢工或关闭工厂事件，这时就需要由仲裁或法律诉讼的办法加以解决，或由政府出面促成谈判继续举行，直到最终达成协议。

最后一个阶段是签订集体协议，这是集体谈判的最终结果。劳资双方在谈判结束后，将签订一个"协议备忘录"，包括已经达成一致的所有内容。但这个备忘录通常比较粗糙，仅仅是双方同意的内容的框架。劳资代表在拟定了"协议备忘录"后，一般都需将协议内容反馈给他们各自所代表的群体，听取各方面的意见并确定初步协议是否为多数人所接受。在经过反复协商和必要的修改后，就可进入正式批准阶段。正式批准是一个特别重要的程序。在进行正式批准投票之前，工会谈判代表小组首先应向工会成员解释协议的内容。然后再诉诸投票解决。如果投票通过，那么协议就成为正式的合同。该合同中还包括合同有效期限的条款。集体协议对双方均具有约束力。

四、不满的处理

在劳动关系中，经常出现不满问题。"不满"，一般来讲是工人宣称自己的权利受到了侵犯，如雇主违反合同、违反了法律、违反了过去的习惯做法或公司的制度。

在有工会的企业中，对不满的申诉可以包括如下步骤：①与主管人员谈话。雇员的不满一般因主管人员的管理而产生，雇员的不满首先应向主管人员提出，如果主管人员无法解决雇员的不满，就由一个雇员所属的工会委员会的成员和一个工厂委员会的成员会见这个雇员的主管人员；雇员也可直接将不满向工会提出，由工会委员会的成员和一个工厂委员会的成员会见其主管人员；②工厂委员会与公司的劳工关系部召开会议。如果通过与主管人员谈话、协调仍无法解决，工厂委员会就要与公司的劳工关系部召开会议，讨论解决不满情况；③地区工会与公司有关人员召开会议。如果不满还未解决，并且工会权衡各方面的情况后决定将不满进行下去，雇员的不满就会作为工会的不满，通过召开有地区工会负责人、公司的工厂委员会的主席、公司的人事负责人、公司的劳工关系的负责人参加的会议讨论解决;④全国级的协商会议,由全国工会的不满委员会主席、地区工会代表和公司的最高负责人讨论解决。到此为止,雇员、工会的不满都是在劳资双方内部通过各个不同层次的会议协商解决的,没有第三方力量的介入。当雇员的不满不能通过工会和资方自己解决时,就会借助第三方的力量通过仲裁来解决;⑤不满仲裁。依集体协议的约定,如果通过工会和资方不能解决不满,可通过仲裁解决,自愿仲裁具有强制力,任何一方都可以开始仲裁程序,仲裁庭一般由一名雇主代表、一名工会代表和一名中立人士组成。仲裁裁决做出前一般要组织一个听证会,听证会后由仲裁庭做出裁决,裁决对双方有约束力[1]。

在非工会化企业中,雇员不满的处理程序差异很大。在劳动标准高的非工会化企业设有不满程序来处理雇员的不满,处理决定最终由雇主做出。如美国某公司的不满程序如下:①有意见的雇员与他(或她)的主管人员谈话,一位人力资源部门的人员充当调解员。如果双方不能达成一致的意见,人力资源部门的人员将接受雇员提出的正式不满,并在雇员准备提出不满时充当他(她)的咨询人员;②在雇员所在部门的主管面前举行听证会,审理不满案件并做出决定。雇员可请同事帮忙,但不能请律师。而在劳动标准低的非工会化公司,雇员的不满往往被忽视,其结果只能有两种,一种是随雇员不满的加深,雇员被解雇。另一种是雇员团结起来怠工、停工等,导致激烈的雇员与雇主的冲突。如果雇员对处理决定不满,可以提起仲裁或诉讼,由相关机构做出裁决。裁决对双方均有约束力。

五、不当劳动行为及救济

与集体谈判主体相关的主要制度是不当劳动行为及其救济。1935年美国通过的《国家劳动关系法》率先对不当劳动行为做出了限制。此后,日本、加拿大等国也在其劳动立法中对不当劳动行为做出了具体规定。

不当劳动行为(unfair labor practice),又称为不公正劳动行为或不公正劳工措施,其含义最初是指雇主凭借其经济上的优势地位,以违反劳动法律原则的手段来对抗工会的措施或行为。但在一些国家,不当劳动行为的内容也涵盖了工会和劳动者在劳资关系中以不法手段来对抗雇主的措施或行为,其不当劳动行为的主体,不仅包括资方,同时也包括劳方[2]。不当劳动行为虽然从理论上讲包括了劳资双方的不当劳动行为,但一般主要是指雇主的不当劳动行为,主要有以下

---

[1] [美]丹尼尔·奎因·米尔斯. 劳工关系. 李丽林,李俊霞等译. 北京:机械工业出版社,2000. 372,373

[2] 常凯. 论不当劳动行为立法. 中国社会科学,2000,(5):71~82

几个方面：差别待遇，黄犬契约（yellow-dog contract）（意为卑鄙的合同，指雇主以不参加或退出工会为条件与劳动者签订的雇佣合同），拒绝集体谈判，控制干涉工会。

与不当劳动行为内容同样重要的是，如何对不当劳动行为采取救济措施。在市场经济国家，法律规定的不当劳动行为救济措施主要有：

（1）行政救济。不当劳动行为的行政救济机构一般为劳动委员会，劳动委员会如发现雇主存在不当劳动行为，可以发布命令要求其立即停止。例如，在日本，劳动委员会是其行政救济机构，它由雇主、劳动者和公益等三方的代表组成。劳动委员会的组织建构分为两个层级，即中央劳动委员会和地方劳动委员会，二者为上下级关系。日本不当劳动行为的行政救济程序分为初审和再审两个阶段。初审阶段主要包括救济申请、调查、建议和解（分为判定和自主和解两类）、审问及合议、发布救济命令或驳回命令等程序。再审阶段主要程序与初审阶段相同，但中央劳动委员会得根据初审记录及再审申请等文件不经审问直接发布命令。中央劳动委员会对于地方劳动委员会的命令，有取消、承认或改变的全部权限，或可对不服该命令之申请予以驳回。日本不当劳动行为的行政救济以简易、迅速为特点。这种行政救济将不当劳动行为的审查与劳动争议的处理结合起来，不仅判断劳资关系以往的是非，而且可以促进劳动关系未来的发展。

（2）司法救济。是指不当劳动行为的被侵害者直接向法院提起违法行为无效确认、或损害赔偿、或要求对方一定作为或不作为的给付之诉。如在美国，主要以司法救济为主。美国的行政救济机关为联邦仲裁与调解局。该局的职责为：通过调节与仲裁解决纠纷，在该局的提议或在纠纷当事人的要求下进行干预，调节失败后采用其他方法解决纠纷[1]，等等。但是，该局的命令不具有强制执行的效力，必须向特定的上诉法院申请强制执行命令。被认可或否决诉求救济最终决定的被侵害人，可以向上诉法院请求对该命令进行复审[2]。《美国劳工关系管理法》也特设专章"劳工组织提出的诉讼或对劳工组织提出的诉讼"，规定：雇主和代表职工的劳工组织之间，或劳工组织相互之间发生按本法规定为违反合同的诉讼时，可以向能够管辖有关各方的任何美国地区法庭提出[3]。

六、产业行动

产业行动是指在集体谈判过程中由雇员或雇主以施加压力为目的、单方面引

---

[1]《美国劳资关系法》第3条. 中华全国总工会编. 外国劳动法律法规选编（上）. 1997. 1, 2
[2]［美］道格拉斯·L. 莱斯利. 劳动法概要. 张强等译. 北京：中国社会科学出版社, 1997. 8, 9
[3]《美国劳工管理关系法》第三章第1条 a 款. 中华全国总工会编. 外国劳动法律法规选编（上）. 1997. 11

起正常工作安排暂时停止的一种活动①。在一个产业组织中存在各种利益冲突，通常情况下都是利用产业关系中的既定程序化机构，通过谈判的方式来解决这些冲突，只有在极少数情况下才会发生产业行动。产业行动是产业关系中人们争论最多的问题之一。有的人着重产业行动所带来的巨大损失，认为产业行动是一种破坏性力量。有的人则强调产业行动对雇佣关系的巨大影响及其对集体谈判的作用。从产业行动的实施主体来看，它可以由雇员或工会发起，也可以由雇主发起。

1. 劳动者产业行动

劳动者一方发起的产业行动可分为无组织的个人行动和有组织的集体行动两种。这两种行动都表达了对现状的不满，但无组织的个人行动是通过退出不满意的环境来表达这种不满，有组织的集体行动则试图改变造成不满意的现状。

无组织的个人行动有早退、迟到、缺勤、推卸责任等形式。在劳动关系中，我们更多的是注重集体行动的研究。有组织的集体行动主要有退出合作、故意死扣规章、拒绝加班加点、怠工、罢工、静坐等。这里，我们主要针对罢工进行讨论。

罢工是集体行动的最终方式，也是雇员或工会最偏爱的方式。因为，通过罢工，可以表明所争议的问题对雇员的重要性，反映了雇员们的团结一致，在罢工时工会更容易确保雇员的团结。

《法律辞典》上将罢工定义为：一定数量的受雇人为争取经济利益或政治权利而集体停止工作的行为。对罢工可主要从以下几方面理解：①罢工是劳动者暂时停止工作的行为。罢工是单纯的劳动行为的中断，而不是劳动契约关系的终结。劳动合同并没有随罢工而失效。罢工结束，劳动者仍可以回到工作岗位上。这不是新劳动关系的缔结，而是原劳动关系的继续。②罢工是劳动者集体的、一致的行为。罢工是多数劳动者的共同行为，而不是个人的单独行为。③罢工是一种强制，是施加于雇主的一种力量。工会举行罢工，是为了增强谈判力量，迫使雇主提高工资和福利水平，改善工作条件。

在西方国家，罢工现象十分普遍，这主要依赖于工会力量的壮大。各国的工会组织逐渐成为一支强大的社会力量，工会组织的影响已经渗透到社会生活的各个方面。在工会组织的领导下，工人阶级为了争取和维护自身的经济和社会权利，罢工浪潮的规模也日趋扩大。而许多国家宪法对罢工做了相关规定。1946年法兰西共和国宪法规定："罢工之权利在法律规定范围内行使之。"1978年西班牙宪法第28条规定："承认劳动者为保卫自身利益举行罢工的权利。规定行使

---

① 杨体仁，李丽林.市场经济国家劳动关系：理论·制度·政策.北京：中国劳动社会保障出版社，2000．393

该权利的法律将制定为维持社会基本服务的明确保障措施。"1946年巴西联邦共和国宪法第158条规定:"罢工权应予以承认,其行使方式以法律规定之。"此外,有关国际公约对罢工问题也做出了相关规定,联合国《经济、社会、文化权利国际公约》第8条规定,工会有权罢工,但应按照各个国家的法律行使此项权利。

在法国,已经形成了一种罢工文化。法国人喜欢度假,每年寒暑假时,法国全社会均比较安静,一片歌舞升平,但假期一结束,马上就是新一轮的社会危机,全国上下工潮四起。在每年9月份罢工的高峰季节,诸如银行、邮局、电力公司、航空、铁路、地铁、公共交通的职员罢工最常见,但其他行业,如教师、医护人员、记者和国家公务员罢工也司空见惯。法国人罢工的名目繁多,劳动法上专门有定义。有所谓警告性罢工,短时间停止工作对雇主施压;有"瓶颈"式罢工,专门选择要害部门或要害时间停止工作;有轮流式罢工,企业内不同部门或工种轮流停止工作;还有声援性罢工,也就是为支持其他行业或企业的罢工者而停止工作。但罢工的目的无外乎是要求增加工资、减少劳动时间。最近的一次较大规模的罢工源于法国政府2006年1月拟定的"首次雇佣合同法"(新劳工法)。该法规定:雇用职工20人以上的企业,可以与26岁以下的青年签订首次雇佣合同,其后两年内无须说明理由就可将其解雇。而根据法国现行的劳工法规,企业解雇签约职工需在事前正式通知本人并说明解雇理由,没有正当理由不得随意解雇职工。由新劳工法引发的示威活动从3月份开始逐渐向全国蔓延,法国各地的学生组织和工会举行了大规模的罢课、罢工和游行示威活动,要求政府停止推行新劳工法。面对强大的反对声浪,法国总统希拉克4月10日宣布,政府决定用"帮助困难青年就业机制"取代备受争议的"首次雇佣合同"法案,以平息数月来由该项新劳工法引发的抗议浪潮。针对政府的决定,法国工会负责人表示,政府用新机制取代"首次雇佣合同",意味着反对"首次雇佣合同"的斗争获得了成功。从中,可以看出罢工在劳动关系中的重要作用。

罢工是市场经济体制下劳资双方矛盾导致的结果。由于劳动者和管理方在经济地位上的不平衡,现代劳动法赋予劳动者以罢工权以达到实现保护劳动者的目的,并使双方在新的基础上重新达到动态平衡。而罢工在集体谈判过程中也具有很大的作用。作为一种妥协诱因,罢工能促使双方找到一种彼此都能接受的解决方案,是双方达成协议的手段。

2. 雇主采取的产业行动

雇主采取的产业行动不如劳方采取的产业行动明显,通常被看作是对雇员行动的间接反应。总体说来,雇主所采取的产业行动主要有以下几类:

(1)辞退雇员。雇员不正当行使罢工权,如有瑕疵地履行劳动合同的行为,不是合法的罢工行为,即构成解除劳动合同的法定理由,雇主有权辞退该雇员。

(2) 雇主单方面制定新的工作制度或就业待遇。

(3) 如果雇员拒绝接受变革，或雇员采取死扣规章，拒绝加班加点，或者怠工的产业行动，资方可利用其管理权处分雇员。

(4) 雇主可以采取最极端的行动，关闭工厂或恫吓要关闭工厂，即拒绝提供生产资料，拒绝支付工资。闭厂是雇主针对罢工而采取的一种威胁手段。雇主的这种行动含有永久性的含义，因此比雇员通过罢工来暂时地中断工作更具威力。然而也可以认为，雇主采取这种行动是有限的——只有当一个企业组织难以继续经营下去，或者这个企业组织可以在不同地区，甚至不同国家经营，可以通过扩大别的地方的生产来弥补生产的损失，雇主的这种行动才是可信的，才能对雇员和工会施加压力。资方的这种行动常伴有裁员或较大的工作变革，而且可能激起雇员采取静坐的报复行动。在法国，与其他西方国家不同的是，雇主原则上不享有闭厂权。司法判例认为，不论是在罢工发生前具有预防性的闭厂、罢工发生的同时具有防卫性的闭厂，还是在罢工之后具有报复性的闭厂，只要不能证明为不可抗力，都构成雇主的一项合同过错，雇主应当向有关雇员支付工资。因此，可以看出，只有在少数情况下，闭厂才是合法的，一是雇主能够证明罢工对于企业已经具有不可抗拒性、构成不可抗力，雇主在其权力范围内已经无法再努力履行其对雇员的劳动合同义务时（如缺乏能源或原材料无法继续维持生产），雇主可以闭厂；二是如果由于罢工造成企业混乱，致使公共秩序和安全处于危险状态时，雇主可以闭厂。

第三节　中国的集体谈判

一、中国集体谈判的产生与发展

在我国，一般将集体谈判称为"集体协商"，并将"集体协商"定义为："集体协商是指企业工会或职工代表与相应的企业代表，为签订集体合同进行商谈的行为。"集体谈判与集体合同是一同产生与发展的。集体合同在我国出现较早，20世纪20年代初就产生了团体契约。1930年，在工人斗争的压力下，国民党政府颁布了《团体协约法》，这是中国历史上第一部专门的集体合同法。该法承认工人团体有与雇主或雇主团体缔结团体协约的权利。同一时期，中国共产党也十分重视利用集体合同制度来维护工人阶级利益。1931年11月，在江西瑞金召开的中华苏维埃第一次全国代表大会通过了《中华苏维埃共和国劳动法》，对集体合同的定义、内容、法律效力等问题做了明确规定。

1949年9月，中国人民政治协商会议通过的具有临时宪法性质的《共同纲领》规定：私人经营的企业，为实现劳资两利的原则，应由工会代表工人职员与资方订立集体合同。中华全国总工会于 1949 年 11 月 22 日发布了《关于私营工商企业劳资双方订立集体合同的暂行规定》，对集体合同的内容、订立原则、手续及合同的期限等做出了规定。1950 年 6 月，中央人民政府颁布的《中华人民共和国工会法》规定，不论是在公有制企业中还是在私营企业中，工会都有权代表工人进行集体谈判，集体谈判、缔结集体协议的权利被列为工会的首要权利。1956 年，随着对资本主义工商业的社会主义改造的完成，集体合同制度逐步停止实行。20 世纪六七十年代，集体谈判和集体合同制度一度消失[1]。

1978 年后，集体谈判和集体合同制度又开始恢复和发展。1983 年 10 月，中国工会第十次全国代表大会通过的《中国工会章程》第 26 条规定，工会基层委员会有权代表本单位职工同行政方签订集体合同或专项决议。20 世纪 80 年代中期，江苏等地开始采用工会与企业签订共保合同的方式，来确定企业和职工在完成生产任务和分配利润方面的权利和义务。

1992 年，第七届全国人民代表大会通过的《中华人民共和国工会法》规定，工会可以代表职工与企业、事业单位行政方面签订集体合同。集体合同草案应当提交职工代表大会或者全体职工讨论通过。1994 年 7 月 5 日，第八届全国人民代表大会常务委员会第八次会议通过的《中华人民共和国劳动法》，对集体合同的主体、内容、订立程序、审查、生效条件、效力、争议处理和无效时的赔偿责任做了简明扼要的规定。其中第 33 条规定："企业职工一方与企业可以签订集体合同，集体合同由工会代表职工与企业签订；没有建立工会的企业，由职工推举的代表与企业签订。"《劳动法》仅仅简单勾勒了集体谈判制度的基本轮廓和框架，比较缺乏可操作性。在 1994 年 12 月 5 日劳动部颁布的《集体合同规定》中，对集体合同和集体协商的程序做了比较全面、具体的规定。《集体合同规定》适用于各类企业与职工通过集体协商签订的集体合同。按照该规定，集体协商每方代表为 3~10 名，双方人数对等，并各确定 1 名首席代表；没有建立工会的则由职工民主推选代表。企业代表由其法定代表人担任或指派。双方经过协商达成一致的，则由双方首席代表签订合同。合同文本报送劳动主管部门审查，经审查 15 天内没有提出异议的，合同生效。这样，《劳动法》规定的集体谈判权利得到进一步落实。

2000 年 11 月 8 日，劳动和社会保障部发布了《工资集体协商试行办法》，这是我国集体谈判和集体合同制度方面又一项重要规章。2001 年 10 月 27 日，第九届全国人民代表大会第 24 次会议决定对 1992 年的《工会法》进行全面修改。修改后的《工会法》第 20 条第 2 款规定，工会代表职工与企业以及实行企

---

[1] 程延园. 集体谈判制度研究. 北京：中国人民大学出版社，2004. 62~64

业化管理的事业单位进行平等协商，签订集体合同。这一规定删除了1992年《工会法》中关于工会"可以"代表职工签订集体合同的规定，而将此看作为工会的权利和义务，是一种进步。

2004年1月，劳动和社会保障部发布了《集体合同规定》，进一步细化了集体协商的具体内容，规定了协商代表的产生程序及职责权限，明确了集体协商的具体步骤和程序，规定了集体合同的审查及集体协商争议的协调处理。它的实行，将使我国现行的集体谈判制度更具有可操作性。

二、中国推行集体谈判的必要性及其意义

集体谈判是当今世界各市场经济国家普遍采用的协调劳动关系的一种重要方式。在我国，随着市场经济的建立，劳动关系日益复杂，劳动争议也日渐上升，有必要建立通过妥协化解潜在冲突的有效机制，以构建和谐劳动关系，促进社会和经济的协调发展。因此，推行并完善集体谈判是十分必要的，具有重要意义。

第一，转型期我国劳动关系呈现多样化、复杂化的特点，并已从个别劳动关系阶段发展到集体劳动关系，有必要采取集体谈判机制来协调劳动关系。

随着我国市场经济的建立，社会利益由单一化走向多样化，劳动关系也日益多样化、复杂化。与此同时，企业和劳动者作为劳动力市场的主体地位也日益明确，双方因利益冲突而引发的劳动争议日益增多。其中，集体争议案件增长速度快、劳资冲突规模大是劳动争议的主要特点。集体争议不仅涉及个别劳动者利益，而且关系到劳动者群体的基本生存权。这类争议涉及人数多，突发性强，影响面广，处理不好往往影响到劳动关系的和谐，甚至导致矛盾激化，造成不良的社会影响。据劳动和社会保障部、国家统计局《劳动和社会保障事业发展统计公报》显示：2001年各级劳动争议仲裁委员会共立案受理劳动争议案件15.5万件，比上年增长14.4%，涉及劳动者46.7万人，比上年增加10.5%。其中，集体劳动争议案件9 847件；2002年全国各级劳动争议仲裁委员会立案受理劳动争议案件18.4万件，涉及劳动者61万人，分别比上年增加19.1%和30.2%。其中集体劳动争议案件1.1万件，比上年增长12%；2003年全国各级劳动争议仲裁委员会立案受理劳动争议案件22.6万件，涉及劳动者80万人，分别比上年增长22.8%和31.7%。其中集体劳动争议案件1.1万件[1]。随着我国加入WTO后风险与压力的加大，可以预测在今后一段时间内，集体争议、群体性事件发生的数量还会继续攀升，将对社会稳定产生重要影响。

---

[1] 如何预防和减少集体劳动争议发生. http://www.51cxo.com/Article/hr/concern/200502/3381.html. 2005-02-28

随着劳动纠纷从隐藏到显露，对抗性增强已成为当前劳动争议的一大突出特点。劳动争议引发的集体罢工、游行示威、静坐、围堵政府机关、非法拘禁企业负责人、杀害企业负责人等激烈冲突事件时有发生，说明劳资冲突的激烈程度正在不断升级。

劳动争议的不断增加，劳动关系的日益尖锐，从根本上表明了人们越来越承认劳动力市场上工人与雇主之间的利益划分。因此，有必要建立有效的劳动关系调节机制来适应和调整这种利益关系，集体谈判可以使工会充分代表其成员利益，与雇主谈判，有效预防和化解劳动争议。

第二，集体谈判有助于保障职工合法权益免遭侵犯。

我国劳动力市场构建中面临着一个相当突出的矛盾，便是劳动力供大于求。这使得雇主比雇员拥有更大的选择余地，拥有更大的话事权，特别是那些劳动密集型产业，由于竞争非常激烈，雇主可以肆无忌惮地压低、克扣工资、不关心工作环境的改善，延长工时，任意解雇职工，甚至进行人格侮辱和人身攻击，侵犯职工人身权利等严重违法事件屡见不鲜。劳动者处于弱势地位。而要摆脱这种地位，根本的途径在于提高劳动者的谈判地位，让劳动者拥有与雇主平等对话的权利。集体谈判中以工会作为职工的代表，可以大大增强职工的谈判力量，从而更好的维护职工的权益。

第三，集体谈判可以避免企业因职工集体不满而造成损失，有效维护企业利益，提高企业经济效益。

集体谈判不仅维护职工利益，同样对企业利益也提供了一种保障。在劳资冲突中，工人往往会采取较激烈的行为，从而给企业造成损失。如果劳资双方长时间没有沟通，会产生彼此的误解和不信任。工人对企业的不满情绪日积月累，会产生怠工、罢工、集体辞职等严重后果。定期的集体谈判可使劳资双方的矛盾在沟通中化解，以避免不必要的损失。另外，集体谈判签订的集体协议对劳动关系的双方都具有约束力，它也约束了职工的行为，有效避免了企业的损失。对于企业来说，实行集体谈判，有助于提高企业经济效益。普通职工和企业管理者、雇主和雇员在集体谈判中，形成了一种利益制衡关系。为了实现双方利益的共同提高，唯一的出路就是双方在互相信任和依赖的基础上，采取合作态度，共同把企业的生产经营活动搞好，从而促进工资和利润的同步增长。因此，集体谈判所形成的利益约束，有助于提高企业经济效益。

第四，集体谈判可节省交易费用。

雇员对工资、待遇等的要求往往是务实的。不同的个体也会有不同的要求。他们为了争取更大的利益总是试图去与雇主谈判。如果企业与每名职工进行单独谈判则需要花费大量人力物力，成本太大，而雇主通过与组织起来的雇员集体谈判达成集体协议可以节约交易成本。

三、中国集体谈判的内容、程序和结构

1. 集体谈判的内容

我国集体谈判的内容也就是集体合同的内容。根据 2003 年 12 月 30 日经劳动和社会保障部第 7 次部务会议通过的并于 2004 年 5 月 1 日起施行的《集体合同规定》，我国集体谈判的内容包括：劳动报酬、工作时间、休息休假、劳动安全与卫生、补充保险和福利、女职工和未成年工特殊保护、职业技能培训、劳动合同管理、奖惩、裁员、集体合同期限、变更解除集体合同的程序、履行集体合同发生争议时的协商处理办法、违反集体合同的责任以及双方认为应当协商的其他内容。

2. 集体谈判的程序

根据《集体合同规定》，谈判代表按照法定程序产生并有权代表本方利益进行集体谈判。集体谈判双方的代表人数应当对等，每方至少 3 人，并各确定 1 名首席代表。职工一方的谈判代表由本单位工会选派。未建立工会的，由本单位职工民主推荐，并经本单位半数以上职工同意。职工一方的首席代表由本单位工会主席担任，未建立工会的，首席代表从谈判代表中民主推选产生。用人单位一方的谈判代表，由用人单位法定代表人指派，首席代表由单位法定代表人担任或由其书面委托的其他管理人员担任。用人单位谈判代表与职工谈判代表不得相互兼任。

具体谈判步骤如下：

第一步，集体谈判任何一方均可就签订集体合同或专项集体合同以及相关事宜，以书面形式向对方提出进行集体谈判的要求。一方提出进行集体谈判要求的，另一方应当在收到要求之日起 20 日内以书面形式给以回应，无正当理由不得拒绝进行集体谈判。

第二步，准备工作。包括：①熟悉与集体谈判内容有关的法律、法规、规章和制度；②了解与集体谈判内容有关的情况和资料，收集用人单位和职工对谈判意向所持的意见；③拟定集体谈判议题，议题可由提出谈判一方起草，也可由双方指派代表共同起草；④确定集体谈判的时间、地点等事项；⑤共同确定一名非谈判代表担任集体谈判记录员。记录员应保持中立、公正，并为集体谈判双方保密。

第三步，集体谈判会议由双方首席代表轮流主持。应按下列程序进行：①宣布议程和会议纪律；②一方首席代表提出谈判的具体内容和要求，另一方首席代表就对方的要求做出回应；③谈判双方就商谈事项发表各自意见，开展充分讨论；④双方首席代表归纳意见。达成一致的，应当形成集体合同草案或专项集体

合同草案,由双方首席代表签字。另外,集体谈判未达成一致意见或出现事先未预料的问题时,经双方协商,可以中止谈判。中止期限及下次谈判时间、地点、内容由双方商定。

3. 集体谈判的结构

企业一级的集体谈判和集体协议是我国目前集体谈判的基本形式。《集体合同规定》也是着重对企业一级的集体协议做了规定,对行业集体协议没有明确规定。

在企业工会组建率较低、谈判力量较弱的情况下,由地方行业或产业工会与地方行业或产业协会或者企业进行集体谈判,签订集体合同,不失为发展集体谈判的一种思路。建立产业或行业级别的集体谈判可以弥补企业级集体谈判之不足,有利于全面准确的收集和掌握谈判信息资料,集中谈判专家的优势和力量,提出协商方针和方案,提高劳动者一方的整体力量,避免在单个企业中因实际力量的不平衡造成的不平等。同时,这也有利于形成产业、行业的劳动标准,避免企业之间的无序竞争[①]。尤其就我国目前企业结构的复杂状况和社会经济的发展状况而言,单独采用哪一级谈判结构都不能适合实际的需要,而在近期内建立行业谈判和企业谈判两级结构较为合适;行业谈判较为适合于国有企业,企业级谈判较为适合于非国有企业。

四、中国集体谈判推行中存在的问题

我国市场经济体制正处于建立和完善之中,新旧体制都在发挥作用,企业改革、改制发展不平衡,法律法规滞后,这使得我国的集体谈判在推行中还存在许多问题。

1. 集体谈判主体尚未充分形成,制约谈判机制的功能

集体谈判的有效运作,需要具有独立性和代表性的谈判双方。谈判的劳方代表多为工会,而资方代表可能是单个雇主,也可能是雇主组织。他们应该具有法定权力和组织能力来代表工人和雇主。

2001年10月27日第九届全国人民代表大会常务委员会第二十四次会议通过了"关于修改工会法的决定"。此次修改的工会法明确了工会在集体谈判中的主体地位:"工会通过平等协商和集体合同制度,协调劳动关系,维护企业职工劳动权益。""工会代表职工与企业及实行企业化管理的事业单位进行平等协商,签订集体合同。"以法律形式确立了工会的集体谈判资格。但在事实上,工会的角色却不清楚,最明显的是企业工会,兼有工会职能和管理职能,并且较多介入

---

① 程延园. 集体谈判制度研究. 北京:中国人民大学出版社,2004. 165

企业管理机构内部，因而削弱了企业工会代表会员权益的能力。同时，工会委员会拥有很高比例的高层管理人员，工会内部结构严重偏向于管理方代表，工会组织在体制上隶属于企业。这些特点，使工会更加倾向于在结构内部协调雇员与管理方的利益分歧，而不是代表工会会员与管理方谈判。再者，在很多企事业单位，党委副书记或纪委书记或副厂长兼任工会主席，在集体谈判中，工会主席究竟代表哪一方进行协商谈判呢？

雇主方的谈判主体问题也有诸多缺陷。中国企业联合会是国际劳工组织和中国政府承认的中国雇主的代表性组织，但与强有力的中央级工会组织相比，中央级的雇主组织在其代表性和会员数量上要弱很多。中国企业联合会在许多区县并没有相应的分支机构，因而在目前开展区域性、行业性集体谈判中，企业方对等主体缺乏问题突出。而在企业级的谈判中，国有企业的厂长、经理究竟代表谁的利益，也是集体谈判中一个常见的实际问题。

2. **集体谈判机制欠完善**

自劳动法实施以来，集体合同制度在我国得以迅速发展。截至2003年6月，全国已有127万基层单位签订了集体合同，覆盖的职工人数达9500万人，13.52万多家单位签订了工资专项协议。从数字和反应速度上看，在很短的时间内我国集体合同制度建设取得了重大进展。但事实情况是不容乐观的。我国的集体谈判和集体合同制度主要是自上而下推行的，其中，不乏以人物分派、文件下达等方式推行集体合同的签订。

另外，谈判程序缺乏严肃性和衔接性。在西方国家，劳动纠纷的处理，可以通过精心设计的制度安排保证劳资双方间的交易是低成本和有效的。但在我国，目前在谈判程序方面的不足却很明显：一是不协商就签约的现象普遍存在，集体谈判有名无实。二是集体谈判和劳动争议处理缺乏衔接，往往是一直到集体争议爆发时，集体谈判的程序还根本未启动。

3. **目前我国企业一级签订的协议内容雷同，缺乏针对性及个性特征**

协议中的条款绝大多数照搬现有法律法规的规定，而反映企业和劳动者共同关心但法律又没有现成规定的问题，如劳动报酬、住房、补充保险、劳动合同续签等条款却很少。多数企业集体协议雷同、内容空泛、规定原则，缺乏灵活性、针对性，没有结合本企业实际进行具体的量化和细化，致使协议缺乏可操作性。造成这一现象的一个重要原因是，处在起步阶段的集体合同制未能大面积推广，而一些地方政府劳动行政部门通过采取统一印制好下发集体合同文本的方式，敦促企业参照文本格式要求细化合同内容并付诸实施。此外，也反映了人们对集体谈判的认识及重视程度尚不足。

4. **对集体谈判的认识不足，参与性不强**

从劳动者方面来看，他们对实行集体谈判的受益意识认识不足，参与的积极性不高。一些劳动者认为集体协议解决不了什么问题，是搞形式走过场。还有一些劳动者认为，现在在劳动力市场中，企业处于主导地位，在竞争日益激烈的情况下，能有一份工作就不错了，也就不奢望组织起来与厂长、经理进行谈判，签订集体协议。在这些观念的影响下，劳动者大多对侵害自身合法权益的现象听之任之，更不会主动维护自己的合法权益。

从企业管理方来看，有些国企经营者认为，在国有企业中，企业与劳动者的利益是一致的，集体谈判并不适用。也有的经营者认为，签订集体合同解决不了什么问题。甚至一些私营企业主认为企业是自己的，自己说了算，对平等谈判采取或明或暗的抵触态度。

五、完善中国集体谈判机制的有效措施

为了逐步规范并推进我国的集体谈判机制，有必要采取多方面措施，解决集体谈判中存在的问题。

1. 尽快理顺关系，培育谈判主体

由于工会与雇主的代表身份不明，地位不确定，使得谈判在很大程度上流于形式。因此，必须对工会与雇主的地位职能有明确的界定。从工会角度来看，要明确工会是独立于雇主和雇主组织、代表雇员利益的法人机构，任何组织和个人均不能代替工会的职能。同时要改革工会，改进工会工作方式，提高工会工作人员素质，并切实代表职工权益，强化工会维权意识。另外，企业工会专职工作人员的工资和兼职人员的补贴，可以由工会会费统一支付，企业不再发放，从而增强工会代表在经济上的独立性。只有增强了代表性和独立性，工会才能在谈判中与雇主处于平等地位，真正维护职工利益。

从雇主一方来看，目前存在行业性、区域性集体谈判中的雇主组织缺位问题。这使得集体谈判在行业、区域的推行具有相当困难。因此，应加快行业性、区域性雇主组织的建设。而在企业级集体谈判中，存在雇主角色不明问题，因此，首先要解决在国有企业谁是雇主的问题。程延园认为，无论企业的性质如何，无论企业产权属国家还是个人，谁对工资的设定、利润的分成、劳动用工等这些重要事情享有决定权，谁就是劳动法上的雇主，工会要与能够具体"做主"的雇主进行谈判。这样看来，企业的厂长、经理等经营负责人在劳动法上属于雇主，而不是劳动者，他们是资本的人格化代表，高级管理人员是向雇主负责的管理方，而不是劳动关系中的劳方。[①]

[①] 程延园. 集体谈判制度研究. 北京：中国人民大学出版社, 2004. 137

2. 规范集体合同签订程序以及合同内容，提高合同的实用性

集体合同既是集体谈判的结果，也是谈判成效的体现，关系到集体谈判的存在价值。为了提高集体合同的实用性，必须要规范集体合同的签订程序，使其成为真正谈判的结果。对于合同内容，劳动部门应严格审查，并应将关乎劳方利益的内容作为必备条款列入。同时，应根据企业的实际情况，双方通过谈判，签订具有针对性的集体合同，切实发挥集体合同在维护职工和企业利益方面的作用。

3. 建立和完善相关的法律法规，为集体谈判提供法律依据

当前，我国已有的法律法规仅仅是简单勾勒了集体谈判的基本框架，还没有建立一个内容系统全面、具有操作性的集体谈判制度，因而无法为集体谈判实践提供足够的、有效的法律支持。因此，应当加快相关立法，细化谈判内容程序，使其更具操作性，以便劳动关系当事人在协商谈判过程中有所遵循和依据。

4. 加强舆论宣传，解决思想认识问题

我国长期的计划经济体制，单一的劳动关系，使广大劳动者和用人单位习惯于依赖政府，靠行政管理手段调整劳动关系，认为集体谈判、集体合同是资本主义雇佣劳动关系的特征。因此，当前应当加大社会舆论，普及劳动法律知识，使集体谈判和集体合同制广为人知。

随着市场改革的不断深入，在转型过程中出现的矛盾和困难日益突出。我国经济体制、劳动关系正经历着深刻的变革。基于劳动合同制产生的新型的雇主—雇员关系代替了国企的终身就业制，失业、下岗现象日益严重，劳动争议日益增多。这一方面表明了劳动力市场上工人与企业之间过去那种政治化、行政化、利益一体化的劳动关系格局被打破，二者出现了利益分化。另一方面也说明通过行政干预协调各方利益的老办法已难以再奏效。因此，社会转型期需要有效的劳动关系机制来适应与调整这种利益关系。集体谈判是市场经济国家劳动关系制度的核心，它能有效促使各方互相让步，达成妥协，签订协议，更好地维护各方的利益。因此，有必要对集体谈判进行深入研究，为调整和化解社会转型期劳动关系领域出现的矛盾冲突探索出有效途径。

▶本章小结

集体谈判被西方市场经济国家视为"民主社会的必要组成部分"和"处理公共部门中劳资关系的正常手段"。它是调整集体劳动关系的一种重要机制，具有谈判双方的平等性、互利性、调节性以及制约性等特征。集体谈判的主题主要是权利，包括雇主的权利以及雇员的权利，其中，雇员的权利是谈判的重要内容。集体谈判具有市场或经济功能、政府调控功能、决策功能等。分散性结构和集中性结构是集体谈判的常见结构。经过上百年的发展演变，集体谈判制度在西方国

家已经比较完善，总体上形成了三个层次，即企业（工厂）一级、行业一级和中央一级的集体谈判。谈判机构主要有特设机构和常设机构。集体谈判一般要经过四个阶段：①谈判的提出和资格的认定。②组织谈判机构，进入谈判准备阶段，议定谈判议题。③依双方共同订立的规则和日程，在谈判桌上进行谈判。④签订集体协议。面对不当的劳动行为，主要有行政救济、司法救济等救济措施。在我国，由于转型期劳动关系呈现多样化、复杂化的特点，并已从个别劳动关系阶段发展到集体劳动关系，因此有必要采取集体谈判来协调劳动关系。实施集体谈判有助于保障职工合法权益免遭侵犯，避免企业因职工集体不满而造成损失，有效维护企业利益，提高企业经济效益，同时可节省交易费用。但在目前，集体谈判推行中仍存在许多问题，如集体谈判主体尚未充分形成，制约谈判机制的功能；集体谈判机制欠完善；目前我国企业一级签订的协议内容雷同，缺乏针对性及个性特征；对集体谈判的认识不足，参与性不强。针对这些问题，需要采取必要措施对之进行完善。

➢关键术语

集体谈判　集体协议　雇主　工会　产业行动

➢案例　唐晓冬的角色冲突[*]

全国总工会显然意识到外企工会组建中的问题，他们选择的解决办法是，工会主席不再让企业指派，而是通过选举产生。这与全总推行的工会民主化、群众化改革是一致的。

关于工会主席实行直选的文件，最早出现于1997年《中华全国总工会关于推进工会改革和建设若干问题的意见》，其第15条明确提出："基层工会委员会主席、副主席须经民主选举产生，中小企事业单位的主席、副主席应由会员大会集体民主选举。"

据估算，广东目前有1/3以上企业的工会主席是直选产生的。基本上集中在外资企业。

但是，这个解决之道真正执行起来并不容易。唐晓冬的遭遇就很能说明问题。他是北京一家日资控股合资公司直选的工会主席，同时又是该企业的总务部

---

[*] 黄小伟，纪亮. 唐晓冬的角色冲突. http://www.tophtm.com/Best/News/gnxw/caijing/2006-5/11/20060511144020354_3.2006-05-11

经理，因为代表职工维权，被企业强行解除了劳工合同。

2006年4月底，45岁的唐晓冬得到消息，自己的劳动仲裁官司可能很快将有一个结果。这个官司从2004年11月18日一直拖到现在。

唐晓冬的遭遇反映出其代表资方利益的行政职位与代表劳方利益的工会主席之间的角色冲突。

2003年6月，三环相模新技术有限公司日方经理决定取消全厂职工的劳保用品和过节费，理由是降低成本。"当时全公司劳保费用一年也就十几万，而公司年收入有3000多万，取消并不会减少多少成本"。时任该公司总务部经理的唐晓冬说。但是公司的决定还是被执行下去。

一时间，工人对此决定表示不满，而作为总务部经理的唐晓冬正是负责协调劳资关系的，他随即召开了各个部门干部会，强调公司的决定必须执行。

但是牢骚并没有停止，甚至有职工找到唐晓冬，咨询能否在公司成立一个工会，以工会的名义和日方管理层讨论此事。唐晓冬感觉可行，于是就上报给日方管理者，表达了职工要成立工会的想法，没想到日方常务副总经理满口答应。

"其实当初如果不是管理层同意，工会肯定是成立不起来的"。唐晓冬认为工会成立非其个人之力。

唐晓冬被公司指派负责此事，前去北京市海淀区总工会表达了他们希望成立工会的意愿，得到了海淀区总工会的支持。

就在确定了召开工会成立大会的日期后，日方常务副总经理福田英男的态度突然变了，他找到唐晓冬，让他把成立工会的工作先放一放。此时作为总务部经理的唐晓冬对此没有异议，并把日方的意思告知海淀区总工会。但是海淀区总工会不能同意，并找到日方协商，强调公司已经成立12年，有什么事情比成立工会更重要呢？于是，工会成立工作又继续推进。

但是就在2003年8月22日，工会成立大会的同一天，日方一个生产总管找到唐晓冬，问能不能不召开成立大会，唐晓冬表示个人无法中止。"他后来一直拽着我，不让我离开"。但是工会成立大会还是在下午3点半召开，唐晓冬获得了103票。"出乎我的意料"。他说。唐晓冬就这样被推上了前台。

工会成立后，唐晓冬等工会干部认为当务之急是与企业管理者沟通，解决职工的劳动合同和三险问题。2003年9月9日，唐晓冬代表工会发出第一号文件，要求公司与职工签订劳动合同。后来又连续几次发文，都没有得到企业管理层的答复。于是唐晓冬做出了一个决定，将企业侵权问题捅到了媒体。

而正是这个行动，让该公司在2003年11月3日以"向某些记者提供不真实、不客观的情况，败坏企业声誉，影响生产秩序"为由，解除了唐晓冬总务部经理的职务。

其实在此期间，唐晓冬已经意识到日方对其态度的变化——开会不再让他参加，原本由他主持的例会，不再召开。"但是没想到这样的结果，"。唐晓冬说。

在海淀区工会的协调下，2004年1月该公司撤回处罚决定，补发了唐晓冬的工资，但是没有恢复唐晓冬的行政职位，另外安排了一个总务部主任。2004年8月30日，公司再次强行解除唐晓冬劳动合同，不让其进公司大门，并将其办公室贴上封条。

唐晓冬的问题是在履行工会主席角色过程中，行为与其行政职位是冲突的，被日方管理者认定为有过错。张恒顺说："资方可以对你工会主席身份不采取措施，但是可以对你行政职位采取措施，甚至解除劳动关系，皮之不存，毛将焉附？"

兼职工会主席在外企普遍存在，唐晓冬的烦恼实际上是中国外企工会主席群体面临的烦恼。根据上海总工会最新公布的调查报告，来自闵行、青浦、松江三区总工会组成的联合调研组调查显示：在三区已建工会的1716家外商投资企业中，只有13家企业的工会主席是专职的，占总数的0.76%，其余均为兼职。

也许正因为此，外企工会主席因维护职工合法权益受到打击报复、降职降薪等不公正对待的情况时有发生。2006年4月26日，宁波首例"工会主席维权案"在宁波市北仑区法院开庭审理。原告是一名香港独资企业的工会主席，任职期间，也因为代表职工维权，从部门经理被降为普通化验员，后又被企业以旷工为由辞退。——来源：南方周末

复习思考题

1. 什么是集体谈判？它具有哪些特征？
2. 集体谈判的常见结构有哪些？有怎样的发展趋势？
3. 什么是产业行动？它主要包括哪些形式？
4. 集体谈判的层次有哪些？
5. 我国推行集体谈判的必要性及其意义是什么？
6. 我国现实中的集体谈判存在哪些问题？应采取什么措施来完善？

第十章

劳动关系争议处理

第一节 劳动争议概述

一、劳动争议的概念

争议,也称纠纷,即法律关系当事人之间的特定权利义务纠纷。法学领域的争议通常基于合同,围绕法律关系的产生、变更、解除、终止的法律事实以及由此产生的权利实现和义务履行而展开。争议的法律特征如下:①争议主体是某种法律关系的当事人,可以是个人、若干个人,也可以是集体和组织;②争议内容围绕法定或合同约定的权利和义务而展开,可以是权利争议,在劳动关系领域还存在利益争议;③争议客体可能发生在纵、横两向社会关系领域内,纵向为行政争议,横向为合同争议(民事合同、经济合同、保险合同、劳动合同等),在横向的合同争议中,也有附带行政特征的争议。

对于如何定义劳动争议,各国的说法并不相同。在国外,一般将发生在劳动领域的争议行为称为劳资纠纷或劳动争议。而我国则侧重从劳动关系双方当事人的权利与义务角度来表述。综合国内外有关劳动争议的定义,劳动争议,又称劳动纠纷,从广义上,是指以劳动关系为中心发生的一切争议,包括因劳动合同关系雇主和雇员间发生的争议;或关于劳动者保护及保险,雇主和国家间的纷争;雇员和雇主团体内部关系发生的纠纷,以及雇员团体与雇主或其团体间因团体交涉所产生的纠纷。而狭义的劳动争议仅指雇员个人和雇主间发生的争议及雇员团体和雇主团体发生的争议。从本质上来说，劳动争议是劳动关系主体利益的不协调。

二、劳动争议的范围

劳动争议的范围，是在实际的劳动争议处理实践中需要明确的一个重要概念，因为它涉及劳动争议处理的对象和相关法律规范的效力范围。对于劳动争议的范围，国内外有不同的理解。在国外，一般将发生在劳动领域的争议行为都列入劳动争议的范围，包括劳动关系双方当事人或团体之间关于劳动权利和劳动义务的争议。例如，美国的《国家劳资关系法》规定："劳资争议一词包括关于雇佣条件的任何争执；或者关于当事人之团体或代表在谈判、决定、维持、变更或试图商定雇用条件中的任何争执，不论争议当事者是否具有与用人雇主和受雇者的直接联系。"依照我国《企业劳动争议处理条例》第2条规定，我国纳入劳动争议仲裁和诉讼范围内的劳动争议仅包括劳动者个人和用人单位之间因具体权利义务关系发生的争议，不包括因集体合同的谈判和履行而产生的争议。国内的多数学者同意的劳动争议范围包括：①因企业开除、除名、辞退职工和职工辞职、自动离职发生的争议；②因执行国家有关工资、保险、福利、培训、劳动保护的规定发生的争议；③因履行劳动合同发生的争议。这项规定明确了它适用于各类企业中签订劳动合同的职工因执行、变更、解除或终止劳动合同时发生的劳动争议；④法律、法规规定应当依照本条例处理的其他劳动争议。

三、劳动争议的特征

由于是发生在雇佣劳动这一特定行为过程中的争议，劳动争议具有明显的与一般的争议不同之处。从劳动关系的主体、客体、内容等要素以及处理程序等方面，劳动争议具有几方面的特征。

1. 劳动争议的当事人是特定的

这是从劳动争议的主体角度来论述的。劳动争议的主体，也就是劳动争议的当事人，是彼此存在劳动关系的企业和职工，也就是劳动权利与义务的承受者。

2. 劳动争议的范围是限定的

劳动争议是发生在特定范围的争议。在众多的民事或行政争议中，并不是都能成为劳动争议。只有那些发生在劳动领域，涉及劳动关系的建立与存续以及关于劳动关系当事人的权利与义务的争议行为才是劳动争议。

3. 劳动争议有特定的表现形式

一般社会关系的纠纷如民事纠纷，表现为争议主体之间的利益冲突，影响的范围局限于主体范围之内,而劳动争议除可表现为一般社会关系纠纷的形式,有时还以消极怠工、罢工、示威等形式出现,涉及面广,影响范围大。因此,劳动争议常常被作为重要的社会问题,由专门法律和专门政策加以调整。

4. 不同的劳动争议采用不同的争议处理程序

劳动争议类型的不同,应适用不同的争议处理程序。个体劳动争议的处理程序一般包括协商、调解、仲裁和诉讼,按照这些程序妥善处理企业劳动争议。集体劳动争议则需要劳动者和用人单位双方的代表如工会、产业协会及劳动行政部门的代表一起对集体争议所涉及的问题进行多方协商后解决。

四、劳动争议的种类

现实中的劳动争议多种多样,为了便于理论上的分析和劳动争议处理实践的简便,可按照不同的标准,对劳动争议做以下分类:

1. 个别劳动争议与集体劳动争议

这是按照参与劳动争议的人数不同所做的划分。个别劳动争议,是指雇员一方不足法定的集体争议人数,争议标的不同并由雇员直接提出申诉的劳动争议,争议的内容是劳动法律和劳动合同所规定的权利的履行。集体劳动争议,是多个劳动者因共同理由与雇主及其团体之间发生的争议。

2. 权利争议与利益争议

这是按照争议的性质不同进行的分类。权利争议,也称为法律争议或既定权利的争议,是指"劳动关系双方当事人基于劳动法律、法规的规定和劳动合同的约定,因主张权利存在与否或权力是否受到侵害或有无履行劳动合同约定义务等而发生的争议"[1]。即围绕法定或约定权利而发生的争议。有时称为既定权利争议。所谓利益争议,又称为待定权利争议,是指"劳动关系双方当事人对于劳动条件要求继续维持或变更而发生的争议"[1]。这是劳动双方当事人根据社会经济情况的变化,对于相互间的权利义务状况在未来是否维持或变更而发生的争议。它涉及当事人未来的利益分配状况,而不是现实的权利争议。

3. 劳动关系争议与劳动条件争议

这是按照争议的内容不同进行的分类。劳动关系争议涉及劳动关系的存在与消灭,表现为因劳动合同订立、变更、解除、终止与续订发生的争议,也包括因为事实劳动关系认定引起的争议。劳动条件争议,涉及法定劳动条件的履行,如按时足额支付工资,提供劳动安全卫生设施等。

---

[1] 关怀. 劳动法学. 北京:法律出版社,1996. 502

4. 国内劳动争议与涉外劳动争议

根据争议当事人的国籍所属不同，劳动争议可以分为国内劳动争议和涉外劳动争议。国内劳动争议是指具有本国国籍的劳动者与本国企业之间的劳动争议。涉外劳动争议，是指当事人一方或双方（雇员或用人方）具有外国国籍或无国籍的劳动争议。虽然当事人一方或双方可以是外国国籍，但企业必须是在本国境内，否则不属于本国法律的调整范围，不能构成涉外企业争议。

在现实生活中，劳动争议很少有纯粹属于某一种类型，通常的劳动争议案例是几种类型的复合。例如，个别劳动争议一般是因为适用劳动法规和劳动合同所规定的条件而发生的争议，所以这类争议又可以被视为劳动关系争议；由于这类争议涉及个人的既定权利，因而同时可以被视为权利争议。与之相对的是，集体劳动争议是因为制定或变更劳动条件而产生的争议，所以可以被视为劳动条件争议；同时由于这类争议涉及利益的未来分配，因而又可以被视为利益争议。

虽然现实中很少存在属于纯粹单一类型的劳动争议，但是这一点却并不意味着我们对劳动争议进行分类就没有价值。对劳动争议进行分类的意义在于：一方面，这有助于更全面地认识劳动争议，从而为理论分析提供基础；另一方面，在劳动争议处理的实践中，为确定争议处理的方式和程序提供帮助。因为争议的种类不同，争议处理的方式和处理的机构就会不同。例如，我国的个别劳动争议和集体劳动争议在处理方式上有差别。在有些国家，由于争议种类的不同，而设置不同的争议处理机构，或采用不同的程序。如在日本，权利争议归民事法院审理。

五、产生劳动争议的原因

就其本质来说，劳动争议是劳动关系双方当事人各自的利益冲突产生的。然而，具体而言，劳动争议的产生有着复杂的原因。

1. 利益的冲突是劳动争议产生的根本原因

在市场经济中，劳动者和用人单位双方成为不同的利益主体。基于对各自利益的认识和考虑，双方当事人往往会产生一些分歧。企业的利益目标是最高限度地削减包括员工的工资、保险费用等在内的生产成本，提高利润水平；而劳动者的利益目标则是通过劳动最大限度地获得劳动报酬和保险福利待遇。这种利益目标上的矛盾如果得不到妥善的处理，必然会导致劳动争议。

2. 劳动关系的从属性决定了劳动争议不可避免

在劳动关系中，劳动者是附属于用人单位的，是作为用人单位的成员而存在于劳动关系中的。在劳动关系中，劳动者处于相对弱势的地位，并不能真正和用人单位处于平等的地位，很容易导致劳动者的权利被侵害，产生劳动争议。

除了上述在各国普遍存在的产生劳动争议的原因以外,各个国家的一些经济因素、法制发展状况等也可能成为产生劳动争议的原因。例如,由于一些发展中国家的人口众多,工业发展水平有限,导致这些国家的劳动力供求关系在总体上供大于求,劳动者处于劣势,构成了劳动争议的潜在可能性。一个国家的法制化水平不高,或由于法制落后于社会现实,使得现有法律难以保障劳动关系健康地发展,或者社会成员的法律观念淡薄而出现较多的违法行为,这些都会导致劳动争议产生。

第二节 劳动争议处理

劳动争议的不断产生,必然会给劳动关系双方权益的实现制造障碍,影响正常的生产和社会秩序。由此,劳动争议处理作为一种调整劳动关系的法律手段就显得尤为重要。劳动争议处理的最直接的也是最根本的目的是为了保护劳动关系双方当事人的合法权益。在此基础上,由于劳动争议可能会对劳动关系、经济运行和社会发展产生一些负面影响,甚至有时会演变成对社会秩序构成威胁的不稳定因素,劳动争议处理又有了一些重要的社会性目的。除了上述目的之外,对于许多处于经济快速发展、社会经济制度经历变革的发展中国家而言,妥善处理劳动争议,还具有促进其市场经济健康发展等特殊的意义。

一、劳动争议处理的原则

劳动争议处理的原则是劳动争议处理机构在处理劳动争议时必须遵循的基本原则,这些原则贯穿于劳动争议处理的全过程。对于在处理劳动争议过程中所应遵循的原则,各国劳动法学界的观点有不同之处,如日本法学界认为劳动争议处理的原则包括三个方面:迅速处理与慎重处理相结合;把握劳动关系的实际状态;以程序来保障实质的平等[①]。但是世界各国也有一些公认的原则。包括:各国制定处理劳动争议的法律和政策时均提倡"通过协商,取得一致"的基本原则。具体而言,在处理劳动争议时普遍遵循的原则包括:

1. 着重调解原则

这一原则在争议处理实践中体现为几个方面:①调解作为解决劳动争议的基本手段贯穿于劳动争议处理的全过程。企业劳动争议调解委员会处理劳动争议的工作程序全部是进行调解,劳动争议仲裁委员会和人民法院在处理劳动争议时,

---

① 常凯. 劳权论——当代中国劳动关系的法律调整研究. 北京:中国劳动社会保障出版社,2004. 363

必须先行调解，在调解不成时，才能进行裁决或判决；②调解要在争议双方当事人自愿的基础上进行，不能有丝毫的勉强和强制，否则企业调解委员会的调解协议书、仲裁委员会或人民法院的调解书将不能产生法律效力；③调解应依法进行，包括依照实体和程序法。

2. 查清事实，依法处理原则

这一原则主要体现为：①解决劳动争议的机关在处理劳动争议过程中，必须以事实为依据，实事求是，认真地进行调查取证，搜集和审查证据，全面、客观地了解争议的事实和真相。②在查清事实的基础上，解决劳动争议的机关必须严格按照有关法律、法规的规定处理劳动争议案件。这里的"法律"包括实体法和程序法，而且，要掌握好依法的顺序，按照"大法优于小法，后法优于先法"的顺序处理。③依法处理劳动争议还应该坚持原则性和灵活性相结合。

3. 当事人在适用法律上一律平等原则

劳动争议双方当事人处于平等法律地位，双方具有平等的权利和义务，任何一方当事人都没有超越法律规定的特权。当事人双方在适用法律上一律平等，对被侵权或受害的一方都同样予以保护。

4. 及时处理原则

及时处理劳动争议，包括：一是企业调解委员会对案件调解不成，应在规定的时效内及时结案，避免当事人丧失申请仲裁的权力；二是劳动争议仲裁委员会对案件先行调解不成，应及时裁决；三是法院在调解不成时，应及时判决。

二、劳动争议处理方法[①]

劳动争议的具体处理方法，在实践中多种多样。按照是否通过司法的途径和方式来处理劳动争议，可以把劳动争议的处理方法分为两类，即非司法的方式和司法的方式。

1. 劳动争议处理的非司法方式

所谓非司法的方式，就是当发生劳动争议后，通过协商、调解及信访、行政救济等非司法的民间或行政手段，不经法律程序，促使争议各方达成协议以解决劳动争议的方式。

（1）协商。协商是争议双方采取自治的方法解决纠纷，根据双方的合意或团体协议，相互磋商，和平解决争争。协商解决劳动纠纷，不是基于法律的强制，而是基于当事人的自主选择。其优越性在于：当事人熟悉纠纷的起因和争议的焦点，程序简单，容易解决纠纷，效率高；可选择双方方便的时间、地点、方式，

---

① 常凯. 劳动关系学. 北京：中国劳动社会保障出版社，2005. 385～389

解决问题的成本低,影响面小,协商结果易得以执行。

(2) 调解。调解是第三者或者中间人介入争议处理过程,并提出建议,促使双方达成协议。企业调解委员会调解是指劳动争议企业调解委员会根据当事人的申请,在查清事实的基础上,依法或按合同约定,通过说服、劝导、教育,促使当事人自愿达成解决劳动纠纷的协议。这种调解属于民间调解,有利于将劳动争议解决在基层,避免争议扩大和矛盾激化。但实践中,由于企业调解委员会独立性不足、缺乏足够的权威和影响力,这种方法成为处理劳动争议的有力角色。

(3) 信访。所谓信访,是指公民、法人和其他组织采用书信、电话、走访等形式,向各级政府行政部门反映情况,提出意见、建议,并要求有关部门处理争议的行为。严格地说,信访制度并不是一种特定的纠纷解决程序,然而,从实践中的作用和效果来看,劳动争议信访对于劳动争议解决具有积极的促进作用。特别是在我国目前的经济和法制背景下,行政部门对企业多方面的制约作用对促进和缓解劳动争议有着一定的补充效用。

(4) 行政救济。行政救济是指公民、法人和其他组织认为其合法权益受到侵害,请求有管辖权的国家机关依法对违法行为实施纠正而采取的各种事后救济手段与措施所构成的制度。劳动关系当事人,特别是劳动者在产生劳动争议、无法通过协商或者调解解决时,如果认为自己的合法权益受侵犯,可以向有关劳动保障行政部门反映问题,寻求救济。

2. **劳动争议处理的司法方式**

劳动争议处理的司法方式,是指在劳动争议处理过程中,由司法机构或由法律授权的机构介入争议处理并按照法定程序解决劳动争议的方法。这类方法主要有:仲裁、诉讼。

(1) 仲裁。仲裁是仲裁机构对争议事项做出的裁决决定。仲裁裁决具有约束力,并具有强制执行的效力。仲裁分为自动仲裁、自愿仲裁和强制仲裁。自动仲裁是双方在争议发生前已在集体协议之中规定,一旦发生争议,双方以仲裁方式解决。自愿仲裁是双方在争议发生后或争议未达成和解协议时,自愿将争议提交仲裁机构处理,并服从仲裁裁决。强制仲裁是根据法律规定,双方必须将争议提交仲裁机构处理,或由仲裁机构主动介入争议处理。目前,世界上有三种类型的仲裁机构:一是民间机构,就是由当事人制定或合同约定,有德高望重的专家充当仲裁人的制度;二是混合仲裁,是由政府和民间共同组织仲裁庭的制度;三是官方仲裁,即由政府独家充当仲裁人的制度。劳动争议仲裁是指经劳动争议当事人申请,由劳动争议仲裁委员会对双方当事人因劳动权利、义务等问题产生的争议进行评价、调解和裁决的活动。劳动争议仲裁既有企业劳动争议调解的灵活、快捷的特点,而且还弥补了劳动争议调解委员会不具有强制力的弱点;同时,因为劳动争议仲裁的强制执行色彩比法院判决弱,便于当事人接受和自觉执行。这些优点使这种带有准司法性的争议处理方法在实践中具有重要作用。

(2) 诉讼。劳动争议诉讼是指劳动争议当事人不服劳动争议仲裁委员会的裁决,在规定期限内向法院起诉,法院依法进行审理并做出判决的活动,是处理劳动争议的最终程序。世界上的一些发达国家设立专门的劳动法庭,负责审判劳动争议案件。例如德国通过设立了市、州、联邦的三级劳动法院体系。而另一些国家则是由普通法院或民事法院来审理劳动争议案件,如意大利、中国等国家。

三、市场经济国家的劳动争议处理制度

劳动争议处理制度,是指通过国家立法,将劳动争议处理的原则、机构、人员和程序等确定下来的制度。它是劳动法制的重要组成部分。劳动争议处理制度包括非司法制度和司法制度。其中,非司法制度包括调节制度和仲裁制度。仲裁制度是劳动争议处理制度的重要组成部分。与司法制度相比,非司法的劳动争议处理制度更具有便捷、经济和接近当事人心理的优势。司法制度是由专门法院和普通法院处理劳动争议的制度。劳动法院是许多国家处理劳动争议的主要司法机构,它是专门处理劳动争议的法院或者以处理劳动争议为主的法院。与民事法院相比,劳动法院更便捷、经济,具有特殊功能和特殊程序,因为劳动法庭由来自劳动关系领域的专业人士组成,而且法庭适用便捷、经济的程序。除了劳动法院以外,许多西方国家还有社会法院等其他法院处理劳动争议的丰富实践。如葡萄牙、希腊由行政法院来审理劳动争议案件。另外,有些欧盟国家实践了与法院既相似又不同的裁判实体,如丹麦的国家调解员办公室和英国的产业法庭。在我国,由普通的民事法庭来审理劳动争议的案件。

目前世界上主要市场经济国家的劳动争议处理制度,由于对非司法制度和司法制度的侧重选择和组合的不同而各具特色。举例如下:

1. 德国的劳动争议处理制度

德国的劳动争议处理机制包括了企业调解和三级劳动法院审理。企业调解只是在设有企业内部的临时或常设机构中进行,而且企业调解机构只处理共同利益的争议,即工人委员会与雇主之间的争议。而从基层到联邦的三级劳动法院则是德国劳动争议处理的主要机构。因为主要是通过劳动法院来处理劳动争议,司法机构在德国劳动争议处理制度中起着举足轻重的作用,所以德国的劳动争议处理制度也被认为是单一司法机构模式的代表。

德国劳动法院历史悠久,最早建于1926年,目前的劳动法院是根据1953年的《劳动法院法》设立的。劳动法院与普通法院、行政法院等一样,具有独立的体系,即有自己独立的组织机构体系和最高劳动法院。根据德国《劳动法院法》,劳动法院分为三级:①基层劳动法院。它负责劳资纠纷案件的初审,即第一审案

件的审理，因此也称初审劳动法院。②州劳动法院。它负责劳资纠纷案件的上诉案件的审理，因此也称上诉劳动法院。③联邦劳动法院。主要负责不服上诉法院裁判的全德劳资纠纷案件的复审，它实际上是德国劳动法院的最高法院。

对劳动法院的案件受理范围，根据德国《劳动法院法》规定，包括以下几种情况的劳动争议案件：①单个的雇员与雇主因工资、解雇等私权性的争执，包括因劳动关系而发生的争执、劳动关系存在与否的争执、劳动关系的终止及其法律后果的争执、与劳动关系相关的非法行为引起的争执等。②集体合同方面的争执，包括签订集体合同的双方就集体合同的内容和集体合同存在与否而发生的争执，签订集体合同的双方与第三人之间关于集体合同内容和集体合同存在与否的争执、集体合同双方之间或该双方与第三人之间因不允许行为，如劳资斗争采取的手段等而发生的争执。③企业委员会与雇主之间发生的争执。

德国的劳动争议法院在审理劳动争议案件时，法庭采取职业法官与名誉法官相结合的形式组成。其中，名誉法官来自于企业中的双方当事人，并且具有与职业法官一样的询问权、查阅案卷权等权力。这样的法庭设置，可以使劳动争议双方当事人更加容易相信和接受法庭的裁判，并且帮助法庭对劳动争议做出比较符合实际的、公正的判决。

在劳动法院审理劳动争议案件中，都会贯彻几项重要的原则，包括有：①调解原则。即重视调解，并采取措施充分发挥调解在解决劳资纠纷中的作用，把调解确立为审理劳资纠纷案件的重要程序。②便捷原则。案件审理过程中，摒弃任何官僚主义和形式主义，力求程序简捷、方便诉讼。③不告不理原则。根据德国法学界和法官的观点，劳动关系属于私权范围，当事人对自己的私权有权处分。因此，只有当事人向法院提起劳资纠纷的诉讼，法院才立案受理，并依法审理。④口头审理原则。法官通过口头审理等简易诉讼方式，以达到求实从速解决诉讼的目的，以利于及时解决纠纷，减轻和防止诉讼程序上的形式主义。除此以外，法庭审理还实行裁判前听审原则、直接取证原则和低收费原则等。这些原则从程序上保证劳动法院公正、便捷地审理劳动争议案件。

当企业劳动争议发生后，当事人可以向基层劳动法院提起诉讼。基层法院在对劳动争议案件进行初审时，调解是必经程序。在初审程序开庭之前，由担任法庭审判长的职业法官主持下，促使当事人双方相互协商，以期促成双方互谅互让，达成调解协议。经过调解，如果当事人双方达成调解协议，或者原告撤回起诉或被告自认了原告的诉讼请求，调解程序即告结束。如果调解失败，双方当事人未达成谅解，即另行确定开庭的日期，然后如期按程序进行开庭审理。而对于基层法院的初审判决不服的，可以上诉至州劳动法院。

2. 澳大利亚的劳动争议处理制度

澳大利亚的劳动争议处理立法始于1904年的《联邦调解与仲裁法》，1988

年代之以《产业关系法》，后将其改为《工作场所关系法》。根据澳大利亚法律规定，处理劳动争议的专门机构是澳大利亚联邦及各州的产业关系委员会和产业关系法院。产业关系委员会对具体劳动权益引发的争议进行仲裁，并实行强制仲裁和二裁终局。由此可见，澳大利亚的劳动争议制度是单一仲裁机构模式。

一次调解、二次仲裁终局制度是澳大利亚处理劳动争议的基本制度，而联邦和各州产业关系委员是这一制度的执行机构。联邦产业关系委员会由劳动法学界和劳动经济学界的专家组成，其主要职责是协调劳资关系、处理州际间的劳资争议、裁决集体争议等，而州产业关系委员会处理本州内的劳资争议，产业关系法院仅对因法律条款适用引起的争议进行判决和强制执行仲裁裁决。

在处理劳动争议的过程中，产业委员会在结案后，首先是召开听证会，进行第一次强制调解。经调解争议得以解决的，案件审理即告终结。若调解不成，则进入初次仲裁程序，并对正义做出裁决。若当事人一方或双方对裁决不服，则进入二次，也是最终裁决程序。二次裁决的决定，双方必须执行。

澳大利亚的劳动争议处理制度主要特点是产业关系委员会在劳动争议处理中处于核心的地位。体现为它对劳动纠纷的强制性仲裁及由其裁定决定劳动条件标准。这一制度安排与大多数西方市场经济国家中集体谈判、集体合同处于核心地位的制度有着显著的区别。除此之外，与其他国家相比，澳大利亚的劳动争议处理制度还体现出了明显的政府作用。政府通过立法和产业关系委员会确定统一的劳动标准解决劳动争议。

3. 英国的劳动争议处理制度

英国的劳动争议处理制度可以被视为是将调解、仲裁与司法诉讼相结合的一种制度安排。英国的劳动争议处理体系主要由三个机构组成：劳动咨询调解委员会（ACAS）、中央仲裁委员会和就业法庭。其中，ACAS主要处理个人劳资纠纷和集体谈判争议。而就业法庭主要处理ACAS调解不成起诉的个人劳资纠纷。中央仲裁委员会是专门处理工会合法性的确认以及对劳动争议进行仲裁的机构，且其仲裁结果不得上诉。

在上述劳动争议处理的三个机构中，ACAS在劳动争议处理方面发挥了重要的作用。它是由政府出资于1974年建立的独立的非政府组织，机构成员由雇主、雇员和独立方三方代表构成。ACAS的主要职责是向公众提供信息和建议、预防和处理劳动争议。它的受理范围主要为不公平解雇、工资福利待遇、违反劳动合同和歧视争议等劳动法领域的争议。

当劳动争议当事人向ACAS申请调解后，由调解员与双方单独商谈，然后以中间人的身份把双方的立场告知对方，不参与意见。最后以书面形式记下双方达成的和解条件。调解协议具有法律约束力。对案件调解不成的，当事人可以到就业法庭起诉。对于就业法庭的裁决结果不服的，如属适用法律有误的可以上诉法庭，仅对事实不服的不能上诉。此外，ACAS还设立了仲裁局专门处理集体谈判争议。主要是通过调停的方式解决，仲裁结果是终局裁决，不允许起诉，裁决结果没有法律约束力，不能申请法院强制执行。

综上所述，不同国家的劳动争议处理制度有着不同的侧重选择和组合，对于完善我国目前的劳动争议处理制度有着一定的启示作用。德国等国家的劳动法院表明在处理劳动争议案件时需要有独立司法的保障。劳动争议案件与普通的民事纠纷案件相比存在着许多不同，也较为复杂，因此，需要有较高层次的法律规范和建立相对独立的司法机构，以使得劳动争议得到公平的处理。另外，澳大利亚和英国高效运作的劳动争议调解和仲裁机构，启示我们调解、仲裁等非司法的方式是劳动争议案件处理过程中的重要手段，因此有必要强化劳动争议调解和仲裁机构在争议处理过程中的地位。

四、我国的劳动争议处理制度

劳动争议在我国的出现，是在近代鸦片战争以后。在这一百多年的时间里，我国的劳动争议处理制度逐渐得到发展，并形成了目前具有特定程序和结构的劳动争议处理制度。

1. 我国劳动争议处理制度的历史沿革

鸦片战争以后，随着西方资本的侵入，劳资纠纷在我国产生。针对于此，在新中国成立以前就有劳动争议处理的立法。如1927年，中国共产党在第四次劳动大会上通过《经济斗争议案》、1928年国民党政府颁布了《劳资纠纷处理法》和1931年的《中华苏维埃共和国劳动法》。新中国建立初期，劳动部曾于1950年11月颁布实施了关于《劳动争议解决程序的决定》，以处理过渡时期的各类企业中的劳动争议。但是在完成资本主义工商业的社会主义改造后，单一所有制下的劳动关系性质发生了变化，劳动争议转为以行政的手段进行处理。这一时期有关劳动争议的立法处于暂时的停滞状态。改革开放以后，在我国多种所有制经济成分并存的经济体制下，劳动关系日趋复杂。相应地，这一时期我国进行了很多有关劳动争议处理的立法工作，逐渐恢复了我国的劳动争议处理制度，并使之有了更进一步的发展。这些立法包括：1994年的《中华人民共和国劳动法》，1993年国务院发布《中华人民共和国企业劳动争议处理条例》，以及劳动部于1993年颁布的《企业劳动争议调解委员会组织及工作条例》、《劳动争议仲裁委员会组织规则》、《劳动争议仲裁委员会办案规则》等配套规章。由此，我国劳动争议处理的法律体系基本形成。有关劳动争议处理的法律体系的形成和完善，在原则和程序上规范了我国的劳动争议处理实践，同时也形成了我国的劳动争议处理制度，即企业调节、地方仲裁与法院判决相结合的"一调、一裁、两审"的制度。

2. 我国劳动争议处理的程序

(1) 劳动争议调解。

劳动争议调解是指企业调解委员会对企业与其职工发生的劳动争议,依据国家的劳动法律、法规,以民主协商的方式,使双方当事人达成协议,消除纷争。它是在企业调解委员会的主持下,把争议解决在企业内部的一种活动。它是企业内基层群众性组织所作的调解,是我国处理劳动争议的基本形式。调解虽然不是劳动争议处理的必经程序,却是劳动争议处理制度中的"第一道防线"。同时,由于它具有及时、易于查明情况、方便争议当事人参与调解活动等优点,劳动争议调解成为我国劳动争议处理制度的重要组成部分。

企业劳动争议调解委员会受理案件的范围:①必须是劳动争议;②必须是本企业范围内的劳动争议;③必须是我国法律规定的受案范围的劳动争议;④必须是争议双方自愿调解的劳动争议。

劳动争议调解的原则包括:

① 自愿原则。劳动争议调解委员会在进行争议调解时,应依照法律,遵循双方当事人自愿原则进行调解。

双方当事人自愿原则体现在以下几方面:第一,是否向调解委员会申请调解,由当事人自行决定,任何一方不得强迫。当事人任何一方或双方也可以直接向当地劳动争议仲裁委员会申请仲裁。第二,在调解过程中,始终贯彻自愿协商的原则。调解的过程是一个自愿协商的过程,双方当事人法律地位平等,任何一方不得强迫另一方。第三,调解协议的执行是自愿的。经劳动争议调解委员会调解达成的协议,没有强制执行的法律效力。

② 民主说服原则。

企业劳动争议调解委员在调解劳动纠纷时,主要依据法律、法规,运用民主讨论、说服教育的方法,在双方认识一致的前提下,动员其自愿协商后达成协议。

企业劳动争议调解委员会是进行争议调解工作的机构。根据《劳动法》和《企业劳动争议处理条例》的规定,企业可以设立劳动争议调解委员会。调解委员会由职工代表、企业代表和企业工会代表组成。职工代表由职工代表大会(或职工大会)推举产生,企业代表由企业领导指定,企业工会代表由企业工会委员会指定。没有成立工会组织的企业,调解委员会的设立及其组成由职工代表大会与企业代表协商决定。企业劳动争议调解委员会组成人员的具体人数由职工代表大会提出并与企业领导协商确定,但企业代表的人数不得超过调解委员会成员总数的三分之一。调解委员会主任由企业工会代表担任。调解委员会的办事机构设在企业工会委员会。

劳动争议发生后,当事人如果申请调解,应从知道或应当知道其权利被侵害之日起 30 日内，以口头或书面方式向本企业的劳动争议调解委员会提出申请，并填写《劳动争议调解申请人》，写明争议的原因、经过和具体的要求。职工一方在三人以上并具有共同申请理由的劳动争议案件，职工一方当事人应当推举代表参加调解活动。企业劳动争议调解委员会接到调解申请后，应征询对方当事人的意见，对方当事人不愿调解的，应做好记录，并在 3 日内以书面形式通知申请人。对于双方当事人愿意参加调解的，调解委员会应在 4 日内做出受理或不受理申请的决定，对不受理的，向申请人说明理由。对调解委员会无法规定是否受理的案件，由调解委员会主任决定是否受理。企业劳动争议调解委员会在决定受理劳动争议案件以后，就进入正式调解阶段。劳动争议调解委员会按程序进行调解：对争议事项进行全面调查核实、主持调解会进行调解、听取和查证争议双方陈述的劳动争议事实以做出调解。调解委员会调解劳动争议应当在 30 日内结案，到期未结束的，视为调解不成。在这期间，双方当事人如通过调解达成协议，则由调解委员会制作调解协议书。协议书送达双方当事人后，双方当事人应当严格地自觉履行。如果调解不成，由调解委员会制作调解意见书以作记录并说明情况，双方当事人则可以向劳动争议仲裁委员会申请仲裁。

(2) 劳动争议仲裁。

仲裁，"仲"即中间人，"裁"即公断。由此可见，仲裁是指一个公正的第三人对纠纷实施和当事人责任的做出认定和评断的行为。劳动争议仲裁指劳动争议仲裁委员会对用人单位与劳动者之间发生的劳动争议，在查明事实、明确是非、分清责任的基础上，依法做出裁决的活动。劳动争议仲裁具有较强的专业性，是准司法性的裁决。其程序与司法程序相比，较为简便、及时。仲裁委员会的裁决书具有法律上的强制约束力。在我国，仲裁是处理劳动争议的必经中间环节，也是劳动争议诉讼的前置程序。

在发生劳动争议后，可以申请劳动争议仲裁的劳动争议有三种情况：①发生争议后直接向仲裁委员会申请仲裁的；②发生争议后，本企业没有调解委员会的；③发生争议后，经企业调解委员会调解不成的。凡在劳动争议处理范围为内的劳动争议案件，在上述情况下，双方当事人都有权在规定期限内向仲裁委员会申请仲裁。

劳动争议仲裁机构在进行劳动争议仲裁时应遵守的一些特定的原则，它反映了劳动争议仲裁的本质特征。这些原则包括：①一次裁决原则。劳动争议仲裁实行一个裁级一次裁决制度，一次裁决即为终局裁决。当事人如不服仲裁裁决，只能依法向人民法院起诉，不得向上一级仲裁委员会申请复议或要求重新处理。这也是劳动仲裁区别于诉讼程序的特别之处。②合议原则。也就是仲裁庭对劳动争议案件裁决时，实行少数服从多数原则。合议原则是为了保证仲裁裁决的公正性，在仲裁工作中体现出的民主集中制原则。③强制原则。与劳动争议调解不同，劳动争议仲裁实行强制原则，主要表现为：当事人中请仲裁无须双方达成一致协议，只要一方申请，仲裁委员会即可受理；在仲裁庭对争议调解不成时，无须得到当事人的同意，可直接行使裁决权；对发生法律效力的仲裁文书，当事人必须执行。如一方当事人执行，另一方可申请人民法院强制执行。④回避原则。为了避免受到人为因素的负面影响，维持仲裁的公正性，在劳动争议仲裁过程中，可以要求仲裁委员会的特定的组成人员回避。根据《企业劳动争议处理条例》和《劳动争议仲裁委员会办案规则》，仲裁委员会的组成人员在下列几种情况下，应当回避：是劳动争议当事人或者当事人的近亲属；与劳动争议有利害关系的；或与劳动争议当中人有其他关系，可能影响公正仲裁的。其中仲裁委员会主任的回避，由仲裁委员会决定，仲裁委员会其他成员、仲裁员和其他人员的回避由仲裁委员会主任决定。⑤区分举证责任原则。劳动争议双方当事人在劳动关系中既有横向的平等关系，又有纵向的隶属关系，这种纵横交错的关系决定了劳动关系当事人在发生劳动争议后在仲裁活动中的举证责任也不同。在平等的因履行劳动合同而发生的争议中，应实行"谁主张谁举证"的原则，而在因开除、除名、辞退等用人单位处罚劳动者的争议中，应实行"谁决定谁举证"的原则。实行举证责任的倒置。区分举证责任，有利于保证劳动者的合法权益及提高办案质量。

劳动争议仲裁委员会负责对劳动争议案件进行仲裁。根据《劳动法》、《企业劳动争议处理条例》和《劳动争议仲裁委员会组织规则》，县、市、市辖区应当设立劳动争议仲裁委员会。省、自治区、直辖市是否设立劳动争议仲裁委员会，由省、自治区、直辖市人民政府根据实际情况自行决定。劳动争议仲裁委员会的组成人员包括劳动行政主管部门的代表、工会的代表和政府指定的经济综合管理部门的代表。仲裁委员会的组成人数必须是单数，主任由劳动行政部门的负责人担任，实行少数服从多数的原则。仲裁委员会设立主任一人，副主任一至二人，委员若干人。仲裁委员会由组成仲裁委员会的三方组织各自选派，主任由同级劳动行政主管部门的负责人担任，副主任由仲裁委员会委员协商产生。劳动行政主管部门的劳动争议处理机构为仲裁委员会的办事机构，负责办理仲裁委员会的日常事务。

在劳动争议仲裁过程中，涉及争议仲裁的管辖问题。劳动争议仲裁管辖是指劳动争议仲裁机构之间受理劳动争议案件的具体分工。也就是确定各个仲裁机构审理案件的权限，明确当事人应在哪一个仲裁机关申请仲裁，有哪一个仲裁机关受理的法律制度。在我国，劳动争议管辖包括：①地域管辖，即按照行政区划确定对劳动争议案件的受理范围的做法。它是我国劳动仲裁机构受理劳动争议案件的主要分工标准。对于劳动争议案件的管辖，一般是按照争议当事人所在地来划分案件的管辖权范围。但对于一些特殊的争议案件，则采用特殊地域管辖：对于发生劳动争议案件的企业与职工不在同一个仲裁委员会管辖地区的，由职工当事人工资关系所在地的仲裁委员会处理。对于我国公民与国外（境外）企业签订劳动合同，如果因履行合同发生且合同履行地在国内，则由劳动合同履行地的劳动争议仲裁委员会管辖；②级别管辖。是指上下级劳动争议仲裁机构之间对处理劳动争议案件的分工。也就是划分由哪一家仲裁委员会审理什么样的劳动争议案件。划分各级劳动仲裁机构的管辖权范围主要是依据案件性质、重大与复杂的程度；③指定管辖和移送管辖。指定管辖指的是当几个劳动争议仲裁机构对同一劳动争议案件的管辖发生争议且协商不成时，由共同的上级劳动行政主管部门指定某一劳动仲裁机构管辖的制度。而移送管辖则是指劳动争议仲裁机构对已受理的劳动争议案件，经审理认为不属于本仲裁机构管辖的，依法移送至有管辖权的仲裁机构处理的制度。在实际操作中，一般遵循地域管辖为主，级别管辖和其他管辖为辅的原则。

劳动争议发生后，当事人应当从知道或者应当知道其权利被侵害之日起60日内，以书面形式向劳动争议仲裁委员会申请仲裁。如期限届满，即丧失仲裁申述权。但当事人因不可抗力或者其他正当理由超过这一申述时效时，仲裁委员会在查证后应当受理。当事人申请仲裁时，应提交申述书，说明双方当事人的身份、请求仲裁的事由以及证据、证人的情况等。劳动争议仲裁委员会应当在从收到申述之日起7日内做出受理或者不予受理的决定。仲裁委员会决定受理的，应当自做出决定之日起7日内将申诉书的副本送达被诉人，并组成仲裁庭；决定不予受理的，应当说明理由。被诉人应当自收到申诉书副本之日起15日内提交答辩书和有关证据。被诉人没有按时提交或者不提交答辩书的，不影响案件的审理。仲裁庭应当于开庭的4日前，将开庭时间、地点的书面通知送达当事人。当事人接到书面通知，无正当理由拒不到庭的，或者未经仲裁庭同意中途退庭的，对申诉人按照撤诉处理，对被诉人可以做缺席判决。仲裁庭在对劳动争议案件进行仲裁时，应当首先进行调解，在查明事实的基础上，促使双方当事人达成协议。调解达成协议的，仲裁庭应当根据协议内容制作调解协议书。调解书自送达之日起具有法律效力。调解未达成协议的，仲裁庭应当及时裁决。仲裁庭处理劳动争议，应当自组成仲裁庭之日起60日内结束。案情复杂需要延期的，经报仲裁委员会批准，可以适当延期，但是延长的期限不得超过30日。仲裁庭做出裁决后，应当制作裁决书，送达双方当事人。仲裁裁决是具有法律约束力的决定。当事人对仲裁裁决不服的，自收到裁决书之日起15日内，可以向人民法院起诉。期满不起诉的，裁决书即发生法律效力，当事人应当依照规定履行。

（3）劳动争议诉讼。

劳动争议诉讼是指劳动争议当事人不服劳动争议仲裁委员会的裁决，在规定的期限内向人民法院起诉，人民法院依照民事诉讼程序，依法对劳动争议案件进行审理的活动。此外，劳动争议的诉讼，还包括当事人一方不履行仲裁委员会已发生法律效力的裁决书或调解书，另一方当事人申请人民法院强制执行的活动。劳动争议的诉讼，是我国解决劳动争议的最终程序。实行劳动争议诉讼制度，实质上已经将劳动争议处理纳入到了真正的司法程序中。因此，人民法院审理劳动争议案件时也是适用司法审判程序法所规定的合法程序，在我国则是适用《中华人民共和国民事诉讼法》所规定的诉讼程序。

根据《中华人民共和国民事诉讼法》的有关规定，结合劳动争议案件的双方当事人的特点，以及劳动争议必须及时处理的要求，对于劳动争议诉讼案件一般是由劳动争议仲裁委员会所在地的人民法院受理。这是劳动诉讼管辖中的地域管辖的标准。同时，对劳动争议诉讼案件的管辖，还按照级别管辖的标准。具体而言，对于案情比较简单、影响不大的劳动争议案件，一般由基层人民法院做第一审；对于案情复杂、影响很大的劳动争议案件，基层人民法院审理有困难的，可由中级人民法院做第一审。另外，当有多个同级的基层法院都对案件有管辖权时，后受理的法院应当把案件移送至先受理的法院，这又体现了移送管辖。

当事人对于劳动争议案件向人民法院提起诉讼后，就进入了司法程序，在这一阶段对于劳动争议的处理就首先需要遵循司法审判的一些原则，包括权利同等原则，以事实为根据、以法律为准绳原则，独立行使审判权的原则，调解原则和回避原则等。其次，与一般的民事诉讼案件相比，劳动争议案件具有特殊性，所以在处理劳动争议案件的时候，还需要体现与相关单位配合的原则。因为劳动争议案件多数是由于当事人对劳动争议仲裁的裁决不服而向法院上诉的，所以就需要与劳动争议仲裁委员会相配合。同时，由于工会和劳动行政机关部门对于企业劳动关系的管理情况更为熟悉，人民法院审理劳动争议案件时，需要这些部门配合，使案件的审理更加适合处理劳动争议的实际需要。

根据《劳动法》和《企业劳动争议处理条例》的规定，当事人对仲裁裁决不服的，应在自收到裁决书之日起15天内，向人民法院起诉。起诉时，应当向人民法院递交起诉状，并按照被告人数提出副本。人民法院收到原告的起诉后，依法进行审查，看其是否符合法律，以确定是否受理。根据《民事诉讼法》，人民法院收到起诉状，经审查，认为符合起诉条件的，应在7日内立案，并通知当事人。认为不符合起诉条件的，也应在7日内裁定不予受理。法院在决定立案以后，就进入法庭审理阶段。法院需要做一些审理前的准备工作，将起诉状副本在立案之日起5日内送达被告，并要求被告在收到副本之日起15日内提出答辩状。被告提出答辩的，人民法院在收到之日起5日内将答辩状副本发送原告。同时，法院还要审阅诉讼材料，进行调查研究，收集证据以及追加和更换当事人。在做好审理前的准备以后，法院决定开庭的，应当在开庭3日前通告当事人和其他诉讼参与人。在开庭审理案件时，法庭按照法庭调查、法庭辩论、法庭调解以及合议庭评议和审判等程序进行。人民法院适用普通程序审理的案件，应当在立案之日起 6 个月内审结。法院对劳动争议案件做出的裁判应当在法定时效内告知当事人、第三人及其他诉讼参与人。劳动争议当事人不服地方各级法院的一审未生效的判决时，可以向上一级人民法院提起上诉，进入二审也是终审判决。

3. 我国劳动争议处理制度的特征

伴随着改革开放以来多年的立法和执法的实践，我国形成了自己的劳动争议处理制度。我国的劳动争议处理制度所体现出的特征是：

（1）实行"一调、一裁、两审"的制度，并把仲裁作为诉讼的必要前置程序。根据《劳动法》和《企业劳动争议处理条例》的规定，发生劳动争议后，当事人应当协商解决。不协商或协商不成的，可以向本单位劳动争议调解委员会申请调解。调解不成的，当事人一方要求仲裁的，可以向劳动争议仲裁委员会申请仲裁。当事人一方也可以直接向劳动争议仲裁委员会申请仲裁。对仲裁裁决不服的，可以向人民法院提请诉讼。由此可见，在我国的劳动争议处理制度中，仲裁是处理劳动争议的必经程序，只有不服仲裁裁决时，才可以自收到仲裁裁决书之日起 15 日内向人民法院起诉，人民法院审理是劳动争议处理的最终程序。并且，人民法院只受理当事人不服仲裁决定，向人民法院起诉的劳动争议案件。如此的制度安排，便于争议的更客观、具体地解决。劳动争议仲裁机构的组成人员是企业、职工工会和劳动行政部门的代表，他们对于劳动关系管理中的问题较为熟悉。并且，在劳动争议仲裁中，实行"三方原则"，能够保证争议双方独立主张自己权利。因此，将劳动争议仲裁作为前置程序，可以客观、具体地区分实际争议问题的责任归属，便于争议的解决。

（2）劳动争议仲裁机构是由劳动行政部门主管的半官方机构。《劳动法》规定，劳动争议仲裁委员会主任由劳动保障行政部门代表担任。此规定意味着劳动争议仲裁机构与普通仲裁机构相比，多了许多官方色彩。这一安排，使得劳动争议仲裁具有强制性，即仲裁无须当事人先达成仲裁协议，一方申请即可启动仲裁程序，另一方则被动强制参加仲裁。考虑到在申请启动劳动争议仲裁一方通常是职工，所以劳动争议仲裁的强制性有助于维护职工的权益。

4. 目前我国劳动争议处理制度的问题与改善

我国目前的劳动争议处理制度因其特殊的结构安排，较为有效地规范了劳动争议处理的实践，对于处理纷繁复杂的劳动争议起到了积极作用。与此同时，这样的制度安排，在处理日趋复杂的劳动争议案件中，显现出它的不足之处。

首先，劳动争议调解在劳动争议处理中的作用没有得到充分的发挥。我国劳动争议调解的一个重要原则是调解，而且在制度设计中也将调解作为劳动争议处理程序中的重要环节。但是，由于劳动争议调解没有作为劳动争议处理的必经环节，而且许多企业都没有建立劳动争议调解委员会，使得调解在多数情况下成为被跳过的环节,而直接诉诸于劳动争议仲裁。这样,使得我国的劳动争议处理实际上形成了"一裁、两审"的制度,从而导致劳动争议仲裁机构直接面临大量的劳动争议案件,工作压力增大。

其次,"裁审分离"的制度造成了程序上的重复,降低了劳动争议处理的效率。根据法律的规定,如果当事人对仲裁裁决不服的,可以向人民法院提起诉讼。但是,由于我国没有设立类似劳动法院的专门处理劳动争议的司法机构,而是把劳动争议案件视同一般的民事纠纷案件,在立案后按照民事诉讼程序处理,重新进行调查、取证,从而产生了程序上的重复,降低了劳动争议处理的效率。

对于上述不足之处,人们呼吁采取措施完善劳动争议处理制度。国内的一些专家学者也提出了相关的改善建议。首先,建议完善企业劳动争议调解制度。除了要加强建立企业的劳动争议调解机构,还可以"区别不同情况,建立独立于企业的行业或区域性的、多层次的劳动争议调解组织"[①]。并且切实将三方协商机制落实在基层调解层次上。其次,针对目前的裁审关系和劳动争议仲裁地法律效力的问题,建议改革和完善现在的"一裁两审、裁审分离"的制度安排。至于具体如何改革,建立什么样的制度模式,学界和实际工作者有许多不同的观点,主要建议有:"只裁不审"制、"只审不裁"制、"一裁一审"制和要求建立劳动法院的建议。针对我国劳动争议处理的低效率及其原因,应该使裁、审更好地相结合,省去重复的程序安排,提高劳动争议处理的效率。

第三节 集体劳动争议处理

一、集体劳动争议的概念和类型

集体劳动争议,是与个体劳动争议相对应的争议形式。对于集体劳动争议的定义,并无唯一公认的观点。有人认为,集体劳动争议又称团体劳动争议,指法定人数以上的若干劳动者就共同的理由与资方之间因执行劳动法规、履行劳动合同而发生的争议。有人认为,集体劳动争议是劳动者一方达到法定人数,争议标的相同,并通过集体选出的代表提起申诉的劳动争议。还有人认为,集体劳动争议是指存在共同性、关联性权利义务的劳动者或其集体,因劳动条件、社会保障等方面的权利义务问题与雇主发生的法律纠纷。由上,各种观点的侧重点虽不完全相同,但都强调集体劳动争议中劳动者一方的群体性和争议标的的一致性。因此,众多的个体争议在一定条件下可能变成集体争议。

---

① 程延园. 我国劳动争议的发展变化与劳动关系的调整. 经济理论与经济管理,2003,(1):60

我国《劳动法》规定，根据产生争议的原因不同，集体劳动争议可以分为两种类型：因集体协商发生的争议和因履行集体合同发生的争议。这两类争议在国外统称"集体争议"。因集体协商发生的争议，实质上属于利益争议的范畴，它是指劳动关系双方当事人在签订或变更集体协议过程中就如何确定合同条款所发生的争议，其标的是在集体合同中如何设定上未确定的双方利益。这种类型的争议往往表现为集体谈判出现僵局或破裂，甚至罢工等更为激烈的形式。因履行集体合同发生的争议，属于权利争议，是指在履行集体合同的过程中，双方当事人就如何将协议条款付诸实现所发生的争议，其标的是实现协议中已经设定并表现出的权利与义务。这类争议通常是由于解释协议条款有分歧或违约所导致的。

二、集体劳动争议处理的原则和方法

集体劳动争议是劳动争议的一种基本类型，所以在集体劳动争议处理过程中，同样要遵循劳动争议处理的一般原则。

这些原则包括：①及时原则。集体劳动争议涉及的人员多，矛盾比较突出，必须及时处理。除了减短争议处理时间，有些集体争议还应及时报告政府或通报有关部门；②调解原则。调解是劳动争议处理的基本原则，它有利于化解矛盾，保持劳动关系的稳定与和谐。因为集体劳动争议对国民经济和社会秩序有特别的影响，所以有时需要实行强制调解；③合法原则。劳动争议处理过程中的调解、仲裁和诉讼，都必须根据法律规定进行。集体劳动争议涉及多方利益冲突，所以在处理集体劳动争议时要恰当运用法律，依法处理；④公正原则。也就是处理集体劳动争议时需要在一个相对独立的环境中，依法、公平地处理。

此外，与个体劳动争议相比，处理集体劳动争议时还需要遵循多方协商的原则。因为在集体争议中会涉及劳动条件和标准的改变以及对法律规范的解释，所以需要政府、企业、劳动者的代表在平等的基础上就劳动争议中的内容进行对话、协商、谈判，从而促进多方合作以维护劳动秩序、稳定劳动关系。

在遵循上述基本原则的基础上，对于解决集体争议的方法，世界各国虽不完全相同，但有几种比较通用的方法。

这些方法包括：①自行交涉。这是指劳动关系双方在发生集体争议后，不求助于政府或其他第三者，自行通过交涉解决争议的方法。这一方法自欧美工业化国家中较为常见，因为这些国家的工会组织健全，且政府倡导工会与雇主订立集体协议，在协议中规定了纠纷的解决程序。发生争议后，只需工会代表与雇主代表交涉，使争议得到解决。②调解。这是由第三者包括私人或政府所设立的调解机构派出的人员出面进行斡旋，以协助劳资双方解决争议的方法。如果劳资双方不能通过交涉达成协议，可以请第三者出面调解。第三者凭借其地位、名誉以及对劳动关系问题的研究,通过说服双方找到适当的解决办法。③仲裁。仲裁是解决集体争议最有效的方法。它也是需要第三者出面进行干预的争议处理方法。与调解不同,仲裁人比调解人更加独立,更能发挥独立判断作用,仲裁人可以根据争议内容独立进行判断,对争议事项进行裁决,仲裁书具有约束力,争议双方都有接受的义务。

三、市场经济国家的集体劳动争议处理制度

及时、妥善地处理集体劳动争议,维持良好的劳动关系是世界各国处理集体劳动争议的目标。目前世界上一些主要的市场经济国家,在将劳动争议明确划分为权利争议和利益争议的基础上,由于采用不同的争议处理方式,形成了不同的集体争议处理制度。举例如下:

1. 日本的集体争议处理制度

在日本,劳动争议被分为权利争议和利益争议。对于权利争议,可以由法院按司法程序处理,但涉及不当劳动行为的案件则依照劳动委员会的审查程序处理。对于利益争议,如工资、工作时间谈判,则主要由劳资双方通过互相交涉的方式处理。这其中,由劳资双方互相交涉处理的情况主要发生在企业内部,在这类争议的处理中,非正式程序占有重要地位。全国级别的总工会和产业级别的工会在这类争议的处理中有时扮演着重要角色。

在第三者对集体争议的处理程序中,最为重要的是劳动委员会的争议处理程序。日本的劳动委员会由政府设立,由劳方委员、资方委员、公益委员三方同数组成。劳动委员会的主要功能是处理集体争议以及对不当劳动行为进行审查。在处理争议过程中,劳动委员会主要采取斡旋、调停、仲裁三种方式。

集体劳动争议发生后,在当事人双方通过协商解决不成时,劳动委员会根据一方或双方的申请,或劳动委员会依据自己的职权出面斡旋、提出要求进行说服指导。当争议当事人中的一方或双方向劳动委员会,或者是政府劳动部门,申请调停时,劳动委员会对争议进行调停。调停结束,劳动委员会提出调停意见,但这一意见对双方当事人不具有法律约束力。当当事人的一方或双方申请仲裁时,就进入仲裁程序。仲裁结束,委员会做出裁决,该裁决对当事人双方产生法律约束力。

2. 瑞士的集体争议处理制度

在瑞士的集体争议处理制度中,也将劳动争议分为权利争议和利益争议。权利争议通过司法程序解决,利益争议则通过调节和仲裁程序解决。瑞士的集体争议处理制度的特色在于强调绝对和平义务,从根本上避免集体争议的发生。

对于因重要意见分歧可能引发的争议,争议双方本着诚信原则并依照协约规

定加以解决。在集体协议有效期内维持和平，排除所有争议手段。争议发生后，劳资之间首先在产业内部自行处理，需求解决。双方不能达成协议时，由简易仲裁委员会进行调停，寻求双方都能接受的解决方案。对于有关工资变更的争议，如情形严重不能由简易仲裁委员会裁决的，可申请由特别仲裁委员会进行仲裁。

集体协议强调绝对和平义务，在协议有效期内劳资双方不得进行争议行为，只能申请调解和仲裁，因而往往形成短暂的强制仲裁。

3. 美国的集体争议处理制度

美国的集体处理程序也是在对劳动争议进行划分的基础上通过调节仲裁程序解决的。

当集体争议发生后，先是进行团体交涉。美国大部分产业的团体交涉是雇主与工会秉承诚信原则，就工资、工时等问题进行交涉。如果雇主或工会任何一方拒绝进行团体交涉，则由劳资各方组成交涉委员会为代表进行谈判。

当团体交涉出现僵局时，主要采用调解、实情调查及仲裁的方式加以解决。在政府介入争议处理时，首先是进行斡旋或调解。对公共部门而言，如果调解失败，可以采用实情调查。实情调查是依靠外来者调查争议事实并提出报告，通过提高争议的公开性，迫使当事人双方达成妥协。虽然有调节和实情调查，但美国的大量集体争议还是通过仲裁制度解决的，因为仲裁具有法律上的约束力。

此外，美国对集体争议的处理还规定了紧急调整程序。根据1947年的《塔夫特·哈特莱法案》对罢工规定了紧急调整程序，赋予总统在紧急状态下有暂停争议的命令权，即可以授权司法部长下达80天的联邦禁止令。

4. 德国的集体争议处理制度

德国的劳动争议处理制度的一个重要特征是明确地将劳动争议分为利益争议和权利争议。在德国，权利争议是由专门的劳动法院处理的，而利益争议属于集体争议范畴，一般通过调解加以解决。

在发生集体争议后，首先是进行团体交涉。有关集体争议的团体交涉基本上受1949年颁布的《集体协议法》规范，该法规定了集体协议缔结的资格权限，并对协议的形成、内容、个别劳动契约的效力以及集体协议约束力的范围做出了规定。

当事人通过团体交涉无法缔结集体协议时，其纠纷可以通过两种方式解决：一是根据调解仲裁协定所规定的调整程序处理；二是如果调解失败，当事人可以采取争议行为，将争议提交仲裁委员会处理。

综上所述，世界上主要市场经济国家的集体争议处理制度的共同之处在于：都将劳动争议区分为权利争议和利益争议，并规定权利争议由司法程序处理，而利益争议则通过团体交涉、调解和仲裁程序处理。同时，各国稍显差别的调解、仲裁程序确保了争议双方有了不使事态扩大的基础，体现了法律对争议行为的适当控制。

四、我国的集体劳动争议处理制度

目前,我国的集体劳动争议处理制度还处在初步建立的阶段。新中国成立以后,我国在完成了资本主义工商业的社会主义改造以后,我国在单一的公有制计划经济体制下,长时间没有建立起劳动争议处理制度。改革开放以后,虽然逐渐建立起劳动争议处理制度,但主要是侧重个别劳动争议的解决,而忽视了建立集体劳动争议处理的制度。1993 年,国务院颁布的《企业劳动争议处理条例》并没有明确规定集体争议的含义和范围以及争议的处理程序。直到 1994 年颁布的《劳动法》中才将集体劳动争议分为因签订集体合同发生的争议和因履行集体合同发生的争议两类。劳动和社会保障部 2004 年制定的《集体合同规定》规定了不同集体争议的具体处理方法和程序。

1. 因签订集体合同发生争议的处理制度

我国劳动法规中的"因签订集体合同发生的争议",属于国际惯例中所定义的利益争议,应采用"特别行政调解"的方式来处理。

《劳动法》做出的规定是:"因签订集体合同发生争议,当事人协商不成的,当地人民政府劳动行政部门可以组织有关各方协调处理。"此外,《集体合同规定》对此做了补充:"当事人一方或双方可向劳动行政部门的劳动争议处理机构书面提出协调处理申请。"发生因签订集体合同的争议时,首先应当由当事人协商解决。当协商不成时,应在规定时间内报告当地劳动行政部门,由当地劳动行政部门组织工会代表、企业组织等各方进行协调处理。协调处理机构主要负责包括:调查了解争议的情况、研究制定协调处理争议的方案、对争议进行协调处理等。按照《集体合同规定》,劳动行政部门处理因签订集体合同发生的争议,应自决定受理之日起 30 日内结束。争议复杂或遇影响处理的其他客观原因需要延期时,延期最长不得超过 15 日。协调处理因签订集体合同发生的争议结束后,由劳动行政部门制作《协调处理协议书》,双方当事人代表和协调处理负责人共同签字盖章。《协调处理协议书》下达后,双方应当执行。

2. 因履行集体合同发生争议的处理制度

与因签订集体合同发生的争议不同,因履行集体合同发生的争议属于权利争议的范畴。对这类集体争议,我国采用一般的劳动争议的处理程序来解决。

根据《劳动法》的规定,因履行集体合同发生的争议,当事人协商解决不成的,可以向劳动争议仲裁委员会申请仲裁;对裁决不服的,可以在法定期限内向人民法院提起诉讼。但是,与个别劳动争议处理程序相比,此类争议在处理程序上有自身的特点:①因履行集体合同产生的争议,一般不适用企业基层调解程序；②在受理因履行集体合同争议案件的时效上有特别规定。仲裁委员会应当自收到申诉书之日起 3 日内做出受理或不予受理的决定。并且，在仲裁期限方面，仲裁庭处理争议应当自组成仲裁庭之日起 15 日内结束。案情复杂需要延期的，延长的期限不得超过 15 日。

3. 我国现行集体劳动争议处理制度存在的问题

现阶段，我国初步建立的集体劳动争议处理制度，已经对集体争议进行了界定并制定了相应的处理程序，及时解决了一些集体争议案例，缓解了我国目前的劳动关系发展的现实要求。但是，我国的集体劳动争议处理制度还处在初创阶段，还存在一些问题。

首先，我国的集体劳动争议处理制度对于集体劳动争议的性质没有明确的界定。集体劳动争议，是在集体谈判中出现的问题。所以，集体劳动争议多数情况下是一种利益争议。而我国对于集体劳动争议的性质还没有从利益争议与权利争议的角度进行明确的划分。由此导致集体争议与个别劳动争议采用相同的程序解决，造成我国劳动争议处理机构和人员的压力过大。

其次，在集体劳动争议处理过程中的法律约束力还不够。这一点主要表现在对于因签订集体合同产生争议的处理上。按照国际惯例，这一类争议才是严格意义上的集体争议。但是，在处理这类集体争议程序的规定上，只是要求劳动行政部门在处理这类争议时制定《协调处理协议书》，而对于协议书的执行却没有从法律上去约束，使得许多争议案例尽管有了明确的处理结果但却得不到执行而不了了之。

最后，在集体劳动争议处理过程中，工会仍没有充分发挥应有的作用。在集体争议处理过程中，工会是作为职工或劳动者的代表出现的，应当以平等的地位与企业代表进行协商。但是，由于我国多数企业的工会没有充分的独立地位，导致在争议处理过程中工会并不能通过与企业的平等协商而有效、全面地保障劳动者的权益。

▷本章小结

劳动争议，又称劳动纠纷，是指以劳动关系为中心发生的一切争议。从本质上来说，劳动争议是劳动关系主体利益的不协调。对于劳动争议处理的范围，国内外有不同的理解。劳动争议有以下特征：当事人是特定的；范围是限定的；有特定的表现形式；针对不同争议有不同的处理程序。

根据不同的标准，劳动争议可以被分为不同的类型。其中，个别劳动争议与集体劳动争议、权利争议与利益争议是劳动争议的基本类型。劳动争议的产生有着复杂的原因。

劳动争议处理坚持的基本原则包括：着重调解原则、查清事实，依法处理原则、当事人在适用法律上一律平等原则和及时处理原则。在坚持这些原则的基础上，劳动争议处理的方法主要有：协商、调解、信访、行政救济、仲裁和诉讼。

劳动争议处理制度，是指通过国家立法，将劳动争议处理的原则、机构、人员和程序等确定下来的制度。它是劳动法制的重要组成部分。目前，各个市场经济国家各具特色的劳动争议处理制度。我国的劳动争议处理制度经过曲折的发展经历，形成了目前"一调、一裁、两审"的基本制度。

集体劳动争议是和个体劳动争议相对应的争议形式。在我国《劳动法》中规定：根据产生争议的原因不同，集体劳动争议可以分为因集体协商发生的争议和因履行集体合同发生的争议。

集体争议处理制度在市场经济国家已经趋于成熟。我国的集体争议处理制度目前还处于初创阶段，有待进一步完善。

➢关键术语

劳动争议　个别劳动争议　集体劳动争议　权利争议　利益争议　调解　仲裁　诉讼　劳动争议处理　集体劳动争议处理

➢案例1　用人单位不得随意解除劳动合同——高某等六人诉某大酒店纠纷案*

原告高某等6人均系某中外合资大酒店聘请的餐饮部厨师。在确定劳动关系时，双方在由某大酒店单方起草的劳动合同上签了字。合同就有关工资、违约责任及赔偿金等做了规定。工资报酬的条款是："乙方高某等人的工资级别为四级一档，月标准工资500元，每月递增50元至月标准工资达到1000元止，工作时间为1994年3月1日至1997年2月28日。"从1994年12月1日起6名厨师每人每月的工资为1000元。12月5日，该大酒店以经营滑坡为由将6人辞退，单方面解除合同。12月8日，6人推举高某为代表向当地劳动争议仲裁委员会申请仲裁，要求大酒店撤销辞退决定，继续履行劳动合同。

劳动争议仲裁委员会经审查，依法受理了此案，并组成仲裁庭调查处理。仲裁委员会支持高某等6人的请求，但大酒店不服仲裁决定，向人民法院起诉。某区人民法院受理此案后经过调查取证，查明大酒店在辞退高某等6人之前的

---

* 蒋勇. 典型劳动争议案例评析. 北京：法律出版社，2000. 51~53

1994年7月至11月，正是餐饮业旺季，经营情况正常，大酒店所称经济滑坡理由不成立。高某等6人没有违反店规店纪的行为。经调解无效，法院于1995年3月11日依法做出判决：撤销某大酒店对高某等6人的辞退决定，双方继续履行劳动合同；诉讼费用由大酒店承担。

本案是用人单位单方面随意解除劳动合同而引起的劳动争议。劳动合同关系是一种平等主体之间的法律关系。在一般情况下，劳动合同的提前解除要经过双方当事人的协商，经协商一致才能提前解除。但在另一些情况下，由于各种原因使得劳动合同关系难以继续存在，或者劳动合同关系继续存在对于保护劳动者和用人单位的合法权益不利，法律上允许劳动者或用人单位单方面提前解除劳动合同。

我国《劳动法》规定，劳动者有下列情形之一的，用人单位可以解除劳动合同：①在试用期被证明不符合录用条件的；②严重违反劳动纪律和用人单位的规章制度的；③严重失职，营私舞弊，对用人单位利益造成重大损害的；④被依法追究刑事责任的。

在本案中，劳动合同没有约定试用期，并且劳动者也没有业务素质和工作能力的问题，不存在达不到录用条件的问题，而且，从被告方提出的解除合同的理由来看，也没有指出原告高某等6人有违纪违规的情形。被告提出的理由是："经济滑坡"，但"经济滑坡"并不能构成用人单位单方解除劳动合同的法定理由。

用人单位没有法定事由而提前解除合同，没有提前30日书面通知劳动者本人，也没有商定给予劳动者一定的经济补偿，于情于法都是说不过去的。人民法院依法判决撤销用人单位的辞退决定，继续履行劳动合同，这样既维护了劳动合同的严肃性，又保护了劳动者的合法权益，是妥当的。

▶案例2　用人单位安排加班应依法进行，并支付加班工资
——李某诉某乳品加工厂案[*]

李某是某乳品加工厂工人，1999年初，该厂新开发一系列乳制品投放市场，因其物美价廉而深受消费者喜爱。1999年7月，因"二噁英"风波，进口乳制品销量急剧下降，国产乳制品需求量剧增，各大乳品厂均加班加点进行生产，以满足消费者需要，并力图借机扩大市场占有率。乳品加工厂亦不例外，组织职工加班生产。因订单有增无减，原来的加班成了正常的上班时间，每周加班超过10小时。工人日夜倒班，节假日也得不到休息，非常疲劳。而该厂除按每小时2

---

[*] 蒋勇. 典型劳动争议案例评析. 北京：法律出版社，2000. 171~179

元发给少量加班补助费外，不发加班工资，并且还规定：如果违反厂里加班时间的规定或休息日不上班，厂里就要扣发工资。李某向厂方提出要求：减少加班、发给加班工资。而厂方负责人则称："有加班补助就不能再发给加班工资。"而且，如李某不按规定加班，再提要求，就将其辞退。李某无法忍受，就向当地劳动争议仲裁委员会申诉，要求某乳品厂减少加班，补发加班工资。

当地劳动争议仲裁委员会经调查，自1997年7月1日至申诉人申诉时止。被申诉人共安排申诉人平均每日加班达4小时，一个月累计加班达70个小时，已严重违反了《劳动法》对加班加点时间的限制。故仲裁庭裁决，责令被申诉人按法律的规定安排加班，支付申诉方加班加点的工资，并建议劳动行政部门对被申诉人处以罚款。

本案是用人单位不依法律规定要求劳动者加班且不支付加班工资而引起的劳动争议。在正常情况下，用人单位由于生产经营需要，经与工会和劳动者协商后可延长工作时间，不得随意安排加班加点。而且，在用人单位由于生产经营需要、经与工会和劳动者协商后延长工作时间的情形下，一般每日不得超过1小时，因特殊原因需要延长工作时间的，在保障劳动者身体健康的条件下延长时间每日不得超过3小时，但每月不得超过36小时。按照《劳动法》的规定，只有出现了危及国家、集体财产安全及人民生命健康的紧急事件时，从保护国家利益、集体利益和劳动者的整体利益出发，可以允许延长时间，且延长工作时间的幅度可视实际需要而定，不受限制。

用人单位延长工作时间，职工在正常工作时间以外付出劳动，相应地要求用人单位必须以高于劳动者正常工作时间的工资标准支付劳动者延长工作时间的劳动报酬。按照《劳动法》的规定，平常工作日的加班工作时间，支付不低于工资的百分之一百五十的工资报酬。休息日安排加班且不能补休的，支付不低于工资百分之二百的工资报酬。法定休假日安排劳动者工作的，支付不低于工资的百分之三百的工资报酬。

本案中，某乳品厂因生产经营需要，可以要求职工加班，但并不属于紧急情况之列，因此必须与工会和职工本人协商。李某不愿意再加班则不得强迫，更不能以此为由辞退李某。对李某在申诉前已实际延长的劳动时间，须按法律规定补发其加班工资。

复习思考题

1. 什么是劳动争议？它有哪些特征？可以分为哪几种类型？
2. 处理劳动争议应坚持哪些基本原则？
3. 劳动争议处理的方法主要有哪几种？

4. 什么是集体劳动争议？它可以分为哪几种类型？
5. 简述劳动争议调解制度。
6. 简述劳动争议仲裁制度。
7. 试述我国的集体争议处理制度及其不足之处。

第十一章

三方协商机制

第一节 三方协商机制概述

一、三方协商机制的含义

1. 三方协商机制的概念

三方协商机制是社会经济政策制定和实施中的一个重要程序，在市场经济成熟的西方国家被普遍采用，被认为是社会成本较低、社会效益较高的劳动关系调整机制。以三方协商机制的形式解决劳动关系中存在的各种问题，有利于兼顾国家、雇主和劳动者三方利益。

对于三方协商机制概念的解释，根据国际劳工组织1976年144号《三方协商促进国际劳工标准公约》规定，三方协商机制是指政府（通常以劳动部门为代表）、雇主和工人之间，就制定和实施经济和社会政策而进行的所有交往和活动。

三方协商机制具有如下特点：

（1）三方协商的主体是政府、雇主和劳动者，三方主体必须具有相对的独立性，在协商中权利对等。三方在身份和地位上都是独立的，并且不应存在组织上的隶属关系，各自应能够代表各自的具体利益。这种独立性为协商谈判奠定了前提条件。同时，三方主体在协商中权利对等，这是三方主体独立的必然结果，在协商机制中任何一方都不能凌驾于他方之上，无权单方发号施令，指使、命令另一方。

(2) 三方协商的内容涉及的范围和领域非常之广，可以说几乎所有为三方所关注的问题都包容其中。不过，从以往的实践看，三方协商的大量问题仍然与劳动关系有关。

(3) 三方协商的方式是在平等的基础上进行对话、协商、谈判。三方协商机制的关键在于协商，而协商又体现在三方友好的对话和商讨，互相理解，互相支持，对于讨论的事项，反复商量后取得共识。

(4) 三方协商目的的合作性。在三方协商中，各方虽然都是从自己的立场出发，但都是以协调劳动关系为基础和条件的。诚然，在劳动关系中，各方存在着有一定差异的利益取向，会发生利益冲突，但利益冲突只有在双方合作的基础上才能得到解决，各方利益也只有经过合作才能实现。因而，三方协商始终以促进共同发展为目标。

在整个劳动关系领域内，三方协商几乎可以涉及所有重大事项。这也是三方协商的内容（即客体），主要包括：①劳动就业。②劳动报酬。由三方协商确定员工工资增长的幅度、工资指导线、劳动力市场工资指导价位、最低工资标准、加班工资标准、工资支付规定等。③劳动安全卫生。协商研究劳动安全卫生的目标、措施、制度，确保广大员工的生命安全和身体健康。④工作时间和休息休假。⑤社会保险。包括员工享受社会保险的种类、待遇、条件以及保险费的缴纳等。⑥职业培训。研究确定培训的鼓励性政策、培训的资金投入、培训的保证措施等。⑦集体合同和劳动合同问题。协商研究签订集体合同和劳动合同的原则、内容、程序，采取推动集体合同和劳动合同实施的措施。⑧员工民主管理。按照多种所有制并存的格局，研究各种所有制企业实行民主管理的形式、内容、要求。⑨劳动争议处理。通过三方协商的方式处理争议，有助于矛盾及时化解并得到公正解决。

三方协商机制的本质是在市场经济条件下，协调与平衡不同利益主体间各自不同的利益要求。在市场经济下，不同的利益主体有着不同的利益追求，形成了不同的利益倾向。雇主关心的是企业利益的最大化，因此，强调降低生产成本、提高生产效率。劳工及其代表组织工会则强调工人权益的保护，让劳动者更多地分享劳动成果，希望企业能不断改善工人的工作条件，提高工人生活水平。政府则关心经济的增长、社会的稳定。因此，三方对于涉及劳动关系的重大问题难免出现分歧，任何一方都不能单独做出决定。为了保证三方各自利益的一致，就需要一种制度和机制来解决分歧，通过协商、对话和合作达到各自基本满意的目标。而现代社会生活的民主化，也要求在涉及政策制定时，广泛发扬民主，吸收各方意见，以制约相互关系，达到相互之间的协调与平衡。因此，三方协商机制体现了劳动关系领域的民主化，是平衡各方实力、保持和谐统一的重要机制。

2. 三方协商机制的原则

三方协商机制的原则也就是三方协商的主体在处理三方协商的内容时应当遵循的基本准则，主要有以下几方面：

(1) 利益兼顾原则。国家是全民族意志和利益的体现，企业是市场交易的主体，员工是财富的创造者和社会发展的动力。在处理三者关系时，应力求兼顾平衡；在处理三者矛盾时，各方要本着克制、妥协、寻求三方平衡的原则来化解矛盾和危机。

(2) 三方参与原则。这一原则贯穿于三方协商的全过程。它不仅表现在相关机构的人员构成上，也体现在实际活动的开展过程中。这一原则，不仅适用于全国、地方和行业领域，同样也适用于企业层面。当企业劳动关系双方因某个问题发生争执而又不能自行解决时，政府的介入就成为一种必要。

(3) 平等协商原则。三方主体都具有身份和地位上的独立性和平等性。在协商过程中，任何一方都不能把自己的观点强加于其他各方，要尊重作为独立主体的其他方的意见。虽然各方利益的着眼点和动机不同，但基于共同的利益达成共识是可能的。这就需要各方进行必要的妥协和让步，在平等协商的基础上，从实现条件的可能性出发，寻求使问题能够得到解决的最佳方案。

(4) 充分合作原则。这一原则是三方协商长期共存的基础。合作不仅反映在三方协商的议事过程中，而且还表现在实际运作过程中各方之间相互支持的态度。三方协商的目的就是在平等协商的基础上达成共识。在三方协商中，各方虽然都是从自己的立场出发，但都是以协调劳动关系为基础和条件的。因此，协商时要充分考虑各方的意见和共同的利益，始终以促进发展为目标。

二、三方协商机制的产生与发展

三方协商机制起源于19世纪末20世纪初的西方市场经济国家，它的产生和发展经历了一个长期的过程。它是工人运动的产物，其发展与完善，既取决于社会生产力的水平和现代化程度的提高，也受到工人运动发展壮大的推动。

18世纪中期开始的以机器生产代替传统手工劳动的工业革命，大大促进了生产力的发展。生产技术的划时代变革，推动了生产的迅速发展和整个社会的进步，在为资本家带来巨额利润的同时，并没有改善普通工人的生活状况。相反，由于机器生产规模的日益扩大，大量的工人被残酷的竞争所排挤，落入破产、失业的行列，而生产过程中工人越来越成为机器的附属品。资本家为了赚取更多的利润，采取了降低工人工资，增加劳动强度，延长劳动时间，并廉价雇佣童工、女工等方式，使工人的劳动条件和生活状况急剧恶化。

面对这种处境，西方国家开始出现了工人反抗斗争。工人采取破坏机器、捣毁厂房、停工怠工等手段，与资本家进行了持续不断的斗争。在斗争实践中，工人们开始意识到联合起来的必要性，在一些企业和行业中开始出现了最初的工人组织，这就是早期的工会。尽管资产阶级当局标榜自己实行"自由竞争"政策，对劳动关系采取所谓的"不干涉"政策，但对工人运动却进行种种限制。当时主要西方国家都通过法律禁止工人结社、罢工和游行示威，如英国颁布的《劳工结社禁止法》和法国颁布的《夏勃里埃法》都对工人结社和罢工进行了限制。而官方的不干涉政策，将劳资关系交由劳资双方处理，实际上是放任和支持雇主，使他们可以任意剥削工人，但对工人则予以种种限制，形成劳资关系中资方处于绝对优势，劳方处于绝对劣势的不合理格局。这种格局造成劳资矛盾加深，对抗和冲突增多，劳资关系呈现出不稳定状态。

19世纪末20世纪初，西方资本主义国家经济开始从自由竞争向垄断过渡，工人运动发展到了一个新的阶段。工人提出了8小时工作日、48小时工作周、反对雇佣童工等要求，在斗争手段上采取罢工和总罢工等形式，创建了"五一"劳动节。在工人运动的强大压力下，西方各国政府相继废除了禁止结社的法律，使工会组织迅速发展，很多工会还自发地在组织上逐步从互助会和行业内部工会走向更广泛的行业、产业、全国和国际性的联合，工会力量空前壮大。19世纪末，工会在西欧各国已相当普遍。

随着工会组织的不断发展壮大，雇主组织开始建立和发展。早期的雇主组织，就其职能而言，主要是为了平衡与工会之间的力量对比，对抗工会对资方的冲击。大多数雇主协会最初是在地方一级建立，或者在地区一级建立。但随着信息交流的加快、交通的逐步发达和工会组织的不断壮大，地区一级的雇主协会已经不能适应经济和社会发展的需要。因此，许多地方性或地区性的雇主协会合并成立了全国性的雇主协会，或直接在全国一级成立了雇主协会。英国在19世纪中叶就有了全国性的行业雇主协会，多数欧洲国家全国性雇主组织是在19世纪末20世纪初建立。

随着社会经济发展和民主政治的推行，一些国家出现了由工会代表劳方和雇主谈判解决劳资纠纷问题。由于这种谈判较好缓解了当时的劳资矛盾，各国政府逐渐转变了对劳资关系的不干涉政策，而采取了干预措施，相继出台一些法令，允许在劳资关系上协商谈判。三方协商机制有了一定的社会和法律基础。1919年成立的国际劳动组织是三方协商机制正式形成和发展的重要标志。

20世纪20~30年代，资本主义世界发生了空前严重的经济危机，大量的企业破产和工人失业，使劳资关系重新紧张起来，迫使政府直接出面干预失业，并采取了一些政策措施，缓解劳资矛盾。战争和经济危机过后，随着现代生产的发展，以工人参与企业管理为主要内容的"产业民主化"运动在一些国家出现。三方协商也在这一时期产生。最初，三方协商只是由政府劳动部门安排雇主和工人代表参加一些会议，讨论某些问题。后来，逐渐发展为政府对有关劳资问题主动征求双方意见，并积极参与协商有关内容。三方合作的方式主要体现在两个方面：一是以集体方式处理劳资关系；二是雇主组织和工人组织共同参与劳动法的制定与实施。一些国家还成立了由三方参加的协调劳资关系的机构，如劳资协议会等组织。至此，以协调劳动关系为主要内容的，由政府部门、雇主组织和工会组织参加的三方协商机制在一些国家正式建立，并被越来越多的国家采用。

从三方协商机制的产生与发展来看，正是在劳资关系经济上的尖锐对立和冲突的背景下，工会组织、雇主组织和政府实施的劳动立法获得了新的发展，并由此形成了劳、资、政三方构成的协商机制。这种机制，虽然源于劳资关系双方的经济利益矛盾，但其本身也展现出在工业化社会的劳资关系领域中一种新的政治利益格局开始形成，而且这种格局反过来对未来劳资关系的发展产生了更为深刻的影响。

从三方协商机制的发展过程来看，我们可以知道，它是在市场经济下产生的。因为在市场经济体制下，社会经济生活领域内的各类经济要素完全由市场配置，各类经济活动必须要按照市场客观规律做出安排，因此在此基础上形成的劳动关系，无论是双方主体之间或同政府之间，必然存在着不同的经济利益要求，这就为三方协商提供了必要的社会经济条件。而如果社会经济生活领域内的一切经济活动完全由政府独家垄断，是不可能存在三方协商机制的。同时，它也是民主政治发展到一定历史阶段的产物。民主政治的实质体现为主权在民，并且各类社会政治组织、行政组织、经济组织和社会团体依照国家的法律行使各自的职权，彼此权责明确，相互制约，这就为三方协商提供了必要的社会政治条件。不仅如此，市场经济国家的实践证明，三方协商的成功运作，反过来也有助于促进社会民主政治的发展。在我国，随着经济体制改革的不断深化，社会民主政治和法治建设步伐不断加快，其显著标志之一就是在立法和经济与社会政策领域为社会各类组织提供参政议政的渠道，这就为三方协商机制的建立提供了可能性。

三、三方协商机制的功能

三方协商机制的根源是劳资关系的激化和社会民主进程的加快，因此，基于政府、雇主和工人相互合作的三方协商机制，对缓解劳资矛盾，促进民主进程，保护企业和职工合法权益，稳定劳动关系，促进经济发展和社会进步发挥着重要作用。

1. 缓解劳资矛盾，稳定劳动关系

三方协商机制起源于19世纪末20世纪初，主要是为了缓解当时激烈的劳资矛盾，因此其基本功能就是缓解劳资矛盾，建立一种和谐、稳定、规范的劳动关系。在早期，由于没有正常的渠道和途径进行对劳资矛盾的疏导，工人往往通过采取罢工等一系列激烈的对抗形式来反抗资本家的剥削，抗议对社会的不满。这种活动对雇主和政府带来了严重的冲击，也造成了劳动关系的动荡。为了缓和这种矛盾，就出现了政府协调雇主和工会组织进行对话和谈判的局面，特别是在劳动者的工资标准、劳动时间、福利待遇和劳动条件等方面，通过集体谈判、三方协商达成一致。这种方式较之过去通过激烈的对抗方式达到目的，更易被各方所接受。市场经济国家的三方协商机制不断完善，劳动关系的协商途径也日趋制度化、法律化，逐渐形成了比较规范的体系，从而使劳动关系保持了相对稳定。

2. 维护企业和职工合法权益，促进经济社会发展

在西方国家早期的工业革命时代，由于缺乏协调劳资矛盾的有效机制，劳动关系一直处于一种激烈的对抗和冲突状态，社会生产力遭到破坏，经济发展被抑制。在劳动关系中，生产资料为资方所有，资方处于绝对优势，控制着生产经营的一切方面。为了获取高额利润，他们可以任意延长劳动时间、加大劳动强度，压低工人工资。而由于政府在劳动关系领域采取自由放任政策，工人得不到丝毫保护。19世纪末工会的不断发展壮大，为争取工人权益奠定了基础。随着三方协商机制的建立，工会组织与资方有了比较平等的对话平台。在这一机制中，工会作为一方独立的主体，代表工人提出意见，工人权益得到了较好的保护。

劳动关系的紧张，对于企业的发展也是不利的。企业的正常运行需要稳定的内部环境。而工人与企业的矛盾冲突如果得不到有效的释放，将会造成不稳定的局面，影响企业的正常生产。在工业革命早期，工人通过破坏机器、捣毁厂房、停工怠工等手段来发泄不满，与资本家斗争，实际上也造成了企业利益的损失。

正确维护企业和职工的合法权益是社会发展的重要动力。社会要发展，企业要创造财富，要想在市场竞争中生存并发展壮大，关键要将资本、劳动与管理者三个要素有机结合起来。只有充分维护企业和员工的合法权益，调动双方的积极性，才能使企业的资源最大限度优化，促进经济发展和社会进步。

3. 推进政策制定的民主化、科学化

从三方协商机制的产生、形成和发展的历史看，它既是社会生产力发展和社会经济矛盾发展的必然结果，又是工业民主和经济民主的产物，是社会民主政治制度的重要内容。利益的多元化，要求在制定政策时能充分听取各方意见，充当发扬民主。三方协商机制是工会代表员工、企业组织代表雇主参与经济和社会管理的重要民主渠道。工会和企业代表组织通过这种形式，反映员工和企业经营管理者的意见和要求，代表、维护员工和经营管理者的合法权益。通过加强三方组织间的沟通和合作，能够使国家和政府的政策法规和决策民主化、科学化、规范化，更加符合各方的要求，符合实际，并更好地得到贯彻实施。

第二节 市场经济国家的三方协商机制

三方协商机制在西方经过一百多年的发展，已经形成了比较完善的体制。本节将简单介绍市场经济国家三方协商机制的组织形式、运作以及政府在其中的作用。

一、三方协商机制的组织形式

政府、工会（劳方）、雇主协会（资方）是构成三方协商机制的三个独立的主体。其中，政府一般由国家劳动行政部门代表。各国政府一般都设立了劳动（劳工）行政机构，如，美国劳工部，日本劳动省、我国的劳动和社会保障部等。在三方协商机制中，工会是劳方的代表，以维护和改善工人的劳动条件、提高工人地位、保护工人权益为目的。各国工会的组织形式不完全相同，一般有以下几种类型：①雇用单位工会，即由被雇用于同一雇用人的雇工所组成的工会。②职业工会，即由同一种职业或相似职业的雇工所组成的工会。③产业工会，即由同一类或相似产业内一切雇工组成的工会。④联合工会，即由各个单独工会联合组织起来的工会[①]。而雇主协会，是由雇主依法组成的，旨在代表、维护和增进雇主在劳动关系中的共同利益而与工会抗衡和交涉的团体。在三方协商机制中，雇主协会是雇主一方的代表。在市场经济国家，雇主协会已形成多种组织形式，包括：行业雇主协会、职业雇主协会、雇主协会联合会、地方雇主协会和全国雇主协会。

建立在这三个独立主体基础上的三方协商机构是三方协商机制顺利运行的组织保证。以国际劳工组织的三方协商组织原则为基础，许多国家都设立了不同类型的三方协商机构，其组织形式十分灵活，既可以是比较固定的三方性专门机构或委员会，也可以是在某个层面召开的三方性会议，此外还可以通过三方签署的文件得以实现。具体可以分为以下几种：

1. 由三方代表组成常设机构

许多国家由政府劳动部门、工会和雇主组织组成常设机构，共同讨论经济和社会政策。如法国的经济理事会。但也有一些国家的政府组织不是固定的部门，而是根据工作关系确定相关内容，也就是说，政府一方是由政府的各个部门来代表。但一般出席国际会议，如参加国际劳工大会则由劳动行政部门代表政府出席

[①] 张彦宁. 雇主组织在中国. 北京：企业管理出版社，2002. 114

三方协商活动。

2. 三方专业委员会

有的国家在三方协商组织机构中，成立专门的三方组织，如国家就业促进委员会、国家劳资生产委员会、国家劳动关系委员会、国家工资委员会等。各专业委员会分别由三方代表组成，分别针对就业、劳动关系、工资、社会保险等问题进行专门协商讨论。如在劳资生产委员会中，政府机构、雇主组织和工会组织派出相同的代表人数，定期讨论有关全国性的经济以及与劳动问题相关的问题，参与相关政策和法规的制定等。

3. 三方劳动争议处理机构

很多国家在劳动争议处理机构中设立三方代表，或由三方人员组成调解委员会、仲裁委员会、劳资关系委员会等。

4. 劳动大会形式

劳动大会由政府组织三方召开，每隔一段时间就有关全国性的劳动问题进行讨论协商，为一些重要的法律颁布做准备，并使雇主和雇员达成协议。如印度就通过这种方式实现三方协商，协调劳动关系。

5. 设立综合性的三方联系制度

有些国家实行综合性的三方联系制度，如日本的产业劳动恳谈会、俄罗斯的社会与劳动关系三方调解委员会、马来西亚的全国咨询委员会等，这是一些覆盖面较广泛的三方协商机制。

各国的三方协商机构在工作中为了保证协商三方的合作，还制定了一些具体的规则，如协商正常进行规则、解决协商僵局规则、协商不成的处理规则等。一般三方协商机制的组织机构可以分为国家级和地方级（行业）等不同的层次。

二、三方协商机制的运作

三方协商机制在西方很多国家已有上百年的历史，对经济发展做出了巨大的贡献。有了这种机制，雇主组织、工会与政府之间就有了通畅的对话渠道，对政策的制定起到了良好的作用，有利于经济社会的平稳发展。以下以北欧国家为例阐述三方协商机制的运行。

1. 北欧合作主义传统

北欧国家具有合作主义的传统。对于合作主义，不同的学者有不同的解释。施密特和帕尼克（F. Panitch）认为："合作主义不仅仅是私人部门之间的一种安排，它本质上是一种得到官方承认的三方合作。"由于合作主义代表了一种国家和社会因素的重合，所以很难确定它是属于国家的力量还是社会的力量。双方的决定因素之间互相包容，任何一方对另一方而言都是不可或缺的。从这个层面上讲，合作主义是企业和组织起来的劳动者的代表对国家政策谈判和协商的参与，并受到国家的支持。科比（W. Korpi）认为，三方伙伴主义或合作主义应被准确地理解为劳资之间正在发生的阶级冲突的一部分或冲突过程中的一个阶段，它代表了劳动者对劳资之间特有冲突能够施加政治影响力的一种形式。米什拉（R. Mishra）对这个定义十分赞赏，他直接将"合作主义"与"三方伙伴主义"等同起来，认为"合作主义"基本上应被理解为，根据总的国家形势为谋求各种经济和社会目标之间达到平衡状态而在社会层面上实行的三方伙伴主义。在他看来，所谓"三方伙伴主义"就是指政府、劳工组织和雇主组织建立起的"社会伙伴关系"，即"合作主义"就是"主要利益集团之间的制度化合作"（institutionalized cooperation among major interests）[1]。合作主义的概念经过了半个多世纪的演变，虽然没有统一的定义，但其基本特征却可以做出如下界定：①合作主义以三方伙伴合作为主要内容，使之成为缓和阶级矛盾与社会冲突、制衡利益集团、维持社会稳定的一个必然的社会历史阶段；②三方伙伴中的雇员组织是社会政治过程中具有相对独立法律地位、以缔结社会契约为社会目的、具有公共性质的功能性社会组织；③在这个具有把经济发展与社会公正相互兼容的能力的制度安排中，雇员组织必须是由国家公共权力机关认可、在法律框架内具有合法代表性和垄断性的法人组织。

2. 三方协商的方法和程序

有着合作主义的传统，北欧国家在实施公共服务的过程中，通常采取社会协商机制平衡各种利益关系，避免彼此之间的冲突。在这种"金三角"社会协商体系中，工会代表劳方，雇主协会代表资方，议会和政府代表国家。三方协商的内容包括：劳动力市场政策；教育培训政策；安全健康政策；失业保险问题；养老金和残疾人福利问题等。对于直接涉及雇员和雇主利益的工资和工作条件等问题，主要由工会组织和雇主协会两方协调，政府不予干预，但涉及立法、政策等问题，则由议会和政府设若干专门委员会，通过听证会及对话等方式邀请工会和雇主协会参与协调（例如，在丹麦，每年8～10月期间，中央政府与雇主协会、工会就第二年的公共服务方面的立法、公共开支项目的框架以及税收等问题进行协商。此外，还有地方一级的三方协商）。这种三方协商机制实施的结果，在一定意义上实现了几种社会力量之间的"文明妥协及合意"。

（1）国家级三方协商的方法和程序。

国家级协商涉及各个行业，谈判内容主要是制定总体框架协议。这个框架协议主要起指导作用，保证使企业签订集体合同时不偏离国家宏观经济发展的总体要求，如工资增长的多少、工时的确定、福利高低等，都与国家宏观发展有直接

---

[1] 郑炳文. 论合作主义理论中的福利政治. 社会科学论坛，2005，(11)：5～27

关系。企业根据此协议由企业工会代表和劳动者与雇主按照发展本企业情况协商签订本企业集体合同。这种方式成为完善劳动法律体系的重要手段之一，达成的基本协议决定了一段时期的社会分配政策，这有利于保持经济发展和社会稳定，为政府制定相关政策提供了非常重要的依据。

比如在挪威，劳资双方谈判首先由雇主方面的主导性组织——挪威工商总会和劳工方面的主导性组织——全国总工会首先进行。如在工资谈判中，先由这两个组织进行协商，构筑一个协议框架，其他组织在进行工资协议时也会遵守这个框架。

协商之前的准备工作是三方协商的重要程序，主要包括：确定三方代表组织人数和组成方式；约定协商内容并拟定协商方案；确定具体的协商日期和地点；准备协商内容的有关资料。有的国家在协商准备工作中还包括对各方代表的联络方式、各方代表的资格认定等内容。经过一段时间的准备工作后，三方协商机构按确定的日期召开协商会议。协商会议一般由三方选出主持者，或按三方协商机构的工作章程由三方代表轮流主持。每一次协商，如果达成一致意见，就缔结协商协议。

(2) 企业集体协商的方法和程序。

企业集体协商的依据是国家级雇主和国家级总工会确定的总体框架协议及行业雇主与行业工会确定的行业协议，雇主与企业工会就具体的细节进行协商确定，然后由工会代表劳动者与雇主签订集体合同。这样的方法和程序在北欧国家实行历史较久，实施面也较宽。签订这类合同，对调整劳动关系，促进经济发展，对企业稳定、社会安定等都有积极作用。

在北欧，政府、雇员、雇主三大社会主体互相制衡。通过签订社会契约，就社会福利、劳动就业等问题，明确政府、雇员、雇主三大主体之间的制衡关系。三方制衡机制保证了三方关系的协调。

三、政府在三方协商机制中的作用

在三方协商处理劳动关系的格局中，必须处理好政府、雇主和工会三者之间的相互关系、责任及其作用问题。就劳动双方而言，都希望以自己的力量影响政府，因此，政府在三方协商机制中的地位和作用十分关键。

政府作为三方协商机制的一方，其影响劳动关系所采取的直接或间接调控手段，是通过政府设立的专管劳动事务的职能机构——劳动行政管理部门实现的。从各国劳动行政部门承担的职能看，主要集中在如下方面：促进就业；协调劳动关系；规范工资标准；加强职业安全与卫生；完善社会保障；发展职业培训；确定最低工资标准；实施劳动监察等。

在三方协商机制中,各国政府劳动行政部门扮演角色的特征和所起的作用主要体现在以下四方面:

1. 组织作用

三方协商主要是就事关国家重大的宏观经济政策和对社会发展有重大影响的劳动关系的内容进行讨论。政府的职责决定了其在三方协商中的主导地位和组织者身份。主要表现在:①各国政府在制定法律和重大经济政策,在调整劳动关系及相关劳动问题时,吸收并听取各方意见,并组织劳资双方进行讨论。②各国政府在三方协商机制组织机构的建设、组织原则、协商规则的制定上发挥了主导和组织作用。并对劳资双方的协商,采取直接或间接介入方式,进行协调,促使劳资双方合作,达成协议。每次三方商定的重要事项,一般都由各国政府部门组织另两方和其他部门实施。③各国政府在三方协商过程中发挥了组织作用。每次三方会议的组织、议题的确定、会议的时间协调等方面,一般都由各国政府进行组织。④各国政府组织了劳动关系方面的调研和检查,特别是对劳动合同、集体合同、劳动纠纷等方面定期或不定期地组织三方开展联合调查。

2. 平衡协调作用

在市场经济条件下,国家、企业和劳动者在经济活动中有着不同的利益追求,因而难免产生矛盾和冲突。在三方协商中,一般主要是雇主组织和工会组织对有关劳动关系问题进行协商,如制定有关法律法规和重大经济政策,各国政府起平衡协调的作用。在两方意见不一致时,政府要耐心听取双方意见,采取多种形式,直接或间接地进行协调和平衡,促使双方合作,达成协议。

三方协商机制的确立和正常运行,不仅有赖于各方发挥积极作用,更重要的是保持劳动双方力量的平衡。任何一方过于强大,平等协商就不可能,就会使利益发生倾斜,不利于经济和社会稳定发展。因此,政府应对双方关系进行宏观调控,使双方力量保持平衡。特别是当雇主严重侵害劳工利益或当劳工运动危及到经济发展和雇主利益时,政府往往会运用权力,采取强硬措施,以平衡劳动关系,从而达到相互制衡。

3. 监督作用

现代社会中,各国政府对劳动关系的直接干预程度越来越小,而监督的作用越来越强。随着三方机制的不断完善和法制化进程的加快,西方国家逐渐形成了比较完善的协调劳动关系制度和比较规范的法律法规体系,劳动关系的协商方式也发展成为一种有序的组织行为,逐步实现了制度化、法律化。因而各国政府在三方协商格局中主要发挥监督作用。西方国家政府劳动部门都对劳动协商结果进行监督,而且设立专门机构进行控制。监督既包括日常对劳动双方履行协议情况的检查,也包括劳动双方对履行协议争议的处理和对违反协议一方的处罚。在许多国家,劳动关系双方签订集体合同后,要经政府有关部门依法予以确认方能生效。确认的方式是登记、备案、审查或批准，其目的是确保劳动双方协商内容的公平、合理、合法、完备和可行。

4. 服务作用

为劳动双方关系的协调创造条件和提供有效的服务，这是市场经济下各国政府劳动行政部门协调劳动关系的一种通行做法。实践中，劳动关系双方及其代表组织在交涉、解决有关具体问题时，他们往往缺少对与之有关的一些社会背景情况的了解，并且也较少考虑对某些问题所采取的处理方式可能会给社会带来的不良后果。此外，由于存在因双方代表所持立场的局限性，以及在有关专业知识、谈判技巧等方面存在一些缺陷，致使双方对一些问题的解决难以形成共识点。上述问题的解决，有赖于政府提供有效的服务。包括：①通过推动立法，建立完善的劳动关系法律体系，为劳动关系的调整提供法律依据。②对参加集体协商、集体谈判的雇主代表和工人代表的身份予以确认。③定期向劳动关系双方代表组织通报有关社会经济发展（尤其是劳动力市场）的情况分析、形势预测和其他相关的数据指标；提供有关地区、行业、企业乃至国际上的劳动关系动态、信息和可供借鉴的有益经验。④组织国际间的交流与合作，对雇主和工人代表双方人员提供业务培训，提高他们的相关专业知识和业务能力，从而卓有成效地开展工作。

第三节 我国的三方协商机制

劳动关系三方协商机制，是我国劳动关系调整机制的重要组成部分，是社会主义市场经济条件下协调劳动关系的有效途径。对于维护劳动关系双方的利益，最大限度地保护、调动和发挥广大职工的积极性，促进我国劳动关系的和谐稳定，为改革开放创造一个稳定的社会环境，推动国民经济持续快速健康发展，它都具有重要的意义。随着经济体制改革不断深化，经济结构调整力度进一步加大，特别是随着我国加入WTO和经济全球化的不断深入发展，企业所有制形式、劳动组织形式、劳动者就业形式日益多样化，劳动关系利益主体日趋复杂化、多元化，这些变化都迫切需要我们加快建立健全适应社会主义市场经济发展要求的劳动关系调整机制。

一、建立三方协商机制的必要性

三方协商机制源于市场经济发展的客观要求，我国当然也不例外。特别是在我国劳动关系市场及利益格局深刻变革的背景下，更需要三方协商机制来协调劳动关系，稳定社会经济。

1. 建立三方协商机制是建立稳定的劳动关系的需要

随着我国社会主义市场经济的发展,所有制结构发生了巨大变化,形成了以公有制为主体、多种经济成分共同发展的格局,由此带来劳动关系的多样化、复杂化。与此同时,企业和劳动者作为劳动力市场的主体地位也日益明确,双方因利益冲突而引发的劳动争议日益增多。由于企业经营者在劳动关系中所处的地位和受自身利益的驱动,侵害劳动者合法权益的行为屡有发生,成为影响社会公平、社会稳定的重要因素。资料显示,中国近年的劳动争议不仅在总量上持续增长,同时集体劳动争议和突发事件的规模也不断扩大。2002年各级劳动争议仲裁委员会共立案受理劳动争议案件18.4万件,涉及劳动者61万人,分别比上年增加19.1%和30.2%。其中集体劳动争议案件1.1万件。随着产业结构的调整,城镇登记失业率逐年攀升。据国家统计局公布的数据,城镇登记失业率从2000年的3.1%逐年上升,2003年3月底达到4.1%的历史新高。工矿企业的伤亡事故时有发生,2002年1~8月,全国工矿企业共发生伤亡事故8 513起,死亡9 216人,同比分别上升10.8%和7.9%。种种迹象表明,中国现实劳动关系矛盾已十分突出,若不及时应对势必对社会稳定和经济持续发展构成巨大的威胁[①]。在这一背景下,靠任何一个部门的力量去调整劳动关系都是远远不够的,很难适应形势发展的客观要求。因此,必须建立与市场经济发展相适应的劳动关系调整体系。而建立劳动关系调整三方机制,由政府、工会、企业三方的代表共同协调劳动关系,有利于发挥三方的整体功能,形成合力,及时妥善地处理劳动争议,保持劳动关系的和谐稳定,推动社会主义市场经济体制的建立和完善。因此,劳动关系除依靠劳动合同、集体合同和争议处理制度等微观调整制度外,迫切需要在宏观层次上建立由政府、工会和雇主组织组成的三方机制,以在整体上协调劳动关系。

2. 建立三方协商机制是社会稳定和发展的内在要求

社会发展需要一个稳定和谐的社会环境,社会稳定将促进社会发展。国家、工会和企业经营者组织有责任、有义务维护社会稳定,促进社会公平的实现。劳动关系是社会关系中最基本、最重要的关系之一。在我国这样一个发展中的人口大国,由于经济发展速度快,改革开放的步子大,建立和谐、稳定的劳动关系就具有特别重大的意义。劳动关系的好坏,关系到保障工人阶级和广大劳动群体的切身利益,关系到国家经济社会的发展,关系到社会进步和安定团结,关系到改革开放和现代化建设的大局。而劳动关系三方协商机制能够在涉及劳动关系的重大问题上发扬民主,充分听取各方意见,促进政策制定的民主化、科学化和规范化,有利于推动新型劳动关系的建立,兼顾各方利益,共同促进经济发展和社会

---

① 姜颖. 建立更加完善的劳动关系三方协调机制. 工人日报,2003-07-25

进步。从劳动关系双方——用人单位和劳动者来讲,随着我国社会主义市场经济的发展和经济关系、劳动关系的复杂化,作为人们在劳动中产生的各种关系总和的劳动关系,越来越迫切需要在加强劳动关系双方自主、微观调节的同时,加强社会高层次、宏观的调节。市场经济国家的经验也证明,以激烈的、对抗的方式解决劳动关系矛盾冲突的做法,不仅影响社会政治稳定,付出高昂的社会成本,而且最终会损害劳动关系双方的利益。

3. 建立三方协商机制可以充分体现公平原则,有利于维护企业和劳动者的合法权益

从一定意义上说,市场经济是法制经济,而公平是市场经济的一个基本规则。随着我国社会主义市场经济体制的建立,劳动关系中两个主体的确立,劳动争议的日益显性化,迫切需要有一个完善的劳动关系调整体系,以使劳动关系的调整建立在公平的基础之上,充分体现劳动关系双方在法律面前的平等地位,保证其合法权益得到有效的维护。而建立劳动关系调整三方机制,让工会和企业的代表参加调整劳动关系,较好地体现了公平原则,从而使企业和劳动者的利益得到有效的维护。

4. 建立三方协商机制是发展社会主义民主,健全社会主义法制的重要内容

三方协商机制在国外已经有了100多年的发展历史。从三方协商机制的产生、形成和发展的历史看,它既是社会生产力发展和社会经济矛盾发展的必然结果,又是工业民主和经济民主的产物,是社会民主政治制度的重要内容。我国是社会主义国家,发展社会主义民主是我们始终不渝的奋斗目标。健全社会主义民主,就是保障人民群众通过各种途径和形式,依法参与管理国家事务、经济文化事业和社会事务。三方协商机制是工会代表职工群体、企业代表组织代表企业家参与经济和社会管理的重要民主渠道。工会和企业代表组织通过这种形式,反映职工和企业经营管理者的意见和要求,表达他们合理的利益诉求,维护职工和经营管理者的合法权益。建立三方协商机制,能够充分在涉及劳动关系的重大问题上发扬民主,充分听取各方意见,大大促进了政策制定的民主化和科学化,会更加符合职工和企业的实际要求,从而使政策得到更好地贯彻实施。

5. 与国际惯例接轨

实行三方原则,建立三方协商机制,是世界上许多市场经济发达国家调整劳动关系的通行做法。我国实行社会主义市场经济体制,客观上要求劳动关系的调整机制应当与国际惯例接轨,这不仅有利于劳动争议得到及时公正的解决,减轻政府的压力,而且有利于培育和发展劳动力市场,促进我国社会主义市场经济体制的发展与完善。

二、我国三方协商机制的产生与发展

三方协商机制的形成和确立,是受一个国家经济体制和政治体制的制约的。在计划经济时代,由于实行高度集中的经济管理体制,我国的劳动关系形成了一种有别于同时代工业化市场经济国家劳动关系的运行机制和结构。企业的经济活动均被纳入到集中统一的国民经济计划之中,其全部生产经营均服从政府主管部门的统一领导和管理,并须严格遵循国家的统一政策和法令,因而成为政府的附属物,因此企业中的劳动关系,与其说从表面上看存在着劳动者与企业的关系,不如说在实质上体现为劳动者和企业经营者同政府的关系。在此体制下,劳动关系结构形式单一,劳动关系双方的代表组织趋于同一,经济利益关系也简单化。在整个劳动经济领域,劳动关系的调整只有一种模式:无论是企业还是劳动者,均无需忧虑自己的生存和个性发展,一切听命于政府的安排。正是在计划经济土壤的培育下,我国劳动关系的发展呈现出一种独特的现象,即从表面上看十分平稳、缓和与协调,利益对抗和社会冲突较少,事实也确实如此。但是,我国经济体制的改革使这种状况出现了历史性的变化。

随着社会主义市场经济体制的逐步建立与完善,我国的经济成分日趋多元化,所有制结构也日趋多元化,企业劳动关系开始出现复杂的局面,劳动争议和劳动纠纷逐渐增多。为了更好地处理我国的劳动关系问题,按照市场经济国家的成功经验,我国开始了建立适合我国国情的三方协商机制的探索。

1990年,中国人大常委会批准了国际劳工组织《三方协商促进履行国际劳工标准公约》(第144号公约)。1995年1月随着《劳动法》的实施,三方协商的形式已开始付诸实施。例如,为了在企业推行集体合同制度,一些地方的政府劳动行政部门、企业家组织和工会,经三方协商以联名署发文件的形式,来指导和规范基层的实践。虽然此种做法同集体合同制度的国际通行惯例不尽一致,但却意味着三方协商在我国实践中已迈出步伐。尤其应当提到的是,1998年3月在江苏省,由省劳动厅、省总工会、省企业家协会和省计划与经济委员会,联合建立了国内首例具有鲜明三方性特征的劳动关系协调会议制度。该会议的主要特点表现在以下几个方面:①从人员构成看,劳动关系协调会议由省劳动厅代表政府、省总工会代表职工、省计划和经济委员会和省企业家协会代表企业经营者共三方组成,会议正式代表共9人,每方代表各3人。②从承担的职责看,主要包括:在制定有关建立健全集体协商和集体合同制度的地方性法规、政策时交流情况、交换意见,并针对有关问题统一认识,提出意见和建议;交流有关贯彻《劳动法》建立健全集体协商和集体合同制度工作情况,研究在运作中出现的重大问题,提出对策,加强指导;组织检查、交流、培训等活动,推动全省集体协商和集体合同工作。③从遵循的原则看，主要有：合法、公正、及时；兼顾国家、集体和职工利益；相互信任、支持、合作；协商一致。④从运作过程看，劳动关系协调会议一般每年召开两次会议。协调会议由三方首席代表轮流主持。经协商形成一致意见的事项，可由三方联合制发有关文件，也可形成会议纪要。

2001年8月3日，国家协商劳动关系三方会议成立暨第一次会议在北京召开，标志着由我国劳动和社会保障部、中华全国总工会和中国企业联合会/中国企业家协会组成的国家级劳动关系三方协商机制正式建立。同年11月修改后的《中华人民共和国工会法》明确规定："各级人民政府劳动行政部门应当会同同级工会和企业方面的代表，建立劳动关系三方协商机制，共同研究解决劳动关系方面的重大问题。"许多省、市通过地方立法也相应做出了规定。

2002年8月，国家协调劳动关系会议办公室出台了《关于建立健全劳动关系三方协商机制的指导意见》。《意见》指出："已经建立三方协商机制的地区，要紧紧围绕劳动关系方面的重大问题进行协商，进一步完善制度和规程，在总结实践经验的基础上，逐步向市、县（区）一级延伸，形成本地区多层次的三方协商机制。""三方要本着相互理解、相互信任、相互支持和兼顾国家、企业、职工利益的原则，充分发挥三方协商机制的优势，在最广泛的范围内达成一致意见。要紧紧围绕本地区劳动关系方面的突出问题开展工作。根据不同时期的实际情况，突出工作重点，抓住职工普遍关心的、影响劳动关系和谐稳定的全局性问题，开展工作，充分发挥三方协商机制的作用。建立健全劳动关系三方协商机制是一项全新的工作，各省、自治区、直辖市要认真总结三方协商机制的做法和经验，指导地市一级建立三方协商机制。要不断研究新情况，解决新问题，积极探索三方协商机制的运作方式。要注意借鉴外国的成功做法和有益经验，逐步形成具有中国特色的劳动关系三方协商机制。"

从20世纪90年代中期开始，一些省、自治区和直辖市就开始陆续建立起了三方协商机制。1996年，海南省率先建立了劳动关系三方协商机制。1997年，山西省也建立了这一机制。目前，全国有30个省、自治区、直辖市建立了劳动关系三方协商机制。有些省市三方协商机制已向地（市）和县（区）一级乃至城市社区、街道和乡镇延伸，多层次的三方协商机制开始形成。

我国的劳动关系三方协商机制，是在我国经济体制改革和企业改革不断深化的情况下建立的，是社会主义市场经济不断发展的产物，符合社会主义市场经济的总原则和发展方向。劳动关系三方协商机制的建立，对加强政府劳动保障行政部门、工会组织和企业组织三方就涉及劳动关系方面的重大问题进行经常性地沟通和协商，共同促进劳动关系长期稳定，保证改革开放的顺利进行和经济的持续发展具有重要意义。

三、三方协商机制的主体

1. 政府

政府是国家利益和社会利益的代表者和维护者。政府作为劳动关系三方协商机制中的一方代表，发挥着组织、协调、服务、监督等作用。在我国，劳动行政机构是政府中专门设立的对劳动工作实行统一管理的部门。国务院设立劳动和社会保障部，它在国务院领导下，综合管理全国的劳动和社会保障工作。在三方协商机制中，政府需要进一步转变职能。在计划经济条件下，劳动关系的运行和调整都是由政府的行政行为直接控制和完成的，不具有企业化和市场化的特点。随着劳动力市场的建立和完善，劳动力实现了自由流动，全部由市场调节，政府不再直接干预。政府对于劳动关系的调整从直接处理劳动关系，转变到为劳动关系的运行制定规则，组织开展劳动立法，加强国家对劳动关系的宏观调控，为劳动关系的稳定提供必要的服务方面来。

在我国三方协商机制中，政府的身份定位是：①政府是国家利益的代表者和维护者。三方协商中，政府一方的代表应当紧紧围绕促进生产力发展，在维护国家利益和社会进步等方面平衡劳动者与企业的关系，指导双方合作，保持劳动关系的和谐和稳定。②政府是劳动关系的政策制定者和宏观调控者。在市场经济条件下，经济运行和劳动关系主要依靠市场规律来调节，但由于市场经济自身存在着盲目性、滞后性，往往会对经济发展形成一定的破坏性，进而导致劳动关系的不稳定。因此，必须由国家进行宏观调控。政府通过组织工会和企业方的代表进行民主协商，研究解决经济发展和劳动关系领域的重大问题，可以更好地保证劳动关系的和谐稳定，促进社会经济的健康运行。③政府是企业与职工两个群体利益矛盾的调节者。在市场经济条件下，国家、企业和劳动者是不同的利益主体，在经济活动中各自有着不同的利益追求，因而难免产生矛盾和冲突。在三方协商机制中，政府通过一定的措施，使劳动关系双方形成共识，消除分歧，使矛盾得到解决[1]。

2. 雇主组织——中国企联

雇主组织是雇主为了维护其自身利益而自发组成的社团组织，在三方协商机制中，它是雇主利益的代表。在我国，尚未形成真正代表企业方的雇主组织。但从中国企联（中国企业联合会/中国企业家协会简称）的成立、发展和职能任务来看，中国企联具有雇主组织的典型特征。中国企业联合会（原中国企业管理协会）是1979年3月经国务院同意成立的第一个全国性、经济类型的社会团体。

---

[1] 祝晏君. 劳动关系. 北京：中国劳动社会保障出版社，2003. 116

中国企业家协会成立于1984年3月。中国企业联合会、中国企业家协会简称中国企联（CEMA），在全国有企业会员54.5万家。

中国企联的主要任务是：代表中国企业参加国家协调劳动关系三方会议，参与有关涉及劳动关系方面的法律法规和政策的制定，维护企业和企业家的合法权益；指导与协调各地、各行业企联/企业家协会开展三方协商机制建设和劳动关系协调工作；推动企业建立和加强劳动合同、集体合同签订，减少劳动争议，维护企业劳动关系稳定；为各地、各行业企联/企业家协会以及企业（雇主）提供三方协商机制和劳动关系方面的培训、咨询等服务；收集、整理国内国外有关三方协商机制和劳动关系方面资料并及时向各级企联/企业家协会传递信息；参与国际雇主组织和国际劳工组织活动，参加国际劳工大会和国际劳工标准与公约的修改和制定，开展与其他国家雇主组织及国际机构的交往与合作。

中国企联的组织结构由以下几个层次组成：

（1）全国会员代表会议。这是中国企联的最高领导机构，每5年举行一次。参加会议的代表由大会和大会有关会员协商推选产生。全国会员代表会议行使下列职权：审议和批准理事会的工作报告；审议并决定工作方针、任务和重大事项；审议提案并形成决议；聘请名誉会长、顾问、名誉副会长，推选会长、副会长、理事长；审议并批准理事会推选办法，推选理事会理事；修改章程。

（2）理事会。全国会员会议闭会期间，由理事会行使全国会员代表会议职权。理事会每届任期五年。全体理事会议每两年召开一次。理事会闭会期间，必要时可采取理事通信会议形式商讨工作。理事会行使下列职权：贯彻执行全国会员代表会议的决议；听取并审议常务理事会的工作报告；审议并决定理事会工作计划及其他重要事项；审议会费收支报告；审议处理有关议案；听取并审议召开全国会员代表会议筹备情况报告；根据会长提名，确定或调整副会长、理事长、副理事长人选；增补或调整理事、常务理事人选。

（3）常务理事会。理事会闭会期间，由常务理事会行使理事会职权。常务理事会全体会议每年召开一次至两次。经理事长提议并报会长批准，可召开临时常务理事会议。常务理事会行使下列职权：贯彻理事会的决议；审议批准年度工作计划；向理事会报告工作；在理事会闭会期间，根据会长提名，确定或调整副会长、理事长、副理事长人选，增补或调整理事、常务理事人选，并提请理事会确认；根据会长提名，聘请名誉理事，授予名誉会员称号；审议并批准设立或调整中国企业各专业工作委员会议案；审议增免会员议案。

（4）理事长办公室。这是中国企联常设行政领导机构，由理事长、副理事长组成。理事长办公室会议由理事长主持，或由理事长委托常务副理事长主持。理事长办公室的职责包括：完成常务理事会交办的任务；负责本会日常工作的组织领导和办事机构设置、调整；向会长报告工作。

3. 工会

在三方协商机制中,工会是工人的代表,以维护和改善工人的劳动条件,提高工人的经济地位,保护工人的权益为目的。在我国,中国工会是中国共产党领导的职工自愿结合的工人阶级群众组织,是党联系职工群众的桥梁和纽带,是国家政权的重要社会支柱,是会员和职工利益的代表。中国工会以宪法为根本活动准则,按照《中华人民共和国工会法》和《中国工会章程》独立自主地开展工作,依法行使权力和履行义务。

根据 2001 年 10 月 27 日第九届全国人民代表大会常务委员会第二十四次会议《关于修改〈中华人民共和国工会法〉的决定》,劳动关系的三方协商机制作为一项法律制度被确定下来。《工会法》第 34 条第二款规定:各级人民政府劳动行政部门应当会同同级工会和企业方面代表,建立劳动关系三方协商机制,共同研究解决劳动关系方面的重大问题。《工会法》做出这样的法律规范,无疑会进一步促使我国劳动关系三方协商机制的建立和完善,促进劳动关系协调机制的完备和发挥其特有的作用,也将有力地推动我国正在开展的工资集体协商和集体合同制度。

(1) 工会的职能。

《工会法》规定了维护职工合法权益是工会的基本职责。工会在维护全国人民总体利益的同时,代表和维护职工的合法权益。通过平等协商和集体合同制度,协调劳动关系,维护企业职工劳动权益。依照法律规定通过职工代表大会或者其他形式,组织职工参与本单位的民主决策、民主管理和民主监督。密切联系职工,听取和反映职工的意见和要求,关心职工的生活,帮助职工解决困难,全心全意为职工服务。同时,工会组织和教育职工依照宪法和法律的规定行使民主权利,发挥国家主人翁的作用,通过各种途径和形式,参与管理国家事务、经济和文化事业、社会事务;协助人民政府开展工作,维护工人阶级领导的、以工农联盟为基础的人民民主专政的社会主义国家政权。工会动员和组织职工积极参加经济建设,努力完成生产任务和工作任务。教育职工不断提高思想道德、技术业务和科学文化素质,建设有理想、有道德、有文化、有纪律的职工队伍。

(2) 工会的组织管理体制。

中国工会的组织体制,是在中华全国总工会的统一领导下,按照民主集中制原则,分别建立地方工会和产业工会两大组织系统。

中华全国总工会是我国工会的最高领导机关,在国际活动中代表中国工会组织。中华全国总工会执行委员会由中国工会全国代表大会选举产生,是中国工会全国代表大会执行机构。执行委员会在全国代表大会闭会期间,负责贯彻执行大会的决议,领导全国工会工作。在中华全国总工会执行委员会全体会议闭会期间,由主席团行使执行委员会的职权,主席团下设书记处,主持全国总工会日常工作。中华全国总工会执行委员会委员主席、副主席，主席团委员和书记处书记的任期与中国工会全国代表大会届期相同，每届任期5年。

地方各级工会代表大会是地方各级总工会的权力机构，由同级总工会委员会召集，每5年举行一次。各级地方总工会委员会，在代表大会闭会期间，执行上级工会的决定和同级工会代表大会的决议，领导本地区的工会工作，定期向上级总工会报告工作。根据工作需要，省、自治区总工会可在地区设派代表机关，直辖市和设区的市总工会可在区建立区一级工会组织或设派出代表机关。目前，我国各级地方工会组织的建立与国家行政区划相统一，分为三级：省、直辖市、自治区总工会；省辖市、自治州总工会或省、自治区地区工会办事处；县（市）、旗总工会。在一些经济发达地区，已经出现了乡镇工会、城市街道工会。乡镇、街道工会具有地方工会和基层工会双重职能，在当前私营企业、外资企业和乡镇企业工会组织不健全、工会还比较薄弱的情况下，乡镇、街道工会更多地发挥基层工会的作用，直接承担和处理新建企业工会难以承担的工作以及遇到的矛盾和问题。

产业工会是按照产业系统建立起来的工会组织。产业工会的设置主要分为全国产业工会和地方各级产业工会。全国产业工会的设置由中华全国总工会根据需要确定。按照国民经济部门分布情况，经中华全国总工会批准，目前共有10个全国产业工会，其中铁路、民航、金融等3个全国产业工会实行产业工会和地方工会双重领导，以产业工会领导为主的体制，其余7个全国产业工会均实行全国产业工会和地方工会双重领导，以地方工会领导为主的体制。根据《中国工会章程》的规定，产业工会全国委员会可以按照联合制、代表制原则组成；也可以由产业工会全国代表大会选举产生，任期为5年。

各级地方产业工会组织的设置，由同级地方总工会根据本地区的实际情况确定。除实行垂直领导的产业工会外，其余产业工会组织不要求上下对口。其建立委员会和工会领导机构的原则大体与全国产业工会相同。

四、三方协商机制的组织机构及运行

在我国，通过三方协商机制调整劳动关系，需要建立相应的组织机构。三方协商的组织机构可分为国家级、地方级以及企业级。

2001年8月，国家劳动和社会保障部、中华总工会、中国企业联合会/中国企业家协会三方在北京建立了国家一级协调劳动关系三方会议制度，开辟了政府、工会和企业组织在劳动关系方面加强三方沟通协调，相互理解、相互支持的重要途径，在劳动关系领域提供了一个全新的社会对话渠道和协调机制。三方会议由劳动和社会保障部、中华总工会、中国企业联合会/中国企业家协会三方组成。劳动和社会保障部领导担任主席,中华全国总工会和中国企业联合会/中国企业家协会领导担任副主席。各方确定相对固定的部、室的人员参加三方会议。根据每次会议的议题,由各方确定参会人数,根据议题的重要程度,可请三方主要负责人出席,也可由有关司局负责人召开会议。根据议题涉及的具体内容,可邀请其他有关部门、非三方成员单位或有关研究机构的人员参加。

国家协调劳动关系三方会议主要履行以下职责:①研究分析经济体制改革政策和经济社会发展计划对劳动关系的影响,通报交流各自协调劳动关系中的情况和问题。②研究分析全国劳动关系状况及发展趋势,对劳动关系方面带有全局性、倾向性的重大问题进行协商,形成共识。③对制定并实施涉及调整劳动关系的法律、法规、规章和政策提出意见和建议。④对地方建立三方协商机制和企业开展平等协商、签订集体合同、劳动合同等劳动关系协调工作进行指导、协调,指导地方的劳动争议处理工作,总结推广典型经验。⑤对跨地区或在全国具有重大影响的集体劳动争议或群体性事件进行调查研究,提出解决的意见和建议。⑥开展劳动法律、法规和规章的宣传工作。

国家协调劳动关系三方会议制度协调内容包括:①推进和完善平等协商、集体合同以及劳动合同制度的有关问题;②企业改制改组过程中的劳动关系;③企业工资收入分配;④最低工资、工作时间和休息休假、劳动安全卫生、女职工和未成年人特殊保护、生活福利待遇、职业技能培训等劳动标准的制定和实施;⑤劳动争议的预防和处理;⑥职工民主管理和工会组织建设;⑦其他有关劳动关系调整的工作。

在具体运行上,国家协调劳动关系三方会议通过召开会议形成会议纪要或签发文件解决劳动关系问题。三方会议原则上每季度召开一次,如有需要,可临时召开会议。会议主要有定期会议、办公室会议、临时会议等形式。每季立会召开会议前两周,各方向三方会议办公室提出议题,由办公室确定并报告会议主席和副主席。临时会议召开的时间、地点、议题等,由提议方提出并由办公室与另两方协商确定。

目前我国地方三方协商机制主要有三种形式:劳动关系协调委员会、劳动关系三方协商会议制度、协调劳动关系三方会议制度。三方机构的主席一般由劳动部门领导担任,其他两方的领导任副主席。有的省市则由主管工作的副省(市)长担任主席,这与设定三方机制职能的决策功能有关,因此,这些地方的三方机制在协调劳动关系方面权威性和影响力较大,推动工作的力度也大。目前,一些地方三方机制正在积极探索建立各种专门委员会,如工资指导委员会、社会保障委员会等,以解决一些专门领域存在的问题。在具体运行规则上与国家一级类似,召开定期或不定期会议,由任何一方代表提出议题,将议题的详细内容用书面形式告知其余两方。各方代表接到议题后,认真研究,做好讨论发言的书面材料准备。对三方协商会议讨论的问题，做出决定或形成解决问题的方案。

企业一级的协商以往一般并不作为三方协商的直接构成级别，而只是作为国家和产业一级协商的基础和相关内容。但目前企业一级的协商越来越被人们所关注，并作为三方协商的直接内容加以研究和实施。企业协商的直接主体是雇主和企业协会，政府部门一般不直接参与，但在协商遇到障碍的时候，政府部门也会出面调解。企业一级协商的主要职责有：①就企业发展的重要事务，提出职工的意见和建议，并就有关涉及职工权益的事务共同做出决定，保障企业职工民主管理和民主参与的权利。②通过集体谈判和集体合同，决定企业的劳动标准和劳动关系的有关事宜，并保证这一决定的实施。③处理和调解企业的劳动争议。

五、完善我国的三方协商机制

1. 目前我国三方协商机制存在的问题

（1）认识不足。从社会普遍存在的或表现出来的观念意识来看，主要有两种倾向：一种是对三方协商机制感到陌生，或简单地斥之为舶来品；另一种情况是武断地否认市场经济条件下三方协商机制存在的事实，以为劳动关系仅存在于企业层面。从政府部门来说，有不少政府官员对职能转换感到茫然。面对市场经济下的环境，他们仍以计划经济体制下的方式去处理劳动关系。他们很难想象或不愿意接受工会和经营代表组织能够以平等的身份面对政府这一事实。同样，对于经营者和普通职工来说，他们对于通过自己的代表组织与政府平等协商对话也报以难以置信的猜疑眼光。这两种心态说明，传统计划经济体制下政府大包大揽的形象在人们的观念意识中根深蒂固，以至伴随市场经济而来的三方协商对他们来说似乎显得突然。

此外，从我国目前的劳动力市场来看，劳动关系的双方还不具备相互制衡的平衡，劳动力供大于求的状况在今后较长的时期内无法改变，投资者在劳动关系中始终处于主导地位，这就决定了投资方对建立三方协商机制的要求不强烈或没有要求，其代表组织企业家协会/企业联合会等在一些地区并不健全，且建制较为复杂。

（2）主体组织不对称，代表性不强。在国有经济领域内，主要表现为经营者代表组织的缺位，而在非公有制经济领域内，不仅表现为经营者代表组织的缺位，也表现为相当多数的企业尚未建立工会。于是，便出现了这样一种情况，即在国有经济领域内，在有关涉及劳动关系的一些重大问题上，三方协商有时成为政府与工会两方协商，而在非公有制经济领域内，三方协商只能由政府独家操作。这就引出了一种不和谐现象，即在那些市场经济最为活跃的地方（尤其在非公有制经济领域内），虽然劳动关系行为已经市场化，但其协商机制却从属于政府行为。工会或企业代表的缺位,也就使三方协商失去了其本来的意义。

在代表性上,由于长期以来工会在干部人事制度和活动方式等方面存在的"行政化色彩",以及在经费管理方面存在的依附性,都使得工会不具有鲜明的代表性。工会维护职工合法权益不是体制的必然结果,而是靠工会干部的自觉性、主动性。目前工会干部在企业中,不是受制于职工,而是受制于行政。因此,工会的代表性问题值得商榷。相对工会的代表性而言,目前企业组织存在的问题更为突出,实际情况是我国尚未形成真正代表企业方的雇主组织。目前中国企业家协会/企业联合会作为企业方的代表参与三方协商,但它与国外的雇主协会相比存在着实质的区别,它的这一主体地位是由国家经贸委授权的,并受经贸委领导,无法真正代表用人单位的利益。

(3) 工作范围不广,三方机制作用难以充分发挥。现行的劳动关系调整三方机制主要体现在各级劳动争议仲裁委员会的人员组成上,而仲裁委员会的职责和范围是由《企业劳动争议处理条例》等国家法律法规规定的,即负责劳动争议的处理(主要是仲裁)。由于职责所限,仲裁委员会的工作未能涉及劳动关系调整的其他方面,三方机制的作用受到制约,难以得到充分发挥。

(4) 自身制度不健全,主要表现在三方协商运作的组织形式、活动内容和操作规范等方面。目前,已崭露头角的三方协商机制在运作上尚未形成规范且相对固定的组织制度及相关机构,在活动内容上也带有较多的随意性,对一些问题缺乏深入的沟通或充分论证,三方协商缺乏一定的行为规则。

2. 完善三方协商机制的对策

(1) 转变观念,达成共识。要破除过去在计划经济条件下由政府采用行政手段调整劳动关系的传统意识,树立市场经济条件下的劳动关系用市场化手段调整的新观念。在劳动关系处理中,政府必须借助于工会和雇主组织的特定作用和影响力,自觉地接受与工会和雇主组织以平等的身份进行协商的要求,并从以往事必躬亲的劳动关系事务中解脱出来,以更加超脱的姿态和战略眼光,致力于整个劳动力市场及劳动关系事务的宏观管理。工会和雇主组织也要改变对三方协商的可能性与效果的怀疑态度,树立与政府部门进行平等协商的观念,积极参与一些重大问题的协商,维护各自所代表的群体的利益。

(2) 增强工会和雇主组织的代表性。工会和雇主组织是否具有代表性是决定三方机制构成的前提,更是决定三方机制能否得以顺利运行的保证。从工会来看,虽然相对于雇主组织,我国工会从地方组织、全国组织、政治影响及社会影响等方面都具有相当的优势,但是现实中最主要的问题是,工会如何更好地代表劳动者。因为,相对于雇主及其组织,劳动者及其组织在对社会资源的占有中处于弱势。如果在现实中工会不能与职工群众形成一个共同的主体,实际上就会将职工排除在这一对话机制之外。这是我们应当尽力避免的。因此,如何发展工会组织，工会又如何增强其代表性，使其真正成为职工的代言人和广大职工信赖的组织，这是现阶段工会面临的首要任务。从雇主组织来看，我国雇主组织的发展和作用仍比较滞后。市场经济条件下经济类型的复杂化带来的雇主组织的多元化将越来越普遍。如何协调和规范不同雇主组织之间的关系，调动他们参与三方协商、协调劳动关系的积极性并使协商结果真正发挥作用，将是一项长期的工作。

（3）促进三方协商机制的法制化。我国于1990年批准了国际劳工组织的第144号公约，即《三方协商促进履行国际劳工标准》，1994年颁布的《中华人民共和国劳动法》以及2001年修改的《中华人民共和国工会法》均有三方机制的原则性规定，构成了我国三方机制的基本立法框架。但面对日益复杂的劳动关系矛盾和法制建设的要求，三方机制的运行仅依靠这些原则性的规定远不能适应实际的需要，亟须完善有关三方机制的立法，法律制度的指导原则应体现和注重三方利益的协调和平衡。三方协商机制的有关立法应明确三方机制的原则、三方机构的组成、职责、三方机制的运行等具体规则，逐步增强我国三方机制的职能和作用，切实发挥其在调整劳动关系方面的重要作用，使三方协商机制规范化、制度化、法律化，把三方协商活动纳入法制轨道。

（4）建立多层次、全方位的劳动关系调整机制，弥补目前三方机制主动性缺乏的不足，超前介入并及时处理劳动争议。可以建立劳动关系协调委员会，成员由政府、工会、企业组织、民间组织、法律机构等人员组成，以预防、协调处理劳动关系重大问题尤其是集体利益争议，把劳动争议消灭在胚胎状态。同时，可以建立各种劳动法律服务机构，为企业和劳动者提供法律服务，并代理诉讼，以满足日益增多的劳动争议案件的需求。

此外，应突破传统工作格局，拓宽三方机制的工作领域。将三方机制工作范围扩展到劳动关系调整的各个方面，包括政策制定，劳动关系的建立、运行、解除、终止，企业协商机制的建立，经济性减员，集体争议协调，劳动争议仲裁等，以充分发挥三方的职能作用，维护企业和劳动者的合法权益，保持社会稳定，进而促进经济的发展。

第四节 国际劳工组织的三方协商机制

一、国际劳工组织概述

国际劳工组织（简称ILO）于1919年根据《凡尔赛和约》与国际联盟同时建立。它曾经是国际联盟的一个自主组成部分。第二次世界大战之后，国际劳工组织于1946年5月同联合国达成协议，接受联合国的领导。国际劳工组织在同年9月举行的第26届国际劳工大会上修改了章程，正式成为联合国所属负责劳工事务的一个专门机构。第二次世界大战以后60多年来，国际劳工组织经历了深刻变化。因为国际劳工组织包括了所有政治、经济、社会制度的国家和各种不同倾向的国际工会组织和雇主组织，这就不可避免地将各种矛盾带到国际劳工组织中来。随着冷战的结束，世界政治格局由两极演变为朝着多极化方向发展，国际劳工组织内也形成了各种政治力量互相牵制和制约的局面。截止到2001年，国际劳工组织已有175个会员国，共制定了184项公约和192项建议书。

国际劳工组织的机构包括国际劳工大会、理事会、国际劳工局，另外还有两个独立机构，分别是设在日内瓦的国际劳工问题研究所和意大利都灵的国际高级技术和职业培训中心。其中，国际劳工大会是国际劳工组织的最高权力机关。正常情况下，每年6月在瑞士日内瓦举行国际劳工大会。理事会是国际劳工组织决策的执行机构，是国际劳工组织在国际劳工大会闭会期间的领导机构。国际劳工局是国际劳工组织的常设秘书处。此外还设有区域性的办事机构。各地区办事处的地点是：亚洲和太平洋地区设在曼谷，拉丁美洲和加勒比地区设在利马，非洲设在亚的斯亚贝巴，阿拉伯国家设在贝鲁特，欧洲设在日内瓦。国际劳工组织一般每4至6年召开一次区域性会议。

国际劳工组织宣称在其章程中规定的目标和宗旨，是在社会正义的基础上实现持久和平，从而使"全人类不分种族、信仰或性别都有权在自由和尊严、经济保障和机会均等的条件下谋求物质福利和精神发展"。为此，它主张应采取各种措施，以便达到充分就业和提高劳动与生活标准，使工人享有正当权益。

国际劳工组织为实现促进社会进步和维护世界和平的宗旨，开展的主要活动有：①制定国际劳工公约。②开展技术合作。③从事研究、教育与文献出版活动。国际劳工组织同国际工会运动的关系十分密切。从1919年第一届国际劳工大会起，西方主要国家工会领导人就以工人代表的身份参加国际劳工组织的活动。第二次世界大战之后，国际工会运动出现了世界工会联合会（世界工联）、国际自由工会联合会（国际自由工联）和世界劳工联合会（世界劳联）三足鼎立的局面。1973年，非洲工会统一组织成立。这四个国际性和区域性工会组织十分重视国际劳工组织的活动，都获得在该组织的咨询地位。国际劳工组织章程规定，凡与其建立咨询关系的非政府国际组织，均有权参加其国际劳工大会、理事会等各种会议，可以在任何会议上发言，但无权参加表决。

二、国际劳工组织与三方协商机制

1919年成立的国际劳工组织是劳资关系领域三方协商机制正式形成和发展的重要标志。国际劳工组织不仅在机构组成上具有三方性的鲜明特点，由政府代表、雇主代表、工人代表三方共同组成；而且活动宗旨也充分体现了其促进政府、雇主、劳方合作，共同改善劳动状况，协调劳资关系，维护劳动权益的精神。1976年国际劳工组织专门制定了第144号公约《三方协商促进国际劳工标准公约》和第152号建议书《三方协商促进国际劳工标准建议书》。这成为各国建立三方协商机制的重要依据，也是各国政府、雇主和工会就其各自利益和共同关心的问题进行协商并达成共识而借鉴的有效形式。

三方性原则是国际劳工组织行动的基本原则。作为国际劳工组织章程一部分的《费城宣言》中申明："反对贫困的斗争，需要各国在国内坚持不懈地进行，还需要国际间做持续一致的努力。在这种努力中，工人代表和雇主代表享有与政府代表同等的地位，与政府代表一起自由讨论和民主决定，以增进共同的福利"，以期"有效地承认集体谈判的权利，促进雇主和劳动者加强双方在提高生产效能中的合作，以及在制定与实施社会和经济措施中的合作"。

三方性原则的出发点是将雇主和工人都看作是发展经济的重要力量，工人与雇主合作，促进经济和社会发展。国际劳工组织所关心、处理的事务，一般都涉及各国工人、雇主的利益，吸收雇主代表和工人代表以平等的地位同政府代表一起讨论、协商和做出决定体现了对劳动关系当事各方的尊重和谋求通过协商讨论达到共识的意愿。按照三方性原则做出的决定较能兼顾有关各方的利益，保证国际劳工组织活动的民主性。同时，各国经济和社会发展的实践表明，政府、雇主和工人以平等地位，就涉及各自利益和共同关心的问题，特别是劳工问题，进行协商并达成一致，已成为化解劳资矛盾、维护社会稳定、促进经济和社会发展的重要推动力量。

国际劳工组织的组织机构同样实行三方性原则。

1. 国际劳工大会

国际劳工大会是国际劳工组织的最高权力机关。与会的各国代表团由政府代表2人，工人和雇主代表各1人和若干名顾问组成，即体现三方性原则。国际劳工大会的主要任务是：①听取并审议国际劳工局局长的报告，该报告通常围绕当前形势尤其是针对具有重大意义的社会和劳工问题而做出的；②制定和通过以公约和建议书为形式的国际劳工公约，并审议这些公约和建议书在各国执行的情况；③批准接纳新会员；④每两年由大会批准本组织的工作计划和预算；⑤为劳工组织的总政策和未来的活动提出指导方针。

国际劳工大会下设5个常设委员会，即总务委员会、财政委员会、公约实施委员会、提案委员会、资格审查委员会。委员会的主要任务是对提交大会的事项进行初步审议，并就审议结果提出报告送交大会全体会议讨论。

所有的委员会都是三方性结构，只有财务委员会例外，它完全由政府代表组成，任务是审议与国际劳工组织的预算有关的事宜。总务委员会负责安排大会的日程，核定各委员会的成员名单，协调对大会进程有影响的各种事务等。其三方成员的比例与大会相同，即政府代表等于工人代表和雇主代表之和。在其他委员会里，政府、工人、雇主三方的表决权是相等的，倘若人数不相等，则采用加权计数的表决制度，以保证表决权的对等。

2. 理事会

理事会是国际劳工组织的执行机构，每三年由大会选举产生。在正常情况下，理事会每年举行三次例会。理事会设主席一名，副主席两名，每年改选一次。

理事会也同样是三方机构，由56名理事组成，其中包括28名政府代表、14名工人代表和14名雇主代表。在28名政府理事中，包括中国在内的10个主要工业国为常任政府理事，另18名政府理事由政府代表在大会上选出的国家委派。理事会还包括66名副理事，其中政府28名，雇主和工人各19人。政府的28名副理事，由出席大会的成员国政府代表选举确定。代表工人、雇主的理事和副理事的人选由出席大会的全体工人代表和全体雇主代表分别进行无记名投票直接选举产生，他们代表所有成员国的工人、雇主。经选举产生的理事和副理事任期为3年，可以连选连任。副理事除没有表决权以外，在其他方面享有与理事相同的权利。理事会中的工人理事与副理事和雇主理事与副理事也分别组织起来形成集体力量，其情形犹如国际劳工大会期间工人代表和雇主代表的活动方式。

理事会下设7个委员会和2个工作组。这些机构都是三方性机构，而且三方成员在委员会中的表决权相等。各委员会的成员均由理事会的三方从自己的理事和副理事中提名，报请理事会决定。理事会还按重要的经济活动部门设立了22个产业委员会。产业委员会为具有实际经验的三方代表提供机会，就当前各国在本产业面临的重大问题（着重于劳动问题和社会问题）交流情况和交换观点。

3. 国际劳工局

国际劳工局是国际劳工组织的常设秘书处，负责处理组织的日常事务，对理事会负责，总部设在日内瓦。劳工局的主要任务是，负责起草文件和报告并为本组织的大会和专门会议准备所必需的背景材料；征聘和指导劳工组织在全世界进行技术合作的专家；发行各种专业出版物和期刊，并与各国劳工部、雇主组织和工会团体紧密合作。来自约110个国家的大约3 000多名官员和技术顾问，在日内瓦总部、在劳工组织与之进行技术合作的国家，在40多个外地办事处分别担任工作。国际劳工局根据工作计划定期召开地区会议和专门会议。1 900名官员和600名技术顾问，参与劳工组织各项事务。

▶本章小结

三方协商机制起源于19世纪末20世纪初的西方市场经济国家，它的产生和发展经历了一个长期的过程。三方协商机制是指政府（通常以劳动部门为代表）、雇主和工人之间，就制定和实施经济和社会政策而进行的所有交往和活动。它是社会经济政策制定和实施中的一个重要程序，在市场经济成熟的西方国家被普遍采用。以三方协商机制的形式解决劳动关系中存在的各种问题，有利于兼顾国家、雇主和劳动者三方利益。在进行三方协商中，要遵循利益兼顾原则、三方参与原则、平等协商原则、充分合作原则。三方协商机制的根源是劳资关系的激化和社会民主进程的加快，因此，基于政府、雇主和工人相互合作的三方协商机制，对缓解劳资矛盾，促进民主进程，保护企业和职工合法权益，稳定劳动关系，促进经济发展和社会进步发挥着重要作用。以北欧国家为例，本章简单介绍了市场经济国家三方协商机制的组织形式及其运作，并探讨了政府在三方协商机制中的作用，包括组织作用、平衡协调作用、监督作用及服务作用。对于我国来说，尤其在转型期，建立三方协商机制更显得必要与重要，它是建立稳定的劳动关系的需要，是社会稳定和发展的内在要求，是发展社会主义民主，健全社会主义法制的重要内容，同时又可以充分体现公平原则，有利于维护企业和劳动者的合法权益，并且与国际惯例接轨。三方协商机制在我国已得到较快发展，但是仍存在诸多问题。例如，认识不足；主体组织不对称，代表性不强；工作范围不广，三方机制作用难以充分发挥；自身制度不健全。因此，需要采取一定措施对之进行完善。可以包括：转变观念，达成共识；增强工会和雇主组织的代表性；促进三方协商机制的法制化；建立多层次、全方位的劳动关系调整机制。最后，本章简单介绍了国际劳工组织及其三方协商机制。

▶关键术语

三方协商机制　政府　雇主组织　工会　国际劳工组织

▶案例 *

  2006年3月20日至4月20日，全国人大常委会就《劳动合同法（草案）》向全社会征求意见，共收到191 849件意见。这个数字在新中国立法史中位列第二，排名第一的是新中国第一部宪法"五四宪法"。
  191 849件意见的背后，是一场利益集团的博弈过程，其程度甚至胜过去年

---

  * 杨中旭. 激烈博弈下的《劳动合同法》. 中国新闻周刊. http://news.sohu.com/20060609/n243652788.shtml. 2006-06-14

沸沸扬扬的《物权法（草案）》。在这一个月以及其后的日子里，劳资双方及其代言人、相关部门及其代言人并未如中美商会会员、君合律师事务所合伙人马建军所说偃旗息鼓，而是各自继续在为本集团利益的最大化而持续交锋。各方的视力所及，都盯上了2006年8月全国人大常委会对《劳动合同法（草案）》的"二读"。

1. 资方要"撤资"？

各方博弈过程中掀起的最大一场风波是"撤资风波"。据《21世纪经济报道》的描述，2006年4月23日，上海《劳动合同法（草案）》研讨会上，时近中午，上海跨国企业人力资源协会的代表徐婷婷（加拿大籍）要求发言，徐这样表述："如果实施这样的法律，我们将撤资。"该协会代表54家企业，拥有26万职工。

《21世纪经济报道》称："此语一出，会场一片哗然。"

"这是赤裸裸的威胁"，《劳动合同法（草案）》起草者之一、中华全国总工会法律工作部副部长郭军和草案课题组组长、中国人民大学劳动关系研究所所长常凯教授对本刊表示。他们的这一回应，代表了绝大多数网民的意见。

随后，徐女士通过朋友向本刊表示，她没有说过"撤资"，只是对草案提出了一些理念上的不同看法。上海《劳动合同法》（草案）研讨会的组织者也给本刊发来一段现场的视频，也许是视频声音不够清晰，记者的确没有听到徐说到"撤资"二字。

然而，常凯和郭军说："'撤资'这两个字，如果没有说出来，别人可不容易编出来，会场上那么多人呢。"随后，常凯的师弟、两位学者都向记者证实，"撤资"说法属实。

显然，资方的这一立场，有其利益上的考量。例如，草案对劳动派遣方面的高标准规定就压缩了资方的利润空间。但据本刊了解，包括中美商会在内的外资方面由于多年来执行《劳动法》相对规范，《劳动合同法》（草案）适当在劳动派遣方面提高标准并不是资方最在意之处。他们最在意的，是草案第五条第二款的规定：用人单位的规章制度直接涉及劳动者切身利益的，应当经工会、职工大会或者职工代表大会讨论通过，或者通过平等协商做出规定。马建军说："看到这一条款，我们这些人都快昏过去了。"

一位跨国公司的人力资源总监告诉本刊，这无疑与现代企业制度背道而驰。股东（老板）作为公司的所有者，毫无疑问享有该项最高权力，但在草案中，公司最高权力已转入职代会和工会手中。因此，即使是持有劳方立场的学者在接受本刊采访时也认为这一规定"荒谬"，是在重回计划经济时代的大锅饭。

"但最荒谬的也是最容易修正的"，常凯说："我对这一条款在8月份的'二读'上获得修正表示乐观。"

那么，资方何以在放出"撤资"的说法之后有所回收？

一家电器公司人力资源总监对本刊承认，即使这部草案就这么通过，外资也不会因为这部草案而撤资，"资本的转移是以利润为风向标的。在目前的中国，把劳动保护标准升高一些，绝大多数外资仍然会觉得还是留在中国最划算"。同时，作为徐女士的朋友，他也承认，如果徐说出了"撤资"这番话，"是威胁，很不妥，没有经过我们人力资源协会的授权不可以这样说"。

马建军的表述则更为直接：没有哪个企业希望和政府对抗，向政府发出要挟。中美商会中的个人冲动代表不了中美商会。长达42页的代表中美商会意见的意见书，早已上呈全国人大常委会。

2. 劳方：矫枉必须过正

与《合同法》中签约主体平等的基础不同，相对于资方，劳方天然处于弱势地位，加之改革开放以来劳动保护方面的法律相对不到位，《劳动合同法》（草案）对劳方做出了适当倾斜。

在接受采访时，郭军爽快地承认，草案存在着矫枉过正的问题。但他认为，在中国的现有国情下，矫枉必须过正。

问题是，劳方在"矫枉"的过程中夹杂了太多部门的利益。

据本刊了解，劳动和社会保障部的一位官员在起草草案第五条第二款时，参照《公司法》相关规定的基础上做出了些许修改，于是，《公司法》中"制定重要的规章制度时，应当听取公司工会的意见，并通过职工代表大会或者其他形式听取职工的意见和建议"中的"通过"二字如前文所述被后置，变成"用人单位的规章制度直接涉及劳动者切身利益的，应当经工会、职工大会或者职工代表大会讨论通过，或者通过平等协商做出规定"，立刻令含义产生了天翻地覆的变化。

如果这一条款不加修改地获得通过，受益最大的显然是将拥有决定权和一票否决权的工会。"作为学者，这种简单的道理不可能不懂，但学者不能不适当地为自己所在的部门说话。"一位起草者告诉本刊。

类似的部门利益，也同样表现在了《劳动合同法》（草案）对劳动派遣制度的规定上。草案规定：劳动派遣公司须为每个派遣职工向劳动部门上交5 000元保证金。在接受本刊采访时，《劳动合同法》（草案）课题组成员、华东政法学院教授董保华认为，这种保证金显得不伦不类：政府这只无形的手从幕后伸出，再次违背了《劳动法》中"小政府、大社会"的原则。"退一步讲，即使考虑到中国的国情，5 000元保证金有其存在的理由，草案中却对其支配权、衍生的利息使用权没有做出规定，如果不加修改地通过，显然是一种资方补贴政府的方式"。董保华说。

董保华在谈到《劳动合同法》（草案）在无固定期限合同、竞业条款、劳动派遣、试用期、经济补偿金等方面都向劳方倾斜、提高标准时表示："本来政府应该守住宏观层面的底线，现在水在上升，中观层面的集体协商和微观层面的个人协商已经被淹到了，政府的行政权力扩大肯定不是好事。"

对此，常凯告诉本刊：在中国现有国情下，企业工会不够强大，除了政府加强监管，别无他路可走。

虽然同为课题组成员，常凯与董保华却被认为分处劳资两大阵营。

而郭军认为，董保华老师的观点很正确，但流于学者的天真。马建军则告诉本刊，和一直在劳动纠纷一线工作的律师相比，起草者更为天真。

3. 期盼三方机制

接受采访时，马建军律师形象地把劳方和资方比喻成足球场上的对手，政府则扮演裁判员的角色。

常凯同意这一比喻，因为劳资关系在任何国家都不是两方关系，而是三方平衡博弈的关系。但他认为劳资的理想状态是自治状态，它取决于工人组织成熟和雇主成熟。中国在10年间成长出一个雇主阶层，环境优越和速度之快，世界罕有，所以它没有处理劳资关系的经验。因此政府除了制定劳动标准和规则，当裁判员，它还要介入。

"但是，政府既当裁判员又当运动员，不就成了足球场上的14个打11个了嘛。"马建军说："劳方和资方应该处在同一个平台上，政府只能在裁判的时候介入，而不是帮着踢球。让资方和政府直接'对抗'，中间没有隔离层，毫无疑问是非常危险的。"

在他看来，三方平衡机制一天不建立，《劳动合同法》即使出台也得不到很好的执行。

据本刊了解，由于劳资双方以及政府不同部门之间的利益博弈激烈，甚至惊动了决策层。有关领导在听取汇报后表示，要求争取找出一个让劳资双方、不同利益群体都能相对接受的方案来。

复习思考题

1. 什么是三方协商机制？它具有哪些特征？
2. 三方协商机制具有哪些功能？
3. 政府在三方协商中应发挥怎样的作用？
4. 结合目前我国的具体情况分析为什么需要建立三方协商机制。
5. 借鉴国外经验讨论如何完善我国的三方协商机制。

第十二章

劳动关系的终止

第一节 劳动关系终止的概述

一、劳动关系终止的概念

劳动关系的终止，是指劳动关系主体双方权利义务的消灭，它是劳动关系运行的终结。应当指出的是，劳动关系的终止并不意味着劳动关系主体双方权利义务的全部消灭，某些特定的内容在劳动关系终止后仍然要存续一定时间[1]。劳动关系的终止涉及双方当事人的利益，是劳动关系运行过程中的最后环节，同时又往往是下一个运行过程的起点。事实上，所有的劳动关系最终都将归于终结。

通过前面章节的学习可知，劳动关系双方当事人的权利义务是相对应的，各国劳动立法都对劳动者的权利进行全面明确的规定，而不是以规定雇主的权利和义务为出发点。劳动者义务的履行，如劳动给付的方式、范围、时间、地点等受到劳动基准法、集体合同、劳动合同和企业劳动规章制度等的限制。劳动者的权利是劳动者在劳动关系中地位的法律体现。在现代劳动法律体系中，劳动者的权利已经形成了一个权利体系或权利束。在不同社会体制下和不同企业性质下的劳动关系中，劳动者权利的实现方式和实现程度都有所不同。劳动合同是市场经济国家通行的用工规范形式，是劳动者和用人单位协商确立权利义务的主要方式。

---

[1] 邱小平. 劳动关系. 第二版. 北京：中国劳动社会保障出版社，2004. 18

劳动合同的订立、变更、终止或解除等与劳动关系的流动性、稳定性有着密切联系。但是，应该注意，劳动合同的内容即双方当事人协商所确定的权利义务，并非劳动主体双方在劳动关系中全部的权利义务；而且，劳动合同也并非实践中确立劳动关系的唯一形式。因此，在多数情况下劳动关系终止意味着相对应劳动合同的法律效力随之消失，但是，我们不能认为劳动关系终止完全等同于劳动合同法律效力的消失。

二、劳动关系终止的原因

导致劳动关系终止的原因，可以从多个角度进行分析。可能是客观的，也可能是主观的；有时来自劳动关系主体某一方面，有时是双方共同的，或者来自外部环境；有时是某一个关键因素，更多时候是多个因素交织在一起；有些是合法的，有些是不合法的；有些和劳动过程密切相关，有些和劳动过程几乎没有联系，等等。因此，分析导致劳动关系终止的原因事实上往往比较复杂。

国外有学者指出，雇佣关系及相关的雇佣合同的终止可能是由雇员或雇主出于各种原因提出的。从雇主的角度来看，原因包括：①雇员的严重行为不当；②雇员缺乏胜任工作的能力和资格；③组织削减规模而进行的裁员；④对雇员的持续雇佣将违反法律规定；⑤其他一些实质原因。从雇员的角度来看，原因包括：①因为年龄或健康原因（如精神病）而退休；②因为各种可能的原因而辞职，包括接受另一份新的雇佣合同或移民；③雇主违反了合同；④死亡[1]。

在市场经济条件下，市场在劳动力资源配置中发挥基础性作用，可以根据雇主的意愿解除员工工作或根据员工的请求终止劳动关系。雇主根据企业生存或长期发展的需要来自主用工。对雇主而言，终止与部分劳动者的劳动关系历来被当作是企业降低成本，维持秩序，提高效率，乃至在困境中谋求生存的重要手段。尤其是当今时代，经济全球化使企业面临国内、外更加激烈的竞争；产业结构的升级和科学技术的推广，日益强化了资本和技术对劳动力的替代，这些情况客观上都对企业合理配置劳动力资源提出了更高要求。因此，雇主终止与部分劳动者的劳动关系不可避免。当然，雇主也可能由于一些原因而不自愿地终止劳动关系，如一些劳动者尤其是关键人才"跳槽"、出国深造、移民或继续雇用违法等。相对应的，随着社会经济的发展和职业要求的提高，劳动者的就业观念和需求以及法律意识等也发生了很大变化。劳动者尤其是一些优秀人才出于对经济收入、福利待遇、社会地位、心理满足等的理性追求，以及为增加阅历，或由于移民、

---

[1] [英]菲利普·李斯特，阿德里安·桑希尔，马克·桑得斯. 雇员关系：解析雇佣关系. 高嘉勇等译. 大连：东北财经大学出版社，2005. 265

留学、家庭、服兵役等原因而自愿终止劳动关系的现象已比较普遍。在某些情况下，劳动者也可能由于一些原因而不自愿地终止劳动关系，比如不能胜任工作、劳动能力暂时或永久地减退或丧失、出现严重过错、雇主侵害自身权益等。

三、劳动关系终止的主要方式

在不同的国家（地区）或者相同国家（地区）的不同时期，在不同的企业，出于主观或客观的各种原因，实践中劳动关系终止的具体方式是非常丰富的。而且，由于不同国家（地区）习惯和做法上的差异，基本相同的劳动关系终止方式可能有着不同的用词，也可能相同的用词在不同国家（地区）或不同时期是指不同的劳动关系终止方式。

在西方发达国家，雇主有自主用工的权利。通常，将雇主出于各种原因解除雇佣关系，停止对劳动者的雇佣称为解雇。也就是说，无论雇主采用什么具体方式，只要雇主解除雇佣关系，则称为解雇，这是对解雇一词比较宽泛的理解，日常生活中俗称被"炒鱿鱼"。在市场经济国家，解雇是企业经营管理的一种正常措施，而并非仅仅是一种惩罚手段。它包括诸如合同期满不再续签、缩短雇佣期限、暂时解雇、辞退、裁员等多种方式。辞退是指雇主从自身利益出发终止与劳动者之间劳动关系的行为。"辞退在法国又称'解雇'，在美国又称'解职'，在日本可称'退职、离职'，等等。"[①] 可见，解雇在一些国家或场合下特指辞退，这可以看作是对解雇一词的狭义理解。裁员是指雇主一次解除与较多劳动者的雇佣关系，是一种影响较大而往往受到各国管制的解雇方式。"在香港劳动法中，将雇主不事先通知而终止雇佣合同称为即时解雇（summary dismissal）。"[②]

我国在计划经济时期，国有企业行政方面采用违纪辞退、除名、开除等方式终止劳动关系，往往是因为职工的过错而非不胜任工作[③]。用人单位因经济原因终止与职工的劳动关系时，则往往采用正常辞退等方式，或者采用转移安置、下岗分流等替代方式。除名是指"用人单位对违反劳动纪律且屡教不改的职工停止录用，并从职工名册中除去其姓名。除名是由单位行政方面提出与职工终止劳动法律关系的一种处理方式，不属于行政处分"[④]。开除是根据企业《职工奖惩条例》第十二条给予犯错误职工行政处分中的一种。辞退在我国是指"企业、事业单位、国家机关等单位行政部门对有违纪行为、经教育无效的职工或待岗富余人

---

① 范进学. 论辞退. 现代法学，1995，(4)：57
② 王飞. 香港的即时解雇与构定解雇制度. 劳动争议处理，2000，(4)：41
③ 王小勇. 我国解除或终止劳动关系的几种形式. 农电管理，2005，(1)：41，42
④ 苑茜等. 现代劳动关系辞典. 北京：中国劳动社会保障出版社，2000．747

员半年内仍无法提供工作岗位的人员解除其工作而终止劳动关系"[1]。也就是说,辞退包括违纪辞退和正常辞退。后者不带有惩处的性质,属于正常情况下企业出于经济考虑解除劳动关系的形式。20世纪60年代初我国曾经在全国范围内精简企业使用的临时工、合同工和1958年以后来自农村的新职工以及部分1957年底以前参加工作的职工。"精简职工是我国在传统计划体制下对用人单位裁员的特定提法。近年来,精简职工已经成为企业调整劳动力数量的自主经济行为,不再具有特定涵义"[2]。随着我国市场经济体制的确立和企业自主用工权的扩大,解雇包括裁员不再被认为是西方国家的企业所特有的劳动关系终止方式,而是越来越被作为是企业经营管理的正常措施。

在西方发达国家,大多数雇员终止劳动关系的方式是辞职或退休。辞职指雇员自愿离开企业,常常又被称为"自动离职",有时简称为"离职"。我国在不同时期,劳动者终止劳动关系可按规定采用退休、辞职、退职、停薪留职、自动离职、调动工作等方式。其中,辞职指劳动者在符合一定条件时向原工作单位行政部门申请离开而主动终止劳动法律关系的一种方式。退职是指"由医院证明,并经医务劳动鉴定委员会确认完全丧失劳动能力的职工退出工作岗位的行为"。停薪留职是指"国有企业固定职工通过申请并经批准离开原工作岗位而被停发工资但一定时期仍保留公职的现象,是我国经济体制改革时期,解决企业人浮于事和促进人才流动的一种特殊形式。今后其适用范围将逐步缩小"。自动离职在我国特指"职工自行离开职务、辞去本职工作而终止劳动法律关系的行为。一般表现为旷工超过规定时限,或要求停薪留职、辞职未获组织同意而擅离职守等"。很明显,我国界定的自动离职行为区别于西方发达国家。在我国,"职工辞职和用人单位辞退"可合称为"双辞"[3]。"在我国香港地区的劳动法中,将雇员不事先通知而终止雇佣合同辞职称为构定解雇(constructive dismissal,也译为推定解雇)。"可见,在香港,对解雇的界定比其他地区要宽泛。凡终止雇佣合同、解除雇佣关系的行为,无论是雇主还是雇员,均属于解雇。

四、规范劳动关系终止行为的意义

在市场经济条件下,市场机制在劳动力资源配置方面发挥基础性作用,劳动关系的直接处理由主体双方自行决定。当国家没有制定相应的劳动法律规范时,劳动关系因不具有法律上的权利义务关系,也就不具有国家强制力。这时,在劳

---

[1] 调动、辞职等概念的区分及工龄计算. 劳动安全与健康,1998,(8):32
[2] 苑茜等. 现代劳动关系辞典. 北京:中国劳动社会保障出版社,2000. 748
[3] 苑茜等. 现代劳动关系辞典. 北京:中国劳动社会保障出版社,2000. 750~752

动关系建立直到终止的整个过程中，双方当事人的利益缺少统一、有效、合理、公平的保护与保障。因此，有必要通过法律手段规范劳动关系，以保护双方合法权利，均衡双方利益，缓解和及时解决双方矛盾，适当救济处于从属地位的劳动者，促进劳动关系的协调和社会稳定。

劳动就业权是劳动者实现其他劳动权利的基础和前提。雇主作为生产资料的所有者和就业机会的提供者，在劳动关系中占有相对优势；而劳动者作为劳动力的提供者处于相对弱势地位。在劳动关系建立和终止的交替运动中，一些劳动关系的终止事实上有其积极的效应，比如，年老、体弱的劳动者退休、提前退休、退职，用人单位辞退、暂时解雇、开除因能力或资格而不能胜任工作、有明显失误的劳动者或裁减冗员等对企业而言往往意味着劳动力资源的配置得到优化。而劳动者自愿离职往往是因为他们认为新工作将使自己获得更多收益或获得更高满意度。但是，劳动者尤其是经验丰富或对企业比较关键的劳动者如果任意离职，会给企业带来相应的经济支出，甚至造成重大经济损失名誉损失及其他不利影响。而在劳动关系中占有相对优势的雇主如果在经营管理中任意使用解雇权，则劳动者的劳动就业权和其他劳动权利都将得不到保障，劳动者可能立刻丧失劳动报酬及资历积累，会给个人及家庭生活带来挫折和诸多压力，甚至直接影响（或威胁）劳动者的生存状况。

劳动关系终止的行为，在实践中常常因为双方利益的冲突而产生各种纠纷，尤其是不事先通知双方，往往令对方措手不及，更容易导致矛盾激化。因此，应积极进行相关实践探索和理论研究，引导双方当事人主动避免或尽量减少任意终止劳动关系的行为可能给个人、企业及家庭、社会带来的不利影响；在此基础上，应不断完善劳动关系终止的相关立法，强制规范和监督双方当事人的劳动关系终止行为。虽然，在实践中法律救济措施纠正正义的实际效果往往与立法期待的目标存在一定的差距，但对于促进劳动关系终止的公平、合理，保护双方在劳动关系终止环节的合法权益，救济处于相对弱势地位的劳动者，促进劳动关系稳定性和流动性间关系的协调，法律规范潜在的威慑力有着不可替代的作用。可以说，对劳动关系终止行为的法律规制，不仅涉及劳动关系终止的过程及结果，还影响到劳资关系的整体结构。从长期来看，则在一定程度上显现出一国劳动关系相关立法价值取向的演变。

第二节 解雇及其限制

一、关于自由雇佣和限制解雇的争论[1][2]

自由雇佣是指双方当事人有权根据自己的意愿自由缔结或终止劳动关系。从广义上，解雇是指雇主解除雇佣关系。限制解雇则是指出于对雇员生存权利的保障，国家法律制约雇主的解雇权利。在理论界，关于自由雇佣和限制解雇的关系存在着争议。

1. 效率与公平：第一代的争论

效率与公平的争论在新古典学派经济学家和公平论主张者之间展开，前者注重效率、追求效用最大化；后者注重公平、主张限制解雇权。新古典学派认为，市场机制是劳动力资源配置和运行的最有效方式。雇员享有辞职权，雇主拥有解雇权，双方进行具有经济理性、平等自由的交换，有利于减少监督成本，提高运营效率。而限制雇主的解雇权，可能会阻碍劳动力合理流动，导致企业生产效率低下，雇主则可能会因此尽量减少雇佣人数，从而在总体上给经济发展造成实质性损失。公平论主张者则认为，在劳动关系中，雇主事实上处于主导、支配地位。雇员并不能有效地通过辞职威胁雇主。相反，雇员则需要依靠工作获取收入来维持生存。因此，应规范和限制雇主的解雇权以减少实质上的不公平。当然，这种主张近年也遭到质疑。反对者提出，雇主出于追求利润最大化及避免企业名誉受损的理性考虑，会根据经济形势的需要决定是否解雇。劳动关系双方地位不平等的观点不能解释拥有优势的雇主为什么依然要求法律对劳动关系进行调整和干预。

2. 机会主义和解雇：第二代的争论

机会主义和解雇的争论围绕解雇中存在的投机主义，主张限制雇主的任意解雇行为。雇主为降低雇员任意辞职给企业带来的风险，提高雇员终止劳动关系的成本，通常将其工资的一部分推迟到雇用阶段的后期支付。即：在雇用初期，雇主支付的工资低于雇员的边际生产力，企业因延迟给付的利润总量在不断增加，大约到雇员的雇用中期时达到最大值。如果在达到最高转折点或之后就解雇雇员，雇主不仅可以避免支付额外的激励费用，而且还保留了自缔结雇用关系起就积累下来的工资。而这时雇员处于自身就业的后期，再就业将存在困难，解雇可能严重威胁其生存利益。如果没有法律约束，企业可以找到任何合理诱因解雇雇

---

[1] 程延园. 英美解雇制度比较分析. 中国人民大学学报，2003，(2)：130~135
[2] 董保华，刘海燕. 解雇保护制度研究. 经法网. http://www.economiclaws.net/list.asp?id=1381. 2005-06-08

员。因此，应通过法律限制雇主的解雇权。这一方案的难点在于确定推迟支付的工资数额怎样随着雇用时间的推移而变化。而且，对机会主义实施适当的法律补救往往需要付出高昂的代价。

尽管理论界关于自由雇用和限制解雇的关系存在着争论，但在各国的立法和实践中，总的趋势是合理限制雇主的解雇权，只不过各国在两者的选择过程中侧重点不同，而且各国对劳动关系的公法干预程度也不同，从而限制解雇的松紧程度不同而已。比如，一些国家基本上肯定雇主的解雇自由权，仅以遵守法律和约定的禁止条件作为一种抑制。而另一些国家则对解雇权做出很大的限制，以正当事由作为解雇权内在的制约，除非法律有明文规定，没有正当事由不得解雇，否则解雇无效。

二、市场经济国家的解雇制度

解雇制度是指一国相关法律对解雇条件、程序、补偿或救济标准和条件及违法解雇责任、法律救济等内容的规定。在大多数西方国家，法律对解雇公共部门的雇员做了具体限制，明确规定解雇必须有"正当理由"，但对私营部门工作保护的规定相对较少。

1. 美国的解雇制度[1]~[3]

19世纪后期，普通法的雇用自由原则逐步覆盖了全美各种类型的工人，雇主享有绝对自由的解雇权。20世纪30年代起，美国相继出台了一系列包括禁止歧视（种族、性别、年龄歧视）的法律、法规，为私营部门雇员提供了有限的解雇保护，但大多数雇用关系的任意性并没有根本改变[4]。参照第一部规范不当解雇行为的综合性成文法——《蒙大拿法案》（1987年），美国1991年通过《统一解雇法案》（Motel Uniform Termination Act），但目前大多数州仍采用普通法的诉讼程序，立法机关、律师界以及一些与雇主组织相关的利益群体都倾向于建立一种更为灵活的体制，主张根据雇主的不当行为决定实际赔偿金，以不得侵犯雇员的个人生活作为一项总的原则。美国现行的权利法案没有就整个劳动者群体做出规定，只笼统规定了某些特殊群体有权抵御某些类型的解雇。成文法没有对解

---

[1] 程延园. 英美解雇制度比较分析. 中国人民大学学报, 2003, (2): 130~135
[2] 董保华, 刘海燕. 解雇保护制度研究. 经法网. http://www.economiclaws.net/list.asp?id=1381. 2005-06-08
[3] 全国人大常委会法工委行政法室根据劳动和社会保障部提供的材料整理. 国外有关劳动合同问题的法律规定. 中国人大网. http://www.npc.gov.cn/zgrdw/common/zw.jsp. 2005-12-06
[4] 博客. 美国人五分之一曾遭解雇. 企业文化, 2004, (1): 41

雇原因进行概况性定义，也没有明确规定有因解雇的提前通知期。雇主在禁止性立法规定之外可以自由行使解雇权，通常允许未经提前通知的有因解雇或无因解雇，除非集体谈判协议或个别劳动合同做出相反规定。因此，美国通常被描述为一个缺乏综合性解雇保护立法的工业化国家，其解雇保护主要通过集体谈判制度来实现，集体协议中大多包含有解雇办法、解雇对象选择标准、补偿措施及水平、禁止约定等条款。其中，禁止性条款通过协议中的申诉仲裁程序得到强制执行。

美国司法判例确认在下列三种情形下，雇员不能"自由地"被解雇：①雇主的解雇行为违背公共政策，如因雇员拒绝从事违法活动或报告雇主违法行为而被解雇；②雇主的人事政策、管理流程、口头承诺明示或隐含了续订雇用合同的；③违反合同所遵循的诚实信用和公平合理原则，如雇主故意剥夺合同约定的雇员的权益、奖金或津贴。

美国的解雇诉讼主要以个人诉讼的形式来实现。美国解雇诉讼案的主要特点是雇员胜诉率高、赔偿额高以及解雇诉讼成本高。雇员在诉讼中很少请求恢复工作岗位，以免赔偿金额受损。近年来，雇主采用了一些有效策略来避免或减少解雇诉讼对商业经营的威胁，包括人力资源管理建议及保险计划、内部仲裁条款、合同书这些可能将雇员排斥在解雇诉讼之外的形式等，从而使绝大多数解雇争议都能在审判之前得到解决。

2. 英国的解雇制度[①~⑦]

与美国同样作为典型的普通法系国家，英国最初也是以个人诉讼和通过集体谈判签订协议的方式确定解雇规则。从20世纪60年代起，英国逐步建立了正式的解雇诉讼制度，主要包括法院的司法救济和产业法庭的裁决两部分，其特点是规定解雇的法律程序、经济补偿以及强制性裁定，即在很大程度上依靠法律规定的权利和强制手段来保证实施解雇保护。《劳资关系法》（Industrial Relations

---

① ［英］菲利普·李斯特，阿德里安·桑希尔，马克·桑得斯. 雇员关系：解析雇佣关系. 高嘉勇等译. 大连：东北财经大学出版社，2005. 266~277

② 蔡红. 英国劳动法的不公平解雇及其法律救济. 欧洲，2000，(2)：62~70，111，112

③ 程延园. 英美解雇制度比较分析. 中国人民大学学报，2003，(2)：130~135

④ 董保华，刘海燕. 解雇保护制度研究. 经法网. http://www.economiclaws.net/list.asp?id=1381. 2005-06-08

⑤ 谢德成. 英国劳动法限制解雇制度. 中国劳动，2005，(6)：28~30

⑥ 全国人大常委会法工委行政法室根据劳动和社会保障部提供的材料整理. 国外有关劳动合同问题的法律规定. 中国人大网. http://www.npc.gov.cn/zgrdw/common/zw.jsp. 2005-12-06

⑦ 戴丞颖. 中英两国雇主终止劳动契约法制之研究. 中国民商法律网. http://www.civillaw.com.cn/default.asp.

Act，1971）规定"不公平解雇"之前，英国主要通过普通法上的"非法解雇"或称"不正当解雇"（wrongful dismissal）对劳动者进行解雇保护。非法解雇是指雇主违反合同约定及没有通知或未给予合理通知而解雇雇员。普通法为这类雇员提供了赔偿的救济措施，但实际上能够获得的赔偿额有限。不公平解雇立法旨在通过公共权力介入劳资关系以限制雇主滥用解雇权，基于不平等促进平等，为雇员提供就业保障。不公平解雇现指违反《雇用权利法》（Employment Rights Act，1996）规定的解雇。非法解雇和不公平解雇最大的区别在于前者主要审查解雇的通知程序，不关注解雇的实质原因是否正确、公平；而后者关注的恰恰是解雇的实质原因。

《雇用权利法》第98节将解雇的潜在公平原因概括为：与雇员个人能力资格有关的原因、与雇员行为有关的原因、继续雇用违法及其他实质原因。在司法实践中，英国总结了十项"公正"的解雇理由，即①无能；②不尽力；③长期病假；④持续旷工；⑤缺乏任职资格；⑥工作中的行为；⑦工作外的行为；⑧因人员过剩导致的裁员；⑨法定的情形；⑩其他理由。英国成文法没有明文规定自动不公平的解雇理由，但在实践中某些原因被认定为自动不公平已成为惯例。例如，与怀孕或与劳动安全、健康有关的解雇等。

产业法庭对不公平解雇行为，可以裁定恢复原职、重新录用和经济补偿三种救济措施，前两种措施可以合称为重新雇佣。大多数雇员都是要求经济补偿，一般包括基本补偿金、一般补偿金、特别补偿金三部分。雇主未执行产业法庭做出的重新雇佣裁定，雇员还可要求额外补偿金。但同时规定雇员在下列情形时可能丧失经济补偿：①雇员因过错实施不当劳动行为的；②企业已为雇员提供合适岗位，签订了有固定期限合同，雇员放弃裁员补偿请求权的；③在合同期满前雇员参加罢工行动的。成文法还赋予产业法庭较大的裁量权，即根据公正平等标准确立补偿金数额。总体上看，英国解雇法律和司法判例的创制，近年来已明显偏向雇主，雇主的管理者特权并未真正得到制约。

3. 法国的解雇制度①

作为大陆法系国家，19世纪法国下级法院首次运用民法中的"权利滥用"理论解决单方解除劳动合同的问题。根据该理论，违法行使权利尤其是解雇权可能构成"权利滥用"。但最高法院对此类判决是否合法并未做出认定。直到1890年12月27日法国在修订民法第1780条时虽然仍保留了原有的规定，但增加了重要的一款"但凡合同因一方意志而解除的，受害方可主张赔偿"，这使解雇权滥用的司法判例获得了法律依据。由于工会认为仅仅依靠法院运用"权利滥用"

---

① 董保华，刘海燕. 解雇保护制度研究. 经法网. http://www.economiclaws.net/list.asp?id=1381. 2005-06-08

原则审查雇主的解雇行为并不能给予劳动者足够的保护。因此法国1973年7月13日规定了雇主履行法定解雇程序的义务和解雇必须具有实际和严肃的原因，进一步加大了对被解雇雇员权利保护的力度。解雇原因达到法定要求时，雇主即可行使解雇权，解雇权是否被滥用有待解雇被起诉时由法官进行判断。没有实际、严肃的原因而解雇雇员的行为将不仅只是构成权利滥用而是非法。但是法律并未明确规定"实际"和"严肃"的含义，因此，由具体审理案件的法院做出解释。

在法国解雇提前通知期由法律规定，不论雇员的资格、年龄或年资，工作满6个月的通知期为1个月，工作满2年的，通知期至少2个月。但某些行业或职业在实践中可能将通知期减短或延长。

法国规定：雇员有严重过错的，例如盗窃或故意损害雇主财物，斗殴，辱骂管理者，故意违反合同义务情节严重等，则雇员无权要求提前通知期经济补偿以及解雇经济补偿，雇主可行使即时解雇权。此外，有重大过错的雇员无权要求带薪假经济补偿。但法律没有直接规定"严重过错"的具体情形，而仅仅做了例示性列举，过错行为是否严重在解雇被起诉时由法院进行认定。法国通常允许雇主没有实际、严肃的原因也可解除合同。此时，雇主必须支付雇员经济赔偿不少于6个月的工资。法院可以判决要求恢复雇员职位，但是如果任何一方拒绝，雇员有权获得赔偿。法国规定，工作满2年且无严重过错的雇员被解雇时均有权享受遣散费，数额大小取决于解雇前的工资水平和年资长短。雇主不遵守法律关于补偿金的规定的，则须再支付相当于一个月工资的补充性赔偿金。

可见，法国对雇主解雇权的行使进行了概括性规定，并加入法官的事后评判。总体来说，法国在解雇保护的立法上对雇主解雇权的限制程度较为宽松。

4. 德国的解雇制度[①～③]

德国1969年颁布了联邦德国解雇保护法，对正常解雇（正常解雇是指雇主或雇员在遵守一定的解雇期限下解除劳动关系）的解雇保护做了具体规定，确定由企业职工委员会受理雇员异议并与雇主进行协商，雇员有权提起诉讼。

德国成文法给出了解雇原因的基本概念，将解雇原因定义为任何使雇主根据个案中的特定条件以及合同双方的利益，无法按照法律、集体协议或特定劳动合同规定的合同期或通知期继续雇用雇员的事实。德国法律要求解雇必须有正当理

---

① 董保华，刘海燕. 解雇保护制度研究. 经法网. http://www.economiclaws.net/list.asp?id=1381. 2005-06-08

② 全国人大常委会法工委行政法室根据劳动和社会保障部提供的材料整理. 国外有关劳动合同问题的法律规定. 中国人大网. http://www.npc.gov.cn/zgrdw/common/zw.jsp. 2005-12-06

③ 同济德国问题研究所. 德国政府的改革方案"2010年议程". http://www.tjdgyj.com/index.asp. 2005-06-25

由，主要包括：雇员个人原因、雇员的行为和因管理原因不再需要雇员。

德国根据雇员年资长短规定通知期，而且集体合同可以约定延长成文法中规定的通知期。德国规定如果劳动合同规定可以正常解雇，就必须遵守劳动法律规定的解雇保护期限，或遵守集体合同解雇期限或双方协定解雇期限。德国原则上允许通知解雇即可不问原因。出于重要原因的提前解雇的非正常解雇中，合同各方均有提前解雇权利且无须遵守一定期限。但在一定条件下，雇员可以就解雇没有正当理由向地方劳动法院提起诉讼，雇主则必须举证证明解雇基于合法原因。如果解雇被认定为"社会不公正"，雇员可以要求支付一次性经济补偿而放弃继续维持劳动关系，法院通常予以支持；雇主在证明继续雇用将不利于企业利益的条件下也可以主张支付经济补偿金以解除劳动关系，但因很少得到劳动法院支持在实践中很少出现。德国成文法没有规定补偿金的数额，通常为工作每满1年付给相当于1个月工资的补偿金。法律规定了补偿金通常以12个月的工资为封顶数额，仅在特殊情况下可以是15个月或18个月。

总体来说，德国的解雇保护法旨在保护雇员利益，与同属大陆法系国家的法国相比，其解雇保护十分严格。客观上增加了企业解雇人员的成本。为提高小企业提供就业岗位的积极性，德政府近年来放宽了对其解雇雇员的约束，并通过简化过程来降低经营不佳企业的相关成本。

5. 日本的解雇制度[1][2]

作为大陆法系国家，日本法律严格禁止权利滥用，包括雇主解雇权的行使。在日本劳动标准法和民法中都有关于退职的规定，前者倾向于保护劳动者的基本人权，后者平等对待雇主和劳动者，但当两者要求不一致时前者优先。日本民法中有"当事人未定雇佣期限时，各当事人可以随时提出解约申告，且雇佣于解约申告提出两周后消灭"的规定。

日本的劳动基准法对雇主行使解雇权的手续、限制等方面进行了具体规定，但没有明确解雇原因及经济补偿金。解雇分普通解雇和惩戒解雇。普通解雇一般是出于劳动者对工作不认真、业绩欠佳或精神、身体出现障碍不能胜任工作、服兵役等原因，以及出于自然或经营方面等不得已的原因而进行的解雇，通常以提高企业效率为目的。惩戒解雇一般"归因于雇员"，且针对雇员的"不良行为"，通常以确立企业正常管理秩序为目的。法院在判例中对解雇原因做了较详尽的解释。可能被批准的惩戒解雇主要包括以下情形：伪造个人重要经历；两周以上无

---

[1] 裘索. 日本的劳工法. 上海市锦天城律师事务所网. http://www.allbrightlaw.com.cn/guomen/laogong/02.htm. 2006-06-20

[2] 董保华，刘海燕. 解雇保护制度研究. 经法网. http://www.economiclaws.net/list.asp?id=1381. 2005-06-08

正当理由旷工；工作中故意偷懒或经常出勤不良；轻微过错频繁并经多次处罚；给其他雇员带来不良影响或威胁的赌博、暴力等行为；擅用职权牟取个人利益、挪用侵占、偷窃、贪污等不当或犯罪行为；擅自并且违背信用原则的双重就职；未经允许披露公司秘密或与雇主同业竞争等损害公司、企业利益、名誉及信用等。日本的劳动基准法规定解雇通知期一般是 30 天，也可支付相当于 30 天平均工资的代替通知金（解雇通知补贴）。由此，日本理论上允许经通知不问原因，但事实上在实践中较为困难，即相当于提前通知仍需说明原因的解雇制度。同时，日本规定出于不可抗力使雇用关系不可能继续存在或惩戒解雇经审核批准后可不提前通知，也不需支付通知金。雇员对解雇有异议可向法院起诉，由法院确认解雇是否合法，通常指不得侵犯雇员基本人权或滥用解雇权，如不得以雇员的性别、种族、国别、社会地位、宗教信仰、政治派别、参加工会活动、女性结婚作为解雇原因，也不能在雇员因工伤或确需疗养时期、女性孕期、产期实施解雇。相应的，雇主则需向法院证明解雇合法。

综上，西方发达国家通常仅对解雇原因上进行概括性、原则性规定，或给出基本概念，或仅以反向立法的形式规定禁止解雇的情形，或仅在判例中对解雇的合法原因进行例示性规定，这样的制度安排使雇主依法行使解雇权的同时，有较大的自主性、自觉性；而法院在综合认定解雇是否合法时有较大空间的自由裁量权，在维护法律威慑力的同时，大大增加了制度的适应性、包容性。

三、中国的解雇制度[1]~[3]

西方发达国家在长期实践中逐渐认识到劳动关系的从属性，各国从依法确立雇主绝对自由的解雇权逐步转为对其进行不同程度的限制。我国在计划经济经济时期，长期以固定工制度作为全民所有制企业的基本用工制度，企业没有自由雇佣和解雇权。现阶段，适应于我国向市场经济体制转轨的客观需求，用人单位已拥有较强的用工自主性。与此同时，劳动者基本权益的维护问题越来越受到各界关注。从合理限制雇主解雇权的理论和客观需求来看，我国目前还没有形成较为系统、完善的解雇制度。我国现有解雇制度主要是将劳动合同解除和终止看作是不同情形而分别设立的，总体上表现为对终止的限制过松，而对解除的限制过紧。

关于解雇原因，我国以成文法形式列举了雇主可以行使解雇权的情形，又以

---

[1] 曹信邦. 建立我国解雇预告制度的研究. 经济问题，2003，(9)：21～23
[2] 王婷. 管理雇员非自愿流出：解雇. 人口与经济（增刊），2003，(10)：53～56
[3] 王香玲. 企业应该从战略管理层次建设人才退出机制. 中国人力资源开发，2004，(12)：15～18

反向立法形式列举了禁止的情形。可见，我国对解雇的限制程度高于发达国家。然而，当解雇行为超出现有制度明文列举的可行范围，又缺乏判例法的情况下，不但雇主很难达到举证要求，也造成职能部门对雇主解雇行为合法或违法进行认定的双重模糊。从而，事实上难以有效约束解雇行为的任意性，甚至反过来成为一些劳动者基本权益受侵害的缘由。

关于通知期，我国法律规定除劳动者存在严重过失情况外均应以书面形式提前通知，且通知期不因劳动者的年资或职位等因素有所不同，统一为一个月；但对"严重过失"并没有较为明确、统一的界定。同时规定，雇主可即时解雇不符合劳动条件的试用期劳动者，然而劳动条件的确立和衡量也缺乏合理标准。

关于解雇救济措施，我国主要以经济补偿金形式。除劳动者有"过失"时不予支付外，经济补偿金的计算和支付是针对具体解雇原因逐一明确规定的。经济补偿金数额根据劳动者的工资水平和工作年限确定，且有单标准和双标准、封顶和不封顶的详细区分，但没有最低工作年限的限制。这样的制度设计突出了对劳动者的保护，但对用人单位而言，则意味着部分合理解雇也可能会支付经济补偿金，增加了其解雇成本。

综上，我国现有解雇制度以特别保护处于相对弱势地位的劳动者为基本取向，但存在一定局限性。

香港特区在其《雇佣条例》中有关于雇主行使解雇权的规定。《雇佣条例》第9条规定，雇员发生下列不当行为，雇主可以毋须事先通知或以工资替代通知而终止雇佣契约：故意不服从雇主合法合理的命令；行为不当，而该等行为是该雇员尽心尽力工作所不应有的；欺诈或不忠实；经常疏忽职守；任何其他雇主有权根据普通法终止合同的情况。可见，香港法院对不当行为的认定比内地宽松，不侧重考虑行为的程度和后果，而是以一个勤勉的雇员是不是应该发生这样的行为来判定。"雇主有权根据普通法终止雇佣合同的情况"在《雇佣条例》中没有明确的标准，大多由法官根据具体事实和环境等因素而定。一般而言，只要雇员的行为使雇主认为他已经不愿意再受雇佣合同的约束时，就可即时解雇，而不需要"严重后果"和举证的要件。香港《雇佣条例》没有特别对试用期职工做出规定，但实践中同样适用于不当行为相关规定。而且，在试用期的第一个月即时解雇，雇主无须支付替代通知期的工资；在试用期的剩余时间（往往是实际雇佣时间超过1个月），雇主只要按约定通知期（没有约定通知期的，至少提前7天）通知雇员或给予替代通知金[①]。

纵观国内外，虽然各国法律不同程度地限制解雇，但总体上仅依靠解雇制度仍缺乏对雇员工作权利的有效保障，一些时候并不能确保被解雇雇员获得合理

---

① 王飞. 香港的即时解雇与构定解雇制度. 劳动争议处理，2000，(4)：41，42

补偿。

第三节 裁员及其管理

一、裁员及其分类

20世纪70年代末80年代初,美国和欧洲各国的众多企业迫于普遍、持续的经济不景气,尤其是那些业绩差的企业,纷纷进行裁员以降低生产成本,改善企业绩效。之后,裁员逐渐成为欧美企业谋求长期发展的一种战略手段。90年代末的金融风暴给亚洲各国经济带来冲击,也动摇了很多企业长期以来终生雇佣的传统。进入20世纪90年代,世界经济一体化和信息技术革命深刻影响着企业形态由劳动密集型到资本密集型再到技术密集型的转变,无论是发达国家还是发展中国家的企业都面临越来越激烈的竞争,而裁员已成为各国企业应对竞争的一种普遍做法。学术界从企业组织管理、人力资源管理、经济学、法学等多个角度对裁员活动进行了探讨,但与近30年来活跃的裁员实践相比,目前相关的理论研究还不够全面、系统。

什么是裁员?"英国对冗余裁员的定义始于1965年的《裁员补偿法》。现在的定义包括在1996年的《雇佣权利法》中。该法把冗余裁员定义为完全或主要由于以下原因所发生的解雇:①企业的完全关闭;②雇职工作场所的关闭;③企业整体上或仅在雇员的工作场所中,对从事特定工作的雇员的需求量减少。因此,冗余裁员与岗位的需求有关,而不是与岗位上的人有关"[1]。在我国的文献中,并没有对裁员概念的统一界定。有学者指出,"裁员是指用人单位一次解雇数量较多职工的行为"[2]。也有学者认为,"裁员是指用人单位违背职工意愿单方面解除聘用合同,终止雇佣关系的行为"[3]。还有学者提出,在我国"广义裁员是指企业在生产经营过程中,基于法定事由,并依法定程序而裁减人员的行为;狭义的裁员则仅指劳动法中规定的经济性裁员,即用人单位濒临破产进行法定整顿期间或者生产经营状况发生严重困难时裁减人员的行为"[4]。

综上,裁员是企业出于适应外部环境或内部生产经营的需要而提出的与较多雇员终止劳动关系的行为。理解这一概念应包括以下几个要点:裁员是由企业提

---

[1] [英]菲利普·李斯特,阿德里安·桑希尔,马克·桑得斯.雇员关系:解析雇佣关系.高嘉勇等译.大连:东北财经大学出版社,2005. 287
[2] 苑茜等.现代劳动关系辞典.北京:中国劳动社会保障出版社,2000. 747
[3] 孙进.企业裁员现象分析及对策.石油化工管理干部学院学报,2004,(3):41
[4] 高月明.企业裁员的法律思考.政法论丛,2003,(5):67

出的，属于解雇行为，在多方面受解雇制度等相关规定的约束；裁员起因于适应外部环境或内部生产经营等客观需要而不是雇员的过失；裁员以保持或增强企业竞争力为目的；裁员涉及对象为多个雇员而非单个雇员。

根据不同的标准，可以将裁员分为不同的类型。按照企业裁员的动机可分为经济性裁员、结构性裁员和优化性裁员三种。其中，经济性裁员是企业因外部环境或者内部生产经营而面临生存、发展压力时为降低成本被迫进行的裁员。结构性裁员是企业以谋求长期发展为主，出于更好地配合企业的组织变革、技术变革或战略变革等的需要而进行的集中裁员。优化性裁员是企业为谋求长期发展，出于保持或提高人力资源优势的需要，而针对某种考核不合要求的雇员所进行的主动裁员。企业发展周期一般可分为成长、盛年和衰退三个阶段。经济性裁员一般发生在衰退阶段，此时企业组织形态和规章制度十分健全，但经营业绩开始明显下降，企业裁员主要追求短期效应，即降低成本，一般裁员数量多，涉及范围广，因而操作风险最大。经济性裁员依据人均利润指标来计算合理的裁员数量，较有规律可寻。结构性裁员一般发生在盛年阶段和衰退阶段。此时企业组织形态和规章制度比较健全，经营业绩基本稳定在一较高水平。企业裁员为了追求人员配置与未来的组织特征相吻合，主要追求长期效应，而不是迅速降低成本。相比经济性裁员而言其裁员数量、涉及范围一般较小，因而操作风险次之。结构性裁员的对象和数量根据新组织结构来确定，一般无规律可寻。优化性裁员可能发生所有阶段，通过引进人才和淘汰不合要求者等办法保持和提高企业人力资源的竞争力，主要追求长期效应，但实际又很难量化。相比前两种裁员，优化性裁员的数量、涉及范围最小，因而操作风险也最小。对于裁减数量，优化性裁员可以参考绩效考核结果确定。

另外，"按照不同的起因和目标，裁员活动可以分为成本节约型裁员和变革型裁员两种"[1]。根据企业的决策行为，裁员可分为主动裁员（战略式裁员）和被动裁员（应急式裁员）。按雇员的意愿，还可分为自愿要求裁员和强制性裁员……

二、裁员的基本理论[2][3]

有关企业裁员活动的研究，国外学者重点是分析企业裁员与企业组织未来发展的关系以及对企业组织的作用等问题，已经形成了比较成熟的理论，包括企业

---

[1] 曹大友，赵曙明. 变革型裁员的管理行为分析. 外国经济与管理，2004，(5)：17
[2] 唐矿. 裁员管理研究. 北京工商大学学报（社会科学版），2003，(2)：53，54
[3] 李伟. 裁员的理论分析与实践探讨. 管理现代化，2002，(3)：41，42

行为目标假说、组织寿命学说和企业再造理论等。

1. 企业行为目标假说

在市场经济环境中，企业的一切行为目标均是以利润为核心展开。企业要使利润最大化，在做出增加雇佣或解雇职工的决策时，应依据雇佣人数变化引起的收益变动额 MR_L 与工资变动额 MC_L 相比较的结果。即决策行为应以"$MR_L = P \cdot MQ_L = MC_L = W$"为分界点。当 $MR_L = MC_L$ 时，企业雇佣规模达到合理范围的最大值；当 $MR_L > MC_L$ 时，企业应增加雇佣人数；当 $MR_L < MC_L$ 时，企业应裁减人员。其中，MR_L 代表雇用职工的边际收益，它也是职工的边际产量 MQ_L 与市场价格 P 的乘积；MC_L 代表职工的边际成本，即工资率水平；W 是劳动力市场工资水平。

可见，从企业追求利润最大化的角度，企业裁员的主要原因来自以下几个方面：

（1）劳动力市场。劳动力市场的工资水平是考虑企业人工成本的最重要因素之一，而工资水平的高低又与劳动力市场的供给和需求紧密相连，劳动力市场的供求又与当地的人口规模、教育水平、劳动力流动率、劳动力参与率以及各种法律、规章制度紧密相连。

（2）企业的生产方式。这里主要考虑企业是采取资本密集型生产方式、劳动密集型还是智力密集型生产方式；企业是粗放式经营还是集约式生产；企业的全员生产率和边际生产率水平等因素。

（3）产品市场。这方面影响因素主要是市场竞争的压力，市场份额的变动，消费需求的增减，技术进步的影响，企业的并购、兼并，企业债务负担以及市场法律、法规的变更等。

一般而言，裁员并不是简单地将职工从工资发放清单上清除而已，而是有成本的，包括对职工的补偿成本以及重新招聘的成本、企业的短期调节成本以及对留任职工的心理影响等。为确保企业的利润最大化，避免企业裁员的成本和负面影响太大，一个企业在面临裁员决策时，也可对一些裁员的替代方案进行比较：①冻结人员的进入；②冻结职工的薪资，如停止增加工资，停发奖金等；③不鼓励甚至限制加班；④变更劳动合同，尤其是其中的薪酬条款，这种情况国外较多；⑤减薪，这种情况日资企业应用较多；⑥工作分享，一份工作两个人轮流做，即变相减薪；⑦减少工作日；⑧停止带薪休假等额外福利。

2. 组织寿命学说

美国学者卡兹（Katz）从保持企业活力的角度提出了企业组织寿命学说。他是在对科研组织的寿命研究中，发现组织寿命的长短与组织内信息沟通情况有关，与获得成果的情况有关。他通过大量的调查统计出了一条组织寿命曲线，即卡兹曲线，如图 12-1 所示。

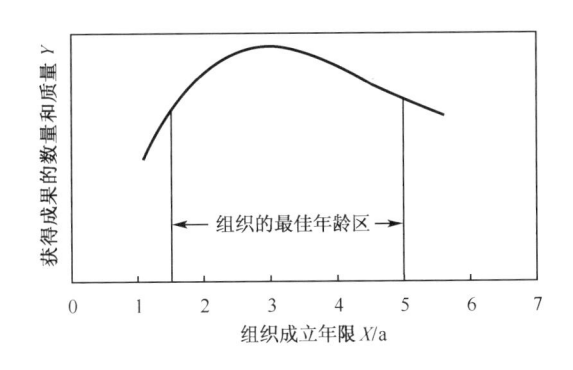

图 12-1　组织寿命曲线图[①]

曲线表明，在 1.5~5 年这个期间里，一起工作的科研人员间信息沟通水平最高，获得的成果也最多；而不到 1.5 年的时间里，组织的成员之间尚不熟悉，尚难敞开心扉、畅所欲言，相互沟通水平不高，获得成果也不多；相处超过 5 年，成员相互间失去了新鲜感，可供交流的信息减少。而且由于大家过于了解和熟悉，在思维上已经形成定势，会导致反应迟钝和认识趋同化，这时组织会呈现出老化和丧失活力，其成员需要流动。卡兹的组织寿命学说从组织活力的角度证明了雇员流动的必要性，尽管这一学说是针对科研组织提出的，对企业不能盲目套用，但对分析企业裁员的必要性是有意义的。卡兹同时也指出，人员流动也不宜过快，流动间隔应大于 2 年，这是适应组织环境和完成一个项目所需要的下限时间。一般而言，雇员一生流动 7~8 次是可以的，流动次数过多反而会降低效益。

3. 企业再造理论

企业再造理论也称"企业变革理论"。企业再造是指在强调顾客导向和服务至上的基础上，对企业整个管理系统、作业系统进行重新构思和彻底改革，以期在产品种类、质量、成本、服务以及对外界反应速度等重要方面获得根本性改善。"企业再造"是企业重新审视外部环境，修正对现有管理、作业流程的认识，并进行再设计和再构造，以整个为顾客创造价值的新过程取代旧过程，并采取有效措施不断巩固新过程的一项系统工程。"企业再造"工程的目标是针对多余的工作和岗位，去掉不必要的工作职责，减少管理层次，停止某一部门的工作或某种产品的生产，进行部门整合、重新设计工作流程和工作时间。在这个过程中不可避免会涉及裁员问题。

事实上，实施裁员主要有三种方法：第一种是系统战略（systemic strategy）

---

① 李伟. 企业裁员的理论和实践. 通信企业管理，2002，(8)：69

（包括组织更新 organizational renewal），第二种是劳动力裁员战略（workforce reduction strategy）；第三种是组织再造战略（organizational reengineering strategies）。这一战略方法的目标是多余的工作和工作岗位。具体包括去掉不必要的工作职责，减少管理层次，停止某一部门的工作或停止某一产品的生产，将功能接近的部门合并，重新设计工作过程和工作时间。组织再造战略是一种中期战略，因为这一战略要求提前对将要合并或将要重新设计的领域进行分析，然后才能进行组织内的淘汰某一部门或合并某些部门的工作。

三、市场经济国家的裁员及法律监管

如前所述，在理论界关于自由雇佣和限制解雇的关系存在着"效率与公平"、"机会主义和解雇"的争议。这些理论上的争议体现于各国的立法和实践中，各国不同程度地限制雇主的解雇权。既要维护雇主的解雇自由权，使市场机制在劳动力资源配置中发挥根本作用，促进劳动力合理流动；同时，国家通过法律对解雇权做出一定限制，以约束雇主解雇行为的任意性，维护雇员的基本权益。企业为降低成本，提高绩效，规避风险，增强竞争力等目标而进行裁员是其适应市场经济的客观需要，但不当裁员也可能给企业带来诸如流失人才、留任雇员的信任度和积极性降低，甚至泄漏企业商业机密、破坏企业形象等不良影响。由于裁员是企业提出的但又并非出于雇员过失，而且涉及批量雇员，除了给雇员个人带来诸多不良影响外，还有可能影响社会安定，因此在许多国家都受到法律规范的严格监管。

1. 英国等欧盟国家冗余裁员的程序和法律监管框架[1][2]

有计划的冗余裁员都要经过许多阶段，尽管不一定要有一个标准的程序。这些阶段是：识别裁员的需要和原因；提供信息，进行协商；采取其他措施避免裁员；制定选择标准，识别那些成为冗员的雇员；公布裁员，传达"坏消息"；对被裁减的职工进行补偿；帮助那些即将离开组织的雇员；帮助那些留下来的雇员。这其中的许多阶段都受到国家法律的监管。

雇主可能会因为很多原因宣布裁员。协商与提供信息是组织以裁员方式解雇雇员过程中的关键部分。在许多国家，如欧盟成员国，这是法律强制要求的。该义务包括在一系列《欧盟集体裁员指令》（1975年、1992年和1998年）中。《欧

---

[1] ［英］菲利普·李斯特，阿德里安·桑希尔，马克·桑得斯. 雇员关系：解析雇佣关系. 高嘉勇等译. 大连：东北财经大学出版社，2005. 289～297

[2] 裴纪. 浅析我国企业经济性裁员法律制度. 中国法院网. http://www.chinacourt.org/public/detail.php?id=183304. 2005-10-31

盟集体裁员指令》要求雇主和工会代表或雇员代表协商有关裁员的事项。协商过程的最初阶段要求雇主提供给雇员代表以下信息：提出冗余裁员建议的原因；被裁减雇员的数量和类型；在受影响的群体中，每一种类型的雇员被裁减的总数；冗员挑选的方法；解雇的方法和期限；法律规定之外的裁员补偿费的计算方法。这些信息必须书面通知每一位雇员代表。协商应考虑以下问题：避免冗余裁员的方法；怎样减少裁员的数量；怎样缓解要发生的裁员的影响。法律也明确要求协商及相关事宜的目的是"与雇员代表达成一致"，尽管这些一致不一定非得在裁员发生前达成。协商必须在适当的时间进行，如果裁员超过100人，须在第一次解雇前90天开始，其他情况要求在第一次解雇前30天开始。除了集体协商，雇主还应该考虑与受影响的雇员（其中也包括留下来但受到解雇影响的雇员）进行单独协商，这与法律在解雇中要求的合理性有关。没有完全按照要求提供信息和进行协商可能会导致雇员向雇佣法庭申诉。如，法国劳动法律规定了严格的裁员程序，其中包括雇主进行裁员时必须与企业委员会或职工代表商量。德国劳动立法在经济性裁员的程序上要求雇主必须将有关的裁员事由、人数、时期等书面通知企业职工委员会，并与其商量避免解雇或裁员结果的可能性，然后雇主必须将职工委员会的报告附于对行政机关的书面报告中提前30日通知劳动行政当局。

《欧盟集体裁员指令》要求成员国尽量避免裁员，通过重新调配岗位等手段缓减其影响，如自愿提前退休、再培训、工作共享等。如，法国劳动法律规定在企业进行经济性裁员时，雇主应征求企业委员会或职工代表的意见，制定关于避免裁员和安置雇员的"社会性计划"方案。否则可能被劳动行政当局或司法当局确认该裁员无效。

雇佣企业也必须保证选择冗员标准是合理的，在实施中公平、一致，从而避免不公平解雇。企业实际中运用的标准可以分为以下三类：与雇职工作年限或年龄有关的标准；与绩效有关的选择标准；以能力为基础的选择标准。如，法国劳动法律规定雇主进行裁员时，只有在咨询企业委员会或职工代表的意见之后，才能根据非歧视性的原则来确立裁员的标准，应避免经营者的主观方面的因素，并考虑以下几方面的因素：被裁减人员的家庭负担、工龄、职业资格、年龄和身体状况。德国劳动法规定雇主确立裁员的标准时，必须合理地衡量厂方利益和社会观念，优先解雇那些不需要保护的人，否则可能被认为有"社会不正当性"而无效。

公布强制裁员信息时，通常以书面形式通知雇员，以及下列信息：裁员条款和可能得到的养老金；通知期；冗员离职前的工作职责；工作地；寻找另一份工作可获得的帮助。许多欧洲国家都有涉及最短通知期和最低水平裁员或服务补偿金的法律规定。这些法律规定的性质因国家而异。如，英国《雇佣权利法》(1986)明确规定按年龄、工作年数、周工资等计算补偿金的方法。法国劳动立法也针对经济性裁员明确制定了补贴条款。

2. 美国的裁员和法律监管

美国作为发达的市场经济国家，劳资关系从建立到维护大多通过双方自主确定和协调。雇主在禁止性立法规定之外可以自由行使解雇权，通常允许未经提前通知的有因解雇或无因解雇，除非集体谈判协议或个别劳动合同做出相反规定。美国的解雇保护主要通过集体谈判制度来实现。

近30年，企业裁员是美国经济和社会发展过程中司空见惯的事情。与20世纪70年代末迫于经济不景气时以应急式裁员为主不同，如今，为了适应越来越激烈的市场竞争，美国企业普遍注重合理配置雇佣数量、结构，严格控制用人成本。同时，许多企业还积极进行组织变革、技术变革或战略变革的实践。这些都使美国企业比日本和欧洲企业更富有活力和竞争力，而其中当然少不了裁员而且主要是结构性裁员和优化性裁员的配合。美国企业的职工有较高的流动性，而裁减雇员的数量通常依据边际收益与边际成本的对比原则来确定；裁减雇员的构成涉及蓝领工人和管理人员等各个层次。

在美国有限的解雇保护制度之下，限制企业裁员的手段主要是通过集体合同中协商而定的相关条款，包括裁员方式、对象选择标准、补偿措施及水平、禁止约定等。如，规定雇主裁员应以雇员在该企业的工作年限为标准。美国企业裁员往往需要提供较高数额的补偿或重新培训费，这在一定程度上限制了雇主裁员的任意性。也促使美国企业在实践中往往积极探索裁员的替代方式。美国政府则通过已建立的比较完善的社会保障体系和注重提供再就业培训计划，促进了劳动力资源的流动，也在一定程度上减少了裁员引发的社会冲突。总体上，美国的裁员制度较为灵活。

四、中国的裁员及法律监管[1]~[9]

我国在计划经济体制下长期实行统包统配的广就业政策，企业内部普遍存在

---

[1] 高月明. 企业裁员的法律思考. 政法论丛，2003，(5)：67
[2] 曹大友，赵曙明. 变革型裁员的管理行为分析. 外国经济与管理，2004，(5)：17
[3] 孙进. 企业裁员现象分析及对策. 石油化工管理干部学院学报，2004，(3)：41
[4] 唐钎. 裁员管理研究. 北京工商大学学报（社会科学版），2003，(2)：53，54
[5] 陈敬春. 论我国经济性裁员制度的完善. 南华大学学报（社会科学版），2003，(1)：59
[6] 吴林源. 规范企业裁员行为的原则与方法刍议. 天津财经学院学报，1999，(5)：36，37
[7] 裘纪. 浅析我国企业经济性裁员法律制度. 中国法院网. http://www.chinacourt.org/public/detail.php?id=183304. 2005-10-31
[8] 郑志高. 国有企业裁员误区. 河北理工学院学报（社会科学版），2003，(2)：54~58
[9] 郑晓蕾. 裁员的经济学分析. 统计与决策，2004，(6)：99，100

人浮于事、隐性失业的现象。转轨时期，企业用人自主权逐步得以确立，企业为应对困境或提高经济效益必然要"滤"出大量冗员。而大批国有企业在进行产业结构调整、优化资本结构和转换经营机制，建立现代企业制度的过程中也必然会"挤"出大量富余职工。这些必然性在现实中表现为近10年中国企业轰轰烈烈的裁员活动。出于企业适应市场经济的客观需要，同时尽量避免经济性裁员的负面影响，国家以法律形式确认、实施了企业经济性裁员制度。

我国现有涉及企业裁员的法律规范包括：宪法、劳动法、一般劳动法律、劳动行政法规、地方性劳动法规、批准生效的国际劳工公约、法律解释。我国《劳动法》(1995年)和《企业经济性裁减人员规定》(劳部发〔1994〕447号)等法律规范从实体和程序方面对企业经济性裁员行为提出了原则性的规范要求，主要包括经济性裁员的实质性条件、禁止性条件、程序性条件以及救济措施等。

关于经济性裁员的条件，《劳动法》第27条、《企业经济性裁减人员规定》第4条明文规定当用人单位濒临破产进行法定整顿或生产经营状态发生严重困难确须裁员的可以裁员。同时，《劳动法》第29条和《企业经济性裁减人员规定》第5条又以反向立法形式规定了裁员的禁止性条件：①患职业病或因工负伤并被确认为全部或部分丧失劳动能力的。②患病或因工负伤并在规定的医疗期内。③女职工在孕期、产期、哺乳期内。④法律、法规规定的其他情形。这些情况主要有：劳动者在法定的节假日内；在劳动关系的争议期间；或劳动者在实施工会行为或职工代表行为内；以及劳动者同用人单位约定不得裁员的期限等。

关于经济性裁员的必要程序，《劳动法》第27条规定：用人单位确需裁减人员的，应提前30日向工会或全体职工说明情况，听取工会或职工的意见，并向劳动行政部门报告。《企业经济性裁减人员规定》(劳部发〔1994〕447号)进一步解释如下：①提前三十日向工会或者全体职工说明情况，并提供有关生产经营状况的资料；②提出裁减人员方案，内容包括：被裁减人员名单、裁减时间及实施步骤，符合法律、法规规定和集体合同约定的被裁减人员的经济补偿办法；③将裁减人员方案征求工会或者全体职工的意见，并对方案进行修改和完善；④向当地(企业工商登记机关的同级)劳动行政部门报告裁减人员方案以及工会或者全体职工意见，并听取劳动行政部门意见；⑤由用人单位正式公布裁减人员方案，与被裁减人员办理解除劳动合同手续，按照有关规定向被裁减人员本人支付经济补偿金，并出具裁减人员证明书。劳动部1994年发布的《违反和解除劳动合同经济补偿办法》中对经济性裁员经济补偿制度做出了明确规定，用人单位按被裁减人员在本单位工作的年限支付经济补偿金。在本单位每满一年，发给相当于一个月工资的经济补偿金，用人单位解除劳动合同，未按规定给予补偿的，除全额发给补偿金外，还必须按经济补偿金的50%支付追加补偿金。

我国现有经济性裁员制度主要存在以下不足[1][2]：

1. 我国企业经济性裁员的实质性要件立法比较原则

尽管我国《破产法》和《民事诉讼法》中有关于破产界限的规定，但由于困境企业相关规定的存在实践中认定困难的缺陷，则"用人单位濒临破产进行法定整顿期间"这一裁员的法定许可条件的规定也同样不具有操作性。对于"生产经营状况发生严重困难"这一裁员条件，我国目前立法没有明确的规定，而只有企业经营状况恶化并达到当地政府规定的严重企业标准的模糊规定。这就要求政府花费巨大精力去根据各企业的不同情况制定企业财务、生产、销售、利润等方面的各种标准，然后据此来判断各企业是否符合经济裁员的条件。由于各个地方经济发展水平的不平衡，各地政府制定的裁员标准就会彼此不同，这样无疑会造成操作上的困难。

2. 我国关于裁员的法律规范中没有对企业确立裁员标准的明确规定

企业在裁员实践中往往不考虑劳动者的差异，如劳动者的年龄、收入、工作期限、身体状况、对用人单位的贡献等因素，既有失社会公平，也加大了裁员的"人治"因素。

3. 工会对经济性裁员的干预不力

尽管法律要求用人单位裁减人员必须提前30日向工会和全体职工说明情况，听取工会或职工的意见，但并不要求必须得到工会或职工的事前"同意"。并且，当工会或全体职工有不同意见时，如何对用人单位的裁员活动产生影响力或阻力，劳动法没有做出可操作性的规定。更何况在实践中不少企业没有组建工会，或者工会更多是站在用人单位一边。工会对经济性裁员的干预不力使该条规定完全流于形式。

4. 关于裁员的经济补偿不合理

我国在《违反和解除劳动合同的经济补偿的办法》初步规定补偿标准为按劳动者在本单位的工作年限和解除劳动合同前12个月的平均工资水平。旧的计划体制事实上给了劳动者终生就业承诺，还通过低工资制度对他们的部分劳动贡献进行了"预先扣除"，而这种上"一刀切"的补偿标准并没有区别新旧体制下被裁人员的不同。

5. 对被裁减人员的就业保护不力

完整的经济性裁员制度不应只包括裁员制度本身，它还应包括对被裁人员的善后保护制度。《劳动法》、《企业经济性裁减人员规定》虽然设立了禁止性条款，

---

[1] 陈敬春. 论我国经济性裁员制度的完善. 南华大学学报（社会科学版），2003，(1)：59
[2] 裴纪. 浅析我国企业经济性裁员法律制度. 中国法院网. http://www.chinacourt.org/public/detail.php?id=183304. 2005-10-31

对部分特殊群体的就业予以特别保护,但仍不完善。

我国企业的经济性裁员实践往往是政策推动下被动进行的。相当多的企业因设备老化,或产品、组织结构不合理等原因被迫破产倒闭。企业裁员时往往为了裁员而裁员,并不依法设计较为规范、合理的裁员方案,随意性、盲目性较大,往往是由企业管理层做出决定后直接通知被裁减的劳动者,而且更多的是裁减最底层的人员,非但没有解决人浮于事的状况,还加剧了人员结构的不合理性。另外,由于大大增加了经营者的"人治"因素,缺乏公平性和透明度,不仅难以达到提高工作效率的目的,还容易滋长不满情绪而引发冲突。我国计划经济体制下长期实行的就业制度使国有企业职工对单位的依赖性较强,缺乏竞争意识,加上我国劳动和社会保障事业目前仍不完善,一旦被裁减职工就会因再就业困难和生活没有保障而束手无策,大量富余人员一下子涌入社会则容易引发社会问题。

综上,本着平衡好企业的用人自主权与劳动者劳动就业权的关系的基本原则,我国政府可通过税收或财政等措施促使企业尽量避免裁员,并不断推进劳动和社会保障事业的建设,同时通过完善法律强化对裁员的审查和监管力度。用人单位在法律规范约束下,应力求从实体和程序方面使企业裁员行为更为合理,同时积极探索包括冻结招聘、放假休息、工作分担、提前退休、转岗分流等裁员替代手段。

总之,各国都力求通过外部机关的制约和企业内部的自治最大限度地减少裁员对社会造成的冲击。同时,"需要指出的是,各国的情况都非常类似,面对大量的失业者,政府的救济和职业培训的作用十分有限。这是因为救济制度、公共工作和职业培训是以充分就业为前提的一种补充措施。而裁员及其对社会产生的重大负面影响是随经济的波动而变动的,通常政府的就业和社会保障措施却缺乏相应的弹性,以容纳这样的变化。如何解决这个矛盾,将是理论和实务上都有待突破的问题。"[1]

第四节 离职及其管理

一、离职及相关理论研究[2]~[4]

离职(employee turnover 或 labor turnover)从广义上讲是指劳动移动,包

---

[1] 井涛. 国有企业裁员中政府作用的法律思考. 中国法学,2000,(6):88~92
[2] 程延园. 职工关系管理. 上海:复旦大学出版社,2004. 130
[3] 叶仁荪. 国有企业职工离职动因分析. 西南交通大学. 博士学位论文,2005-03-01
[4] 李震. 国有和私营体制下职工离职倾向的对比实证研究. 华中科技大学. 硕士学位论文,2004-04-01

括地域间的移动、职业间的移动以及产业间的移动，同时也可指某一特定组织的职工在内部转换工作或流出与流入。狭义的离职一般仅指职工从组织内部往外部的劳动移动。本节探讨的是狭义的离职问题，强调离职是雇佣关系终止的一种方式。

离职问题日益成为全球学术界和企业界关注的问题，发达国家关于离职研究的历史可以追溯到20世纪初。大量的研究可以分为三类，第一类是研究雇员离职行为与企业绩效的关系；第二类是研究雇员离职的行为模式；第三类是研究导致雇员离职行为的种种原因。早期的研究主要致力于寻求离职影响因素，其成果奠定了离职内容理论。随后，在此基础上的决策研究构成了离职过程理论。之后，学者们又提出上述理论实际是针对个人动机性选择行为，即仍局限在个体水平，进而开辟了组织意义上离职理论的新方向。

1. 离职内容理论

离职内容理论探讨影响离职的因素。迄今为止，学者和管理者们提出了大量的可能影响因素，但人们对离职影响因素的概括并没有公认结论，争论大多存在于这些因素对于离职行为的影响程度以及这些因素之间如何互相影响。已有的研究大致涉及以下三个层面的因素：社会经济因素、组织及工作相关因素、个体因素。可见，离职影响因素具有层次性，如图12-2所示。

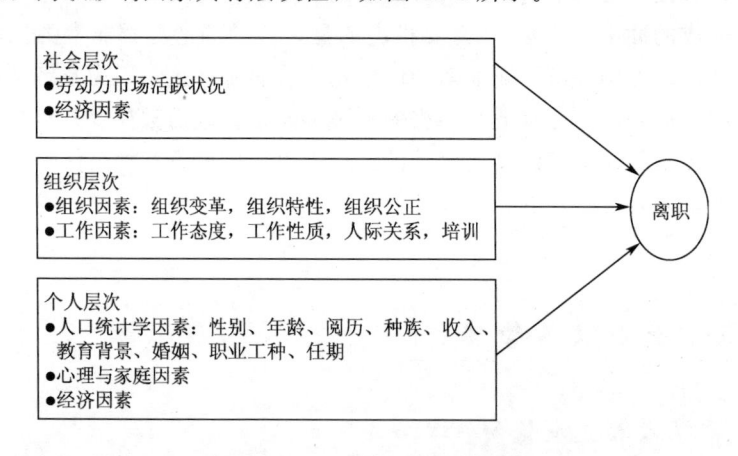

```
社会层次
●劳动力市场活跃状况
●经济因素

组织层次
●组织因素：组织变革，组织特性，组织公正
●工作因素：工作态度，工作性质，人际关系，培训

个人层次
●人口统计学因素：性别、年龄、阅历、种族、收入、教育背景、婚姻、职业工种、任期
●心理与家庭因素
●经济因素
                                            → 离职
```

图 12-2　离职影响因素层次图[①]

2. 离职过程理论

离职内容理论只注重个别因素与离职的关系，没有注意到影响因素的交互作用和动态过程。对离职内容理论缺陷的补充形成了离职过程理论，它通常被概括

---

① 马淑婕. 员工离职原因的研究. 中国人力资源开发，2003，(9)

为某一过程模型，如图12-3所示。

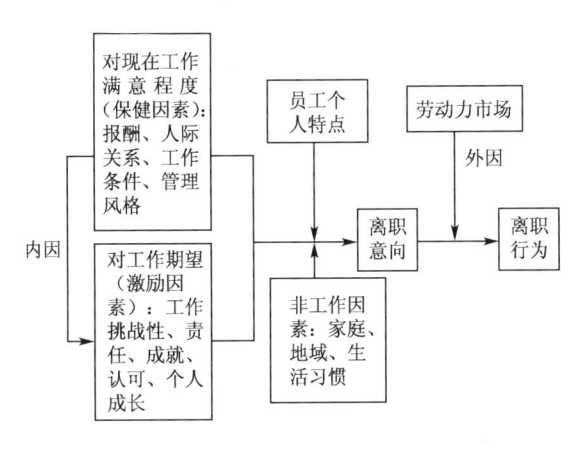

图 12-3　离职过程模型图[1]

目前众多模型各有自己的侧重点和特点，但都不够完整。离职过程模型的整合有待进一步研究。

3. 组织水平的离职理论

组织水平的离职理论从组织目的出发，探讨组织因素和离职的关系。同个体水平一样，它也应该分为结果与过程两种。组织因素包括组织政策与实践、激励与报酬、组织氛围、晋升机会、工作群体、上下级关系、工作内容等。现有研究成果说明，组织因素对避免离职具有能动作用。但目前的研究基本局限于组织因素的内容，而很少有关于组织因素交互作用的研究。

综上所述，从个体到组织水平，从结果与过程两个维度，发达国家关于离职的理论研究不断深入。目前，离职研究更重视整体把握离职问题。

中国的离职现象是伴随着我国的改革开放而产生的，相关理论研究近年非常活跃，包括经济学、心理学、管理学等学科视角。从内容上看，主要集中于分析离职的影响因素和相应对策的探讨，其中包括针对不同所有制企业、不同行业等分别进行离职因素及对策的分析；还有一些研究侧重于对西方相关理论的梳理、介绍及借鉴。我国离职问题研究在整体上与发达国家相比尚处于起步阶段，还存在不足之处。例如，实证研究较少；定量研究较少；研究往往仅从某一学科角度探讨离职问题，缺乏综合、系统的研究成果；对于国外相对成熟的理论成果，没有较好地结合中国国情进行转化等。

---

[1] 赵晓东，梁巧转，刘德海. 我国国有企业员工离职问题的博弈分析. 软科学，2005，(2)

二、离职的分类

离职可以按不同标准进行分类。按照用人单位是否可以避免,离职可分为可避免的离职和不可避免的离职(必然离职)。前者是指通过雇主或用人单位采取某种措施可能使雇员改变意愿的离职;后者是指雇员出于疾病、伤残、怀孕或死亡等不可回避的原因而导致的离职。用人单位无法对不可避免的离职进行控制和预测,不过,这类离职在离职行为中所占比例较低;通常大部分离职都属于可避免的离职。

按照雇员是否依据个人意愿离开用人单位,离职可分为主动离职(自动离职)、被动离职(非自动离职)和自然离职三种[1]。主动离职是指雇员依据个人意愿终止雇佣关系,包括辞职等;被动离职是指雇员在雇主的强制要求下终止雇佣关系,包括解雇、开除等;自然离职是指雇员因生理方面的原因无法继续履行劳动义务而自愿或不得不与用人单位终止雇佣关系,包括退休、伤残、疾病、死亡等原因。雇员退休对于用人单位而言是一种常态性离职,用人单位可以对将要退休的雇员数量、结构进行预测。而伤残、疾病、死亡等原因导致的离职带有偶然性,在离职行为中只占极小的比重。因此,大量关于离职问题的研究是在主动、被动离职分类的基础上展开的。但也有学者指出主动离职和被动离职的界限并不清楚。

被动离职的相关内容已在前面学习过;而且用人单位在管理中真正关注的是雇员的主动离职,因此,下文将探讨主动离职,并主要针对辞职。"企业之所以非常重视自动离职是因为它不仅影响到企业形象,而且可以反映企业的状态。"[2] 对于雇员的主动离职,从用人单位意愿的角度又可将其分为功能性离职和非功能性离职两种。非功能性离职即个人想离职但用人单位希望能挽留。功能性离职即个人想离职,而用人单位对其离职并不在乎。

三、离职管理

1. 劳动者的辞职权

在市场经济的条件下,劳动者依法享有辞职权,继而拥有充分的择业自由,这既是对劳动者弱者地位的有力救济,更是劳动者人格独立和意志自由的法律表现,一定意义上还有利于优化劳动力资源的配置,实现社会利益的最大化。可以

---

[1] 叶仁荪. 国有企业职工离职动因分析. 西南交通大学. 博士学位论文, 2005-03-01
[2] 程延园. 员工关系管理. 上海:复旦大学出版社, 2004. 136,137

说辞职权是择业权得以实现的一项前置性权利或保障性的权利[①]。

按辞职权发生的根据不同,辞职权可分为法定辞职权与约定辞职权。法定辞职权是指在法定情况出现时,雇员得以单方面消灭劳动关系的权利。约定辞职权是指双方当事人在不违反有关法律规定的前提下,在缔结劳动关系时经协商一致而赋予劳动者可以按一定条件、程序等单方面消灭劳动关系的权利。约定辞职权实际上是劳动者解约的请求权,在一定程度上是对法定辞职权的补充。按劳动者行使辞职权时是否附有一定的条件,法定辞职权可进一步划分为有条件辞职权与无条件辞职权。有条件辞职权,又称相对辞职权、即时辞职权,是指在试用期或用人单位存在严重过错的情况下,劳动者可以即时终止劳动关系的权利。无条件辞职权,又称绝对辞职权、预告辞职权,是指劳动者只要以书面形式提前通知用人单位而不必有任何理由,一定期间后即可终止劳动关系的权利。

2. 企业离职管理

离职管理,既包括各职能部门(立法、行政等部门)对离职问题进行的规范、监督、协调等宏观管理活动;也包括企业在日常工作中为尽可能抑制雇员主动离职而进行的一系列有针对性的微观管理活动。

各国企业对于离职的管理,并没有唯一规范、完善的对策。不少企业有自己的一套做法。"针对引发自动离职的因素,应采取如下管理对策:①建立和完善制度性管理策略。建立企业内部申诉制度及人事咨询制度,改善各种人际关系以解决职工的不满与苦闷。重视辞职事件,处理好人才的内部提拔和外部引进问题,处理好人才的跳槽和制约问题。建立有效的绩效考核制度,采取多种激励措施稳定人才,如以升迁、薪酬和福利等来满足职工个人需求。②建立有效的程序化沟通,建立彼此充分信任的关系,强调企业的凝聚力,尊重职工意见。职工离职时,通过开诚布公的离职面谈了解离职的真正原因。不仅为企业人力资源流动状况分析提供了基础工作记录,更为重要的是建立了企业沟通的有效渠道。③工作再设计。对职工习惯性、例行性工作注入一些挑战性、自主性及成就感,以避免其对工作产生厌倦。企业在完善离职管理对策后,还必须注意离职人员的辅导问题,对用人单位的宣传以及职工向心力培育有很大帮助。"[②]

目前中国有企业业已经试图通过很多方法降低企业的离职率,但是他们的方法往往局限在薪酬结构和培训方面,包括保持企业总体薪酬高于行业平均水平、提高奖金的额度和范围、更加全面的增加职工受培训机会等。这两者常用的方法在某些情况下是适用的,但是在另外一些情况下不仅取不到应有的效果而且还增加了企业的人力成本。除了这两种常见的方法以外,国内外很多企业通过设置更

---

① 习剑平. 劳动者辞职权相关问题之探析. 行政与法, 2004, (12): 83~85
② 程延园. 员工关系管理. 上海: 复旦大学出版社, 2004. 136, 137

加具有挑战性的工作、增加工作保障、增加各种福利和补贴等方法也取得了明显的效果[①]。

3. 市场经济国家立法中的离职管理[②]

(1) 对劳动者预告辞职的管理。

纵观世界各国相关立法，成熟的市场经济国家常常按照劳动契约的期限对劳动者辞职进行管理，但也不乏立法时不按劳动契约期限进行辞职管理的国家。对没有固定期限的劳动契约，许多国家对预告期长短没有统一规定，通常也不对当事人的理由做明文规定，但基本都规定劳动者进行辞职只需按行业规则、惯例或者公平原则规定的期限、方式履行通知义务，雇主一方也对等地享有终止劳动关系的权利，而且同时规定应当承担相应的责任，该责任一般以赔偿形式，而不要求继续履行义务。例如，意大利、德国、日本的《民法典》都规定，对于没有固定期限的劳动契约，双方当事人都享有履行一定义务之后终止劳动关系的权利。中国港澳台地区也有相关规定。

对于有固定期限的劳动契约，许多国家通常要求劳动者不得随意辞职，甚至不赋予劳动者预告辞职权。例如，法国民法典针对定期劳动契约规定，除非双方当事人协商一致，或当事人有严重过错或在不可抗力之场合下，劳动者才能辞职。

(2) 对劳动者即时辞职的管理。

基于对劳动者基本人权的保护，市场经济国家在赋予劳动者预告辞职权的同时，往往还赋予劳动者一定的即时辞职权，且条件都比较简单，对预告辞职权予以补充。各国立法对劳动者限时辞职有着不同规定，所允许的劳动者即时辞职可以是试用期期间无因辞职；或规定劳动者在其基本权利因雇主违约、过失等受到侵害时可即时辞职，如用人单位无故不按时发给工资、强迫劳动、不提供劳动条件、虐待劳动者等，部分国家（地区）还规定此时劳动者有权获得赔偿。例如，意大利《民法典》规定，除约定最短必要试用期限外，在试用期内劳动关系双方当事人都可以即时解约而不必承担事先通知和给付补偿费的义务。日本、意大利、德国等都允许劳动者出于一定正当理由可即时辞职，还要求过失方承担赔偿责任。中国港、澳、台地区的立法中都归纳了劳动者可即时辞职的情形，可操作性较强。

4. 中国立法中的离职管理

成熟的市场经济国家对劳动关系双方当事人终止劳动关系及承担赔偿责任等

---

① 李震. 国有和私营体制下职工离职倾向的对比实证研究. 华中科技大学. 硕士学位论文, 2004-04-01

② 彭小坤. 劳动合同单方解除权研究. 西安交通大学. 硕士学位论文, 2003-03-18

往往进行平等授权,而我国立法以侧重保护劳动者为价值取向。

(1) 对劳动者预告辞职的管理。

我国相关立法规定,劳动者预告辞职只需履行提前三十日以书面形式通知用人单位的义务,而不需要说明所凭的理由。劳动者依法提前通知时,用人单位可以在劳动者通知后三十日内的任何一天告知劳动者办理辞职手续,但用人单位不能免除支付劳动报酬至劳动者通知期满之日的责任。上述规定不仅适用于没有固定期限的劳动契约,也无区别地适用于有固定期限的劳动契约。纵观世界各国,预告辞职只适用于无固定期限的劳动契约,而劳动者要终止有明确期限的劳动契约只能基于法定的正当事由。实践中,一些用人单位在签约时要求劳动者确认放弃无条件预告解除权条款。因此,许多学者提出应将无条件预告解除权也平等授予用人单位,但要求其提供经济补偿。还有学者指出,"应针对不同的人才和岗位考虑延长或缩短单方解除劳动合同的预告期限"[1]。

(2) 对劳动者即时辞职的管理。

我国立法允许劳动者在试用期期间即时辞职,或在其基本权利受侵害时进行即时辞职。我国按劳动契约期限长短对试用期长短做了不同规定,甚至规定在一定条件下不得设定试用期。劳动者在试用期期间即时辞职并不需要说明理由,而用人单位在试用期期间行使即时解除权则必须证明劳动者不符合录用条件。除了试用期规定,我国允许劳动者即时辞职并应获得赔偿的条件(最高人民法院在《关于审理劳动争议案件适用法律若干问题的解释》)包括:用人单位以暴力、威胁或者非法限制人身自由的手段强迫劳动的;用人单位未按照劳动合同约定支付劳动报酬或提供劳动条件,以及我国地方立法中的相关规定。但由于这些规定不完整、不具体,且未上升到法律或行政法规的高度,不足以保护所有的劳动者。在实践中,一些用人单位利用强势在试用期随意解雇劳动者而不承担任何责任,不少劳动者因为维权成本太高往往放弃追究用人单位责任。同时,因用人单位履行义务出现瑕疵时也没有明确规定的救济办法,而劳动者即时辞职的条件简单且不需要承担责任,无法防止滥用权利随时"跳槽",必然影响用人单位对劳动者的培训投入,最终有损于劳动者和企业的长期利益。

总之,伴随全球经济的发展和网络时代的来临,劳动者尤其是关键人才的离职问题日益受到企业界和学术界的关注。无论是相关理论研究,还是实践中的做法,都还需要进一步探索、完善。

---

[1] 杨凯. 单方解除劳动合同的若干实体法难题探讨. 法商研究,2001,(1)(总81),86~93

▷本章小结

　　劳动关系的终止，是指劳动关系主体双方权利义务的消灭，它是劳动关系运行的终结。所有的劳动关系最终都将归于终结。导致劳动关系终止的原因非常复杂。在不同的国家（地区）或者相同国家（地区）的不同时期，在不同的企业，出于主观或客观的各种原因，实践中劳动关系终止的具体方式是非常丰富的。

　　在理论界，关于自由雇佣和限制解雇的关系存在着争议。在大多数西方国家，法律对解雇公共部门的雇员做了具体限制，但对私营部门工作保护的规定相对较少。我国现有解雇制度总体上表现为对终止的限制过松，而对解除的限制过紧。

　　无论是发达国家还是发展中国家的企业都面临越来越激烈的竞争，而裁员已成为各国企业应对竞争的一种普遍做法，在许多国家都受到法律规范的严格监管。有关企业裁员活动的研究，国外已经形成了比较成熟的理论。

　　离职是雇佣关系终止的一种方式，离职问题日益成为全球学术界和企业界关注的问题。

▷关键术语

劳动关系的终止　解雇　解雇制度　裁员　裁员理论　裁员管理　离职　离职理论　离职管理

▷案例　员工无故被辞退应该得到补偿[*]

1. 案情简介

　　自1990年1月公司成立起，老王就应聘进公司，1998年开始每年年初签订为期1年的书面劳动合同，到2004年9月已是公司老职工。老王是车间里普通的操作工，虽然不算出众，但安守本分，也能按时保质的完成工作。而2004年9月一天人事部经理突然通知他领取当月工资，立即办理工作移交手续，第二天起不必再来上班。老王不服，遂提请仲裁，要求公司支付其1个月工资作为未提前1个月通知的辞退补偿金，并另外支付15个月工资作为解除劳动合同经济补偿金及未及时支付解除劳动合同经济补偿金的50%额外经济补偿金。

---

[*] 陆艳英. 员工无故被辞退应该得到补偿. 中国劳动, 2005, (5): 43

2. 案例评析

这是一起简单的用人单位无故辞退职工案件，但如何处理老王的诉请引起了争议。对是否支持老王诉请支付解除劳动合同经济补偿金的问题产生两种截然相反的观点。

一种观点认为，职工若认为用人单位解除劳动合同不符合事实要件、程序要件的，只能要求撤销单位解除劳动合同的决定、支付自解除之日至恢复上班之日期间的工资并继续履行原劳动合同，因此也就不存在未提前1个月通知辞退补偿1个月工资，也不存在支付解除劳动合同经济补偿金及额外经济补偿金的诉请了。

而另一种观点认为，单位无故辞退职工的，职工既可以要求单位撤销解除决定继续履行原劳动合同并要求单位补偿自解除之日至恢复上班之日的工资损失；也可以不要求单位撤销解除决定，而要求支付解除劳动合同经济补偿金，职工可以自由选择两种方式之一。

用人单位无故辞退职工的原因有很多，但有一部分是用人单位明知无理而故意辞退职工的，因此职工与用人单位的关系是非常紧张的。如果规定职工只能选择继续在原单位工作的话，事实上对企业生产和职工个人的工作环境、前景发展都是没有益处的，很难想象在一个紧张的劳资关系下，职工能给用人单位创造多少利益，用人单位又能给职工多少回报，所以如果职工不太愿意回去工作的话，那么同意解除劳动合同但要求用人单位给予补偿并无不可。单位提出解除劳动合同，职工也同意了单位的解除决定，应视为双方协商解除劳动合同。因此这种情况应参照《劳动法》第24条有关协商解除劳动合同的规定。

况且，用人单位往往是以职工严重违纪为由辞退职工的，假设职工只能要求单位撤销解除决定继续履行原劳动合同的话，就会产生职工不能另行找工作的矛盾和困境。在漫长的劳动仲裁、一审、二审甚至再审的等待过程中，职工该何以为生呢？即便职工胜诉能要求用人单位支付期间的工资损失？倘若职工败诉，则更是损失惨重。这种胜负的不确定会增加职工诉讼的心理压力和客观的经济成本。增加职工的诉讼风险和成本，无疑会削弱职工渴望通过仲裁、诉讼途径解决问题的期望，退而求太平，忍气吞声，自认倒霉，从而必然会导致企业无故辞退职工的有恃无恐，这样的现实结果同保护职工权益之立法本意是相违背的。因此笔者主张从现实角度和公平角度考虑，职工应有自由选择权，即职工可以自主决定是回去工作还是解除劳动合同得到经济补偿金。

因双方系协商解除劳动合同，职工既然同意解除劳动合同，则不能主张单位未提前1个月通知辞退补偿1个月工资的请求。同时根据《违反和解除劳动合同的经济补偿办法》（劳部发〔1994〕481号）有关协商解除劳动合同经济补偿金支付的规定，单位应根据职工在本单位的工作年限，每满1年发给相当于1个月工资的经济补偿金,最多不超过12个月。单位选用无故辞退职工的方法,很大程度上是为了规避支付经济补偿金的法律规定,单位具有逃避、拖欠经济补偿金的故意,职工理当可以主张额外经济补偿金,这不仅是对职工损失的补偿,也是对单位错误行为的惩罚。

本案中,应裁决用人单位支付老王12个月工资收入的解除劳动合同经济补偿金(注意虽然老王在单位的工龄有15年,但因为双方系视为协商解除劳动合同,根据规定老王可获得不超过12个月工资收入的经济补偿金)和解除劳动合同经济补偿金的50%额外经济补偿金,但对老王要求单位因未提前1个月通知辞退补偿1个月工资的请求不予支持。

复习思考题

1. 简述劳动关系终止的概念和方式。
2. 试述理论界关于自由雇佣和限制解雇的关系的争论。
3. 试析市场经济国家的解雇制度和我国的解雇制度。
4. 简述裁员的概念和分类。
5. 试述裁员的理论。
6. 试析市场经济国家和我国的裁员及法律监管。
7. 简述离职的概念和分类。

参 考 文 献

常凯. 1995. 劳动关系·劳动者·劳权——当代中国的劳动问题. 北京：中国劳动出版社
常凯. 2004. 劳权论——当代中国劳动关系的法律调整研究. 北京：中国劳动社会保障出版社
常凯. 2005. 劳动关系学. 北京：中国劳动社会保障出版社
常凯等. 2003. 全球化下的劳资关系与劳工政策. 北京：中国工人出版社
常凯，乔健. 2001. WTO：劳工权益保障. 北京：中国工人出版社
常凯. 1990. 中国工运史辞典. 北京：劳动人事出版社
陈恕祥，杨培雷. 1998. 当代西方发达国家劳资关系研究. 武汉：武汉大学出版社
程延园. 2002. 劳动关系. 北京：中国人民大学出版社
程延园. 2004. 集体谈判制度研究. 北京：中国人民大学出版社
程延园. 2004. 员工关系管理. 上海：复旦大学出版社
程延园. 2005. 劳动关系学. 北京：中国劳动社会保障出版社
戴维·加尔森. 1985. 神话与现实——西欧国家工人参与管理概况. 张强等译. 北京：工人出版社
丹尼尔·奎因·米尔斯. 2000. 劳工关系. 李丽林，李俊霞等译. 北京：机械工业出版社
道格拉斯·L. 莱斯利. 1997. 劳动法概要. 张强等译. 北京：中国社会科学出版社
董保华. 2000. 劳动关系调整的法律机制. 上海：上海交通大学出版社
范占江. 2005. 劳动法精要与依据指引. 北京：人民出版社
范战江. 1995. 劳动争议处理概论. 北京：中国劳动出版社
菲利普·李斯特，阿德里安·桑希尔，马克·桑得斯. 2005. 雇员关系：解析雇佣关系. 高嘉勇等译. 大连：东北财经大学出版社
风笑天等. 2002. 私营企业劳资关系研究. 武汉：华中理工大学出版社
冯同庆，常凯. 1987. 社会主义民主与工会参政议政. 北京：中国工人出版社
高桥洸，小松隆二，二神恭一. 2005. 日本劳务管理史：劳使关系. 唐燕霞译. 北京：经济科学出版社
郭庆松. 1999. 企业劳动关系. 北京：经济管理出版社
关怀. 2001. 劳动法. 北京：中国人民大学出版社
胡鞍钢等. 2002. 扩大就业与挑战失业：中国就业政策评估（1949~2001年）. 北京：中国劳动社会保障出版社
黄越钦. 2003. 劳动法新论. 北京：中国政法大学出版社
基思·怀特菲尔德等. 2005. 产业关系研究方法. 程延园等译. 北京：中国劳动社会保障出版社
贾俊玲. 2001. 21世纪亚太地区劳动法与社会保障发展趋势. 北京：中国劳动社会保障出版社
贾俊玲. 2003. 劳动法学. 北京：北京大学出版社
姜颖. 2003. 劳动争议处理教程. 北京：法律出版社
金秀坤. 2005. 韩国劳资关系. 方振邦译. 北京：经济科学出版社
劳动和社会保障部劳动工资研究所. 2003. 中国劳动标准体系研究. 北京：中国劳动社会保障出版社
李德齐. 1998. 政府企业工会：劳动关系国际比较. 北京：华文出版社
李剑峰. 2003. 劳动关系管理. 北京：对外经济贸易大学出版社
李景森，贾俊玲. 2001. 劳动法学. 北京：北京大学出版社

李敏. 2003. 雇佣双赢——私有企业雇佣冲突管理. 北京：经济科学出版社
李琪. 2003. 改革与修复——当代中国国有企业的劳动关系研究. 北京：中国劳动社会保障出版社
梁书文，回沪明. 2002. 劳动法及配套规定新释新解. 北京：人民法院出版社
林燕玲. 2002. 国际劳工标准. 北京：中国工人出版社
刘艾玉. 1999. 劳动社会学教程. 北京：北京大学出版社
刘元文. 2004. 相容与相悖——当代中国的职工民主参与研究. 北京：中国劳动社会保障出版社
陆学艺. 2004. 当代中国社会流动. 北京：社会科学文献出版社
马尔科姆·沃纳. 1999. 工商管理大百科全书（人力资源管理）. 清华大学经济管理学院编译. 沈阳：辽宁教育出版社
齐志荣，徐小洪. 1995. 中国劳动关系导论. 杭州：杭州人民出版社
乔健. 1999. 外商投资企业工会工作概论. 北京：中国经济出版社
邱小平. 2004. 劳动关系. 第二版. 北京：中国劳动社会保障出版社
石美遐. 1993. 市场中的劳资关系：德、美的集体谈判. 北京：人民出版社
石美遐. 1996. 集体合同集体谈判. 北京：法律出版社
史尚宽. 1934. 劳动法原论. 上海：世界书局
宋晓梧. 1995. 产权关系与劳动关系. 北京：企业管理出版社
孙仲范，冯同庆，常凯. 2001. 新编工会学. 北京：人民出版社
童星等. 2001. 劳动社会学. 南京：南京大学出版社
王昌硕. 1995. 劳动法教程. 北京：中国政法大学出版社
王家宠，钱大东. 2004. 市场经济国家的劳动关系. 北京：中国工人出版社
王君南，陈微波. 2004. 劳动关系与社会保险. 济南：山东人民出版社
王全兴. 2004. 劳动法. 2版. 北京：法律出版社
王益英. 2001. 外国劳动法和社会保障法. 北京：中国人民大学出版社
王永玺等. 2005. 简明中国工会史. 北京：中国工人出版社
卫民. 1993. 工会组织与劳工运动. 台北：国立空中大学
韦伯 SJ，韦伯 B. 1959. 英国工会运动史. 修订本. 陈健民译. 北京：商务印书馆
乌·贝克，哈贝马斯. 2000. 全球化与政治. 王学东等译. 北京：中央编译出版社
吴亚平. 2001. 工会组织建设概论. 北京：中国工人出版社
夏积智. 1999. 中国劳动法若干重要理论与政策问题研究. 北京：中国劳动社会保障出版社
许涤新. 1980. 政治经济学辞典. 北京：人民出版社
亚历山大洛夫. 1954. 苏维埃劳动法. 中国人民大学教研室译. 北京：中国人民大学出版社
杨体仁. 1991. 现代劳动经济学原理. 北京：红旗出版社
杨体仁，李丽林. 2000. 市场经济国家劳动关系：理论·制度·政策. 北京：中国劳动社会保障出版社
杨燕绥. 2001. 劳动与社会保障立法国际比较研究. 北京：中国劳动社会保障出版社
约翰·P. 温德姆勒等. 1994. 工业化市场经济国家的集体谈判. 何平译. 北京：中国劳动出版社
约里斯·范·鲁塞弗尔达特等. 2000. 欧洲劳资关系——传统与变革. 北京：世界知识出版社
袁方. 1992. 劳动社会学. 北京：中国劳动出版社
苑茜等. 2000. 现代劳动关系辞典. 北京：中国劳动社会保障出版社
曾虹文. 2004. 劳动监察概论. 北京：中国劳动社会保障出版社
曾湘泉. 2003. 劳动经济学. 上海：复旦大学出版社
张德远. 1999. 西方劳动经济学. 上海：上海财经大学出版社

张晓彤. 2003. 员工关系管理. 北京：北京大学出版社

张彦宁，陈兰通. 2005. 2005 中国企业劳动关系状况报告. 北京：企业管理出版社

赵履宽等. 1997. 劳动经济学. 北京：中国劳动出版社

赵曙明. 2001. 人力资源管理研究. 北京：中国人民大学出版社

郑功成，郑宇硕. 2002. 全球化下的劳工与社会保障. 北京：中国劳动社会保障出版社

郑功成等. 2003. 变革中的就业环境与社会保障. 北京：中国劳动社会保障出版社

郑桥. 2003. 劳资谈判. 北京：中国工人出版社

中国工运学院工会学系. 1993. 向市场过渡中的工会工作. 北京：中国大百科全书出版社

中国劳动人事百科全书编写委员会. 1989. 中国劳动人事百科全书. 北京：经济日报出版社

中华人民共和国劳动部国际合作司，中国劳动科学研究院国际劳工研究所. 1996. 世界劳动（第一集）. 北京：中国劳动出版社

周长征. 2003. 全球化与中国劳动法问题研究. 南京：南京大学出版社

周长征. 2004. 劳动法原理. 北京：科学出版社

朱柔若. 1998. 社会变迁中的劳工问题. 台北：扬智文化事业公司

祝晏君. 2001. 劳动关系. 北京：中国劳动社会保障出版社

Bean R. 1994. Comparative Industrial Relations. An Introduction to Cross-national Perspectives. 2nd ed. London：Routledge

Beaumont R. 1994. New Frontiers in European Industrial Relations. Oxford：Blackwell

Blyton P，Turnbull P. 1998. The Dynamics of Employee Relations. 2nd ed. Basingstoke：MacMillan

Dunlop J T. 1993. Industrial Relations Systems（1958）. Revised ed. Boston：Harvard Business School Press

Godard J. 2000. Industrial Relations，the Economy and Society. 2nd ed. Campus Press Inc.，York University Campus

Hyman P. 1992. Public Sector Industrial Relations. London：Routledge

Poole M. 2003. Industrial Relations：Origins and Patterns of National Diversity. London：Routledge

Rifkin J. 1995. The End of Work：The Decline of the Global Labor Force and the Dawn of the Post-market Era. New York：G. P. Putman's Sons

Sauer R L，Voelker K E. 1993. Labor Relations：Structure and Process. 2nd ed. Basingstoke：MacMillan

Tannenbaum F. 1951. A Philosophy of Labor. New York：Knopf

Windmuller J P，Gladstone A. 1984. Employers Associations and Industrial Relations. Oxford：Clarendon Press

后 记

本书共十二章。各章的执笔者（按编写章节排序）为：赵瑞红（苏州大学社会学院劳动和社会保障系），第一章、第六章、第七章、第十二章；季璐（南京农业大学公共管理学院），第二章、第八章；秦建国（南京财经大学公共管理系），第三章、第四章、第五章；季晶晶（苏州大学社会学院），第九章、第十一章；朱海俊（苏州大学社会学院），第十章。全书由赵瑞红提出编写大纲，并修改定稿。

本书的编写基于全体成员的共同努力。在本书编写过程中，得到南京大学公共管理学院院长童星教授的诸多鼓励和理性建议，在此表示特别感谢和由衷敬意。还要感谢苏州大学社会学院、南京财经大学公共管理系和南京农业大学公共管理学院支持我们的各位领导、同事以及默默支持我们的家人。苏州大学社会学院劳动和社会保障系系主任陈红霞副教授多次提供热心而无私的帮助，在此表示深深谢意。还要感谢南京大学公共管理学院严新明老师、科学出版社林建编辑在此期间的多次帮助。科学出版社工作人员的敬业精神令人感动。

虽然本书已经完稿，但由于劳动关系在中国还是一门新学科，加上编者水平有限，书中一定还有不少不足之处，恳请读者能多多指正。希望本书能帮助学习者更好地掌握、理解劳动关系的基本知识、基本理论和制度，思考、分析劳动关系的相关实践。

赵瑞红
2006 年 11 月于苏州